Islam in SEA

동남아의 이슬람

양 승 윤 외

한국외국어대학교 출판부

개정판을 내면서

문화의 세기가 도래하였다.

제2차 세계대전 이후 40여 년 간 지속되었던 냉전체제는 놀랍게도 베를린 장벽에 이어 동구(東歐) 사회주의가 무너지면서 순식간에 주저앉아 버렸다. 전 세계를 양분(兩分)하여 지구촌 곳곳에서 대립하던 동서 간의 이데올로기가 이로써 그 첨예한 경쟁시대를 마감한 것이다. 새로운 국제질서가 지체 없이 구체제를 대체하였는데, 크고 작은 지역 단위의 다양한 경제블록의 양산이 상징하듯 경제경쟁을 부추기는 정치변동의 시대가 등장한 것이다.

정치적 이데올로기와는 매우 다르게 경제경쟁체제가 추구하는 시장경제는 마치 물 흐르는 것처럼 높은 곳에서 낮은 곳으로, 비싸고 조악(粗惡)한 제품은 값싸고 실용적이며 양질의 제품에 밀리면서 수요와 공급의 원칙에 따라 하나의 거대한 세계시장으로 향하고 있는 중이다. 모든 국가들은 가격과 생산량을 결정할 수 있는 일등 제품을 만들거나 값싸고 실용적인 상품으로 경쟁력을 높이기에 그치지 않고, 천연자원자재를 관리하고 시장성을 조절하며 노동력의 고(高)상품화에 박차를 가하고 있다. 경제경쟁체제는 높은 파도가 해안을 향하여 밀려가듯 불과 십 수 년 사이에 전 세계적으로 숨가쁘게 진행되고 있다. 이에 따라 국제사회가 국가 간의 경제적 지위와는 무관하게 누구나 함께 공감(共感)하는 '숨 고르기 운동'이 이른바 문화 코드이다.

경제경쟁체제와 문화코드가 동아시아에 이슬람과 유교문화의 복고(復古) 가능성을 강력하게 시사(示唆)하고 있으며, 동아시아 시대는 동아시아정상회의(EAS)의 제도화를 통하여 점차 구체화되고 있다. 동남아국가연합(ASEAN)과 한·중·일 등 동북아 3국, 그리고 남아시아의 대국 인도가 ASEAN+3+1로 거대한 협력체를 구축하는 것이다. 이를 외곽에서 감싸고 있는 것이 아태경제협의체(APEC)와 아시아유럽정상회의(ASEM)이다. 이들 다양한 국제협력체의 중심에 동남아가 우뚝 서게 되었다. 아세안으로 하나된 동남아는 5억(2006년) 인구를 포용한 넓고 역동적인 시장과 양질의 노동력과 풍부한 자원을 바탕으로 동아시아 시대의 중심축으로 작용하고 있기 때문이다.

오랫동안 한국에서 동남아는 불교문화권으로 알려져 왔다. 그러나 동남아와 함께해야 할 동북아의 유교문화 코드와 조화를 이룰 수 있는 보다 상생적인 상대는 불교가 아니라 이슬람이라는 사실에 주목해야 한다. 실제로 동남아에서 이슬람은 불교와 가톨릭을 제치고 가장 많은 종교 인구를 포용하고 있다. 인도네시아가 세계 최대의 이슬람국가이며, 말레이시아와 브루나이는 무슬림 국왕이 국가원수이고 싱가포르도 이슬람정책에 인색하지 않으며, 미얀마와 태국과 필리핀과 베트남까지 정치적으로 핍박(逼迫) 받는 무슬림 사회가 건재하다. 동남아를 깊이 알기 위해서 이 지역의 이슬람과 무슬림 사회에 대한 이해가 선결되어야 하는 이유이다.

지난 2000년에 출판된 『동남아의 이슬람』은 2002년 문화관광부가 선정하는 인문학분야 우수학술도서에 선정되어 한 차례 재판(2쇄)을 발행하였다. 서명(書名)이 다소 새로웠기 때문인 것으로 이해되었다. 그 후, 2005년부터 3년에 거쳐 개정판을 위한 보완 작업을 진행하였다. 그 동안 총 4장을 새로 써서 '인도네시아 이슬람' 보완에 힘썼다. 전체적으로는 크게 두 부분으로 대별하여, 전반부는 "동남아 이슬람과 이슬람문화"로, 후반부는 "동남아 각국의 이슬람 현황"으로 분리하였다. 이 개정판에는 이슬람 분쟁지역과 캄보디아를 보완하기 위하여 장준영 교수(한국외대)를 초청하여 집필 교수가 열 분으로 늘어났다. '이슬람의 이해'는 손주영 교수(한국외대), '말레이시아'는 류승완 교수(국립말레이시아대), '인도네시아 이슬람의 정치변동'은 제대식 교수(영산대), '싱가포르'는 김성건 교수(서원대), '필리핀'은 유왕종 교수(인천대), '태국'은 이병도 교수(한국외대), '베트남'은 김종욱 교수(청운대), '미얀마'는 박장식 교수(부산

외대)가 집필한 것이며, 기타는 양승윤(한국외대)이 맡았다.

제1장의 '동남아의 이슬람과 중동의 이슬람'은 원래 개정판 서문으로 준비된 것이다. 제1장에 나타나 있듯이 동남아의 이슬람은 천혜(天惠)의 자연환경 조건이 주요인으로 작용하여 독특한 문화적 특성을 지니게 되었다. 이 문화적 특성이 동남아를 중심으로 인도와 중국과 일본 등 아시아의 강대국이 화합하고 경쟁하는 동아시아 시대에 중요한 역할을 하게 될 것이 분명하다. 동아시아 시대는 한국의 가까운 미래이다. 이 작은 책자가 한국의 역할을 짊어지게 될 젊은 역군(役軍)들에게 작은 보탬이 되기를 희망한다.

2007년 만추(晩秋)에

한국외대 양승윤 씀.

책머리에

4억 9천만 명(1999년)의 인구를 포용하고 있는 동남아는 일찍이 인도문화와 중국문화에 이어 이슬람문화의 영향을 받았다. 말라카(Malacca) 해협과 쟈바해(Sea of Jawa)는 계절풍에 의한 동서(東西) 무역의 필수적인 중계지였으며 해상 실크로드의 중요한 경유지였다. 그 후 값진 향료와 양질의 열대 원예작물에 매료된 유럽열강과 함께 서양문화가 내도하였다. 그러므로 동남아는 인도문화· 중국문화· 이슬람문화· 서양문화가 서로 공존하며 각축하고 경쟁하는 문화적 융점(融點)으로 발전되었다.

토착문화와 더불어 힌두교와 산스크리트(Sanskrit)어로 대변되는 인도문화, 그리고 실용적인 중국문물이 차례로 동남아에 자리 잡은 뒤에 13세기 이래로 이슬람문화가 본격적으로 동남아로 밀려들어왔다. 이슬람 상인들이 무역을 통해서 가져다주는 서양의 문물과 이에 따른 새로운 부(富)가 이곳의 통치자들을 매료시켰고, 힌두교와 불교의 복잡한 종교의식에 식상(食傷)했던 일반 백성들에게 이슬람이라는 새로운 생활종교는 기존의 종교보다 훨씬 매력적이었다.

이곳 동남아는 대륙부와 해양부로 나뉘어 각각 다섯 나라씩으로 구성되어 있다. 대륙부에는 미얀마, 태국, 라오스, 캄보디아와 베트남이 있고, 해양부에는 인도네시아, 말레이시아, 싱가포르, 브루나이와 필리핀이 있다. 다양한 종교문화가 혼재한 동남아에서 대륙부와 해양부는 점차 다소 상이한 종교문화의 색깔을 나타내게 되었다. 대륙부 동남아는 불교가 강세를 나타내었으며, 해양부 동남아는 이슬람 세(勢)가 힌두문화를 밀어내고 그 자리를 차지하게 되었다. 발리(Bali)는 유일하게 힌두 문화권으로 남게 되었으며, 필리핀 군도는 이슬람의 영향권에서 벗어나 서양의 종교인 가톨릭을 받아들이게 되었다.

동남아의 가장 중요한 종교는 불교(佛敎)이다. 또한 필리핀은 세계에서 가장 큰 가톨릭 국가이다. 그러나 종교인구 면에서는 이슬람교가 단연 선두이다. 이 지역 인구의 50퍼센트 이상이 이슬람 신앙을 가진 무슬림이다. 인구 2억 1천만 명(1999년)을 포용하고 있는 인도네시아는 세계 최대의 이슬람국가이며, 말레이시아는 이슬람을 국교로 하여 무슬림 국왕을 국가원수로 정하고 있는 나라이고, 브루나이는 세계 최고(最古)의 이슬람 술탄왕국이다. 싱가포르도 말레이시아처럼 이슬람을 우대하고 있으며, 태국과 필리핀 남부지역은 경건한 무슬림들이 다수 거주하는 이슬람 문화권이다.

다수의 미래학자들은 문명충돌론(文明衝突論) 속의 21세기를 '이슬람과 유교문화의 세기'로 예상하고 있다. 지난 20세기가 낡은 이데올로기의 세기였다면, 21세기에는 새로운 문명의 세기가 될 것이며, 그 중 유력한 하나가 이슬람이라는 것이다. '조화로운 전체(*harmonious whole*)'를 지향하는 이슬람은 단순한 종교가 아니라 생활이자 문화이기 때문에 속박되기를 거부하는 현대인들에게 특히 어필하고 있는지도 모른다.

『동남아의 이슬람』은 한국외국어대학교 출판부의 기획 시리즈 동남아학 총서 제9권으로 출판되었다. 이 작은 책자는 총 9명의 필진이 힘을 모아 지난 한 해 동안의 각고(刻苦)의 노력 끝에 만들어지게 된 것이다. 동남아의 종교와 문화에 관심이 있는 후학들에게 다소나마 도움이 되기를 희망한다. 끝으로 짧지 않는 기간 동안 원고 정리와 편집을 위해 애써 준 한국외국어대학교 마인어과 졸업반 명창용(明昶龍) 군의 노고를 잊지 않고 늘 기억하고자 한다.

2000년 7월 15일
한국외국어대학교 양승윤

차 례

제2부 동남아 각국의 이슬람현황

第14장 태국의 이슬람

第15장 베트남의 이슬람 세계

제 1 부

동남아의 이슬람과 이슬람문화

제1장

동남아의 이슬람과 중동의 이슬람

동남아의 이슬람과 중동의 이슬람은 최소한 외형에서 몇 가지 다른 점이 있다. 이슬람이 가지는 알라(Allah)에 대한 경외(敬畏)스런 신앙심과 경전(經典) 꾸란(Al Qu'ran)에 대한 믿음과 복종의 의무에는 차이가 없지만, 종교 행위를 위시한 신앙생활 주변부에는 큰 차이를 보이고 있다. 중동의 이슬람은 이슬람 종교를 상징하는 진한 초록색처럼 원색(原色)의 선명한 색깔을 강조한다면, 동남아의 이슬람은 여러 가지 색깔이 혼합되어 다소 모호하지만 연하고 순한 색깔을 가지고 있다. 전자를 유화(油畵)에 비유한다면, 후자는 수채화(水彩畵)라고 말할 수 있다.

불교와 기독교가 각각 자비(慈悲)와 박애(博愛)를 신앙적 목표로 하고 있는데 비해서, 이슬람은 형제애(兄弟愛; *brotherhood*)를 지고의 목표로 삼고 있다. 형제애에 관한한 중동의 이슬람이나 동남아의 이슬람은 차이를 발견할 수 없다. 중동의 한 이슬람 형제국가가 이교도(異教徒)의 침략을 받아 전화(戰禍)에 휩싸이거나 지진 등 자연재해를 당했을 경우 이웃 이슬람 국가들이 즉각적으로 보이는 반(反)서방세계 또는 동정적인 정서적 동질감에서 쉽게 관찰할 수 있다. 동남아에서도 자주 이런 모습들을 볼 수 있다. 필리핀 남부 이슬람지역에서 정부군에 쫓긴 무슬림들은 술루(Sulu) 해(海)를 건너 말레이시아령 사바(Sabah)를 찾는다. 이스라엘의 허조그(Chaim Herzog) 대통령(재임: 1983-1993)이 1986년 남태평양 국가를 순방하고 귀국 길에 싱가포르를 방문했을 때, 이웃 동남아 이슬람국가들은 반(反)이스라엘보다 반(反)싱가포르 기치를 들고 싱가포르를 아세안(ASEAN)에서 축출하라며 극렬한 시위를 벌인 바 있다. 동남아에서 가장 선명한 이슬람 정책을 내세우고 있는 말레이시아는 동남아의 대표적인 역내 협력기구인 아세안이 중립(中立)과 내정 불간섭을 정책 목표로 하고 있음에도 불구하고, 보스니아(Bosnia)에 유엔 평화유지군의 일원으로 정예군을 파견하고 있다. 이들 이슬람 세계가 지향하는 형제애의 빠른 전파는 중동이나 동남아가 다르지 않다는 것이다.

동남아 이슬람과 중동 이슬람의 차이는 자연환경이 큰 영향을 미친 것으로 보인다. 중동의 이슬람 종교문화는 대체로 척박(瘠薄)한 자연환경을 상징하는 사막에서 피어났다. 아라비아 반도를 중심으로 한 중동의 사막지대는 강수량이 극히 적고 햇볕이 강하여 낮에는 섭씨 60-70도까지 올라가며 낮과 밤의 기온 차가 크고 바람이 심하기 때문에 식물은 거의 자라지 못한다. 그러므로 이 지역의 이슬람은 단색(單色)으로 직선적이며 다소 충동적인 성향을 지니게 되었다. 또한 중동지역의 무슬림들은 당연하게 열악한 자연환경과 투쟁해야 했고, 이로 인해서 일부 지역에서는 예리하게 각(角)을 세운 정치문화가 창출되었을 것이다. '꾸란과 칼'은 중동 무슬림들의 단호함을 단적으로 나타내는 동시에 선택의 여지가 없거나 그 폭이 극히 제한되어 있음을 상징하는 두 단어이다.

이에 비하여 동남아는 천혜(天惠)의 자연조건을 갖춘 지역이다. 우선 토양이 비옥하다. 대륙부는 에야워디(Ayeyarwady), 짜오 프라야(Chao Phraya), 메콩(Mekong)강이 드러내듯이 수량(水量)이 많고 유속(流速)이 느려서 일찍이 농사에 적합한 델타형 평원을 만들었으며, 해양부는 화산폭발로 이루어진 비옥한 화산토(火山土)가 주류를 이루었기 때문이다. 또한 비가 많이 내리고 기온이 높으며 태풍의 피해가 많지 않다. 그러므로 이슬람 내도(來到) 이전에 토착신앙이 뿌리를 내렸고, 그 위에 힌두교와 불교 등 제도종교가 이미 자리를 잡고 있었다. 이슬람은 그 후 수세기가 지난 후에 비로소 이들의 틈새를 비집고 들어오게 되었다. 그러므로 동남아의 이슬람은 기존의 현지 문화와 타협적으로 조화를 이루고 절충적인 형태를 마다하지 않았다.

중동의 사막에는 여기저기에 오아시스가 점재(點在)되어 있어서 역사와 문화의 청량제 역할을 해왔으나, 오아시스의 역할이 광활한 사막에 비해서 상대적으로 부족하였다. 연평균 250㎜ 이하의 강수량으로 식물은 거의 자라지 못하고 모래 언덕과 바위가 있을 뿐이다. 사막성 기후의 또 다른 특징은 수 년에 한 번씩 호우(豪雨)가 쏟아져서 와디(wadi)라 칭하는 무수천(無水川)을 이룬다. 그래서 사막이 있는 곳에는 어디에나 무수천의 흔적이 발견된다. 그러나 동남아는 자연환경면에서 사막기후와 비교하면, 전 지역이 오아시스라고 말할 수 있다. 예외적으로 21세기에 독립한 동티모르(East Timor)처럼 일부 열대사바나기후대가 있기는 하다. 전체적으로 미작(米作) 산지인 동남아에는 생활주변에 야채 겸용 과일이 많고 '나무 고구마'로 통칭하는 카사바(*cassava*)가 어디에나 넓게 분포되어 있다. 문화인류학적 관점에서 볼 때, 자연과 투쟁해야하는 지역과 식량이 풍부하여 자연에 순응(順應)하며 살아 온 지역의 종교는 신앙행위와 신앙생활 등 종교적 주변부에서 차이점이 있을 수 있으며, 이슬람의 경우에도 예외가 아니라는 것이다.

일례로 종교적, 신앙적 열정 면에서 중동의 이슬람과 동남아의 이슬람은 냄비와 가마솥에 비유할 수 있다. 팔레비를 하야(下野)시킨 이란의 열정적인 무슬림들이 모두 나서서 호메이니를 추종하며 외친 제정일치(祭政一致)와 신법통치국가(神法統治國家) 운동은 전 중동지역에 제2의 사라센문화의 부흥기를 예고하는 듯 했다. 사담 후세인을 권좌에서 끌어내리고 새로운 친미정부를 세우면서 보인 이라크의 경우나 이스라엘에 맞서 투쟁하는 팔레스타인의 무장세력들은 중동 이슬람의 신앙적 열정을 숨김없이 내보이고 있다. 동남아에서는 흔히 볼 수 없는 모습들이다. 동남아의 이슬람은 생활 그 자체가 신앙이다. 온후(溫厚)한 자연을 배경으로 토양 자체가 종교적이고 신앙적이기 때문이다. 중동의 이슬람이 지닌 신앙적 열정 대신 동남아의 무슬림들은 종교적으로 신실(信實)함을 온몸에 담고 있다. 그들은 종교적으로 서서히 뜨거워지지만, 쉬 식지 않는다.

동남아의 이슬람은 종교적 다양성이 중동의 단일성과 다르다. 중동의 이슬람은 시아파와 순니파 또는 4개 법률학파에 따른 구분이 주류를 이루고 그 경계 또한 선명하다. 이슬람은 사라센문화의 심장부인 중동지역으로부터 발원(發源)하여 신비주의자(Sufi)들에 의해서 전적으로 발전되어 나왔기 때문에 종교문화의 '중심'과 발전과 전파의 '주체'가 뚜렷하였다. 그러므로 이슬람이 가진 독특한 종교적 측면에서 단일한 색깔을 띠고 있다. 그러나 이슬람의 전통관습인 순나(sunnah)를 따르는 순니파 일색인 동남아에는 일부 특정 법률학파를 따른 흔적은 있으되, 전체적으로 그 구분과 경계가 매우 모호하다. 종교적 경계를 이루는 요소보다 자연환경이 주요인이 되어 독립적이고 독창적인 종교문화의 유지, 발전이 가능하였다. 인도네시아처럼 토착문화와 조화를 이룬 이슬람이 있는가 하면, 말레이 반도의 이슬람처럼 인도네시아와 차별적으로 이슬람 색깔을 강화한 주변부도 있다. 불교와 가톨릭이 주류를 이룬 태국과 필리핀에서는 종교적 변방(邊方)을 벗어나기 위한 방편으로 원리주의에 가까운 선명한 색깔의 이슬람을 고집해 왔다.

같은 이슬람 지역에서조차 동남아의 이슬람은 다양성이 극명하게 나타나고 있다. 자바 이슬람은 *끄자웬*(Kejawen)이라 하여 힌두 · 불교적 요소를 흠뻑 포용하고 있는 동안 수마트라의 아쩨(Aceh)는 선명한 원리주의 색깔을 기치로 하는 이슬람국가로 향한 분리주의 운동을 전개해 나왔다. 유럽의 식민통치 세력에 의한 기독교 문화의 공세에 맞서 향료군도 몰루카스(*Moluccas*)의 북부에 위치한 터르나떼(Ternate)와 티도레(Tidore) 같은 변방에서는 강력한 이슬람의 색깔로 대항하였다. 베트남 역내의 짬(Cham)족이나 미얀마의 로힝자(Rohimgya)족의 경우처럼 외부와의 교류가 차단되거나 고립된 채 수세기 동안 토착신앙에 접목된 독창적인 이슬람문화의 꽃을 피워내기도 하였다. 동남아의 이슬람은 중동의 이슬람처럼 단색이 아니다. 다양성 자체가 동남아 문화의 상징인 것처럼 동남아의 이슬람은 색깔과 모양이 매우 다양하고 독특하다. 육지로 연결되어 있는 중동의 경우와 달리 동남아의 이슬람은 대륙부와 해양부로 분리되어 있고, 다시 밀림과 도서로 분리되어 있는 지리적 특성이 종교적 다양성을 유지하고 발전시키는 또 다른 중요한 역할을 하였다.

이슬람 문화의 주변부에 있는 동남아는 중동으로부터 멀지 않은 곳에 위치한 중앙아시아 이슬람지역과 유사한 문화적 특성을 가지고 있다. 카자흐스탄은 중앙아시아의 중심국가로 전 인구 1천 500만 명(2005년)의 96퍼센트가 무슬림이다. 오랫동안 소련 변방으로 있던 이 나라는 예비 산유국이지만 아직도 국제사회에서 빈한한 나라의 하나로 알려져 있다. 신실한 무슬림들이 분명한 이들 카자흐스탄 사람들은 돼지고기를 거부하지 않는다. 뿐만 아니라 이슬람에서 하람(haram)으로 분류하고 있는 어떤 음식도 마다하지 않는다. 다만 인근 카스피 해로부터 잡아 올리는 많은 담수어(淡水魚) 중 크기가 1.8미터 이상인 물고기는 소정의 할랄(halal) 절차를 거친다. 이 나라는 그 만큼 자연환경이 열악하여 먹을 것이 적어서 '먹을 수 있는 것이면 무엇이든지 먹되', 사람보다 더 큰 물고기는 예외적으로 식용으로 해체(解體)하기 전에 반드시 이슬람의 절차를 거친다는 것이다. 동남아 이슬람 세계의 정서도 중앙아시아와 유사한 부분이 많다.

이와 같은 중심부와 주변부의 차별성으로 인해서 외형상 세계 최대의 이슬람국가인 인도네시아는 국제이슬람 사회에서 '이슬람 대국'으로 대접받지 못한다. 이스라엘과 유대관계를 가지고 있지 않지만, 그렇다고 해서 팔레스타인을 환영하고 있지도 않다. '이슬람의 국제정치적 논쟁'에 끼어들기를 삼가하고 있기 때문이다. 수하르토(Soeharto)는 1991년 6월 메카 성지순례(聖地巡禮) 시 이슬람국가의 대통령으로의 의전(儀典)을 사양했다. 이 나라는 이슬람 대국이 분명하지만, 스스로를 세속국가로 분류하고 정치적 이슬람보다 사회적 이슬람의 길을 택하고 있다.

수세기에 걸친 유럽 열강의 식민통치는 동남아의 정치, 경제, 사회, 문화 등 제반분야에서 큰 변화를 가져왔다. 종교분야도 예외가 될 수 없었다. 불교와 힌두교 등의 동양종교와 기독교나 가톨릭 등의 서양종교와 같은 동남아를 풍미한 여타의 종교에 비해서 강한 정치적 성향을 가진 이슬람은 당연하게 식민통치자들과 직접적인 갈등관계를 지속하였다. 식민통치를 본격화하면서 서구 열강은 동남아 지역에서 종교행위에 대한 통상적인 박해와 함께 교묘한 방법으로 이슬람을 민중동원에 이용하였다. 이들 이슬람 세력은 제2차 세계대전의 발발과 함께 종료된 식민통치시대 이후 동남아 신생국가들의 독립과 국가건설 과정에서 정쟁(政爭)의 도구(道具)로서 또 한 차례 홍역을 치러야 했다. 그럼에도 불구하고 종교는 언제나 핍박받는 민중들의 위안이 되었음이 분명하다. 특히, 정교일치(政教一致)에 근거한 이슬람의 정치적 성향은 이러한 어려운 시대에도 항상 '깨어 있는 종교'로 서게 하였다. 이슬람은 부흥운동의 이름으로 장구한 역사에 비하여 결코 길지 않은 정치적 격변기를 슬기롭게 극복해 나왔다. 동남아 이슬람의 가장 큰 강점인 셈이다.

제2장

이슬람은 어떤 종교인가

I. 이슬람의 종교적 성향

1. 신앙의 주체

중동사람들의 종교, 이슬람은 어떤 종교인가? 불교 · 기독교와 더불어 세계 3대 종교이면서도 유독 이슬람은 우리나라에 잘 알려져 있지 않다. 일부 사람들은 무함마드(Muhammad)를 믿는 종교로 오해하고 있을 정도이다. 이슬람은 하나님을 믿는 종교이다. 유태교가 모세(*Moses*)의 오경(五經)을 토대로 했고, 기독교가 예수의 복음서를 중심으로 교회를 세웠듯이 이슬람은 무함마드의 꾸란(Al Qu'ran)을 통하여 알라(Allah)에게 귀의(歸依)하는 종교이다. 이 세 종교는 모두 같은 하나님을 믿는 일신교(一神教)이다. 야훼(여호와)는 헤브라이어이고 알라는 아랍어이며 하나님은 우리말이다. 이슬람(Islam)이란 아랍어는 순종과 평화라는 의미를 갖는다. 세상만물의 창조주이신 유일신 알라에게 절대 순종함으로써 육체와 정신의 진정한 평화를 얻을 수 있다는 종교적 함의를 담고 있다. 이슬람 교도들은 이같이 알라의 뜻, 알라의 의지에 절대 복종하는 자들이다. 이들을 지칭하는 무슬림(Muslim)은 복종하는 자라는 뜻이다.

2. 정교일치체계

이슬람은 종교만이 아니다. 이슬람은 인간이 신의 뜻대로 현세(現世)를 완벽하게 살고 동시에 내세(來世)를 준비하게 하는 신의 가르침으로 인간 존재의 모든 분야가 합일된 '생활양식(*a way of life*)'이다. 그러므로 이슬람은 단순한 신앙체계만이 아니라 정치·경제·사회·문화 등 인간생활 전반을 포함하는 '조화로운 전체(*harmonious whole*)'이다. 따라서 이슬람은 종교와 세속 쌍방을 모두 포괄하는 신앙과 실천의 체계라고 말한다.

현세와 내세의 조화를 추구하는 이슬람은 이로써 그 종교를 지칭함에 있어서 '이슬람교'보다 '이슬람'이라는 표현이 더 정확하고 포괄적이다. 불교나 기독교 같은 대다수 종교인들이 세속(世俗)의 삶보다 내세를 더 강조하고 인간생활의 육체적인 면보다 정신적인 면을 중요시하고 어떻게 해야 올바르게 사느냐하는 구체적인 삶의 방법을 제시하고 있음이 이슬람과 차별적이다.

이슬람이 종교와 세속을 포괄하는 것이라는 개념은 중동인의 역사와 문화뿐만 아니라 이들의 의식구조를 이해하는데 필수적이다. 이러한 개념은 이슬람은 '정교일치(政敎一致) 체제'라는 말로 대변되고 있는데, 이들이 종교와 정치를 합일체제로 보는 것은 정교분리(政敎分離) 사회에서 살아온 우리로서는 이해하기가 쉽지 않다. 오늘날 지구상의 거의 모든 나라들이 정교분리를 원칙으로 국가 구성법에서 종교를 배제시키고 있다. 교회와 국가는 분리되어야 한다는 것이 정설이다. 그것은 아마도 기독교 전통에서 비롯된 서구 정치사상의 영향 때문일 것이다. 기독교인들은 처음부터 세속의 것과 내세의 것을 갈라놓은 예수의 가르침을 신봉해 왔다.

그렇지만 중동 무슬림의 경우는 달랐다. 종교를 바탕으로 하여 그들의 첫 공동체를 세웠고, 그 공동체는 처음부터 교회이자 국가인 개념에서 출발하였다. 그러니까 그들에게는 정교일치가 당연한 것이다. 오늘날에도 중동 무슬림들은 이슬람에 정치, 경제, 사회, 종교, 군사 등 제반 영역에 대한 고유한 사상과 이념과 원리와 제도가 모두 포함되어 있다고 믿고 있다. 이 점이 다른 종교인들에 비해서 무슬림들이 갖고 있는 가장 독특하고 큰 특징일 것이다.

3. 정치권력에 대한 개념

정치권력에 대한 기독교도와 무슬림들의 기본정신이 형성되는 역사적 배경을 살펴볼 필요가 있다. 두 종교는 정치와 종교, 교회와 국가 문제에 대해서 상반된 부분이 많으며, 정치권력에 대한 태도가 근본적으로 다름을 발견하게 된다. "신께서는 특별한 시간과 장소에서 직접적이고도 결정적으로 인류사회에 개입하셨다"는 것은 기독교도와 마찬가지로 무슬림들이 가지는 신앙의 핵심이다. 기독교도들은 하나님께서 직접 자신의 모습을 드러냄으로써 스스로가 인간이 되셨다는 '말씀'의 육신화(*incarnation*)를 믿고 있다. 사도(使徒) 요한은 이를 "… 말씀은 육신이 되어 우리 앞에 거하시며"라고 표현하였다.

무슬림들에게 이러한 개념은 극도로 불경(不敬)한 것이다. 유대인들도 마찬가지이다. 그것은 신의 절대 유일성을 손상시키고 다신교적 우상숭배의 문을 열어놓는 것이기 때문이다. 무슬림들은 신의 말씀이 한 인간을 통해 전달되었다고 믿는다. 그가 무함마드(Muhammad)이다. 신의 예언자로 그는 선택받았다. 분명히 그는 특별한 능력의 소유자였다. 그렇지만 무슬림 중의 어느 누구도 그가 인간 이상의 존재라고는 생각지 않는다. 그는 단지 천사 가브리엘(Gabriel)을 통해서 계시(啓示)되는 신의 말씀을 인류에게 전해 준 메신저였을 뿐이다.

그러므로 무슬림들을 '무함마드의 신봉자'라고 칭하는 것은 크게 잘못된 것이다. 또한 무함마드교(敎)라는 표현은 있을 수 없다. 그들이 믿는 대상은 오직 하나님 알라(Allah)뿐이다. 무슬림들은 하나님의 의지에 자신을 신탁한 사람들이고, 신의 말씀을 진리로 받아들인 사람들이다. 다시 말해서 이슬람(Islam)은 아랍어 동사 아슬라마(aslama)를 어근(語根)으로 하며, 신의 뜻에 복종(服從)한다는 뜻이다. 아슬라마는 순종하다 혹은 몸을 맡긴다는 의미를 지녔다

이슬람에서 무함마드의 위치는 매우 중요하다. 그가 신의 말씀을 전해준 마지막 예언자이자 인간매체였기 때문이다. 무슬림들의 굳건한 믿음은 그들의 신앙증언문에 함축되어 있다. 무슬림들의 신앙증언문 "라 일라라 일라 알라, 무함마드 라술 알라(la illa ila Allah, Muhammad rasul Allah)"는 "알라 이외에 신은 없고, 무함마드가 신의 사도이다"라는 뜻이다. 무슬림들은 이 신앙증언문을 읊조리는 순간 누구나 무슬림이 된다고 믿는다.

기독교도들은 인류 역사에 대한 신의 개입이 유대공동체가 고통스럽게 로마에 합병당하고 있던 팔레스타인 땅에서 이루어졌다고 본다. 무슬림들은 그 후 600년이 지난 뒤 비잔틴 로마와 페르시아 사산조, 두 제국의 자웅을 겨루며 동방과 서방의 패자로 경쟁하고 있던 시대에 아직 미개하고 순수한 땅이었던 히자즈(hijaz)에서 결정적인 개입이 일어났다고 믿고 있다.

장소와 시간에 대한 이런 견해 차이는 정치권력에 대한 두 종교의 교리 형성에 중대한 영향을 미치게 된다. 나사렛의 예수는 공동체의 종교가 민족적 독립과 직결되어 있던 때에 태어났다. 그렇지만 유대민족의 독립이란 당시로서는 거의 가망 없는 주제였다. 로마제국의 힘에 눌려 민족국가나 유대교 부활을 위한 운동이란 재앙만을 불러올 주제였다. 그리고 실제로 예수가 죽은 지 겨우 40년 밖에 되지 않았을 때 그렇게 되고 말았다. 당시 예수는 좁게는 유대주의, 넓게는 기독교의 비정치적 해석을 설명함으로써 막다른 길목에서 빠져나올 수 있었다.

예수는 선언하였다. "내 왕국은 이 세상에 있는 것이 아니다"라고. 그는 유대교 예언자들이 예로부터 예언해 온 바와 같이 민족적 지도자인 메시아가 도래할 것임을 강조하였다. 예수는 조직화된 정치적 반란을 통해

서 쟁취하는 국가보다는 오히려 믿음·소망·사랑을 통해서 개개인이 성취하는 다가오는 세상에서의 종교적 구원을 제시하였던 것이다. 또 이러한 구원이 단지 유대인에게만 예정된 것이 아님을 밝혔다. 예수는 그것이 세상 모든 사람들에게 똑같이 열려 있다는 것을 가르친 것이다.

예수가 죽은 후 사도 바울이 이 점을 확고히 재천명하였다. 그리고 그 후 기독교는 로마제국 치하에서 고통 받고 있던 모든 사람들에게 사후 더 나은 세상이 존재한다는 희망을 심어주었다. 다시 말해서 그가 추구한 왕국은 현세에 있는 것이 아니었다. 그것은 "카이사르의 것은 카이사르에게, 하나님의 것은 하나님에게 바쳐라"라는 가르침(누가복음 20:25, 마태복음 22:21)으로 간명하게 표현된다. 기독교는 이같이 현세의 정치(국가)와 내세의 종교(교회)를 엄격하게 구분하였다. 정치와 종교를 분리하고 교회라는 개념과 국가라는 개념을 별개로 인식하며 살아온 것이다. 그리고 그것은 종교와 신앙이라는 것이 개인차원의 문제이지 국가가 간여할 필요가 없다고 주장하는 정치사상의 한 학파를 출현하게 하였다. 그 결과 오늘날까지 기독교 세계는 교회와 국가를 분리하는 것을 정도로 삼고 있는 것이다.

그러나 이슬람은 처음부터 국가와 종교를 구별하지 않았다. 무함마드가 세운 이슬람공동체 움마(ummah)는 처음부터 국가라고 불러야 할 것이었다. 그는 메카(Mecca)에서 복음을 전달하는 신의 예언자로 출발하였지만, 메디나(Medina)로 이주한 후에는 공동체를 세우고 국가원수가 되었다. 이 메디나 공동체와 정부는 비록 단순한 형태였지만, 민족·영토·통치권 등 국가의 구성요소를 두루 갖춘 하나의 국가였다. 무함마드는 공공 예배에서 신도들을 인도하였고, 전장에서는 군대를 이끄는 군사 지도자였으며, 공동체 내의 여러 분쟁을 해결하는 중재자이자 재판장이었다. 그밖에도 필요한 제반 법규를 만들고 조약을 체결하였으며, 각 지역에 필요한 행정명령을 내리는 등 명실상부(名實相符)하게 그는 한 국가를 대표하는 국가원수의 지위에 있었다.

그의 뒤를 이은 후계자 칼리파(Khalifah)들도 움마를 통치하기 위해서 무함마드가 행사하였던 정치와 종교 두 분야의 권한과 권위를 그대로 계승하였다. 칼리파들은 움마를 통치하는 정신적 · 세속적 지도권이 그들에게 있다고 믿었다. 또 신민들 역시 이 둘 사이에 어떤 구별을 두지 않았다. 신의 계시에 의해서도 이러한 정교일치 개념은 보증 받고 있다. 꾸란은 신에 대한 복종(종교적 복종)과 현세 통치자에 대한 복종(정치적 복종)을 동시에 가르친 것이다. 꾸란(4:59)에 "오. 믿는 자들아, 알라께 복종하라"고 명시하고 있다. 여기서 권위를 가진 자란 통치자를 뜻한다. 신께 복종하듯이 무함마드와 칼리파들에게도 복종해야 하며, 그렇게 하는 것이 그들의 신앙인 것이다.

그러므로 그들은 독실하고 종교적으로 올바른 인물만이 칼리파로서 하나님의 종복들인 무슬림들을 이끌고 공동체를 위해 선한 정부를 세울 수 있다고 생각하였다. 나아가 정부의 주된 기능도 꾸란에 명시된 대로 신법(神法)에 사람들을 확실히 복종하게 만드는 것이라고 믿었다. 따라서 그들에게는 꾸란을 정확하게 해석해 내는 일이 급선무였고, 또 무함마드가 말하였거나 실제로 실행한 선례들에 비추어 움마의 제반사를 처리하고 판결하려 했다.

이에 따라 꾸란과 예언자 무함마드가 남긴 언행(관행)인 순나(sunnah)는 종교적 · 정치적인 분야를 막론하고 움마 통치의 근간이 되었다. 그들은 그것이 곧 '신법'이라고 생각하였다. 그렇기 때문에 만약 통치정부가 바르지 못하면, 그것은 통치자가 통치하는 방법을 몰라서가 아니라 그 통치자가 더 이상 독실하지 못하거나 종교적으로 바르지 않은 인물이어서 신법인 꾸란과 예언자 순나에 복종하지 않거나 등한시한 때문이라고 생각하였다.

따라서 움마에서는 정치적 반란들이 항시 종교적 이유를 내걸고 정당화되었다. 비록 정치적 이변이 생겨난다 할지라도 종교적 신념이 올바르게 세워져 있는 한 문제될 것이 없다고 생각하였다. 그러므로 공동체 내에서 카와리지(khawariji)나 쉬아(shia) 같은 분파가 생겨나도 묵인될 수 있었다. 나아가서 지방에서 세속권력이나 군사력이 크게 신장되어 중앙 정부에 도전하는 정치적 분열현상이 일어나도 이것 또한 '있을 수 있는 일'로 간주될 수 있었던 것이다.

이러한 현상은 1,400년의 세월이 흐른 오늘에도 마찬가지이다. 무슬림들에게는 정치적인 일이 곧 종교적인 일이며, 이슬람의 역사에서도 칼리파의 지위를 원하는 자나 칼리파를 탄핵하려는 자도 모두 꾸란과 예언자의 순나를 내걸고 투쟁했던 것이다.

4. 이슬람의 성직자 제도

이슬람에는 성직자 제도가 없다. 이 점은 다른 종교사회와 매우 구별되는 점이다. 무슬림은 영적인 어떤 중간매체도 두지 않으며 누구나 신과 직선적인 관계에 있다고 믿는다. 그렇기 때문에 예배 · 선교 · 교육 등 종교생활 운용방식이 다른 종교와 다르다. 종교 교육자나 선교사를 따로 두려고 하지 않는다. 누구든지 선교사이고 훌륭한 교육자임을 자임한다.

이맘(imam)은 집단예배 때 예배를 인도하는 사람이다. 그런데 이맘이 갖는 예배 인도권도 무슬림이면 누구에게나 부여되어 있다. 사막의 배두윈이거나 여행자이거나, 세상 경험이 적은 젊은이거나 학식이 부족한 사람이거나 걸인(乞人)에 이르기까지 누구에게나 이맘이 될 자격이 주어져 있다. 이맘의 지위를 득하기 위해서 성직 수임식 같은 특별한 의식을 필요로 하지 않는다. 다시 말해서 이맘은 누구나 될 수 있으며, 기독교의 성직자 같이 특별한 영적 자질과 권위를 갖추고 예배 같은 종교적 의미를 수행하기 위해 특별히 구별된 사제집단이 존재하지 않는다는 것이다. 믿는 자는 모두 신 앞에서 평등할 뿐이다. 신 앞에서 종교적 의무를 근행(勤行)하는 모습은 누구나 똑같다. 인간은 누구나 자신이 다른 사람보다 더 신에 가까이 있다고 주장할 수 있는 자는 없다는 것이다.

인간의 영혼과 육신은 완전히 신의 소유이다. 신의 본질과 인간의 본질과는 전혀 다르고 관련이 없는 것으로 이슬람은 인간과 창조주 사이의 직선적 관계를 무엇보다도 강조하는 종교이다. 신은 유일한 절대자이고 인간은 다만 신을 경외(敬畏)하며 신의 의지에 복종하는 신의 피조물에 불과하다. 신과 인간 사이에는 어떤 중재자도 둘 수 없다. 이맘과 마찬가지로 이슬람 공동체의 수장(首長)인 칼리파도 신 앞에서는 평신도와 똑같다. 이 점이 중세 서구 기독교세계의 황제나 교황의 지위와 이슬람의 칼리파 지위가 두드러지게 다른 점이다.

칼리파의 권력은 절대 권력이 아니다. 그가 공동체 안에서 종교문제에 대한 지도권을 소유한 것이 틀림없지만, 그 권위나 권력이 신과의 관계에 직결되어 있다거나 신에게서 나오는 것은 아니다. 칼리파는 공동체 구성원 중의 한 사람이고 무슬림들이 종교 수호와 세속정치에 대한 그의 능력과 자질을 신임하고 그에게 충성서약을 함으로써 그의 권력은 비로소 얻어지는 것이다. 다시 말해 칼리파제는 절대 권력의 전제적인 통치권제가 아니며 신에게서 권력을 수임하는 신정주의의 것이 아니다. 오히려 그것은 움마 구성원들의 찬동(贊同)에 의거해서 움마와의 계약에 의해 세워지는 것이다. 움마가 그를 직위 해임할 권한을 가지는 제도이다.

예언자의 유언과 유산을 모아 정리 · 해석하고 초기의 순나에 대한 전통을 보존하고 신법 샤리아를 만드는 작업이 서기 7-9세기 동안 울라마(ulama)로 알려진 이슬람법학자와 신학자들에 의해 이루어졌다. 이들은 문자 그대로 지식(知識) 일므(ilm)를 가진 자들로 무슬림 학자군(群)에 대한 명칭이다. 이들 역시 성직자가 아니다. 그들은 단지 종교에 대한 가르침과 올바른 인도를 할 수 있는 무슬림 지식인들이다. 이들 또한 울라마가 될 때 어떤 성직 수여식이나 특정 종교의식을 거치는 것이 아니다. 울라마는 무슬림 대중으로부터 높은 학식 때문에 존경받는 법학자와 신학자를 비롯한 종교 지식인 모두에 대한 통칭이다.

이슬람 법학자들은 파끼(faqih)라고 부른다. 이에 대해서 까디(qadi)는 국가 또는 정치지도자에 의해 임명되는 판사직이다. 법 집행이나 판결할 때 의문이 생기면 까디들은 무프티(mufti)에게 조회(照會)하게 된다. 무프티는 공식적으로 임명된 지위를 갖고 있느냐 없느냐에 관계없이 이슬람 법에 관한 최고의 지식과 세련된 법 적용의 지혜를 가지고 있다. 그러므로 무프티는 해당 무슬림 공동체가 인정하는 최고 법 전문가에게 주어지는 호칭이다.

무프티는 공식적으로나 개인적으로나 일단 법 결정에 대한 의뢰를 받으면, 자신의 법적 견해인 파트와(fatwa)를 내놓는다. 신법 샤리아에 의해 통치되는 이슬람국가들에서 무프티의 권위는 대단하다. 그러나 서구식 세속법에 기초하는 현대적 국가체제를 가진 나라에서는 무프티의 영향과 권위를 단지 결혼 · 이혼 · 상속 등의 가족법 범주안의 이슬람 법적 문제들에만 한정해 놓고 있다.

II. 꾸란과 샤리아

1. 꾸란의 집대성 과정

꾸란은 신의 말씀이다. 제3대 칼리파 오스만은 재위기간 중에 꾸란의 정본(正本)을 보급시켜 꾸란이 원형 그대로 오늘날까지 현존하게 하는 큰 공적을 남겼다. 원래 꾸란은 구전(口傳)과 필사본(筆寫本) 등 두 가지 방법으로 보존되어 왔다. 구전으로 전해 오던 방식은 무함마드가 천사 가브리엘로부터 계시를 받을 때부터 이어져 온 꾸란 전승(傳承)의 기본적인 형태로서 오늘날까지 수많은 무슬림들이 이 방법을 지켜오고 있다.

꾸란 암송(暗誦)자는 하피즈(hafiz)라고 부르는데, 무슬림 사회로부터 각별한 존경을 받는다. 문자로 기록된 것은 무함마드가 계시 받은 꾸란 구절을 싸하바(sahabah) 앞에서 낭송한 것을 기록한 것이다. 싸하바는 가까운 동료들이라는 뜻인데, 이들 중 일부가 양피지나 얇은 흰 돌판 혹은 대추야자의 넓고 질긴 잎이나 낙타의 어깨뼈 등 기록이 가능한 것에 꾸란 구절을 그대로 받아 적은 것이다. 알라의 계시(啓示)는 메카에서 13년, 메디나에서 10년, 그리고 무함마드가 예언자로서 보낸 23년 간 계속되었다.

초대 칼리파 아부 바크르 때에 배교(背教) 무리들과 벌인 야마마 전투(633)에서 약 70명에 이르는 하피즈들이 사망한 적이 있었다. 이때 오마르 빈 알카탑은 하피즈의 수가 줄어들면 꾸란이 일부라도 유실될지 모른다는 우려에서 칼리파는 지체 없이 기록된 꾸란 구절들을 빠짐없이 모아두어야 한다고 진언하였다. 이에 칼리파는 예언자의 서기 중 한 사람이었던 자이드 빈 사비트에게 명령하여 꾸란에 관한 모든 기록물과 하피즈들이 암송하고 있는 바를 한데 모아 최초로 꾸란을 집대성하게 하였다. 이렇게 모아진 꾸란은 아부 바크르 사후(死後) 칼리파 오마르에게 넘겨졌으며, 오마르가 죽은 후에는 그의 딸이자 무함마드의 부인이었던 하프사가 보관하였다.

칼리파 오스만 시대에 이르자 이슬람 움마가 크게 넓어지고 새로운 정복지에서 개종자들이 증가하여 꾸란 암송을 제대로 하지 못하거나 잘못 읽혀지는 사례가 속출하였다. 뿐만 아니라, 꾸란 독송(讀誦) 방법이 지역마다 달라지고 꾸란의 이본(異本)마저 나타났다. 이에 따라 칼리파 오스만은 651년 압둘라 빈 자이드와 사이트 빈 알 아스 등에게 하프사가 보관하고 있던 꾸란 원본의 필사본을 만들고 다른 꾸란 이본들을 모두 소각하도록 명령하였다.

이런 과정을 거쳐 완성된 꾸란 정본을 쿠파 · 바스라 · 다마스커스 · 카이로 등지에 꾸란을 완벽하게 암송하는 하피즈와 함께 보내어 현지의 움마에서 꾸란이 온전하게 보존되고 올바른 암송이 이어지게 하였다. 그 후 꾸란은 오늘날까지 한자의 첨삭(添削)도 없이 보존되고 있다. 그래서 오늘날 어느 꾸란이든지 겉장 표지를 넘기면 오스만본(本)이라고 쓰여진 것을 확인할 수 있다.

2. 꾸란의 내용

꾸란의 어의(語義)는 '읽는 것' 이지만, 신학적으로는 구체화된 '신의 말씀' 으로 해석된다. 보통 알 키탑(Al Kitab)이라고 하거나 성서(聖書)라는 의미를 담아 키탑 알 무깟다스라고도 부른다. 그러나 가장 널리 불리는 명칭은 '고결(高潔)한 꾸란' 이라는 의미를 가진 알 꾸란 알 카림(Al Qu'ran al Karim)이다. 꾸란은 '영원한 것' 으로 무슬림들은 천상에 있는 원형의 정확한 복사본이라고 믿고 있다. 천사 가브리엘을 통해서 예언자 무함마드에게 전해져서 이 땅에 내려졌다는 믿음이다. 기독교에서는 신의 말씀이 '육신화'(요한 1: 1)되었음을 믿는데, 무슬림들은 신의 말씀이 '꾸란이 되어 내려왔다' 고 믿는다.

또한 기독교의 성경(*Bible*)이 여러 다른 시대와 다른 장소에서 많은 사람들에 의해서 오랫동안 여러 가지 서로 다른 언어로 쓰여진 것을 결집한 것이지만, 꾸란은 한 장소에서 한 인물에게 비교적 짧은 기간(610-632) 동안 계시되고 완성되었다. 또한 성경이 영감에 의해 쓰여진 것이라면 꾸란은 가브리엘을 통해서 내려진 천상의 말씀을 그대로 받아 적은 것으로 말씀의 주체가 알라(Allah: 하나님)이다. 따라서 꾸란은 대개 "알라께서 말씀하시기를"이라는 말로 시작되거나 신(神) 자신이 말씀의 주체가 되어 "(무함마드여) 말하라"로 명령하거나 "우리는…"이라고 주어(主語)로 시작된다.

꾸란은 총 114장(章) 6,200여 절(節)로 구성되어 있다. 계시의 연대순이 아니라 첫 장(개경장)을 제외하고는 장단의 길이에 따라 배열되었다. 가장 긴 장(제2장)으로부터 점점 짧은 장의 순서로 배열되어 있다. 꾸란의 제2장은 286절로 구성되었으나, 제103장은 단지 3-6절로 구성되어 매우 짧다. 각 장은 '암소' 의 장, '거미' 의 장 등과 같이 독특한 장명(章名)이 붙어 있다.

꾸란은 또한 메카 계시와 메디나 계시로 나누어 볼 수 있다. 메카 초기의 계시들은 주로 인간과 신과의 관계, 최후 심판의 날 등을 다룬 내용들로 대체로 간결하고 시(詩)처럼 운율적이며 비유적 표현을 많이 쓰고 있다. 이에 비해서 메디나 계시들은 무함마드가 움마를 세우고 수장이 된 환경의 변화 때문인지 법률적이거나 사회적 문제들을 많이 다루고 있으며 대부분이 산문체이고 문장 또한 매우 길다.

무슬림들은 아랍어로 계시된 꾸란이 다른 언어로 번역되는 것을 엄격하게 금지해 왔다. 진리의 말씀을 올바르게 전수받기 위해서는 아랍어 원문의 꾸란을 그대로 암송하고 아랍어 원문대로 이해해야 한다는 것이다. 신의 말씀에 대한 인위적 해석으로 오류(誤謬)가 발생되는 것을 막고자 했기 때문이다. 그러나 근세에 이르러 인도네시아와 터키를 비롯한 비(非)아랍국들에서 꾸란 번역본이 출간되었다. 나아가서 이슬람 선교를 위해서 다른 언어로의 번역도 허용하였는데, 그것은 어디까지나 '의미상의 번역'일 뿐이다.

꾸란 내용의 중심은 신앙과 실천의 여섯 가지 믿음과 다섯 가지 기둥에 대한 가르침이다. 이러한 이슬람의 중심 교리가 다양한 문체로 꾸란 전체에서 계속 반복되면서 인간의 영적 세계와 세속사회 전반을 구속하고 있다. 그리고 이것들은 직선적이고 명료하게 계시되어 있다. 예를 들면 결혼과 이혼 · 상속 · 고리대금과 이자 · 전쟁포로와 전리품 분배 등에 이르기까지 인간 세계의 모든 면을 포괄하는 내용을 담고 있다.

꾸란의 언어 · 문법 · 표현의 특색 등 꾸란 원문을 검색하고 해설하는 행위인 타프씨르(tafsir) 연구는 무함마드 때부터 이루어졌다. 이 타프씨르는 오늘날 꾸란 주석학으로 알려져 있다. 무하마드는 그의 교우들에게 계시의 여러 단락들을 설명하였다. 그의 동료들 역시 이에 대한 해석에 관심을 기울여 그 연구영역을 넓히기 위해 기독교와 유대교에 대한 지식을 쌓기도 하였다. 수세기에 걸쳐 이러한 꾸란 주석학의 학문적 흐름이 이어져 나왔다. 이를 전통적 꾸란 주석학이라 칭하는데, 이슬람 초기 시대부터 꾸란 구절의 언어상 · 문법상 · 해석상의 주해(註解)들이 이러한 구전

(口傳)의 방식으로 전승되었다.

이슬람 초기 2-3세기 동안 꾸란 주석학의 주해가 크게 늘어나고 보다 구체화 되었다. 이러한 현상은 곧 신학파와 법학파들이 생겨나고 각 계파 간의 논쟁으로 비화되는 요인이 되기도 하였다. 이러한 전통적 주석의 분야에서 최초로 가장 큰 업적을 쌓은 석학은 아브 자으파르 알 타바리였다. 그는 총 30권에 달하는『꾸란주석』을 내 놓는다. 알 타바리는 꾸란 학자이자 법학자였고 역사가였다. 철저한 연구와 피나는 노력으로 꾸란에 관련된 수많은 학술정보를 수집하였고, 이들을『꾸란주석』에 담아내었다. 예언자 사후 2세기 반이 넘는 동안의 꾸란 주석들을 정리하고 당시까지 소실되었던 많은 양의 전통적 주석들을 찾아내어 재구성한 것이었다.

알 타바리의 타프씨르는 꾸란 주석학의 지침서가 되었고, 후대의 학자들이 더욱 세밀한 주석을 달게 하는 토대가 되었다. 그 대표적인 예가 알 자마크 샤리(1144년 사망)의 꾸란 주해서『캇샤프(khsahshaf)』이다. 이성주의 신학파인 무으타질라파의 한 사람이었던 그는 이성에 의거한 주석 방법을 따랐다. 정통 순니들은 이러한 방식이 무으타질라파의 지지를 받고 그들에 의해서 채택되었기 때문에 반대하는 입장이었다. 그러나 중세 이슬람 세계가 낳은 가장 위대한 신학자였던 아부 하미드 알 가잘리(1111년 사망)도 이런 이성적 주석의 방법에 따라 타프씨르를 펴냈다. 그리고 뛰어난 문법학자였던 알 자마크샤리의 언어적 천재성은 그의 타프씨르 순니 이슬람세계에서 오늘날 비공식 경전과도 같은 표준본의 위치를 차지하고 있다. 철저하게 정형적인 순니의 입장에서 보편적이고도 정확하게 꾸란을 해석하였으므로 오늘날까지 가장 널리 익히는 타프씨르가 된 것이다.

3. 이슬람법 샤리아

흔히 신법(神法)으로 표현하는 샤리아(sharia)는 이슬람법(法)을 말한다. 중동 사람들의 삶은 전적으로 이슬람법 샤리아의 지배를 받는다. 그러므로 중동인의 사고와 생활방식을 제대로 이해하려면 무엇보다 샤리아를 잘 이해하여야 한다. 무슬림 법학자들이 정의하는 법의 개념은 우리가 이해하고 있는 법의 개념과는 사뭇 다르다. 그것은 인간 지혜와 이성의 산물로써 변화하는 사회적 요구에 부응하기 위해 만들어진 것이 아니라, '신성한 신의 계시에 의해서 불변의 것'으로 만들어지고 예언자를 통해서 계시(啓示)된 신(神)의 의지(意志)라는 것이다.

이와 같은 천계법(天啓法)의 개념은 '주권자의 의지는 곧 법'으로 받아들였던 셈(Sem)족 종교의 특유한 면이다. 무슬림에게는 신이 공동체의 주권자이고, 입법자이기 때문이다. 그렇기 때문에 법을 어기거나 침해하는 행위, 법을 소홀히 하거나 태만시하는 행위는 사회조직과 질서를 파괴하는 행위일 뿐만 아니라 신에 대한 불복종 행위로서 엄중하게 심판해야 할 죄(罪)가 된다는 것이다.

이슬람법 샤리아는 길을 뜻한다. 무슬림이면 누구나 '복종하고 좇아야 할 길'으로서 진리를 향해 가는 길, 즉 '알라께로 나아가는 길'이다. 그 목표는 신의 의지에 대한 귀의(歸依)이자 복종이다. 무슬림은 누구나 이 길을 그대로 지키고 따라가기만 하면 신의 의지에 도달하고 또 복종하게 된다. 샤리아는 최고의 권위를 가지며 공동체생활의 중심이 되어왔다. 그리고 이슬람 초기시대부터 무슬림 사회는 법학을 신학보다 상위(上位)의 개념으로 받아들였다. 그것은 이슬람이 다른 종교와는 다른 '신앙과 실천의 세계'이고 현세의 삶을 중시하는 종교이기 때문이다. '어떻게 사는냐' 하는 이슬람 공동체 생활에서의 실용적 요구가 먼저 법학을 발달시키고 이를 체계화하였다.

법은 인간행위의 자유를 제한하는 것으로 삶의 정신적 측면과 육체적 측면을 동시에 구속한다. 이들 법의 내용은 신과 인간과의 관계를 규정하는 부분과, 인간과 인간과의 관계를 규정하는 두 부분으로 크게 나누어 볼 수 있다. 전자의 것은 예배 · 단식 · 순례 등 종교적인 실천의 의무와 신앙 측면의 것을 담은 불변의 것이고, 후자의 것은 가족 · 혼인 · 상속 · 상행위 등 개인과 공동체 생활에 관계한 사회적 측면의 것으로 가변적인 것이다. 샤리아에서 인간의 행위는 다음 다섯 범주의 것으로 나누고 있다.

- 와집(wajib) : 무슬림이면 누구나 꼭 해야만 하는 '의무적인 행위'이다. 예배 · 단식 등이 이에 해당된다. 와집의 실천은 보상을 받고 태만한 경우에는 처벌을 받는다.
- 만두브(mandub) : 의무적인 것은 아니나 권장 받는 행위들이다. 부모에 효도하고 형제간에 우애를 다지며 이웃과 가깝게 지내는 행위 등이 이에 속한다. 이런 행위를 실천하면 보상을 받으나 태만하다고 해서 처벌을 받지는 않는다.
- 자이즈(jaiz) : 해도 좋고 안 해도 좋은 법과는 무관한 행위들로 일상생활에서 법과 무관하게 일어나는 모든 행위들을 말한다. 실천이나 태만이 보상이나 처벌과는 관계가 없다.
- 마크루흐(makruh) : 금지된 것은 아니나 피하도록 권고 받는 행위들이다. 과도한 흡연처럼 바람직하지 못한 행위로 권장하거나 승인을 받지 못할 범주의 행위들이지만 그렇다고 해서 처벌까지 받지는 않는다. 그렇지만 삼가야 할 행위들이다. 마크루흐 행위들에 대해서는 학자들 간에 견해 차이가 크다.
- 하람(haram) : 음주나 도박처럼 금지된 것으로 무슬림이라면 절대로 해서는 안 되는 행위들이다.

인간이 저지르는 행동이 과연 어느 범주에 속하는 것이냐를 두고 이슬람 법학자들 사이에 당연하게 이견(異見)이 발생하였다. 어떤 법학자는 그 행위를 마크루흐라고 보는데, 다른 법학자는 하람으로 금지하였던 것이다. 한편 자이즈는 윤리적으로나 법적으로나 문제될 것이 없는 행위로서 인간 행위의 대부분을 차지한다. 나머지 행위들은 결국 그 행위가 해도 좋은 것이냐, 해서는 안 되는 것이냐에 따라 크게 두 범주로 나누어질 것이 분명하였다. 무슬림들은 이것을 할랄(halal)과 하람(haram)으로 구분하였다. 할랄은 '허용된 것'이며, 하람은 '금지된 것'으로 하람의 행위는 엄격하게 금지하게 되었다.

샤리아의 법원(法源)으로는 『꾸란(Al Qu'ran)』과 예언자 무함마드의 언행록인 『하디스(Al Hadith)』를 든다. 꾸란과 하디스에 언급된 것은 모두 샤리아의 법원이다. 그래서 꾸란과 하디스를 이슬람법의 양대 법원이라고 일컫는다. 그런데 이 두 법원에서도 판결의 법적 근거를 찾지 못할 경우가 발생하게 된다. 이런 경우에는 이미 만들어진 법적 결정을 근거로 유사한 상황을 찾아내어 적용하거나, 움마의 관행(sunnah)에 비추어 결정하는 끼야스(qiyas)가 있다. 끼야스는 유추(類推)하여 해석(解釋)한다는 뜻이다. 또 다른 법원으로는 공동체에서 합의(合意)를 이끌어 내거나 혹은 법학자들의 집단적 협의(協議)에 의해서 결정에 도달하는 이즈마아(ijmaa)가 있다. 이즈마아는 합의라는 뜻이다. 이 같은 법원들에 대한 논의가 서기 8세기 말 무렵에 저명한 이슬람법학자 알 샤피이에 의해서 정립되어 꾸란·하디스·끼야스·이즈마아가 이슬람법의 4대 법원이 되었다.

4. 이슬람의 4대 법학파

이슬람 4대 법원의 해석이나 적용범위에 대한 이견으로 이슬람 법학파가 생겨나게 되었으며, 법학자들 간의 논쟁 속에서 법학이 발전하고 체계화가 이루어졌다. 첫 번째 법학파는 8세기에 쿠파에서 태어나 바그다드에서 사망한 이맘 아부 하니파(699-767)가 이라크에서 세웠다. 이라크 법학파라고도 불리는 이 하나피(Hanafi) 법학파는 무슬림 개개인의 이성과 자유의지를 존중하였다. 이에 따라 꾸란에 명시되어 있지 않은 사안의 경우, 개인적 견해인 라이(ray)로 이성적 판단에 의해 법적 결정에 도달하려 했다. 아부 하니파는 끼야스를 법적 추론의 새로운 방법으로 처음 사용한 장본인이었다. 그 후 하나피파는 끼야스를 법체계에 가장 많이 적용하는 학파가 되었다.

두 번째 이슬람 법학파는 메디나에서 이맘 말리크 빈 아나스(714-795)에 의해 만들어진 말리키(Maliki) 법학파로 메디나 법학파로도 불린다. 그는 하디스 수집의 대가였다. 그리고 메디나는 무슬림공동체의 발원지이자 초기 중심지였으므로 이슬람의 권위 있는 전통과 구전되어 온 정통 하디스들에 준거하여 이슬람 법학 이론을 발전시켰다.

세 번째 법학파는 이맘 말리크의 수제자였던 무함마드 빈 이드리스 알 샤피이(767-820)가 세웠다. 그는 말리키 법학뿐만 아니라 바그다드로 나아가 하나피 법학 체계에도 통달하였다. 그 후 815년 이집트 카이로로 옮겨가 이슬람 전통 사상을 근거로 하였던 말리키 법학파와 이성을 중시하였던 하나피 법학파의 절충적 조화자로서 독자적인 이슬람법 이론을 발전시키고 새 법학체계를 완성하여 샤피이(Shafii) 법학파를 창시(創始)하였다. 그는 하나피 법학파에 의해서 자유롭게 적용되었던 끼야스의 방법론을 최소화하고, 말리키 법학파의 중심 법체계를 이루고 있던 메디나의 전통과 관행에서 하디스만을 법원으로 채택하였다.

네 번째 법학파는 샤피이의 제자인 아흐마드 빈 한발리(780-855)에 의해 세워졌다. 이를 한발리(Hanbali) 법학파라고 한다. 그는 기존 세 학파가 이성에 의한 법체계 구성 방법을 수용한 데에 반발하고 이슬람 법원은 오직 꾸란과 하디스에만 의존해야 한다고 주장하면서 독자적인 법학 체계를 세웠다. 한발리 학파는 이성의 적용으로 인해서 자의적인 결론에 도달할 수 있으며, 이로 인해서 순수한 진리로부터 멀어질 수 있다는 위험성을 지적한 것이다. 따라서 이들은 비록 검증에서 뒤떨어지는 하디스 하위의 다이프(daif)라 할지라도 그것을 법원으로 채택하는 것이 인간의 이성에 의존한 것보다 진리에 가깝고 옳은 방법이라고 주장하였다.

한발리 법학파는 유추(類推) 방법론(方法論)을 거부한 것인데, 이같이 합리적인 것을 배격하였으므로 매우 보수적이고 엄격하여 관용성이 적은 법체계를 이루고 있다. 이맘 한발리가 얼마만큼 하디스를 고수하고 이성적인 생활을 멀리했는가 하는 것은 그에 관한 일화에서도 엿볼 수 있다. 그는 평생 수박 먹기를 거부했는데, 그것은 예언자 무함마드가 수박을 먹어도 좋다고 말한 어떤 증거도 찾지 못했기 때문이라고 했다고 한다.

5. 이즈티하드와 무깔리둔

이슬람 4대 법학파는 흔히 순니 4대 법학파라고 한다. 이들의 법체계는 법구성의 특성 때문에 세부적인 면에서는 차이점을 찾아 볼 수 있지만, 대개는 형식적인 차이고 본질적인 문제점에서는 큰 차이가 없다. 따라서 이들은 서로 상대 학파의 체계를 정통의 것으로 인정하고 있다.

이러한 과정을 거쳐서 이슬람법은 8-9세기 동안 완성되었다. 그 후 10세기에 들어서자 법학자들은 인간행위에 대한 본질적인 문제들에 충분한 법적 논의가 이루어졌고 최종적인 법 결정들이 내려졌다고 판단하였다. 이에 따라 향후 이슬람 종교법에 대한 독자적인 법 견해를 개진하는 행위를 금하였다. 그리고 무슬림이면 누구나 네 학파 중의 하나를 택하여 신앙생활을 하게 되었다. 이를 마즈하브(madhhab)라 한다. 이에 따라 오늘날까지 4대 법학파가 무슬림 사회의 법무를 지배하고 있고, 마즈하브 원칙에 따라 모든 순니 세계 무슬림들은 어느 하나의 학파에 속하게 되어 있다.

오늘날 하나피 법학파는 이라크 · 터키 · 동유럽 · 아프가니스탄과 구소련의 중앙아시아 · 중국 · 파키스탄과 인도 그리고 이집트의 카이로와 델타지역에서 우세를 나타내고 있다. 말리키 법학파는 모로코 · 알제리 · 튀니지 등 북아프리카와 스페인 · 이집트의 일부 지역 · 수단 · 쿠웨이트 · 바레인 등지에 퍼져 있다. 또한 샤피이 법학파는 팔레스타인 · 레바논 · 예멘과 동남아시아의 인도네시아와 말레이시아, 동부 아프리카와 인도양 연안에 걸쳐서 광범위하게 퍼져있다. 한발리 법학파는 사우디아라비아를 중심으로 우세를 나타내고 있다. 오늘날 사우디아라비아가 술과 담배를 금하고 여성들의 옷차림에서부터 엄격한 형법의 시행까지 일상생활의 규범이 다른 지역보다 훨씬 경직되고 융통성이 적은 것은 이곳 사람들이 한발리 법학파에 속해있기 때문이다.

한 가지 흥미로운 사실은 한 무슬림이 자신의 마즈하브의 해석에 따라 제재를 받게 되었는데, 이에 불복(不服)하는 경우가 생길 수 있을 것이다. 이 경우, 그는 다른 마즈하브의 해석으로 재판을 받을 수 있다는 사실이다. 그러니까 한발리 법정에서의 유죄가 하나피 법정에서는 무죄가 될 수도 있다는 것이다. 중동과 이슬람 세계에서 이러한 여러 마즈하브가 비교적 평화스럽게 공존하고 있는 것은 상호관용의 이슬람법 정신을 보여주는 실례이기도 하다.

그러나 이러한 경향과 상반되는 주장도 강하다. 10세기 이후 법학자들 사이에서는 이성의 적용은 그만큼 합리적이고 인위적이기 때문에 진리에서 멀어질 수 있다는 사고가 지배적이었다. 이에 따라 이슬람 종교법에 대한 '독자적 법 견해를 세우는 행위'인 이즈티하드(ijtihad)를 금지하였다. 점차 이즈티하드의 문을 닫았던 것이다. 그 후 무슬림들은 단지 무깔리둔(muqalidun)이 되었다. 무깔리둔은 모방자(模倣者)라는 뜻으로 4대 법학파의 법체계 중 하나를 비판 없이 따르는 마즈하브의 추종자라는 의미이다.

10세기 이후 근세에 이르기까지 대략 1,000년의 세월을 중동 이슬람 세계의 무슬림들은 옛 전통을 절대적인 진리로 알고 변함없이 따르고 있는 것이다. 따라서 중동 이슬람 세계는 변화하는 세계 속에 그만큼 경직되고 비합리적 사회로 비쳐지게 되었다. 그러고는 서구문물이 밀물처럼 쏟아져 들어온 19세기 말에서 20세기 초에 이르러서 근대 이슬람 개혁운동이 일어나게 되었다. 자말 알 딘 알 아프가니나 무함마드 압두 같은 무슬림 선각자들이 서구문명의 수용과 더불어 이즈티하드 창출의 문을 다시 활짝 열어놓을 것을 주장하기 시작한 것이다.

한편 쉬아는 그들 나름대로의 법학체계를 형성하고 법 이론을 발전시켰다. 쉬아 역시 꾸란과 순나를 법원으로 삼은 것은 순니와 동일하다. 그러나 순나에 대한 해석과 적용이나 채택에서 쉬아와 순니 사이에는 상당한 차이를 보인다. 쉬아는 공동체에서 만들어지는 이즈마아(합의)를 허용하지 않는다. 그들은 그것을 과오가 없는 무오류의 이맘의 역할이자 몫으로 대체하였다. 그들은 이맘에게 신자들이 '해야 할 것'과 '하지 말아야 할 것'을 결정하게 하는 독점적인 법 판결의 특권을 부여하였다. 이맘은 법해석의 권리를 갖고 높이 존경받는 신성한 지도자로 여겨진다.

쉬아파는 그들 나름대로의 전통을 중시하고 쉬아 법학자와 신학자에 의해 구체화된 그들의 법전을 갖게 되었다. 그러나 비록 쉬아와 순니 간 전통적 유산과 공동체에서의 법 해석은 다를지라도 일반적인 종교적 관점인 딘(din)은 근원적으로 똑같다. 딘 자체가 종교(이슬람)라는 뜻이다. 따라서 쉬아 이슬람이란 표현은 잘못이다. 단지 그들은 그들의 전통(傳統)과 법통(法統)을 따르는 쉬아 무슬림인 것이다.

III. 이슬람 신앙의 믿음과 의무

1. 여섯 가지 믿음

가. 알라의 유일성

이슬람의 근본교리는 유일신 하나님을 믿고, 무함마드가 하나님의 사자(使者)임을 믿는 것이다. 이 근본교리로부터 이슬람 신앙의 여섯 가지 믿음과 다섯 가지 의무가 구체화되었는데, 알라의 유일성이 그 중심에 있다. 신의 절대적 단일성에 대한 믿음으로 이를 타우히드(tawhid)라고 한다. 신의 유일성을 침해하는 어떤 행위도 용납하지 않는다. 신성(神聖)에 관한 한 어떤 복수적(複數的) 개념도 허용되지 않는다.

무슬림들은 그들이 유일한 일신교도(muwahhidun)라는 자부심을 갖고 있다. 알라께 어깨를 나란히 하며 견주려는 쉬르크(shirk)를 두는 자는 무슈리쿤(mushrikun)이라고 한다. 우상숭배자라는 뜻이다. 이는 용서받을 수 없는 대죄(大罪)이다. 이슬람에서 하나님은 유일자이자 절대자이며 초월자인 동시에 영원한 존재자이고 만물을 창조하고 보양(保養)한다. 또한 전지전능한 주권자이자 최후심판의 주재자라고 믿는다.

나. 천사들

무슬림들은 천사들의 존재와 그들이 신의 조력자(助力者)이자 신의 사자임을 믿는다. 천사들 모두가 신의 선한 창조물인데, 그 중 하나만이 악이 되었다. 신께서 아담을 창조하신 후, 아담에게 절할 것을 천사들에게 명령하셨다. 신께서는 인간을 만물의 영장으로 택하신 것이다. 천사들 모두가 순종하였으나 이블리스(iblis)만이 절하지 않아 그는 사탄(shaitan)이 되어(꾸란 7:11-18) 쫓겨났다. 그 후 그는 인간을 타락으로 이끌고 신께 거역하게 만드는 악령들의 우두머리가 되었다.

꾸란에는 여러 천사들이 등장하는데, 그 중에서도 계시의 천사 가브리엘이 특히 돋보인다. 꾸란을 무함마드에게 전하고 예수의 탄생을 동정녀 마리아에게 알린다. 미카엘 · 하루트 · 마루트 천사들이 신의 권좌를 받들고 있으며, 최후의 심판의 날을 알리는 천사는 이스라필이며 아즈레일은 죽음의 천사이다. 모든 인간의 선행과 악행을 키라물과 카티빈이라는 두 천사가 감시하고 모든 행위를 기록한다. 문카르와 나키르는 무덤의 천사이고, 천국의 일은 라드완 천사가 맡고 지옥의 일은 말리크 천사가 맡는다.

다. 예언자들

예언자들과 신의 사자들에 대한 믿음이다. 신은 인류 공동체에 자신의 존재와 의지와 진리를 가르쳐 주고 심판의 날을 경고하기 위해서 예언자(al-nabi)와 사자(al-rasul)를 보내셨다. 인류 공동체의 일부는 이들을 받아들이고 순종하였으나, 다른 일부는 이들을 거부하고 박해하여 신으로부터 저주와 벌을 받고 멸망하였다. 인류공동체는 신의 가르침을 원형대로 보존하지 못하고 인간의 자유의지로 때로는 왜곡시키고 변경하였다.

신은 이러한 오류를 경고하고 바르게 잡아주기 위해서 다시 예언자와 사자를 파견하신다. 무함마드는 이러한 예언자들의 마지막 신의 사자로 보내졌다. 인류 공동체에서 왜곡된 부분을 정확하게 정정하고 보완하기 위해서였다. 무슬림들은 하디스에 근거하여 예언자 수가 무려 124,000명에 이른다고 말하고 있다. 꾸란에도 28명의 예언자가 등장하는데, 대부분이 구약과 신약 성경에서 언급되는 동명의 인물들이다. 성경에 등장하지 않는 예언자로는 후드 · 슈아이브 · 살리흐 등이 있는데, 이들은 아라비아의 예언자들이다.

예언자 중 313명이 신의 사자(rasul Allah)로 불려진다. 그 중에서 아담 · 노아 · 아브라함 · 모세 · 예수와 같이 신의 사자들 중의 일부는 신으로부터 특별한 권능을 부여받아 인간세상에서 많은 기적을 베풀기도 하였다. 그들의 행적은 신으로부터 내려진 신의 징표들이다. 그러나 중시해야 할 것은 비록 그들에게 초인간적인 요소가 보였다 할지라도 어디까지나 그들도 신의 피조물이고 인간들이라는 점이다. 꾸란에서는 이 점이 특별히 강조되었다. 무함마드는 신의 경고와 복음의 메시지를 인류에게 전달하는 중요한 임무를 띠고 태어난 신앙과 실천의 모범이 되는 사람으로 살다가 죽은 한 사람의 인간이었다. 예수와 모세의 경우도 마찬가지다.

라. 경전들

신으로부터 계시된 성서들에 대한 믿음이다. 예언자들은 영감(靈感)을 칭하는 와히(wahy)에 의해서 계시(啓示)를 받는다. 모든 경전들은 전적으로 신의 말씀들이다. 신께서는 예언자들을 통해서 여러 시대에 걸쳐 104권에 이르는 성스러운 경전들을 보냈다. 그 중 비교적 짧은 100권의 경전들이 아담 · 셋 · 에녹 · 아브라함 등에게 내려졌으나 지금은 사라지고 없다. 그러나 네 권의 중요 경전들이 모세의 오경인 토라(Torah), 다윗의 시편인 자브르(Zabur), 예수의 복음서인 인질(Injil), 무함마드의 꾸란(Qu'ran)으로 내려졌다.

이 모든 경전은 원래 천상에 있는 원형과 똑같은 것들이고, 동일한 중심적 메시지를 담고 있다. 그런데 다시 여러 시대가 바뀌면서 이슬람 이전의 백성들(유대교와 기독교도들)은 그들의 주장을 정당화하기 위해서 근원적인 메시지를 변모시켰다. 꾸란에 경전이 내려진 이유는 그 때문이다. 무슬림들은 꾸란이야말로 다른 경전들을 보완하고 확증(確證)케 한 가장 순수하고 완전한 신의 말씀이라고 믿는다. 꾸란은 단 한 글자의 첨삭도 없이 오늘날까지 보존되어 왔다.

마. 최후의 심판

심판의 날과 부활에 대한 믿음이다. 이날에 관한 계시는 세상의 종말과 영원한 내세관을 상세히 담고 있다. 중동의 다른 종교인 조로아스터교나 유대교 또는 기독교에서 보는 최후심판에 관한 언급과 근원적인 내용면에서 평행적이지만, 이슬람에서는 명확한 묘사가 돋보인다. 후일 신학자들이 더욱 정교하게 다듬은 꾸란의 종말론(終末論)은 독특하면서도 탁월하다. 그렇기 때문에 특히 중세 이후 서양의 기독교세계의 종말론적 사고에 큰 영향을 끼쳤다. 그 예가 단테의 『신곡』에서 잘 나타나 있다.

최후 심판의 날은 꾸란의 여러 장에 언급되어져 있지만, 그 중에서도 꾸란 제75장은 부활에 대해서 거의 대부분을 할애하고 있다. 이날은 종교의 날, 최후의 날, 부활의 날, 그날, 구별의 날, 운명의 날 등 여러 형태의 표현으로 묘사되어 있다. 어쨌든 이날의 도래는 '의심할 여지없고 피할 수 없는' 운명적인 것이다. 이날은 오직 신만이 아시는 날로 천둥소리와 큰 외침, 나팔소리가 울려 퍼지면서 갑작스럽게 다가오는 것으로 묘사되어 있다. 자연계는 뒤집히고 천지개벽이 일어나 우주의 질서는 완전히 뒤바뀐다. 그러니까 죽은 자와 산 자 모두가 심판자인 알라 앞에 서게 될 것으로 묘사되고 있다.

알라의 계획은 전혀 생소한 것으로 인간은 개인마다 각자의 기록이 담긴 책을 오른손 또는 왼손에 받게 된다. 이때 천사들은 그 사람이 행한 행위에 대해 증언을 할 것이고, 죄과(罪過)는 저울에 달아져 오른 손에 책이 놓이는 자는 축복받는 자이지만, 왼 손에 책이 놓이는 자는 저주받은 자로 그것은 영원한 파멸을 의미한다. 물론 그 결과는 천국과 지옥이다.

꾸란에는 천국과 지옥에 대한 수많은 기록들이 발견된다. 지옥은 자한남(jahannam)이라고 부르는데, 이것은 헤브라이어의 게헤나(gehenna: 히놋 골짜기)에 어원을 두는 것 같다. 일반적으로 널리 알려져 있는 지옥의 이름은 안나르(an-nar)이다. 불지옥이라는 뜻이다. 그곳에서는 고통으로부터 어떤 유예도 있을 수 없다. 활활 타는 사나운 불의 형벌이 있는 곳이다. 이와는 반대로 천국은 아름다운 낙원으로 그려져 있다. 맑은 물이 흐르고 과일과 술과 후리스(huris)라 부르는 크고 까만 눈을 가진 아름다운 미녀들이 있는 곳이다. 천국에 대한 내용은 통일되거나 체계적이지 않지만, 매우 생동적이고 무엇보다도 행복과 기쁨에 대해서 교훈적이다. 이러한 설명들은 무슬림들에게 지대한 영향을 미쳤고, 그들이 뚜렷한 내세관을 갖게 하는 주요인이 되었다.

바. 정명론(定命論)

운명과 신의 예정에 대한 믿음이다. 이에 대한 원론적인 믿음은 인간행위가 선악(善惡)에 관계없이 하나님의 의지에 따라 '천상의 서판(書板)'에 기록되어 변경되거나 취소될 수 없다는 것이다. 이 정명론은 중세에 이성을 중시하며 사변적(思辨的) 신학이론을 전개했던 무으타질라파에 의해서 도전을 받았다. 그렇지만 꾸란에는 이를 뒷받침하는 많은 구절들이 있고, 따라서 순니 무슬림들은 정명(定名)을 믿는다. 그러면서도 정명론은 오늘날까지 이슬람교리학 연구에서 가장 많이 토론되는 주제의 하나이다. 또한 이러한 논란이나 담론이 인간의 자유의지를 옹호하는 것인지, 혹은 정통 순니 이슬람 교리에서의 정명론을 옹호하는 것인지 명확히 구별되지 않는 경우가 간혹 발견된다. 그러나 양자의 견해가 서로 교화되어 두 견해에서 정명의 의미가 포괄적으로 함축되어 있음을 알게 된다.

사. 이슬람의 믿음에 대한 이견

이상에서 본 여섯 가지 믿음이 이슬람 정통교리의 중심이다. 이를 이만(iman)이라 칭하는데 신앙(信仰)이라는 뜻이다. 그리고 이만을 가진 자를 신자(信者)를 지칭하는 무으민(mumin)이라고 부른다. 이슬람은 '신앙과 실천'의 종교이다. 그러므로 정통교리(*orthodoxy*)와 정통행동방식(*orthoproxy*)을 '같은 양식의 것'으로 파악할 때 비로소 이슬람을 올바르게 이해하고 있다고 말할 수 있다.

일부 기독교 신학자들은 이슬람이 실천을 중시하고 신에 대한 헌신과 복종을 강조하는 종교이기 때문에 이슬람은 영적인 면과 실천적인 면에서 기독교보다 유대교 쪽에 더 가깝다고 말하고 있다. 기독교는 교리의 명료성과 신조와 원리 그리고 신학에 대한 이해를 끊임없이 강조한다. 그러나 이슬람과 유대교는 종교를 생활의 한 방편으로 보고, 신(神)의 주권(主權) 아래 삶의 예배화를 보다 더 강조하고 있다고 보는 것이다. 이것은 매우 타당한 분석일 수 있다. 두 종교 전통에서는 무엇보다 '하라'와 '하지 말라'는 신이 정해 놓은 지침을 따라야 하고, 정해진 예배를 드려야 하는 것이 중시되기 때문이다. 이러한 유사점이 바로 메디나의 유대인들은 처음에는 무함마드를 동료로 생각하였던 이유였을 것이다.

그러나 두 종교는 융합에 실패하고 말았는데, 그것은 종교 자체의 기본적·구조적·기능적 연관성의 부족 때문이 아니라, 단지 무함마드를 신의 예언자로 인정하느냐 않느냐 하는 데에 있었다. 유대교로서는 기독교의 예수도 마찬가지였다. 그들로서는 예수를 그들이 기다리고 있던 메시아로 인정할 수 없었다. 마찬가지로 기독교에서도 무함마드를 인정하지 않았다. 기독교도들은 무함마드를 그들이 기다리고 있던 메시아로 받아들일 수 없었던 것이다.

2. 다섯 가지 의무

가. 신앙 증언

무슬림들이 의무적으로 실천해야 하는 신앙의 다섯 가지 의무 중 샤하다(shahadah)라 칭하는 신앙 증언이 으뜸이다. 무슬림들은 '라 일라하 일라 알라, 무함마드 라술 알라'라고 신앙고백을 한다. 이는 "알라 이외에 신은 없고, 무함마드는 알라의 사자이다"라는 내용으로 무슬림들이 자신의 신앙심을 나타내는 가장 기본적인 표현이다. 무슬림들은 예배와 기도 때는 물론이거니와 평상시에도 항상 신앙 증언을 읊조린다.

이슬람을 처음으로 받아들이는 사람은 이 샤하다를 읊조림으로써 비로소 무슬림이 된다. 그 내용은 유일신관과 무함마드가 최후 예언자임을 정의한 것이다. 꾸란은 무함마드가 신의 사자일 뿐 그 이상의 아무것도 아님을 명시하고 있다. 무함마드의 인격을 여러 곳에서 강조하고 있는 것이다. 마찬가지로 마리아의 아들인 예수도 인격이며 동렬의 예언자이다.

나. 예배

무슬림들은 하루 다섯 번씩 살라트(salat)라 칭하는 예배를 드리는 의무를 가진다. 예배시간은 하디스에 의해서 정해졌는데, 파즈르(일출), 주흐르(정오), 아르스(오후), 마그립(일몰), 이샤(밤) 예배가 그것이다. 새벽동이 틀 때 드려야 하는 파즈르 예배는 새벽잠에서 깨자마자 근행(勤行)하고 정오 때(12시경), 정오와 해질 때의 중간시간(보통 오후 3시경), 해가 지자마자 각각 예배를 드리며, 마지막으로 드리는 밤 예배는 대개 하루 일과를 마치고 잠자리에 들기 전에 한다. 예배시간이 되면 하던 일을 잠시 멈추고 가능한 한 정해진 시간에 가깝게 예배를 드린다. 비(非)이슬람사회로 여행 중이거나 병으로 인해서 예배가 어려운 경우에는 예외가 된다. 또 특별한 경우, 약식예배나 간단한 형식적 예배행위로 대체되기도 한다.

예배시간은 리듬이 들어간 육성으로 알린다. 이를 아잔(adhan)이라 하는데, 아잔을 행하는 사람을 무아진(muadhin)이라고 한다. 이슬람 신앙에서는 신실(信實)하고 목소리가 크고 청아하면 누구나 무아진이 될 수 있다. 무함마드 시절 최초의 무아진은 아비시니아(에티오피아) 출신 빌랄이었다. 모스크(이슬람 사원)의 첨탑(尖塔) 미나렛(minaret)을 통해서 널리 울려 퍼져 많은 사람들이 듣도록 아잔을 부른다. 종이나 북을 사용하는 다른 종교에 비해 육성으로 예배시간을 알리는 것이 독특하다. 무함마드 때인 7세기에 기독교에서는 나무 딱딱이를 사용했고, 유대교에서는 쇼파르(shofar)라고 불리던 숫사슴의 뿔로 만든 나팔을 썼다.

예배는 성원(聖院)을 일컫는 모스크(mosque)에서 보는 것이 권장되지만, 깨끗하고 산만하지 않은 곳이면 어느 장소에서든지 가능하다. 집에서나 직장에서, 일터에서, 야외에서, 심지어는 비행기 안에서까지 어느 공간이든 상관하지 않는다. 모스크는 아랍어로 마스지드(masjid)라고 하는데 '엎드리는 장소'라는 말이다. 둘 이상의 무슬림이 예배를 드리면 반드시 그 중의 한 사람이 예배 인도자가 되어 예배를 이끌게 된다. 이 예배 인도자를 이맘(imam)이라고 부른다. 신실한 신앙인이면 누구라도 이맘이 될 수 있다. 대체로 회중의 연장자나 존경 받는 인사가 이맘이 되고, 모든 무슬림은 어린 시절부터 예배절차를 배워서 언제, 어느 곳에서든지 예배 인도자 역할을 할 준비가 되어있다.

예배자는 사우디아라비아의 메카 방향을 바라보고 예배를 본다. 이 예배 방향을 끼블라(qiblah)라고 말한다. 동남아를 여행하면서 호텔에 묵게 되면, 호텔 방 천정 한 쪽 구석에는 반드시 끼블라를 표시하는 화살표가 부착되어 있다. 동남아에서는 이를 끼블랏(kiblat)이라고 한다. 예배자는 상체를 굽혀서 반절을 하고, 엎드려 이마(머리)가 바닥에 닿게 온 절을 두 차례 한 다음 처음의 서 있는 자세로 되돌아오는 예배 행위를 한다. 이를 라크아(rakah)라고 말한다. 하루 다섯 차례의 예배마다 정해진 라크아 숫자가 달라진다. 새벽에는 두 번, 정오와 오후 중간 예배 그리고 밤 예배에는 네 번, 일몰 예배 때는 세 번의 라크아를 한다. 특별히 금요일 정오 예배는 모스크에 나와 많은 무슬림들이 합동으로 집단 예배를 보는데, 이때의 라크아 수는 두 번이다.

예배에 소요되는 시간은 불과 5-10분이면 충분하다. 그러므로 중동 사람들은 매일 예배를 보느라고 경제발전을 이룩하기는 어렵겠다는 말은 무지(無知)의 소치이고 지나친 속단이 아닐 수 없다. 또 예배를 드리기 전에는 정신과 육체를 깨끗이 하기 위해서 간단하게 손과 발을 씻는 세정(洗淨)을 해야 한다. 이를 우두(wudhu)라고 하는 데, 물이 없는 경우는 고운 모래나 깨끗한 먼지로 세정 흉내를 내면 된다.

다. 구빈세(救貧稅)

무슬림이면 누구나 연간 수입의 1/40을 의무적으로 내야한다. 무엇보다 예배와 자카트(zakat)라 칭하는 구빈세를 내는 것이 무슬림들의 기본적인 종교행위로 간주된다. 예배를 드림으로써 신과 인간과의 수직관계를 명확히 하고 경건한 신앙심을 갖게 되는 것처럼 자카트는 무슬림 상호간의 수평관계와 그 중요성을 깨닫게 한다. 그래서 자카트는 매년 내야하는 의무적인 종교세 같은 것이다. 자발적인 헌금이나 자선행위인 사다까(sadaqa)와는 구별된다. 자카트는 사용처가 꾸란에 명시되어 있다. 고아와 가난한 자, 여행자와 선교 등을 위해 쓰인다. 전통적으로 무슬림국가들에서는 정부에서 자카트를 거두어 적법한 절차를 거쳐 대개 가난한 자의 생계보조금으로 지급하였으므로 통칭 구빈세로 알려졌다.

오늘날에는 자카트의 의무가 개인양심의 문제가 되었고, 서구를 본 딴 조세제도가 도입되면서 종교헌금의 역할을 맡고 있다. 중동의 일부 이슬람국가에서는 아직도 자카트를 의무로 규정하고 있기도 하지만, 대체로 자유의사로 헌납하는 형태를 따르고 있다. 따라서 무슬림들은 종교학교·병원·자선구호기관 혹은 이슬람 재무성인 와끄프(waqf)에 납부하고, 이를 해당 기관이나 종교기관에서 필요한 용처나 사람에게 재분배한다. 물론 중동의 이슬람국가 내에 살고 있는 유대인이나 기독교도 등 이교도에게는 자카트 의무가 없고, 노예 신분이나 미성년자와 정신 이상자 그리고 가난한 자도 자카트 의무에서 제외된다.

라. 단식(斷食)

이슬람 신앙과 실천의 중요한 또 다른 하나는 싸움(sawm)이라 일컫는 단식이다. 이 의무는 이슬람 월력(月曆) 9월인 라마단(Ramadan) 달 한 달간 지켜야 한다. 라마단 기간 중 해 뜰 때부터 해질 때까지 먹거나 마셔서는 안 된다. 약의 복용이나 흡연도 허용되지 않고, 부부관계도 할 수 없다. 그러나 무의식 상태에서 먹거나 마신 경우는 용서된다. 이를 닦거나 입을 물로 헹구는 행위, 침을 삼키는 경우는 가능하다. 배우자나 아이들에게 하는 가벼운 입맞춤도 허용된다.

고의로 단식을 깬 경우는 그 사람은 혼자서 별도로 정해진 벌칙을 이행해야 한다. 단 임산부, 생리중의 여인, 산모, 노약자, 어린이, 병자, 정신 이상자는 제외된다. 여행자도 대개 후일로 미루어 단식을 이행하지 못한 날 수에 따라 혼자 단식을 근행하여야 한다. 라마단 달의 단식은 영적 훈련이다. 신의 명령에 복종하고 나 아닌 다른 사람, 특히 가난한 사람과 나는 본질적으로 동일하다 함을 깨닫게 한다. 이 훈련을 통해서 종교적 경외감과 타인에 대한 배려, 형제애 같은 것이 돈독해진다.

이슬람에서의 단식은 고대 유대인이나 기독교 전통에서의 사순절(四旬節)과는 다른 것이다. 이 기간은 자기성찰의 신중한 신앙의 시간이고, 삶에 대한 진지한 반성의 시간이지, 슬프거나 우울한 시간이 결코 아니다. 오히려 라마단의 밤에는 매일 밤 친구들과 친족들이 서로 방문하고 음식을 나눠 먹는다. 아이들은 마치 우리의 정월 대보름날 같이 등을 들고 가가호호를 방문하여 선물을 받는다. 모스크에서는 철야 예배와 기도회가 열린다. 특히 라마단 달 마지막 열흘 동안은 특별한 의미가 부여되어 있다. 그 기간 중 꾸란이 첫 번째로 계시된 소위 '권능의 밤'이기 때문이다.

마. 성지 순례

이슬람력 12월은 핫지(haji)이다. 이 핫지 달은 메카로 순례(巡禮)를 향하는 달이다. 그래서 핫지를 성지 순례의 대명사로 쓰기도 한다. 꾸란은 건강과 재정 형편이 허락되는 무슬림은 적어도 평생에 한 차례 성지 순례를 행하여야 한다고 명시하고 있다. 순례자는 신 앞에 평등함을 나타내는 동일한 순례복장으로 갈아입는다. 순례복장은 재봉하지 않은 두 개의 흰색 천을 상의와 하의를 대신해서 몸에 두른 것이다.

순례기간 동안 순례자들은 성관계, 머리 자르기, 손톱과 발톱 깎기, 향수 뿌리기, 보석으로 치장하기, 생명체를 죽이는 일, 타인과의 싸움·논쟁·험담, 이성에 대한 성적인 대화 등 여러 가지가 금지되며, 여성은 머리를 덮어야 한다. 순례객들은 계속하여 "신이여, 내가 여기 있나이다. 내가 여기 있나이다…"라고 말하는 탈비야(talbiya)를 읊조린다.

순례의 중요 의식 중의 하나에는 카바(Kabaah)를 시계 반대 방향으로 일곱 번 도는 따와프(tawaf)가 있다. 카바에 안치된 성스런 검은 돌(흑석)에 입 맞추거나 그것을 손으로 만져보려 한다. 그러나 실제로 수많은 순례자들이 붐비고 있으므로 단지 손을 뻗으며 탈비야를 암송하는 것으로 그 행위를 대신한다. 그 외에도 여러 예식과 절차가 있지만, 그 중에서도 순례 열흘째가 되는 날은 전 세계 무슬림들이 예배하고 경축하는 대축제인 희생제(犧牲祭) 이드 알 아드하(Id al-Adha)이다. 이날은 이브라힘이 아들을 바치라는 신앙의 시험을 당한 후, 어린 양을 대신 바쳐 제사한 날이다. 누구든지 경제적 여유가 있는 무슬림이면 양을 잡아 알라께 예배를 드리고 이웃과 고기를 나누어 먹는다.

메카 성지 순례는 무슬림들로 하여금 영적 체험과 형제 무슬림에 대한 일체감을 고양시켜주는 중요한 종교의식의 백미(白眉)이다. 순례를 마친 무슬림에게는 그의 이름 앞에 핫지라는 칭호가 붙고 무슬림들로부터 존경의 대상이 된다. 흑인이든 백인이든, 부자든 빈자든, 아랍인, 터키인, 이란인, 인도인, 아프리카인, 누구든 간에 같은 신자로서 알라께 예배하고 순례하면서 종교적인 형제애를 느낀다.

바. 성전(聖戰)

일부 무슬림들은 신앙과 실천의 다섯 가지 의무 이외에 성전 지하드(jihad)를 첨가하기도 한다. 지하드를 성전으로 번역해 사용할 때는 두 가지 의미가 있다. 광의로는 개인적 신앙 투쟁 이외에도 선교 · 종교교육이나 교회 같은 종교기관의 설립 등 이슬람 전파와 발전을 위해 헌신적으로 노력하는 것을 말한다. 협의로는 꼭 필요한 경우 이슬람의 적들과 대항하여 치러지는 무장투쟁을 의미한다. 꾸란 제2장 186절은 협의의 지하드를 명하고 있다. “알라를 위해 너희는 적과 싸워라…” 이것은 물론 이교도(異教徒)와의 전쟁을 의미한다.

IV. 순니와 쉬아

1. 순니파와 쉬아파의 분리

오늘날 중동과 이슬람 세계에 대한 여러 가지 오해 가운데 두드러진 것 중의 하나가 이슬람 종파 간 갈등문제이다. 중동 분쟁이 마치 양립할 수 없는 종파 간의 갈등과 대립 때문에 일어나는 것처럼 보도되고 있다. 지난

1980년에 일어난 이란-이라크전쟁에 대한 서방 언론의 시각도 마찬가지이다. 모든 종교는 정신적이고 심리적인 가르침을 담고 있는 총체적인 이데올로기이기 때문에 그 내용에 대한 다양한 해석이 있을 수 있다. 신의 섭리 또는 진리에 대한 이러한 해석의 다양성은 특정 교리의 우월성으로 통합될 수도 있고 새로운 종교문화를 탄생시킬 수도 있다. 기독교 전통에는 콥트나 가톨릭과 그리스정교가 있고 불교에는 마하야나(Mahayana)와 테라바다(Theravada)가 있는 것처럼, 이슬람에는 순니와 쉬아가 존재한다.

순니는 이슬람의 관행(慣行)인 순나(Sunnah)를 따르는 사람들이라는 뜻이고, 쉬아는 알리 쉬아(Ali Shia)의 줄인 말로 알리(Ali)를 따르는 무슬림들이라는 뜻이다. 알리 쉬아는 제4대 정통 칼리파인 알리의 추종세력이다. 일반적으로 순니파는 정통파로 쉬아파는 종파로 알려져 있는데, 그것은 쉬아들이 분파를 이루어 순니 무슬림 공동체에서 갈라져 나왔기 때문이다. 그렇지만 두 종파 모두가 정통적 해석방법을 주장하고 있다. 이로 인해서 쉬아들도 나름대로 스스로를 정통파로 믿고 있는 것이다. 순니와 쉬아 모두가 '하나님 외에 신은 없고, 무함마드는 신의 사자'라는 기본 교리에 대한 신봉에는 차이가 없기 때문이다.

순니와 쉬아가 종족문제로 인해서 갈라선 것은 아니었으므로 어느 특정 종족이나 국가가 순니 또는 쉬아라는 확신은 옳지 않다. 오늘날 중동의 아랍인과 터키인은 대체로 순니이며, 이란인은 거의 모두가 쉬아이다. 그러나 이러한 민족적 구분은 현재적 상황이고, 또 중세 순니 무슬림 세계의 대표적 지성(知性)으로 꼽히는 알 가잘리와 파크르 알딘 알라지는 페르시아인으로 순니였지만, 오늘날 페르시아인들은 거의가 쉬아들이다. 페르시아인들이 쉬아 발아기(發芽期)부터 쉬아파에 동조적이었다는 것은 부인할 수 없다. 특히 몽골의 침입 이후 보편화되는 형상이 더욱 강해졌고, 사파비조가 들어서서 쉬아 교리를 국교로 채택하자 그 후 페르시아에서 쉬아파가 지배적인 세력이 되었다.

순니와 쉬아의 분리는 무함마드(Muhammad) 사후(死後) 누가 공동체의 지도자로서 예언자의 뒤를 계승하느냐하는 소위 교권(教權) 문제에서 비롯되었다. 쉬아들은 그것이 예언자 가문(ahl al-bait)에게 주어져야 하고, 예언자 가족이 다른 누구보다 칼리파 위에 자격이 있다고 생각하였다. 만약 예언자께서 재물(財物)을 유산으로 남겼다면 그것을 상속받을 자격이 예언자 친족에게 있는 것처럼 칼리파 위도 하나의 정신적 유산으로 보고 당연히 예언자 가문에서 승계되어야 한다고 보았던 것이다.

예언자 가문에서 계승자로서의 적격자는 예언자의 막내 숙부인 압바스와 사촌동생 알리였는데, 계승자격의 우선순위에서 압바스는 알리의 경쟁상대가 못 되었다. 압바스는 매우 늦게 이슬람에 귀의했으나 알리는 가장 최초로 무슬림이 된 사람들 중의 한 사람이었다. 또한 예언자와 함께 모든 전쟁에 참가했으며 출중한 용기와 지혜를 겸비한 인물이었다. 뿐만 아니라, 그는 예언자의 사랑하는 딸 파티마와 결혼한 예언자의 사위였다.

알리를 비롯한 예언자의 가문인 하쉼가(家) 사람들이 무함마드의 장례에 바빴던 시간에 공동체에서는 후계자 선출을 서둘러 예언자의 가장 가까운 친구인 아부 바크르(632-634 재위)를 칼리파로 추대하고 그에게 바이아(bay'ah: 충성서약)를 하였다. 이렇게 하여 이슬람 칼리파제 역사는 시작되었다. 역사가들은 이후 공동체의 사람들을 아흘 알 순나와 자마아(ahl al-sunnah wa'l-jamaah), 즉 '순나와 공동체의 사람들'이라고 부르게 되었다. 그리고 머지않아 이들을 '순니'로 약칭(略稱)하게 되었다. 공동체의 관행(순나)과 공동체의 합의를 따르는 사람들이라는 의미에서이다.

순니들은 아부 바크르에 이어서 오마르(634-644 재위), 오스만(644-656 재위), 알리(656-661 재위)를 차례로 칼리파로 선출하였는데, 이들을 정통 칼리파라고 한다. 순니들은 4명의 정통 칼리파들이 남긴 관행을 존중하고 충실히 따르는 사람들이다. 또한 이들을 계승한 우마이야 왕조(王朝)(661-750)와 압바스 왕조(750-1256)의 칼리파들이 순니의 전통을 계승하였다. 그 후 오스만 터키(1281-1924)에서 1924년 칼리파제가 공식적으로 폐기될 때까지 칼리파제를 정통으로 인정하고 이를 이슬람 세계의 순리(順理)로 수용하고 있다.

이에 대해서 쉬아파는 초기 이슬람 공동체가 아부 바크르를 후계자로 선출한 것이 잘못이었다고 말한다. 교권은 무함마드로부터 그의 사촌동생이자 사위인 알리에게로 이어졌어야 한다는 주장이다. 쉬아들은 후계자가 선거에 의해 계위되는 것이 아니라 신으로부터 신성한 빛을 받아 지명되어지는 것이라고 말한다. 그리하여 이들은 공동체에서 선출과 충성서약에 의해 이루어진 칼리파제를 부인하고, 알리의 직계 후손들로 이어지는 이른바 이맘제를 만들어 냈다.

순니파는 칼리파를 단지 무함마드가 공동체에서 가졌던 정치와 종교의 양 대권의 계승자로 보고 만약 그에게 잘못이 있다면 폐위까지도 가능하다고 해석한다. 그러나 쉬아파에서는 이맘을 예언자가 지녔던 비밀의 지식과 종교 해석가로서의 계승자이자 상속자인 와씨(wasi)로 보고 있다. 신의 빛이 이미 알리에게 내려졌고, 무함마드는 이맘이 지녀야 할 비전의 지식들을 지명된 와씨인 알리에게 상속하였다는 것이다. 그 후 쉬아파는 알리의 뒤를 이은 이맘들이 무오류(無誤謬)의 초인간적 존재로서 현세 문제뿐만 아니라 이슬람 법 샤리아의 제반 문제에 대해서도 절대적인 해석권과 판결권을 갖는다는 독자적인 교리관(敎理觀)을 발전시켜 나왔다.

2. 카르발라의 참극(慘劇)

쉬아파의 실질적인 출현은 카르발라 사건에서 비롯된다. 우마이야 왕조를 세운 무아위야는 긴 통치기간(660-680)이 끝나갈 무렵 자신의 아들 야지드를 후계자로 책봉하고 수도 다마스커스를 비롯한 중요 도시인 이라크 · 메카 · 메디나의 시민들로부터 충성서약을 반강제로 받아 내었다. 680년 막상 그가 죽고 야지드가 칼리파 위에 오르자 이 같은 세습 즉위는 공동체에서 선출에 의해 칼리파를 뽑아온 과거의 관행에 어긋난다는 이유로 원로들의 반대에 부딪치게 되었다. 그 중에서도 알리의 차남인 후세인은 대표적인 반대인물이었다.

때 마침 쿠파의 알리 가문 추종자들이 그를 지지하고 쿠파로 초청하는 서한을 보내오자, 알리는 가솔(家率)들을 이끌고 쿠파로 나아갔다. 이 사실을 알게 된 칼리파 야지드는 우마이야가에 충성을 다하고 있던 바스라 총독이었던 우바이둘라 빈 지야드를 쿠파 총독으로 겸임 발령하고는 쿠파에서의 반정 음모를 철저히 소탕할 것을 명령하였다. 쿠파로 향하던 후세인은 카르발라에서 우바이둘라의 군대와 마주쳤고 여기서 후세인과 그의 가솔들은 여인과 어린이를 제외한 전원이 비참한 최후를 맞게 된다. 680년 무하람 달(月) 10일의 일이었다. 신체가 두 동이가 난 후세인의 비참한 죽음이 알려지자 이라크 전역은 알리 가문에 대한 동정과 우마이야 가문에 대한 증오로 가득 차게 되었다. 후세인과 동맹하기로 약속했던 쿠파 주민들은 후세인을 애도하면서 참회자를 뜻하는 앗 타와빈(at-tawwain)이 되었다. 무참하게 죽음을 당한 예언자의 외손자를 추모하면서 그를 초청하여 화근을 만든 것을 후회하였다.

카르발라 참극은 쉬아 알리들의 전열을 하나로 결집시켜 후세인의 복수를 맹세하게 하였다. 게다가 그들에 대한 조사와 박해가 계속되자 이라크 쉬아들은 지하로 숨어 들어가 적개심의 불씨를 지폈다. 그리고 언제부터인가 형성된 새 교리관에서 후세인은 신의 뜻에 따라 카르발라에서 비극적 최후를 맞아야 할 운명으로 받아들여졌다. 그것은 거룩한 순교였다. 그리고 카르발라는 쉬아들에게 메카나 메디나보다 중요한 순례지가 되었다. 이 비극적인 소식이 이슬람세계 곳곳으로 퍼지자 놀라움과 동정이 쉬아주의에 동조하는 풍조를 만들어 냈다. 이라크인들은 물론이거니와 아랍의 지배에서 벗어나 독립하기를 원하던 많은 페르시아인들이 쉬아주의에 대한 열광적인 지지자가 되었다. 쉬아들은 오늘날까지 이 비극적 순교의 날을 수난의 날로 여겨 추모와 애도의 기념행진을 하면서 그날의 고통을 되새긴다.

3. 쉬아파 이슬람 세력

쉬아파는 누구를 이맘으로 모시느냐에 따라 크게 세 갈래로 나누어졌다. 본류는 열두 이맘파(또는 이마미파)로 분파들 중에서 중간적 입장을 취하고 쉬아파 대다수인 주류를 이루고 있다. 제5대 이맘인 무함마드 알 바끼르는 정치활동을 멀리하고 지하에서 종교와 학문에만 몰두하면서 쉬아파의 법적 체계와 이론의 틀을 만드는 데 헌신하였다. 이들 열두 이맘파는 아부 바크르, 오마르, 오스만을 칼리파 위의 찬탈자로 본다. 열두 번째 이맘인 무함마드 알 문타자르는 매우 어린 나이에 등극(873년)하였으나, 어느 날 갑자기 사라졌다.

알 문타자르는 보이지 않는 존재인 가이바(ghaiba) 상태가 되어 '숨겨진 이맘'이 되었다. 그리고 오늘날까지 그는 '기다리는 이맘(알 문타자르)'이 된 것이다. 열두 이맘과 쉬아들은 아직도 그를 기다리고 있다. 그가 다시 재림하여 이 땅에 평화를 가득하게 할 것이라고 믿고 있는데, 이것이 이들 교리의 핵심이다. 이들은 숫자상으로 쉬아파의 절대다수를 차지한다. 이란인 거의 전부와 이라크인의 절반 이상의 열두 이맘파이고 또 상당수가 인도와 파키스탄에 살고 있다.

두 번째 분파는 자이디파이다. 이들은 이맘 무함마드 알 바끼르의 동생인 자이드를 따르는 쉬아들이다. 자이드는 형과 달리 지하에서 종교교리 연구에만 열중하는 데에 만족해하지 않았다. 진정한 이슬람은 정치와 종교를 동시에 실현하는 것으로, 그는 할아버지 후세인이 그것을 위해 거룩한 순교를 하셨으며, 고조할아버지 알리도 낙타 전투(656년)와 십핀 전투(657년)를 치렀음을 상기하였다. 자이드는 정치활동을 벌여 740년에 우마이야조의 칼리파 히샴에 대항하는 반란을 일으켰다. 그러나 그는 반란에 실패하고 전사했으며, 그의 아들 야헤야도 반기를 들었다가 죽임을 당하였다. 비록 봉기에는 실패하였으나 자이드파는 존속하게 되었다. 그리고 교리적으로 순니에 가장 가까운 온건파가 되었다.

이들 자이디파는 아부 바크르와 오마르를 위시한 예언자 교우들이 알리를 지지하지 않은 것은 과오지만, 죄가 성립되지는 않는다고 보았다. 또한 이맘위의 장자 세습권뿐만 아니라 이맘의 완전 무결성과 무오류(isma) 이론도 인정하지 않았다. 이 파의 야흐야 빈 후세인은 897년에 예멘(Yemen)에 쉬아 신정(神政)국가를 세워 근세까지 존속하였다. 오늘날에도 예멘 사람들은 거의 전부가 자이디파 쉬아들이다.

세 번째 분파인 이스마일 파는 제6대 이맘 쟈아프르 앗 사디끄(765년 죽음)의 장남 이스마일(760년 죽음)을 추종하는 세력이다. 그는 이맘 위 계승자였으나 부친보다 먼저 죽었다. 그래서 이맘 위 승계가 차남인 무사 알 카짐(799년 죽음)에게로 이루어졌는데, 그들 중 일부는 이미 완전무결성 이맘 위 계승지명이 이스마일에게 내려졌기 때문에 그것을 취소하는 것은 불가능하다고 믿었다. 그러고는 장자상속 계승의 원칙에 따라 이스마일의 아들인 무함마드를 이맘 위의 자격자로 보았고 그 뒤 분파를 이루게 된다. 이들은 이슬람역사에서 오랫동안 독특한 교리관을 내세워 과격한 쉬아파로 변해 갔다.

이스마일 파의 가장 중요한 교리의 특징은 꾸란이 외부 세계에 드러난 현실적인 것(zahir)과 내면에 감추어진 것(batin)으로 구성되어 있다고 보고 내면세계를 중시하는 데 있다. 이를 위해서 꾸란의 비유적 · 상상적 · 비교적 해석을 통해서 문자와 수치의 신비적 의미를 파악하려 하였다. 이런 까닭에 이들을 알 바띠니야(al-Batiniyyah)라고도 한다. 이스마일 파의 후예들은 909년 튀니지에서 파띠마조(909-1171)를 세우는 데 성공하고, 969년에는 이집트를 정복한 후 북부 아프리카 전역과 시리아까지 세력을 키워 한때 동부 이슬람 세계의 패자로 등장하였다.

이들 세력 중 독특한 교리를 가진 과격파로는 9세기 후반 남부 이라크에서 일어나 예멘 · 바레인 등지에 11세기까지 남아 있던 공산당 조직과 흡사한 카라미다(Qaramita)파와 십자군 원정 때부터 13세기에 몽골과 맘루크에 의해 소탕될 때까지 이란과 시리아 정치무대에 등장했던 니자리

(Nizari)파가 가장 유명하다. 니자리는 암살단이라는 뜻이다. 이들 세력은 거의 사라졌지만, 시리아 · 이란 · 인도 등지에 아직 소수가 남아 있다. 이 세력의 작은 갈래인 두르즈 파는 현재 레바논에서 활약 중이고, 근세에 가장 큰 분파를 이룬 아가칸(Agha Khan)이 이끌던 이스마일 파 쉬아 공동체는 1840년 인도로 이주해 갔는데 오늘날까지 주로 인도와 파키스탄에 산재해 있다.

V. 이슬람 신비주의

1. 수피즘과 파나(fana)

서구인들은 이슬람 세계의 신비주의(神秘主義)를 수피즘(*Sufism*)이라고 하였다. 아랍어로 수프(suf)는 양모를 뜻한다. 신비주의 경향의 무슬림 초심자들이 거칠게 짠 양털 옷을 걸쳐 입고 금욕생활을 하면서 신비적 체험의 길을 걸은 데서 생겨난 단어이다. 금욕생활을 하는 수피집단이라는 뜻으로 수피야(sufiyyah)라는 단어도 생겨났으며, 아랍인들이 사용하는 수피주의라는 전문용어는 타사우프(tasawwuf)이다.

중동과 이슬람 세계의 올바른 이해를 위해서는 이슬람 신비주의에 대한 이해도 필수적이다. 8세기경부터 뛰어난 신비주의 대가들이 등장하여 독특한 이론을 체계적으로 정립해 나갔다. 12세기 이후에는 종단이 결성되어 무슬림 대중 사이에 깊이 파고들며 일종의 종교사회 운동으로 발전하였다. 오늘날까지 중동과 이슬람 세계의 정치 · 경제 · 사회 · 문화 등의 각 분야에 큰 영향을 끼쳤다. 종단의 지도세력은 조직을 배경으로 정치 권력층에 영향력을 발휘했고 종단 구성원들은 장인 · 상인 · 농민 등의 각 계층에서 공생(共生)을 위한 신앙생활을 해가며 국가경제발전에 기여하였다.

초기 무슬림 세대들은 규범적인 종교생활에 만족해 왔다. 법학자들이 정교하게 다듬은 샤리아를 잘 따르기만 하면 현세를 가장 완벽하게 살고 신의 의지에 귀의하는 것임을 믿었기 때문이다. 그런데 꾸란에 계시된 신은 초월적이고 무한하며 유아독존(唯我獨尊)의 모습이었다. 무슬림 학자들도 일반적으로 신의 형상을 그렇게 초자연적인 절대자로 묘사해 왔다. 인간은 '신께서 의도하시는 것을 제외하면 아무것도 할 수 없는 무력한 종'으로서 미미한 모래알 같은 존재일 뿐이다. 이러한 가르침은 숙명론적인 신앙관을 낳게 하였다. 심판의 날과 지옥 불에 대한 공포로 신에 대한 경외감만이 강조되었다. 사랑을 통해서 자신을 보이시고 드러내시는 신은 현시화(顯示化)하지 않을 것 같았다.

이러한 인식은 일부 무슬림들로 하여금 종교와 신에 대한 전통적 접근방식에 회의적(懷疑的)으로 반응하게 하였다. 신학자와 법학자들의 논쟁과 철학자들의 주장도 그들을 만족시키지 못했다. 샤리아의 길만으로는 신께 다가가려는 그들의 열망은 채워지지 않았다. 그들은 베일에 싸여 있는 신과 그들 사이의 장막을 걷어내고 싶었던 것이다. 어떤 신비체험을 통해서라도 신께 다가서고자 했다. 전통적인 신학이론 속의 신은 너무 먼 존재였다.

일부 무슬림들은 보다 인격적이고 친근하며 따뜻한 신을 갈망하고 탐구하려고 했다. 하늘에만 계신 것이 아니라 이 땅에 계시고 인간의 마음 속에 살아 계신 신을 원했던 것이다. 그리고 그들은 신의 말씀 속에서 그 가능성을 찾을 수 있었다. "만약 나의 종들이 나에 대해, 그들(예언자)에게 묻는다면, 나는 가까이 있도다"(꾸란 2:132)라고 했다. "나는 목의 동맥이나 정맥보다 더 가까이 있다"(꾸란 50:15)고도 했다. "당신이 돌아서는 어느 곳에나 신의 얼굴이 있다"(꾸란 2:109)는 말로 모든 것을 함축적으로 표현하기도 했다. 무함마드의 하디스 역시 "당신들은 그를 보는 것처럼 예배하라. 당신들이 그를 보지 못한다 해도 그는 당신들을 보고 계시다"며 이를 뒷받침하였다.

이들의 궁극적인 목표를 수피들은 한마디로 '신과의 합일(合一)'이라고 답한다. 그들은 스스로를 신계(神界)로 향해 길을 걷고 있는 순례자로 생각한다. 신비적인 체험을 하며 걷는 이러한 수피의 길을 따리까(tariqah)라고 부른다. 이 길은 길고 험난하다. 외로운 고행자가 되어 그 길 위에서 여러 영적 상승 단계와 다양한 영적 심리상태를 체험하면서 수피 수련자는 목적지를 향해서 나간다. 이 영적 성취의 상승 단계를 마깜(maqam)이라 부른다. 인간이 스스로 노력하여 도달하는 정신적 위치로 마치 긴 여행길의 역과 같다. 한 역을 지나고 다시 또 한 역을 지나 종착역인 신과 합일되는 역까지 나아간다. 이러한 상승 단계의 과정 중에 신의 은총이 베풀어져 느껴지는 영적 심리상태를 할(hal)이라고 한다. 마깜은 자신의 의지와 노력에 의해 능동적으로 얻어지는 것이지만, 할은 자신의 의지와는 상관없이 신으로부터 받는 수동적인 것이다. 수피 수련생은 마깜을 중요시 한다. 이 마깜의 수는 학자에 따라 혹은 교단에 따라 다르다. 그러나 대개 회개와 참회, 단념과 포기 이외에도 금욕·청빈·인내·신탁·사랑·만족·자기소멸 등과 같은 것들이 공통적이다.

이러한 영적 도정(道程)의 끝은 파나(fana)이다. 파나는 자기소멸이고 곧 '신과 합일'의 마깜이다. 영적 도정의 기초단계에서 꼭 거치는 것은 금욕주의이다. 세속적인 것, 모두를 버림으로써 영적으로 가난한 자가 된다. 이같이 가난한 자가 되면 아랍어로는 가난한 자를 뜻하는 파끼르(faqir)가 되는데, 일반적으로 수피 초심자들에 대한 통칭이다. 이때 얻어지는 영적 상승 단계인 청빈(淸貧)을 지나면서 진정한 수피 수행자가 되는 것이다. 그 다음에 신께 모든 것을 맡기는 '신탁', 신비적 직관인 '영지', 오직 신만을 애모하는 '사랑' 등의 마깜을 거치면서 파나의 경지에 오르는 것이다.

모든 수피수행자가 영적 도정의 높은 상승 단계에까지 도달하는 것은 물론 아니다. 이런 수행을 위해선 스승이 필요한데, 그를 쉐이크(shaykh)라고 부른다. 쉐이크는 페르시아어로는 피르(pir)가 된다. 쉐이크나 피르는 문하생(門下生)인 무리드(murid)에 둘러싸여 영적 도정을 인도한다. 이런 영적 도정은 보통 약 3년 간 계속된다. 문하생들은 스승을 존중하며 지적 유대와 결속력으로 상호 연결된다. 일정기간이 지나면 쉐이크는 졸업의 증표로 누더기나 넝마 옷 같은 키르까(khirqah)를 수여한다. 키르까는 성복(聖服)이라는 뜻이다.

2. 수피 성녀(聖女) 라비아 알 아다위야

이라크의 수피 여인 라비아 알 아다위야는 신과의 신비적 사랑을 체험하고는 최초의 수피 성녀가 되었다. 그녀는 세속에 휘둘리지 않는 독신의 생을 살며 오직 예배와 기도 속에서 신비주의의 길을 걸었다. 그녀는 시인이 되어 신께 바치는 수많은 사랑의 시를 읊다가 신과 합일되는 자아절멸을 경험하고 파나에 이르렀다. 진정한 수피 여인이 된 것이다. 이렇듯 수피 교리는 불교의 열반(涅槃)인 니르바나(Nirvana)를 떠올리게 한다. 불교는 중동과 이슬람 세계의 동쪽에서 번창하였고, 중동과 이슬람 세계에 많은 개종자를 제공해 주었다.

불교의 열반과 파나는 그 끝이 다르다. 파나의 경지 속에서 동시에 일어나는 또 다른 마깜인 바까(baqa)가 존재하기 때문이다. 바까는 '신과 하나 되어 신 안에 존재함'이다. 수피는 환상적인 현재의 실존으로부터 신 안에서 영생의 존재로 죽는 것이다. 죽음은 바로 자기소멸이고 자아절멸이다. 그러므로 신 안에서 죽는 자는 곧 불멸을 체험하는 것이다. 마치 파나를 거쳐 바까에 이르는 듯 하지만 실제로는 동시적인 현상이다. 그러므로 많은 수피 신학자들이 파나와 바까는 한 마깜이며 그것은 마치 동전의 앞뒷면과 같다고 표현하고 있다. 이 같은 신과의 합일이 수피 체험의 궁극적 목표이다. 그리고 그것은 오랜 여정 끝에 얻어지는 최후의 할(hal)이기도 하다.

두드러진 또 다른 수피로는 페르시아의 할라즈(992년 죽음)가 있다. 파나 체험 속에서 그는 "내가 곧 진리이다"라는 의미의 '아나 알 하끄(Ana al-Haqq)'라고 말하였는데, 정통주의 무슬림들의 눈에는 할라즈의 이런 표현은 가증스러운 대죄(大罪)로 비춰졌다. 드디어 그는 이단자로 몰려 칼리파의 명에 따라 바그다드로 잡혀 와서 처형당하였다. 할라즈는 죽었지만 수피 사상은 그 후 무슬림 세계에서 더욱 멀리 퍼져나갔다. 수피들에게 할라즈의 죽음은 또 하나의 위대한 순교였다.

그 후 수피 사상은 알 가잘리(1111년 죽음)에 의해 정통 순니 신학에 접목되고 스페인계 아랍인 이븐 아라비(1165-1240)에 의해 정교하게 체계화되고 이론화되었다. 그리고 셀주크 치하 소아시아의 코냐(Konya)에서 활약한 알 루미(1207-1273)에 의해서 새롭게 다듬어졌다. 그는 '우리의 주인'이라는 마울라나(mawlana)의 칭호를 얻고 마울라위(Mawlawi) 종단의 창시자가 되었다. 이 종단의 구성원들은 음악과 노래가 어우러져 근행하는 종교의식의 춤 때문에 매우 유명하다. 그들에게는 '빙빙 도는 데르비쉬'라는 별칭이 붙어져 있고 그 교세는 터키와 시리아를 비롯한 여러 나라들에 퍼져있다.

3. 이슬람 전파와 수피 종단의 역할

수피 사상은 8세기에 출현한 이후 300년이 지나기까지는 주로 개인이나 소규모 집단에 의해 실천되었다. 그러나 12세기에 들어서자 바그다드에 첫 수피 종단이 세워지고, 그 후 인기 있는 대중종교로 자리 잡으면서 전 세계로 전파되기 시작한다. 가장 매력 있는 최초의 수피 종단은 페르시아인 압둘 까디르 알 질라니(1077-1166)가 연 까디리 종단이고 뒤를 이어 그의 사촌으로 알려진 아흐마드 알 리파이(1183년 죽음)가 역시 바그다드에서 그의 이름을 딴 리파이 종단을 세웠다. 특히 이 종단은 초인적 능력으로 일반인들을 놀라게 하면서 인기를 끌었는데, 유리를 씹고 뱀을 다루며 불 위를 걷고 자신의 몸에 바늘과 칼을 통과시키는 등 신비스럽고 환상적인 행동들을 수피 수련과정 속에서 보였다. 이슬람에서는 매우 이질적이지만 이런 행위들은 힌두(Hindu)신앙의 묘기를 흉내 낸 것들이었다.

이런 다양한 종단들이 생겨나 중동의 이슬람 세계를 넘어서 세계 각지로 퍼져 나갔다. 이란 · 중앙 아시아 · 인도로 번져간 수흐라와르디 종단, 이집트를 중심으로 북부 아프리카로 세력권을 형성해 간 샤딜리 종단, 인도-파키스탄의 이슬람화에 크게 기여한 취시리 종단, 터키와 동부 투르키스탄 · 인도 · 중국에까지 교세를 갖고 있는 낙쉬반디 종단 등 크고 작은 수많은 종단들이 존재한다. 그러면서 금욕적이고 경건하던 수피 근행은 점차 범신론(汎神論)적이고 반율법적인 경향을 보이기 시작한다. 그들 중에는 꾸란에서 탐탁하게 여기지 않았던 독신생활마저도 장려하고 실천하려 했다.

13세기 말엽이 되자 수피사상이나 아랍인과 페르시아인들이 주도해 온 지성주의가 크게 쇠퇴하게 된다. 새로운 신사상의 공급이 이루어질 수 없었던 것은 1256년 몽골의 침입으로 압바스 제국이 무너지고 중동의 지적 중심 세계가 이교도의 치하에 놓이게 되었기 때문이다. 그러나 주목해야 할 점은 그 후 인도 동부지역에서 필리핀에 이르기까지 이슬람을 전파해 주는 주역이 바로 이들 수피 종단이었다는 사실이다. 수피들과 무슬림 상인들은 말레이 세계와 인도네시아 군도뿐만 아니라 멀리 아프리카 동단(東端)의 마다가스카르(Madagascar)까지 이슬람을 실어 날랐다.

근세에 들어서도 수피 종단은 여전히 왕성한 활동을 전개하였다. 예컨대 19세기 북아프리카에서 크게 성공한 사누시(Sanusi, 1837년 죽음) 종단은 알제리를 중심으로 종교적 활동뿐 아니라 정치 · 군사적 행동을 벌여 북부 아프리카 지역에 침투한 서구 식민세력에 끊임없이 투쟁하였다. 사누시의 손자 이드리스 1세는 1951년 리비아의 왕이 되어 1969년 카다피에 의해 폐위될 때까지 리비아에서 사누시 왕정을 계승했다.

아랍 · 이란 · 터키의 중동문학에서 수피들이 남긴 업적은 대단하다. 수피 문학은 이븐 아라비와 알 루미의 작품들 속에서 최고 정점에 도달하였는데, 모호한 상징주의와 현란한 비유법으로 특징지어지고 작품 속의 언어들이 신비주의만큼이나 불가사의하다. 문자로 나타나는 명시적인 것이 아니라 대체로 내면적이고 난해한 것이 주류를 이룬다.

수피 수련생들이 영적 도정을 수행하면서 어느 종단에서나 필수적으로 근행하는 가장 중요한 기초적 실행 방법은 꾸란 33장 41절에 "오, 믿는 자들아, 너희는 아침저녁으로 알라를 기억하며 찬양하라"고 언급된 디끄르(dhikr)이다. 디끄르는 알라의 이름을 기억하며 계속 음송하는 행위를 말한다. '라 일라하 일라 알라'와 같은 말을 몸의 움직임과 함께 단조로운 목소리로 끊임없이 반복하는 것인데, 그 효과는 일종의 최면에 이르는 것이라고 묘사할 수 있다. 디끄르는 수피 무슬림의 장엄한 의식 중의 하나로 작은 집회건 큰 집회건 근행하기 마련이나, 수피 종단마다 근행형식은 조금씩 다르다. 디끄르 중에는 염주(Subhah)가 사용되어지기도 하는데, 원래 불교의 예배도구였던 염주는 동방 기독교인들이 처음 수피들에게 전한 것으로 알려졌다. 중세 십자군들은 중동에서 이것을 발견하여 다시 서구로 소개하였는데, 지금까지 로마 가톨릭 교회에서 사용되고 있다.

종단 창시자는 대체로 제자들과 후대의 신봉자들에 의해 초능력을 지닌 자로 받들어졌다. 특히 병을 고치거나 기적적 행위로 종단을 부흥시킨 위대한 수피는 생존 때부터 숭배대상이 되고 맹목적 추종과 추앙을 받다가 사후(死後) 신성시 된다. 그는 영광스럽게도 알라의 친구이자 성자라는 의미를 지닌 왈리(wali)로 알려지고 종단의 중심체가 된다. 기독교에서의 성자(*Saint*)와 같이 왈리 역시 중요한 역할을 가지고 있다. 그리고 기독교에서처럼 성직자 계급의식을 갖게 된다.

수피들은 스스로 선택된 자로 생각하고 그들 중 왈리는 선택된 자들 중의 선택된 자로 간주된다. 왈리는 예언자보다 지위가 낮으므로 예언자와 같은 기적은 베풀 수 없지만 기적과 유사한 치유(治癒)의 은사 같은 것을 행한다. 성자 숭배사상이나 성직자 계급의식은 정통이슬람에서 배격되는 이단적인 것이다. 그런데도 이러한 수피 관행은 지방 곳곳에 뿌리를 내리고 토착 신앙화하여 민간신앙생활의 일부로 익숙해진 채 받아들여졌다. 이와 같이 15-17세기까지 수피 관행은 무슬림 세계 전역으로 전파되었다. 모로코에서 인도네시아에 이르기까지 많은 무슬림 도시들이 성지를 갖게 되었고, 아직까지도 성지에 연관된 한 사람의 성자 또는 여러 성자들을 자랑하고 있다.

제3장

동남아 이슬람사회의 형성과 발전

I. 동남아 이슬람 문화권의 형성과정

하나의 문화권이 만들어지는 과정은 일정한 지역에서 거주민들을 한데 모아 국가를 이루는 과정보다 훨씬 광범위한 영역과 장구한 시간을 필요로 한다. 오늘날의 동남아는 서구 열강의 식민통치에 의해서 기존의 문화권과 관계없이 영토가 획정(劃定)되었고, 제2차 세계대전 이후 과거 식민통치 시대에 구분되었던 영향권에 따라 국경이 그어졌다.

자연환경과 토양의 성격 · 기후조건이 두루 양호한 동남아는 일찍부터 자연숭배의 토착신앙이 생겨났다. 이를 토대로 필리핀에서 말레이 · 인도네시아 군도에까지 넓게 분포되었던 말레이(Malay)종족에 의해서 점차로 느슨하지만 광범위한 하나의 문화권이 형성되었다. 계절풍을 이용한 무역이 이들에 의해서 시작되었고, 머지않아 말라카(*Malacca*)해협이 중심이 된 인도와 중국을 잇는 뱃길이 열리면서 이곳에 '문화의 꽃'이 피기 시작했다.

가장 먼저 동남아에 인도문화가 유입되었다. 기원전부터 만개되었던 인도문화의 정수(精髓)는 힌두 · 불교와 힌두교의 경전인 베다(Veda) 경전(經典)을 만든 인도사회의 최상층 계급이었던 브라만(Barahman)들이 사용했던 산스크리트(*Sanscrit*)문자였다. 이처럼 찬란한 문명의 이기(利

器)는 이제까지 정형화되지 못하고 있던 동남아 여러 곳의 토착신앙을 쉽게 석권하였다. 나아가서 인도신화(神話)인 라마야나(Ramayana)와 마하바라타(Mahabarata)는 인도문화가 동남아를 포함한 동양사(東洋史)의 든든한 밑둥이 되었다.

말라카 해협을 중심으로 개화된 동남아문화는 이곳을 정복한 고대 왕국들에 의해서 그 영역이 광범위하게 확대되기 시작하였다. 11세기경부터 본격적으로 유입되기 시작한 이슬람은 말라카 해협을 따라 인도네시아 군도와 필리핀 군도로 확산되었다. 이슬람이 종교와 함께 무역행위에 따라 전파하는 중동과 유럽의 새로운 문명의 이기는 동남아에 산재된 수많은 군소왕국들을 매료시켰다. 말라카 왕국(1405-1511)의 번영은 주변의 군소 무역왕국의 적극적인 참여가 있었기에 가능했다. 말라카가 동방무역의 거점으로 자리 잡으면서 무역항로는 더욱 분주해졌고, 무역 품목은 다양해졌으며, 무역 체계 또한 정교(精巧)하게 다듬어 지게되었다.

힌두 · 불교의 다소 거추장스럽고 빈번한 종교의식에 식상(食傷)했던 일반 백성들은 이슬람이 전해 준 '조화로운 전체'(*harmonious whole*)라는 이름의 생활종교에 깊은 관심을 가지게 되었다. 또한 해상무역 행위를 통해서 서역(西域)의 이슬람 상인들과의 거래가 매우 유용하다는 것을 터득한 동남아 해안에 산재한 군도의 군주들도 이슬람 수용에 적극적이었다. 그러므로 이슬람은 기존의 힌두 · 불교 및 토착신앙과 충돌하지 않은 채 대체로 상호보완적 형태로 동남아에 정착되었다. 이 과정에서 배타적이지 않고 대체로 수용적인 태도를 견지(堅持)한 기존의 종교도 중요한 역할을 하였음이 분명하다.

말레이(Malay)족에 의해서 전파되고 말라카 해협이 중심이 되었던 인도문화 바탕의 동남아 문화권은 점차로 대륙부와 해양부 문화권으로 크게 양분(兩分)화되었다. 오늘날의 미얀마(버마)와 태국 · 베트남 · 라오스 · 캄보디아 등 5개국으로 이루어진 대륙부에서는 중국문화의 우세가 나타나기 시작하였고, 인도네시아와 말레이시아 및 필리핀 군도가 포함되는 해양부에서는 인도문화의 영향이 상대적으로 더 오래 지속되었다.

이슬람은 이러한 두 문화권의 틈새를 대체로 평화적인 방법으로 자리 잡게 되었으며, 점차로 큰 물 줄기를 형성하였다. 말라카해협을 사이에 두고 수마트라와 말레이 반도가 동남아 이슬람의 진원지(震源地) 역할을 하였으며, 이 여파는 오래지 않아 칼리만딴(Kalimantan)과 술라웨시(Sulawesi)를 거쳐 민다나오(Mindanao)와 비사야스(Visayas) 군도, 그리고 루손(Luzon)에 이르는 장대한 동남아 이슬람문화의 벨트를 창출하게 되었다.

II. 식민통치시대 이전의 동남아 이슬람사회

1. 말레이 반도와 인도네시아 군도

중동 이슬람 세계의 결정적인 퇴조는 1258년 몽고 대군에 의한 바그다드 함락이 분기점을 이루었다. 사라센 문화권의 심장부를 강타한 몽고의 출현은 무슬림들에게 큰 충격을 주었으며, 이 충격은 이슬람 신학(神學)과 이슬람법학을 비롯한 이슬람 종교와 관련된 모든 학파(學派)와 이슬람 종교의 중심세(中心勢)가 아라비아반도로부터 외지(外地)로 번져나가게 만들었다. 뿐만 아니라 이제까지 생활종교라는 이슬람의 종교적 성향에 따라 대부분의 종교가 지향하는 정신세계의 변방에 머물러 있던 수많은 수피(sufi)들이 전면에 등장하게 되었다.

이들 수피들은 고행(苦行)을 통하여 진리를 깨닫는다는 수피사상(*Sufism*)을 바탕으로 예배와 구빈(救貧) 등 외부적인 종교적 의무로부터 내면적인 신앙의 토대를 쌓아 이슬람 종교의 재정립에 심혈을 기울였다. 이제까지 생활종교라는 이름으로 현실 세계의 즐거움을 부정하지 않고 사후 세계와 동격으로 중요시하던 무슬림들은 수피들에 의해서 신앙의 이름으로 강조하는 정신세계의 중요성을 새삼스럽게 깨닫게 되었다. 수피들이 중심이 된 이슬람 사상의 발전에 따라 아랍 이슬람 세계의 무슬림들은 이슬람 정통교리와 함께 해상무역을 통해서 세계 종교를 지향하는 거대한 변화의 물결을 이룩하였다. 이에 따라 이슬람은 여러 방향으로 긴 흐름을 찾아 나섰으며, 그 중 한 줄기가 동남아로의 긴 여정(旅程)을 시작하였던 것이다.

아랍과 인도의 무역상들과 동남아 군도지역의 토착 왕국들과의 상호 왕래는 이슬람 도래(到來) 이전부터 이루어져 왔다. 그러나 AD 5세기경에 이르러 말레이 반도의 주요 항구는 이미 중국 대륙과의 교역을 이루는 중요한 기항지가 되었다. 7세기에 들어서면서 막강한 제해권(制海權)을 가진 스리 위자야(Sri Wijaya) 불교왕국이 수마트라에 등장하여 말라카 해협을 관장(管掌)하며 이곳을 통과하는 모든 무역선의 안전보장을 책임지게 되었다. 이에 따라 스리위자야 왕국과 말라카 해협의 중요성이 더욱 높아지게 되었다. 9세기 말경에는 이 지역의 해상무역활동에 무슬림 상인들의 참여가 주류를 이루게 되었으며, 11세기에 이르러 말라카 해협을 중심으로 말레이 반도와 인도네시아군도의 중요 무역도시에 다수의 무슬림들이 정착하기 시작하였다.

그러나 말라카 왕국이 국제적인 무역왕국으로 부상(浮上)하여 말라카 해협을 장악한 이후 말레이 반도와 인도네시아 군도는 비로소 본격적인 이슬람 시대를 맞게 되었다. 말라카 해협과 인근의 군소 무역왕국들은 짧은 시일 내에 말라카 왕국에 복속되었으며, 힌두·불교문화를 먼저 받아들였던 수마트라도 역시 점차로 이슬람화되었다. 말레이 반도 북부의 빠항(Pahang)과 끄다(Kedah)나 반도 남단(南端)의 죠호르(Johor), 그리고 오늘날 태국 남부의 빧따니(Pattani) 등 말라카 왕국 주변의 주요 왕국들도 곧 이슬람을 수용하게 되었다.

말라카 무역왕국의 위세(威勢)와 영향력은 짧은 시일 내에 말라카 해협의 전 지역과 쟈바해(*Sea of Jawa*)에 산재된 도서지역 그리고 쟈바

(Jawa)의 북부 해안까지 이슬람화하였다. 1478년에는 중동부 자바 내륙의 마자빠힛(Majapahit)왕국이 말라카의 영향력 하에 들어간 드막(Demak)왕국이 이끄는 무슬림 연합군에 의해서 붕괴되었다. 이슬람 드막 왕국은 곧 깔리만딴(Kalimantan) 남부의 반자르마신(Banjarmasin) 일대를 이슬람화시켰으며, 향료군도(*Spice Islands*)로 알려졌던 말루꾸(Maluku) 군도도 1498년까지 이슬람화되었다.

민다나오(Mindanao)섬은 1460년 이전에 이슬람화되었으며, 브루나이(Brunei)는 이 보다 앞서 15세기말 경에 이미 이슬람을 수용하였다. 이슬람은 술루(Sulu) 열도(列島)와 민다나오로부터 필리핀 북쪽의 루손(Luzon)지역까지 빠르게 전파되었다. 이에 따라 이 지역 일대의 해안과 농경지역을 중심으로 많은 무슬림들이 정착하였다. 1570년 스페인에 정복되기 이전까지 루손의 중심부인 마닐라(Manila) 역시 무슬림들의 영향 하에 놓여 있었다.

브루나이 이슬람 술탄왕국도 세력 확장에 나서 주변의 이슬람화에 진력하였다. 이슬람으로 개종한 마까사르(Makassar)는 부기스(Bugis) · 숨바와(Sumbawa) · 롬복(Lombok) 등 인근의 주요 도서(島嶼)의 주민들을 차례로 개종시켜 나갔다. 이슬람을 수용한 부기스는 또한 이를 곧 플로레스(Flores)에 소개하였다. 이로써 자바 전체와 소순다열도(*the Lesser Sunda Islands*)가 이슬람화되었으나, 유일하게 발리(Bali)는 많은 문화적 갈등을 극복하고 마자빠힛 왕국의 전통을 계승하여 힌두 · 불교왕국으로 남게 되었다.

신민(臣民)들의 이슬람 수용은 필연적으로 그들의 의식세계를 다양하게 반영하고 있는 문화와 정치형태의 변화과정에 결정적인 영향을 미쳤다. 이제까지 인도네시아 군도의 통치형태의 중심이 되어 온 힌두 · 불교적 전통은 꾸란(Al Qu'ran)과 하디스(Al Hadith) 등 여타의 이슬람적 교리에 바탕을 둔 제도와 관습으로 대체되었다. 이슬람의 통치자 개념이 '신왕(神王: devaraja)'이라는 힌두교 개념을 대신하게 되었으며, 또한 무슬림 사회의 경어(敬語)와 사회제도가 폭 넓게 사용되기 시작했다. 비록 선별적이기 하지만 이슬람법 샤리아(Syariah)는 이슬람을 국교로 채택한 왕국들로부터 점차적으로 시행되었다.

말라카 왕국의 법률(Undang-undang Malaka)은 샤리아의 많은 조항을 포함하고 있었으며, 말라카 왕국의 통치방식은 반드시 꾸란의 가르침과 일치해야 한다고 규정하고 있었다. 또한 1303년으로 기록된 말레이 반도 뜨렝가누(Trengganu)에서 발굴된 비문은 분명히 그 국가에서 샤리아가 엄정하게 집행되었음을 보여주고 있다. 오늘날 태국영토에 속해 있는 빤따니 왕국에서는 19세기말까지 지속적으로 이슬람 율법이 폭 넓게 시행되었다. 역시 말레이 반도의 빠항 이슬람왕국의 초기 법률은 전체 68개 조항 중 42개 조항이 이슬람 샤피이(Shafii) 학파의 법률 조항과 거의 일치하였다.

수마트라 북단(北端)의 아쩨(Aceh) 왕국의 경우에는 이슬람 율법이 말라카 해협 인근의 어느 지역보다도 훨씬 철저하게 집행되었다. 이 지역에서 이슬람이 가진 정치적 영향력은 당시 군도를 지배하고 있던 무슬림 상인들의 높은 지위로 인해서 더욱 컸다. 또한 이 지역에서 무슬림들의 해상무역에 대한 통제는 거의 절대적이었다. 인도와 유럽 그리고 중국 등지를 잇는 국제무역 또한 확실하게 이곳 무슬림들의 수중에 있었다.

국제무역 독점 이외에도 말라카 해협과 쟈바 해 인근의 주요 무역항은 모두 무슬림들의 영향 하에 있었다. 무슬림들은 경제적으로 확고부동한 위치를 점하여 많은 부를 누렸으며, 나아가서 학문적 소양도 쌓게 되었다. 이 지역 군소왕국의 통치자들과 지방토호들의 이슬람으로의 개종은 무슬림들에게 있어서는 대 변혁인 동시에 확실한 활로였다. 이슬람 개종은 이로써 무역로를 따라 급속도로 진행되었는데, 인도네시아 군도에서 수피들은 이슬람화를 촉진시키는 매우 중요한 역할을 하였다.

이슬람은 나아가서 말레이 반도와 인도네시아 군도에서 기존의 문화질서를 변화시켰다. 이슬람 신앙과 무슬림들이 강조하는 형제애(兄弟愛)

사상은 점진적으로 이 지역의 이슬람화 된 사람들의 공통된 문화의 저변에 나타났다. 이슬람화가 야기(惹起)한 인류평등주의 사상의 발아(發芽)는 이 지역에서 귀족정치에 대한 옹호세력을 약화시켰다. 이슬람 세계의 가장 기본적인 전통의 하나는 모든 구성원들의 이해가 걸린 문제는 반드시 이슬람공동체 움마(Ummah)의 구성원이 다 함께 참여하여 해결한다는 것이다. 모든 무슬림들은 다 함께 꾸란을 암송하고 그리고 이슬람 율법 학습을 통해서 이슬람 근본 원리사상을 공동으로 이해할 수 있어야 했기 때문이다.

아랍 문자는 이러한 필요성에 의해서 일찍이 소개되었는데, 이 문자는 아쩨에서 민다나오에 이르는 거의 모든 지역에서 널리 사용되었다. 많은 지역어(地域語)가 당연하게 부족한 아랍어 표현을 위해서 보강되었다. 이 중에서도 말레이어는 이슬람 종교교육의 중요한 매개체로서 그리고 말레이 반도와 인도네시아 군도 여러 곳의 지역어로서 채택되었다. 또한 말레이어는 이 지역 언어 통합에도 지대한 역할을 하였다. 이슬람을 소개하는 데 유용하게 사용되었던 말레이어는 머지않아 문학 · 신학 · 법률 · 역사 등 많은 학문 분야에서 활용되기 시작했다.

수마트라 북단의 말라카 해협에 위치한 빠사이(Pasai)로부터 말라카 · 아쩨 · 빧따니에 이르는 수많은 지역이 이슬람을 중심으로 한 학문의 중심지로 등장하였다. 이런 과정에서 자연스럽게 이슬람 교육제도가 생겨나게 되었다. 대부분의 경우에 있어서 이슬람 사원 머스지드(mesjid)는 학문의 중심지로 제도화되었다. 곧 이어 자바에 쁘산뜨렌(pesantren)이 생겨나고 수마트라와 말레이 반도에서는 뽄독(pondok)이 세워졌으며, 태국남부의 광범위한 지역에서는 '뻐너'로 불리는 뽄독과 유사한 독립된 교육장소가 곳곳에 들어서게 되었다. 이 지역의 이슬람 학문의 중심지는 당연히 자연스럽게 국제이슬람과 접촉을 하게 되었다.

메카(*Mecca*)로의 성지순례(聖地巡禮) 여행이 무슬림들의 선망의 대상이 되었는데, 순례여행을 통해서 중동의 무슬림들과 감정적 · 정신적 · 심리적 · 지적 유대관계를 쌓아가게 되었다. 이로 인해서 말레이 반도와 인도네시아 군도로의 아랍인들의 이주는 장려되었다. 아랍 이슬람 학자들의 지도와 더불어 공식적으로 장려해 온 이슬람 학습의 강조는 오래지 않아서 이 지역에서 이슬람 교리(敎理)에 밝은 울라마(ulama)들이 배출되기 시작했다. 이슬람 종교가 가져온 이러한 변화는 짧은 시일 내에 이 지역 무슬림들만의 독특한 세계관으로 발전되었다. 이것은 알라(Allah)에 대한 절대적인 신앙을 그대로 받아들이면서, 원주민들의 정신세계를 지배하고 있던 토착적인 신앙 요소를 폭넓게 수용한 것이었다.

2. 태국

태국의 이슬람은 주로 무슬림들에 의한 해상무역을 통해서 전파되었다. 13세기에 최초의 통일왕국을 세운 쑤코타이(Sukhothai) 왕실에 이슬람은 불교 이외의 새로운 종교로 소개되었다. 그러나 무슬림들은 태국에서 쑤코타이 왕국을 계승한 아유타야(Ayuthaya) 왕국이 세워진 14세기에 이르러서 비로소 정치적 세력으로 두각을 나타내기 시작했다.

아유타야 왕국은 일찍부터 해상무역을 통한 국제교류에 지대한 관심을 보였다. 15세기부터 17세기에 이르는 동안 말레이 반도와 인도네시아 군도의 이슬람화 과정과 해상무역국가들의 정치적 · 경제적 발전을 선도해 온 것이 아유타야 왕국에 크게 자극이 되었다. 이들 지역과 마찬가지로 아유타야 왕국은 이슬람 종교와 해상무역을 유럽과 중국대륙과의 교류와 이에 부수되는 새로운 문물(文物)을 받아들이는 계기로 삼았다.

아유타야 왕국에서 무슬림들이 지배계층에 있었다는 많은 증거가 있는데, 상당수의 무슬림들의 궁성의 관리나 고위급 신하로써 태국 왕을 섬긴 사실로 알 수 있다. 태국 왕실에서 개인능력에 따른 자신들의 중요한 역할과 이슬람 종교가 지닌 외부와의 교류라는 기능으로 인해서 무슬림들은 매우 강력한 그룹을 형성할 수 있었다. 이러한 무슬림 엘리트 그룹을 배경으로 이들은 쉽게 왕실의 신임을 얻었다. 이를 바탕으로 아유타야 왕국에서 무슬림들은 왕실의 특권층으로 많은 정치적 · 경제적 이익을 누렸다.

아유타야 왕조시대의 많은 경제적 이익이 태국 왕실의 비호(庇護) 아래 싸얌(Siam)만에서 말레이 반도를 거쳐 말라카 해협을 경유하는 무역로에서 막강한 영향력을 가진 무슬림들에게로 돌아갔다. 무슬림들은 말레이 반도를 경유하는 무역로에 대한 통제권뿐만 아니라 아유타야 왕국의 주요 관직을 확보할 수 있었기 때문이었다. 또한 이들 무슬림들은 아유타야 왕실의 안전보장을 위해서 병역제도를 채택할 것을 권고하였고, 새로운 제도가 생겨남으로써 왕국은 무슬림 세력들과의 돈독한 관계를 더욱 발전시켰다.

3. 버마(미얀마)

버마에서도 무슬림들의 역할은 매우 중요하였다. 수치상으로는 버마족에 비해서 크게 열세(劣勢)였지만, 무슬림들은 국제무역 · 상업 · 행정 · 정치 분야와 기타 문화 분야에서 두각을 나타내어 자신들의 입지를 강화하였다. 버마에는 9세기에 이미 무슬림 항해자가 상륙했다는 고증(考證)이 있다. 그 한 예로 AD 860년에 중국인 여행자들은 베트남과 중국의 국경지역에서 페르시아(Persia) 문화화 된 무슬림들의 통치지역을 발견하였다는 기록을 남기고 있다.

이즈음 페르시아 여행가 이븐 코르다베(Ibn Kordabheh)와 아랍 여행가인 술레이만(Suleiman) 그리고 또 다른 페르시아 여행가인 이븐 알 파키(Ibn Al Faqih) 등이 남긴 여행기에는 이슬람화 된 버마 남부 지방에 관한 기록이 있다. 10세기에 아랍 역사가인 알 마그디시(Al Magdisi)도 미얀마 왕조가 인도와 말레이 군도, 그리고 스리랑카의 경우처럼 이슬람을 수용하였거나 이슬람 문화가 경유한 역사발전 단계에 관하여 기술하고 있다.

버마 역사에는 아노르타(Anawratha: 1044-77) 왕 통치기간 중 왕의 측근으로 활약했던 아랍인에 관한 기록이 나온다. 아노르타의 승계자인 솔루(Sawlu: 1077-88) 왕은 아랍 무슬림에 의해서 교육을 받았는데, 그는 자신의 아랍인 스승의 아들인 야만 캉(Yanan Khan)을 오늘날의 버구(Pegu) 지역인 당시의 우사(Ussa) 지역의 총독으로 임명하기도 하였다.

동남아에서 무슬림들에 의한 국제무역 주도권이 절정에 달했던 17세기경까지 여러 지역에서 온 무슬림들의 기항지 역할을 해 온 버마의 해안 도시들은 계속해서 확장되고 있던 무슬림들의 새로운 해상 무역망을 연결하는 중간 역할을 하였다. 유럽 열강들이 적극적인 식민지 확장정책에 나섬에 따라 새로운 국제환경이 조성되고, 이들의 압력에 의해서 무슬림들이 장악하고 있던 국제무역에 대한 주도권이 점차로 약화되기 시작했을 당시에도 미얀마의 무슬림들은 자신들의 권위를 계속해서 유지하고 있었다.

버마 지역의 무슬림들은 무역뿐만 아니라 선박건조와 수리에 탁월한 솜씨를 보였던 것이다. 실제로 무슬림 실력자들과 이슬람을 채택한 고위 행정관리들은 17세기에 버마의 메르구(Mergui)에서 태국의 아유타야에 이르는 모든 주요 무역도시를 관할했었다. 버강 밍(Pagan Min: 1846-53) 왕 통치기간에 한 무슬림은 당시 왕국의 수도였던 아마르푸라(Amarpura)의 총독으로 임명되어 막강한 통치력을 행사한 바 있었다.

아라캉(Arakan) 지역에서는 인도와의 지리적 근접성 때문에 인도 대륙과 정치·외교적 교류와 더불어 사회·문화적 교류를 통하여 빈번한 인적 교류가 있었다. 무슬림의 영향력은 아라캉의 고위 불교 승려들이 무슬림의 명칭(名稱)을 따라 수용할 만큼 막강하였다. 비록 불교왕국이었지만, 아라캉에서 무슬림들은 높은 지위에 오를 수 있었다.

15세기 이후 아라캉의 역사는 점차로 거대한 인도의 이슬람 무굴(Mughal: 1526-1858) 제국으로 향하였다. 17세기 중반부터 1785년까지 아라캉 왕국이 버마에 의해 재합병되었을 때 까망(Kaman) 통치 하의 아라캉에서 무슬림들의 지위는 어느 누구에 의해서도 도전 받지 않았다. 18세기에 버마 왕실은 이곳 아라캉으로 무슬림 죄수들을 많이 이주시켰다. 1873년 중국 황실에 의해서 중국과 베트남 국경지역에 있던 이슬람 영지가 붕괴되자, 이 지역에 거주해 온 다수의 중국인 무슬림들은 새로운 도피처를 찾아 버마 북부지역으로 이주하였다.

18세기와 19세기 초엽에 이미 많은 수의 무슬림들이 버마의 주요 도시에 거주하고 있었다. 1885년에 만들레(Mandalay)에 있던 버마 왕국이 무너지는 순간까지 무슬림들은 버마 왕국의 보호 아래 크고 작은 국사(國事)에 깊이 관여했었다. 이들 무슬림들은 영국이 버마를 식민통치하는 것을 가장 적극적으로 반대한 집단 중의 하나였으며, 버마에 대한 영국의 침략을 저지하기 위해서 정치 · 외교적으로나 경제적으로 또한 군사적으로 동참하였다.

4. 캄보디아

미얀마 왕국이나 아유타야 왕국 등과 같은 불교국가들과 마찬가지로 캄보디아 왕국도 이 지역에서 전개된 국제무역과 정치발전에 깊이 연관되어 있었다. 이 지역에서 무슬림들의 국제무역 장악은 캄보디아 왕국으로 하여금 이슬람 세력과의 관계강화에 나서게 하였다. 영토 확장에 국력을 쏟고 있던 캄보디아 왕국은 캄보디아 동쪽과 베트남 중부 이남에 크게 국세를 확장하고 있던 짬파(占婆: Champa)국을 통합하게 되었는데, 짬파는 이 지역에서 가장 먼저 이슬람화 된 지역 중의 하나였기 때문에 이곳 무슬림들의 역할은 매우 중요하였다.

오늘날 베트남 중부 안남(Annam)지역을 중심으로 한 짬파 왕국은 정통 이슬람을 추구하는 상당수의 무슬림들이 거주하고 있었으며, 말레이 반도 동부 해안의 무역왕국을 위시하여 동남아 여러 지역의 군소왕국들과 폭넓은 교역 및 유대관계를 가지고 있었다. 캄보디아 왕국의 무슬림들은 다른 지역과 마찬가지로 이슬람 공동체에 대한 강한 연대의식을 가지고 있었다. 이슬람을 전파하고자 하는 이들의 열정은 다른 지역의 정통이슬람주의자들 못지않게 강렬하였다. 아마도 이러한 요인들이 17세기 초에 이르러 캄보디아 통치자들을 성공적으로 이슬람으로 개종시켰을 것이다. 캄보디아 통치자들의 개종으로 이 지역에서 무슬림 사회의 지위와 우월성이 더욱 강화되었는데, 국제무역으로 얻어지는 이익이 중요한 매개체가 되었다.

그러나 태국의 아유타야 왕국의 경험에서와 같이 주변국가와의 계속된 경쟁관계는 캄보디아의 무슬림 지위에도 당연히 영향을 미쳤다. 그들은 17세기 후반기에 이르러서 더 이상 지배계층으로의 역할을 유지할 수 없었으며, 이슬람 역시 말레이 반도와 인도네시아 군도에서의 경우처럼 지배 엘리트 계층에 쉽게 접근할 수 없었다. 잇단 왕궁 반란은 캄보디아에서 짧았던 무슬림 통치를 곧 종결시켰다. 그리고 계속된 유럽 열강의 공략으로 이곳에서 이슬람 사회와 무슬림들의 역할은 급격히 감소되었다. 이로써 이 지역에서 무슬림들의 캄보디아 지배 가능성은 무위로 끝나고 말았다.

III. 식민통치시기 동남아 이슬람사회의 변화

1. 서구열강의 동남아 내도

포르투갈인들이 서양의 열강 중에서 가장 먼저 향료무역 독점과 유럽 가톨릭 포교(布敎)를 목적으로 말라카를 향해서 동진(東進)해 왔다. 그러나 포르투갈 정복자들이 직면한 문제는 원주민들을 어떻게 복종시키느냐가 아니라 그들을 어떻게 통제하느냐에 있었다. 1511년 이들이 말라카를 정복하였을 때, 이 문제는 동남아에서 무슬림들이 이미 확보해 놓은 경제적 · 정치적 우위를 분쇄(粉碎)하면서 향료무역을 위한 새로운 해상 수송로 개척문제와도 직결되었다.

포르투갈의 정복자들은 약 100년 가량 이곳의 무슬림 통치자들이 그들에게 맞서 대항한 지루한 전쟁에 시달려야 했다. 무슬림들의 끈질긴 투쟁은 종교적인 목적 이외에도 그들이 오랫동안 공들여 닦아온 세계적인 무역망의 재건에 있었음이 분명하다. 웅대한 열망을 안고 내도한 포르투갈의 정복자들은 주요 무역 거점을 점령하였으나, 거대한 무역망을 장악하는 데는 완전히 실패하였다.

필리핀에서 스페인 정복자들도 이와 유사한 상황에 처하였다. 1570년 스페인에 의해서 마닐라 지역의 이슬람 사회가 침탈(侵奪) 된 이후 민다나오(Mindanao)와 술루(Sulu) 등지의 이슬람 영지에서는 남쪽으로 세력확장을 하는 스페인에 계속해서 저항했다. 대략 300년 가량 지속된 이슬람의 대(對)스페인 무력항쟁은 19세기 후반에 이르러서야 민다나오 중남부에서 일단락되었다.

약 1세기 늦게 동남아에 내도한 네덜란드는 이곳의 식민통치에 보다 세심하고 용의주도(用意周到)하였다. 이들은 무엇보다도 기존 식민통치자들의 실패경험을 분석하여 이에 대비하는 일로 식민지 경략(經略)을 시작했다. 네덜란드는 자바와 향료군도 곳곳에 지방 통치자들과의 조약을 맺거나 동맹을 체결하는 방법으로 통치지역을 확대해 나갔다. 나아가서 전통적으로 강력한 영향력을 행사해 온 무슬림 전통세력 간의 세력경쟁을 조장함으로써 인도네시아 군도에서 새롭게 전개되는 정치 · 경제 질서 속에서 서서히 주도권을 장악할 수 있었다.

서양열강들의 강도 높은 식민통치 공세에도 불구하고 대부분의 동남아 지역은 19세기 이전까지 부분적인 독립을 유지하거나 새로운 국제질서에 강력하게 대항하고 있었다. 서구 열강에 의한 본격적인 식민통치는 19세기 이후에 전개 되었는데, 이때부터 동남아의 정치 · 경제 질서는 전적으로 유럽인들의 영향을 받게 되었다. 이로써 태국을 제외한 동남아의 모든 전통국가들은 그들의 정치적 독립성을 완전히 상실하게 되었다.

19세기 이래 식민통치 세력들은 동남아에서 자신들의 편의(便宜)에 따라 통치지역을 분할하고 인위적으로 국경선을 결정하였다. 이에 따라 동남아의 전통적인 정치구조는 완전히 와해(瓦解) 되었다. 따라서 동남아는 말레이(Malay) 반도를 포함하는 영국 세력권과 수마트라(Sumatra)를 포함하는 네덜란드 세력권으로 분할되어 말라카(*Malacca*)해협을 경계로 임의적으로 관할지역이 나뉘어졌다. 따라서 이들 두 지역 사이의 전통적인 교류와 교섭관계는 영국과 네덜란드의 식민통치 편의에 의해서 무시되었다. 그것은 전통적인 민족 · 언어 · 문화 · 종교 그리고 심지어 종족에 따른 사회적 · 정치적 영역도 전혀 고려하지 않은 채 이루어진 것이었다. 식민통치자들의 이권(利權)에 의해서 새로운 경계가 정해진 말레이 반도 북쪽의 경우도 마찬가지였다.

동남아는 이로써 포르투갈을 위시해서 영국 · 네덜란드 · 프랑스 · 스페인 등 유럽 열강에 의해서 마구 분할되었다. 이것은 현지 주민들의 의사와 기존의 전통과 질서가 전혀 고려되지 않고, 전적으로 식민세력들의 정치적 타협과 무력에 의해서 결정된 것이었다. 이는 후일 동남아 국가들이 독립을 이루고 현대국가로 나아가는 과정에서 국경분쟁과 함께 종족 및 종교 갈등을 빚는 원인이 되었다.

2. 말레이 반도와 사바 · 사라와크

말레이 반도에 대한 정치적 · 군사적 · 경제적 비중이 점증(漸增)하자 영국 식민당국은 토착 세력과 직접적인 이해관계가 적은 삐낭(Penang) · 웰리슬리(Welleseley) · 말라카(Malaka) · 싱가포르(Singapore) 등 네 거점을 연결하여 해협주(海峽州)(*the Strait Settlements*)를 형성하고 이곳을 직접통치하기에 이르렀다. 이들 네 지역을 제외하고 말라카 왕국 이래로 말레이 반도에 터전을 이루어 온 9개 이슬람 술탄 왕국은 표면적으로는 독립적인 주권을 지켜나갔다. 그러나 이들 9개 술탄 왕국의 수장(首長)들은 영국 식민당국이 왕국의 고문 자격으로 파견한 고등판무관(*High Commissioner*)들에 의해서 간섭을 받기 시작하였다.

9개 이슬람 술탄 왕국의 경제는 전적으로 영국의 감독과 통제 하에 있었다. 특히 중국인과 인도인들의 대규모 이주가 식민당국에 의해서 조장(助長)되었으며, 싱가포르와 뻬낭 항(港)은 말레이 반도의 중심 무역항으로 개발되었다. 현대적인 관료제(官僚制)가 도입되었으며, 영국의 직할 식민지가 된 해협주에서는 영국식 법률제도가 집행되었다. 그러나 술탄 왕국에서는 그들의 주권을 유지하고 있었기 때문에 영국의 법률제도를 수용하는 데는 선별적이었다.

영국의 해협식민지(4개 해협 주 지역)에서도 영국의 법률적 인식과 일치하는 이슬람법 샤리아(Syarish)는 존중되었다. 보통교육제도는 식민정부의 필요성을 충족시키기 위해서 보편화되기 시작하였는데, 특히 해협식민지에서는 빠른 속도로 발전되기 시작하였다. 이와 함께 교육에 대한 식민당국의 무간섭주의의 채택으로 중국계와 인도계 이주민들을 위한 학교설립이 간접적으로 촉진되었다. 영국이 말레이(Malay)어 교육을 시작했을 때, 영국 식민당국의 의도와 말레이계 원주민들의 희망이 합치되었기 때문에 이 식민교육정책의 시도는 크게 환영을 받았다. 그러나 새롭게 창출된 경제 분야와 교육 분야의 기회와 실질적인 혜택은 주로 해협식민지의 이주민 사회로 돌아갔다. 말레이 토착 귀족계급들도 단지 한정된 분야에서, 그것도 일부 계층에서만 식민당국의 정책적인 배려에 따라 새로운 기회의 혜택을 누릴 수 있었다.

말레이 반도에 거주하는 대다수의 토착 말레이인들은 영국 식민당국이 통치 목적으로 추진하는 경제 분야와 교육 분야 등 다양한 분야로부터 실질적인 혜택을 받지 못했다. 그러나 이러한 과정에서 많은 말레이 전통사회의 토착 엘리트들은 이슬람 종교교육의 대중화에 관심을 가지게 되었다. 예를 들어, 전통 이슬람 교육제도는 식민당국의 비호 아래 계속해서 신장(伸張)되었다. 이에 따라 이슬람 사원과 마드라사(madrasah)와 뽄독(pondok) 등 마을 단위 이슬람 종교지도자들의 주요 활동무대는 이슬람 종교교육의 중심지로써 등장하였다. 마드라사와 뽄독은 우리나라의 서당(書堂)과 같은 기능을 가지고 있었는데, 교육 목적 이외에도 종교적인 역할도 겸할 수 있었다.

이슬람 종교 지도자인 울라마(ulama)는 농촌지역에서 말레이인에 대한 종교교육과 사회교육을 담당하였다. 말레이 반도의 각 술탄 왕국에서 귀족 계층을 제외하고는 소수의 평범한 말레이인들에게만 현대식 교육을 받을 기회가 주어졌다. 전통사회의 말레이인들은 대부분이 경제적으로 전통적인 그들의 생업(生業)인 농업과 어업분야에 남아 있을 것을 고집하였다. 그러나 해협식민지에서 일부의 개화된 무슬림들은 상업과 무역 분야에 관심을 갖기 시작했다. 시간이 지날수록 토착 말레이인들과 이주자들 사이에 경제적 불균형이 나타나기 시작했다.

네덜란드령(領) 칼리만탄(Kalimantan) 북부지역의 서쪽에 위치한 사라와크(Sarawak)는 1840년대에 브루나이(Brunei)의 술탄이 영국 식민군대의 장교였던 제임스 브룩크(James Brooke)에게 할양하였다. 이는 단순한 영토권뿐만 아니라 통치권까지도 양여(讓與)하였기 때문에 이 지역에 백인 왕(Rajah Puteh)이 탄생하는 결과를 낳았다. 비(非)원주민이자 비(非)무슬림인 백인 왕의 등장으로 사라와크 지역에 새로운 통치자에 의한 새로운 통치방식이 들어서게 되었다. 기존의 이슬람 술탄에 의한 전통방식의 봉건적 통치로부터 서구식 이데올로기가 대폭 반영되었다. 따라서 영국 식민통치 하 말레이 반도의 여러 술탄 왕국의 경우와 달리 이곳에서 이슬람은 어떠한 특권도 특별한 지위도 가질 수 없었다.

북부 보르네오(*North Borneo*)로 알려졌던 칼리만딴 북부지역의 동쪽에 위치한 사바(Sabah)는 사라와크와 비슷한 운명이었다. 이곳은 브루나이(Brunei)와 술루(Sulu) 등 두 이슬람 왕국의 술탄과 영국의 북(北)보르네오주식회사(*British North Borneo Company*) 간의 협약에 따라 북보르네오

주식회사가 관장하는 일종의 간접통치 형태를 취하였다. 사라와크와 마찬가지로 이곳 역시 영국 식민당국의 직간접적인 간섭과 영향력에 의해서 이제까지 사바가 보존해 온 전통적인 정치체제로부터 분리되었다.

사바 지역에서 강력한 무슬림 엘리트의 부재와 식민당국의 집요한 이슬람 와해정책으로 인해서 이슬람의 지위는 사바에서 점차 약화되었다. 이와 함께 영국의 새로운 식민정책에 의해서 다수의 중국인들이 이주를 시작하여 사바의 경제는 점차로 활기를 띠기 시작하였다. 또한 영국의 북보르네오주식회사의 직원으로 따라온 기독교 선교사들에 의해서 이 지역의 이슬람 개종(改宗) 사업도 착착 진행되었다.

3. 브루나이

말레이 반도의 9개 술탄 왕국의 경우처럼 사라와크와 사바 사이에 소국(小國)으로 전락한 브루나이(Brunei Darussalam)도 영국에 술탄의 통치권을 양도하지 않았다. 1888년에 이르러서 영국 식민당국과 브루나이 술탄 사이에 협정을 체결하여 술탄의 지위를 영국 보호령 하에 둔다는데 합의하였다. 이에 따라 브루나이의 국내 통치는 계속해서 술탄의 영향력 하에 있지만, 이슬람 종교와 관련된 문제를 제외한 제반 사항에 대해서는 술탄에게 조언을 한다는 형식으로 영국의 고등판무관을 술탄정부에 파견하였다.

나아가서 식민당국은 브루나이가 영국의 법률제도를 선별적으로 수용하도록 유도하였으며, 현대적 관료제도와 현대적 정부형태를 권장하였다. 절대적인 통치자로서 술탄의 지위가 이러한 과정에서 많이 견제되었다. 술탄 친정(親政) 하의 중앙정부뿐만 아니라 하급 관리들이 주로 담당하던 사회 전반에 걸친 일반적인 전통과 관습 그리고 제도 등에 현대적인 요소가 가미되었다.

브루나이의 국내 안보문제와 외교문제는 거의 전적으로 영국의 책임

하에 놓이게 되었다. 영국 당국에 의해서 중국인들의 이주가 장려되었으며, 영국의 이익 도모를 목적으로 경제개발에 착수하였다. 그러나 전통적인 이슬람사회의 계급제도는 여전히 존속하였다. 이슬람 종교 또한 부단하게 국민들의 생활 속에서 중추적 역할을 자리하고 있었다. 종교교육은 브루나이 말레이인들의 이슬람의 종교적 동질성(同質性)을 유지하는데 결정적인 역할을 하였으며, 말레이어는 브루나이 무슬림들의 의사소통과 종교교육의 매개체로서 중요한 역할을 하였다.

4. 필리핀

필리핀은 거대한 이슬람술루(Sulu)왕국이 필리핀 전역을 이슬람화하는 전성기를 구가(謳歌)한 이슬람사(史)를 가지고 있다. 그러나 서구 열강의 일원으로 필리핀에 내도한 스페인은 처음부터 무력을 사용하여 북부 로손(Luzon)으로부터 무슬림들을 남쪽으로 내몰기 시작하였다. 이로써 스페인 통치 하의 필리핀 이슬람사는 모로(Moro)인들이 주류를 이루는 민다나오(Mindanao) 남부지역의 무슬림들과 스페인 식민 통치자 간의 대결로 점철(點綴) 되었다.

스페인과의 투쟁 속에서도 무슬림들이 실질적으로 지배해 온 민다나오 남부지역은 20세기에 이르러서 비로소 미국의 식민통치 하에 필리핀의 다른 지역들과 정치적으로 통합하게 되었다. 미국 식민정부가 1899년부터 1903년까지 강도 높게 전개한 군사작전으로 1903년 이래 1920년까지 대부분의 무슬림 지역은 미국 식민통치 하의 군사적 · 정치적 단위로 재편되었다. 이 과정에서 새로운 식민통치 세력과 이슬람 세력은 모두 많은 희생을 치렀다.미국정부는 아메리카 인디언 토벌에 경험을 쌓은 장군들을 모로인들이 거주하는 지역의 총독으로 보내어 이들의 순화(醇化)에 노력하였다. 그러나 초대 총독 우드(Leonard Wood: 재임기간 1903-1906) 장군과 2대 총독 블리스(Tasker H. Bliss: 재임기간 1906-1909) 장군을 거쳐 3대 총독 퍼싱(John J. Pershing: 재임기간 1909-1913) 장군에 이르기까지 이들 백전노장(百戰老將)들은 모로(Moro)인들이 아메리카 인디언들과는 판이하게 다르다는 사실을 인식하게 되었다. 수백 차례의 전투와 끝없는 학살이 전개된 이후에 미국은 무슬림들에 대한 무력진압 정책을 포기하고 이들에 대한 무마책(撫摩策)의 하나로 식민정부의 한 부서로 민다나오 · 술루부(*the Department of Mindanao & Sulu Islands*)를 두었다.

1946년 미국이 필리핀인들에게 정부를 이양하자 무슬림문제는 이제 필리핀 정부의 통제 하에 들어가게 되었다. 이 지역을 행정적으로 통합하려는 노력과 현대식 보통교육을 도입하려는 움직임에도 불구하고 필리핀의 무슬림사회는 계속해서 이슬람의 전통적 근본원리를 고집했다. 통치 주체가 바뀌었으나 이곳의 무슬림들은 이슬람의 종교적 색깔을 선명하게 나타내기 위한 정체성 강화에 힘썼다.

이러한 노력의 일환으로 필리핀 무슬림들은 인근의 사바와 사라와크를 중심으로 주변 이슬람 세계와의 접촉을 게을리 하지 않았다. 필리핀 남부 민다나오와 사바 지역은 술루 해를 사이에 두고 팔라완(Palawan)섬과 술루 열도(列島)로 연결되어 있어서 이동이 매우 용이하였다. 또한 인도네시아 군도의 여러 지역과 무역을 통해서 잦은 왕래가 있어왔는데, 같은 이슬람 사회에서 무슬림들은 당연하게 보다 돈독한 유대관계를 유지할 수 있었다.

동남아의 다른 국가들과는 대조적으로, 필리핀은 가장 오래 동안 서구의 식민통치를 받았지만, 필리핀 남부의 무슬림들은 여러 면에 있어서 식민통치의 영향을 많이 받지 않았다. 미국 식민정부도 민다나오 지역을 북부의 루손(Luzon)이나 중부의 비사야스(Visayas) 군도처럼 정치적으로 통합을 시도해 보았지만, 이러한 노력도 실패하고 말았다. 스페인 식민통치 시대의 기독교화 정책이나 독립 후 마닐라 정부의 강력한 필리핀화 정책은 모두 필리핀 무슬림들에게 그들의 장래문제에 커다란 불안을 안겨주었을 뿐이었다.

5. 인도네시아

인도네시아는 방대한 국토면적과 문화적 다양성으로 인해서 네덜란드의 실질적인 식민통치 영역은 대체로 쟈바(Jawa)섬에 한정되어 있었다. 이곳에서조차 네덜란드의 식민통치자들은 원주민들의 빈번한 저항과 폭동을 경험해야 했다. 네덜란드는 그들의 권위(權威)를 세우고 통치영역을 확대하기 위해서 지방의 실력자들과 은밀히 결탁(結託)하는 방법을 동원하였다.

수마트라에서는 특히 정통 이슬람 세력이 연계된 폭동에 가까운 소요가 끊임없이 일어났다. 이러한 소요 사태는 수마트라 북단의 아쩨(Aceh)가 잠잠해지기 시작한 19세기 말이 되어서야 비로소 진정되었다. 이러한 모든 경우에서 이슬람적 요인이 반드시 폭동과 소요를 야기한 것은 아니었지만, 이슬람은 분명하게 반(反)네덜란드 감정을 자극하는 요소로써 작용하였다.

인도네시아의 무슬림들은 그들의 다양한 문화적 · 지역적 배경을 바탕으로 네덜란드의 식민정책에 여러 형태로 반응하였다. 여타의 지역에 비해서 조금 더 일찍 이슬람화된 수마트라 북단의 아쩨나 수마트라 중동부의 미낭까바우(Minangkabau)와 같은 지역은 인도네시아 이슬람의 중심지로써 종교적 전통 이외에도 이슬람세(勢)의 확장에 대한 열망이 식을 줄 몰랐다.

쟈바와 수마트라의 농촌 지역을 중심으로 뿌리 깊게 자리 잡은 뽄독 쁘산뜨렌(pondok pesantren)이나 마드라사(madrasah)는 이슬람의 사상과 무슬림들의 동질성을 함양(涵養)하는 종교교육의 요람으로 등장하였다. 인도네시아 무슬림들은 메카(Mekah) 성지순례 여행도 열성적으로 희망하였다. 이로 인해서 인도네시아 무슬림들의 영구 거주지가 성지(聖地) 메카로 마련되기도 하였다.

적지 않은 숫자의 인도네시아 출신 젊은이들이 중동 현지에서 이슬람 종교교육에 열정적으로 참여하였다. 이로써 인도네시아 군도의 무슬림들과 중동이나 여타 지역의 무슬림들 사이에 상호교류가 자연스럽게 이루어지게 되었다. 19세기 초기부터 아랍 지역에서 이주해 온 이주민들이 인도네시아의 여러 이슬람 지역에 정착함에 따라 무슬림들과 비(非)무슬림들 간의 이질감이 더욱 심화되었다. 한편, 이슬람 종교교육의 중요한 매개 역할을 한 말레이어(語)는 말레이 반도와 인도네시아 군도 전역에 걸쳐서 무슬림들의 동질성 제고에 중요한 역할을 하였다. 이 과정에서 많은 아랍어 단어와 아랍어식 표현을 말레이어와 혼용하게 되었다.

6. 버마(미얀마)

영령인도(英領印度: *British India*)의 변방(邊方)으로 변모한 버마는 경제개편과 고용창출을 목적으로 영국 식민당국에 의해서 대규모 인도인 무슬림들의 이주가 장려되었다. 인도에서의 힌두교도들의 경우처럼 인도인 무슬림들은 영국 식민정부의 공무원이나 각종 숙련 노동자 · 식민정부 관리들의 보조원 혹은 하인 · 각급 정부기관이나 공공건물의 경비원 · 제화공(製靴工) · 식민군대의 하급군인 또는 보조원 등의 신분이나 자격으로 버마에 이주해 왔다.

이 처럼 영국의 식민정책에 따른 다양한 그룹의 이주는 당연하게 대규모 무역상에서부터 소매상인에 이르기까지 많은 상인계층을 미얀마로 이주 시켰다. 실제로 버마에 새로이 설립된 식민정부나 공공기관 또는 새로 설립된 상가에는 어느 곳에서나 인도인들이 넘쳐나게 되었다. 일부 정부기관은 전체가 인도인들로 구성된 경우도 있었다. 20세기로 접어들 무렵 오늘날의 양공(Yangon)인 당시의 랑군(Rangoon)의 인구는 거의 절반이 인도인이었으며, 그들 중 상당수가 무슬림들이었다.

버마(미얀마)로의 많은 숫자의 인도 무슬림 이주민 유입은 불교도 버마인들과 무슬림들의 관계에 피할 수 없는 영향을 미쳤다. 불교문화를 중심으로 형성된 미얀마 사회의 통합 움직임이 무슬림들의 증가로 인해서 억제되었다. 이와 함께 버마인들이 차지하고 있던 기존의 사회적 엘리트 계층이 상당 부분 미얀마 현지 또는 이주 무슬림들로 교체되자, 이들 무슬림 사회는 이제까지 버마인 대비 수적 열세에서 벗어나 종족적 · 문화적 · 종교적 자존심을 부흥시키려는 움직임이 강하게 일었다.

무슬림들은 새로운 환경에서 보다 나은 경제적 지위로 자신들의 이익을 보호해 줄 조직개발에 착수하였다. 따라서 이슬람 종교 관련 협회와 무슬림들의 단체가 많이 생겨났다. 새로운 이슬람 사원들이 속속 세워졌으며, 이슬람 종교교육이 열정적으로 장려되었다. 버마로 이주한 인도 무슬림들로서는 버마가 단지 영령인도의 연장으로 보였다. 비록 타밀(Tamil)어와 벵갈(Bengal)어가 일부 계층에서 사용되었지만, 우르두(Urdu)어는 무슬림들 사이에서 종교교육의 중요한 매체로서 사용되었다. 타밀어는 인도 동남부와 스리랑카(Sri Lanka)에서, 벵갈어는 인도 중서부에서 미얀마에 이르는 오늘날의 방글라데시 지역에서, 우르두어는 오늘날의 파키스탄과 일부 인도 북부 이슬람지역에서 통용되는 언어이다. 그러므로 미얀마로 이주한 인도 무슬림들은 경제적 환경이 상대적으로 열악한 우르두어 사용지역 출신들이었다.

영국 식민통치 기간 동안 인도 접경에 군거(群居)해 온 소수의 버마 무슬림들은 많은 어려움을 경험한 반면에 인도로부터 유입된 무슬림 이주자들은 사회적 특권층으로 행세하였으며, 점증(漸增)하는 무슬림 사회로부터 경제적 · 정치적 특수 이익을 만끽할 수 있었다. 또한 그들은 이주민 무슬림 사회가 시도하고 있던 이슬람 부흥운동으로 사회적 혜택도 덤으로 누렸다. 그러나 이들은 이주민 무슬림 사회에 대한 혐오감이 싹트고 있다는 것을 인지하고 있으며 이에 대한 마찰을 우려하였다. 독창적인 불교문화의 배경과 장구(長久)한 역사를 가진 버마 사회에서 이주민 무슬림 사회가 확대되어 나가는 데는 엄연한 한계가 있다는 것을 곧 깨닫게 되었다.

7. 태국

태국 무슬림들의 운명도 마찬가지였다. 비록 태국이 정치적으로 식민화되지는 않았지만, 서구 열강의 식민정책의 영향은 태국 내 정치상황 변화에 결정적인 영향을 미쳤다. 태국은 이제까지 느슨하게 연결되어 있던 국경지역의 영토 획정(劃定)에 착수해야만 했다. 이제까지 태국 변방에 위치하며 태국왕실에 조공을 바쳐 온 군소 봉건 제후들은 이를 거부하고 나섰고, 이들 소국의 지배 엘리트들은 교체되었다. 말레이 반도 북부와 태국 남부 사이에서 크게 이슬람세를 누렸던 빧다니(Pattani) 왕국의 전통 말레이계(系) 술탄(sultan) 직책은 이러한 추세에 따라 소멸되었다.

태국 왕실의 재편성은 1855년 영국과 체결한 바우링조약(*Bowring Treaty*)이 계기가 되었다. 태국에 대하여 계속해서 경제적인 관심을 보여 온 영국은 무역 분야에서 절대적인 우위를 보장하는 협약 체결을 원하게 되었다. 영국의 의도를 감지한 태국은 독립보장과 왕권 및 국권 수호라는 보다 큰 목적을 위해서 조약체결에 동의하게 되었다. 이에 따라 태국은 정치적 · 경제적으로 열세를 면할 수 없었으며, 이 조약은 뒤이어 체결된 서양 각국과의 불평등 조약에 선례가 되었다. 이로 인해서 태국은 이렇다 할 준비도 갖추지 못한 채 서구에 문호(門戶)를 개방하게 되었으며, 열강들의 식민경제망(網)에 연계될 수밖에 없었다.

동남아의 다른 피식민 통치 국가와 마찬가지로 태국 역시 중국으로부터 수많은 노무자가 유입되기 시작했다. 뿐만 아니라 태국에는 영령(英領) 말라야(Malaya)와 네덜란드령 동인도(인도네시아)에서도 노무자들이 대거 몰려들었다. 말레이 반도와 인도네시아 군도로부터 몰려든 무슬림 노무자들은 태국 수도 방콕의 이슬람화를 위한 초보적인 시도를 하였다. 그러나 불교문화가 확고하게 자리 잡은 태국 사회에 이슬람은 단지 약소한 영향을 미치는데 그쳤다. 태국에서 무슬림들의 역할은 이들이 다양한 종류의 직업과 지위에 오르는 기회가 있었음에도 불구하고 두터운 태국 전통과 불교문화의 벽을 허물고 지배적인 지위를 향유하지는 못하였다.

이슬람 빧따니 왕국의 경우, 무슬림들의 정치세력 약화와 함께 전통적인 왕실 엘리트들의 역할 상실로 참담한 결과를 가져왔다. 왕국의 경제가 중국계 이주민들의 수중에 들어간 이후 더욱 급속하게 약화되었다. 타이 무슬림(Thai Muslim)으로 불리는 이들은 행정상으로 태국의 직접통치를 받았다. 그러나 이 지역에 현대적인 제도가 도입되고 각종 산업시설이 건설되어 많은 불교도 태국인들이 정착하기 시작한 이후에도 이슬람 문화의 전통과 무슬림 엘리트들의 역할은 지속되었다.

태국정부는 타이 무슬림들을 복종시키기 위해서 다양한 유화적(宥和的) 제스처를 취했다. 많은 정부사업을 이 지역에서 전개하였고 무슬림들에게 각종 특권을 부여하였다. 그러나 이들 무슬림들은 자신들의 최후 보루(堡壘)가 될 것으로 확신한 이슬람 종교와 이슬람 공동체에 의탁할 수밖에 없었고, 이를 이해한 태국 정부는 이들에게 이슬람 종교교육을 허용하고 말레이어 교육까지도 지원하였다. 이 지역의 혼합어이며 이슬람 종교교육의 중요한 매체인 말레이어는 당시 태국정부의 위협을 받고 있던 말레이계 주민들의 동질성 회복의 중요한 수단으로 간주되었다.

IV. 독립 이후 동남아 이슬람사회의 변화

1. 제도종교로부터 세속종교로의 변화

서구열강의 식민통치자들에 의해서 정치와 경제부문에서 동남아 원주민들의 역할은 장구한 식민통치 기간을 통하여 점진적으로 약화되거나 축소되었다. 19세기 후반에 식민통치자들에 의해서 도입된 현대적 행정제도와 제반 법규는 전반적으로 원주민들에게는 불리하게 작용하였다.

정치로부터 종교와 문화의 분리를 골자로 하는 행정제도의 세속화는 이제까지의 정교일치(政教一致)와 신법통치(神法統治)라는 전통적 이슬람 국가 정치질서의 권위를 무너뜨렸다. 식민통치자들은 이들 피식민 통치 지역의 경제를 좀 더 커다란 서구식 식민경제의 틀 속에 통합하여 원주민들의 역할을 자신들의 이익에 부합하도록 만들었다.

원주민들은 식민당국에 의해서 야기된 각종 사건과 세속적인 변화로부터 자신들을 분리시키려 하였으며, 대부분이 종교 속에 은둔하였다. 이러한 현상은 특히 무슬림에게 그들의 자존심과 종교적 신념 회복을 촉진시켜 주었으며, 비록 그들이 정치적 · 경제적으로는 독립을 박탈당하였지만 정신적으로는 여전히 자유롭다는 자신들의 믿음을 한층 강화시켜 주었다. 그러나 이러한 현상은 부정적인 영향 또한 적지 않았다. 그들이 받은 종교교육의 내용은 전반적으로 정적(靜的)이고 관습적(慣習的)인 경향이 강하였다.

원주민들의 정치활동 축소를 목적으로 한 식민통치자들의 정치와 종교의 분리는 양면적인 결과를 초래하였다. 일반적으로 종교교육을 통해 형성된 정신적인 토대는 강하였지만, 신학(神學)을 지나치게 강조함으로써 급속히 변화하는 세계정세에 대처하기에 정신적으로나 시간적으로 역부족이었다. 이런 점은 정통 이슬람주의자들의 경우에 더욱 그러하였다. 정치적 독립의 이데올로기에 고무되었던 동남아 민족주의자들 대부분이 식민교육제도 하에서 현대적 교육을 받은 인물들이었다는 사실이다. 국가마다 독립 쟁취의 과정이 서로 다르다 하더라도, 동남아에서 이슬람은 무슬림 민족주의자들의 독립투쟁 속에서 가장 중요한 정신적 지주로 자리하고 있었던 것은 분명하다.

2. 독립 이후 이슬람의 지위변화

인도네시아의 경우, 일본은 식민통치 기간(1942-1945) 말기에 식민통치의 최후 수단으로 이 나라의 독립을 묵시적으로 승인하였다. 그러나 일본군 무장해체의 미명 하에 인도네시아에 재상륙한 네덜란드는 의도적으로 이 나라의 독립을 인정하려 하지 않았다. 1949년에 이르러서 국제환경의 변화로 그들은 인도네시아의 독립을 승인하지 않을 수 없었다. 인도네시아는 전무(全無)한 민주주의의 모델을 채택하였다. 이로 인해서 강력한 중앙집권적 권력집중이 되어 있지 않던 당시 신생 공화국정부는 혼란과 분열 그리고 몇 차례에 걸친 폭동에 가까운 대규모의 소요를 경험하였다.

초대 수카르노(Soekarno) 대통령은 의회민주주의를 수정하여 교도민주주의(*the Guided Democracy*)라는 정치체제로 전환하였다. 그는 새로운 정치체제를 뒷받침하기 위해서 민족주의자 · 이슬람 종교그룹 · 공산주의자들의 상호경쟁을 통한 세력균형을 도모할 목적으로 나사콤(Nasakom) 체제를 창안하였다. 그러나 1965년 공산주의자들의 쿠데타 미수사건으로 나사콤 체제가 붕괴되면서 교도민주주의 시대는 막을 내리고, 한 동안 기득권을 수호하려는 수카르노 세력과 새로운 실력자로 등장한 수하르토(Soeharto) 장군과 그의 군부를 지지한 이슬람 세력 간에 치열한 암투와 대립관계가 지속되었다. 그 후 경제발전과 정치안정에 국정 목표를 설정한 수하르토는 신질서(Orde Baru)체제 하에서 이슬람의 탈(脫)정치화에 역점을 두었다.

인도네시아 군도와는 달리 혁명기를 거치지 않은 말레이 반도는 1957년 주(州)로 격하된 말레이족 중심의 9개 술탄 왕국과 뻬낭(Penang)과 말라카(Malaka)를 포함하는 말라야연방(*the Federation of Malaya*)이 등장하였다. 말라야연방은 영국의 의회정치(議會政治) 모델을 도입하여 자유민주주의 정치제도를 바탕으로 하는 새로운 헌법을 채택하였다. 영국형의 입헌민주제도를 도입하였으나, 9개의 독립적인 술탄 왕국의 입장을 고려하여 5년 임기제의 국왕을 선임하는 매우 특이한 제도를 채택하였다.

말라야연방은 1963년에는 사바 · 사라와크 · 싱가포르를 포함하여 말레이시아연방(Malaysia)으로 확대되었다. 그러나 상당한 정치적 · 이데올로기적 상이성(相異性)으로 인해서 1965년 싱가포르는 말레이시아연방으로부터 탈퇴하였다. 이로써 동남아 이슬람세계의 중심부에 중국계 주민들의 나라가 탄생되었다. 싱가포르는 처음부터 영국식 의회민주제도에 사회주의 성향을 크게 가미한 사회민주주의 국가로 출발하였다.

술탄의 지위 문제와 석유이권 문제로 처음부터 말레이시아 연방가입을 거부했던 브루나이는 1984년 1월에 영국으로부터 완전 독립하였다. 전통적인 술탄 친정체제에서 술탄 가문이 왕국을 통치하는 현대적인 정치체제가 다소 가미된 현대식의 왕국으로 거듭 나게 되었다. 국명도 '평화의 집, 브루나이'라는 의미를 가진 이슬람식 국명인 느가라 브루나이 다루살람(Negara Brunei Darussalam)으로 재확정하였다.

브루나이가 영국의 말레이시아연방 가입 제안을 거부하고 독자적인 이슬람 술탄왕국을 유지할 수 있었던 배경에는 1929년에 세리아(Seria) 지역의 해상유전이 발견된 후 막대한 국가수입이 발생하였기 때문이었다. 이를 바탕으로 술탄 친정체제를 확립하고, 공무원과 군인을 우대하여 전위세력을 장악하고, 백성들에게 신민의식(臣民意識)을 확고하게 심어주었다. 입헌군주제를 주장하는 일부 세력이 존재하기는 하지만, 말레이 이슬람 술탄왕국체제는 당분간 지속될 것으로 보인다.

1935년의 헌법을 토대로 하여 1946년 7월에 독립한 필리핀은 독립 후 미국식 모델을 바탕으로 한 민주주의 제도를 채택하였다. 또한 정치제도 이외에 경제 분야에서도 미국의 적극적인 지원을 받았다. 미국의 투자자들이 필리핀 현지의 실력자들과의 결탁하여 큰 차익을 목적으로 한 투자자가 필리핀으로 답지하였다. 마닐라 인근의 루손이 주요 관심대상 지역이었으나 보다 과감한 투자는 민다나오의 무슬림 거주 지역으로 집중되었다. 아직 개발이 덜되었고, 땅 값이 싸며, 값 싼 노동력을 동원할 수 있을 것이라는 기대감 때문이었다.

스페인 통치 이래로 민다나오와 술루 해 인근에 군거(群居)해 온 모로(Moro) 무슬림들은 미국 식민통치시대에 이어 독립 이후 또 다시 자신들의 생활터전으로부터 내몰리는 형편이 되었다. 새로운 토지 관리제도에 따라 구획정리가 이루어지고 공권력을 이용하여 등기를 마친 새로운 토지 소유주가 등장하였기 때문이다. 통치주체가 바뀌고 시대가 변하였으나, 이 지역의 무슬림들은 조상의 땅에서 이슬람 사회의 전통을 고수하며 또 다시 긴 투쟁의 여정에 오르게 되었다.

버마는 1948년에 영국으로부터 독립을 쟁취한 후 초대 우 누(U Nu) 수상이 불교우대정책을 바탕으로 한 자유민주주의 정치제도를 채택하였다. 그러나 불교우대정책에 반대한 비(非)버마계(系) 소수종족들의 저항에 부딪치게 되어 정치적 · 사회적 소요로 이어지게 되었다. 1962년 3월 네 윈(Ne Win)은 국가분열을 막고 국론을 통일한다는 미명 하에 군사쿠데타를 감행하고 우 누의 자유민주제도를 거부하였다. 그 이후 버마는 미얀마사회주의계획당(BSPP) 일당체제 하에 들어갔으며, 국가와 정부는 BSPP를 장악한 군부의 통치 하에 놓이게 되었다.

미얀마는 1974년 새로운 헌법을 채택하여 외형적으로 군정을 종식시키고 국명도 버마사회주의연방공화국(*The Socialist Republic of the Union of Burma*)으로 바꾸었다. 그러나 버마 정정(政情)은 80년대에 들어서면서 걷잡을 수 없는 소용돌이에 휘말려들게 되었다. 네 윈의 대통령직 사임 발표(1981년 10월)를 시작으로 해서 BSPP 당의장직 사임(1988년 7월)에 이르기까지 버마는 전국적으로 민주화의 진통을 겪게 되었다. 1989년에 소 마웅(Saw Maung)을 앞세워 등장한 신군부는 국호를 미얀마연방(*Union of Myanmar*)으로 또 다시 개칭하고 대(對)국민 유화정책을 내 놓았다. 국내 상황과 국제관계 모두 정체상태에 있었으나, 시간이 흐르면서 신군사정부의 실체를 묵시적으로 인정하는 추세로 가고 있다.

태국은 직접적인 열강의 식민통치를 받아 본 적이 없다. 그러나 1932

년 전제군주제가 입헌군주제도로 교체되면서 이 나라의 정치문화에도 중요한 변화가 일었다. 그러나 입헌군주체제 하의 태국 정치는 관료사회의 팽창과 군부의 정치개입으로 정치발전이 지연되고 있다. 태국 남부의 무슬림 사회는 새로운 통치체제 하의 변화와 전통 사이에서 시련과 갈등을 겪게 되었다.

태국 정부의 대 남태 무슬림정책은 동화정책과 흡수정책의 혼용(混用)에 따른 혼란의 연속이었다. 이에 따라 타이 무슬림들의 군거지인 빧다니·나라티왓·사뚠·송클라·얄라 등 말레이 반도에 인접한 5개 현은 정부정책에 민감하게 반응하며 때때로 무장투쟁을 전개해 왔다. 푸미폰 현 국왕의 지속적인 관심과 소수종족 우대정책에 따라 이들 타이 무슬림들은 이슬람적 요소를 간직한 채 한편으로는 정부의 동화정책에도 적극적인 관심을 나타내고 있는 것으로 보인다.

캄보디아는 현대 동남아의 모든 민족과 국가들 중에서 가장 충격적인 정치변화의 경험을 하였다. 1953년에 프랑스로부터 독립하여 1970년까지 중립주의를 표방해 온 캄보디아 왕국으로 존속해 오다가 론 놀(Lon Nol)의 쿠데타에 의해서 친미(親美) 크메르공화국(Khmer Republic)을 세웠으나, 1976년 민주캄푸치아공화국으로 국명과 함께 통치 주체가 바뀌었다. 1979년 친(親) 베이징(北京) 크메르 루지(Khmer Rouge) 세력의 패배로 프놈펜에는 친소·친베트남의 캄푸치아인민공화국이 들어서게 되었다.

헹 삼린(Heng Samrin)과 훈 센(Hun Sen)이 이끄는 캄푸치아인민공화국은 베트남군이 철수한 후 기존의 세력기반이 상실될 것을 우려하여 1989년 7월 옛 캄보디아왕국의 외교정책에 따라 중립국 선언을 하였다. 이에 따라 국명도 공산주의나 사회주의 색채가 배제된 캄보디아국(*The State of Cambodia*)으로 개칭하고 유엔의 적극 개입에 따라 이제까지의 적대세력과 신정부 구성을 위한 협상에 나섰다. 이에 따라 시하누크(Sihanouk)를 국가원수로 추대하여 국명을 다시 캄보디아 왕국(*The

Kingdom of Cambodia)으로 복원하고 훈 센과 라나리드가 권력을 분점(分點)하는 형태로 1970년 이후 지속된 극심한 정치적 혼란을 봉합하였다. 2004년 국가원수를 시하모니(Sihamoni)로 교체한 캄보디아는 점차 훈 센의 독주 시대를 맞고 있다.

제4장 동남아 소수 무슬림집단의 저항운동

I. 동남아 소수 무슬림의 분포상황

동남아는 전 세계 무슬림의 절반 이상이 거주하고 있는 지역이다. 인도네시아는 외형상 세계 최대의 이슬람 국가이며, 말레이시아는 국교가 이슬람이고 국왕이 무슬림이며 이슬람법 샤리아가 폭넓게 집행되고 있는 국가이고, 브루나이는 세계 최고(最古)의 이슬람 왕국이다. 이 밖에도 미얀마 · 태국 · 필리핀 등의 3개국에서도 무슬림들이 적지 않다. 2002년 인도네시아 발리에서 극단주의 무슬림들이 자행한 것으로 믿어지는 초대형 폭탄테러가 일어났으며 2004년에도 기독교도와 무슬림 간의 유혈 충돌이 있었다.

국민의 대다수가 불교도로 구성된 미얀마와 태국에서, 혹은 전체 인구의 90퍼센트 이상이 가톨릭교도인 필리핀에서도 소수 이슬람 무장세력들이 직접적으로 야기하거나 간접적으로 연루된 것으로 믿어지는 테러가 발생하고 있다. 미얀마에서는 9·11테러 이후 불특정 다수를 노리는 배후세력이 밝혀지지 않은 테러가 도시에서 발생하였고, 태국 남부 지역에서도 종교분쟁으로 믿어지는 유혈사태가 벌어졌다. 필리핀 남부에서는 일부 극단적 분리주의 세력들이 이슬람 과격단체들과 연대를 통해서 폭력적 분리주의 운동을 계승하고 있다.

이들 국가의 소수 무슬림들은 고대 왕조시대에는 독자적 왕국을 형성하거나 왕국에 버금가는 정치세력화를 시도하였으나 식민통치자들에 의해서 좌절(挫折)당한 역사적 배경을 가지고 있다. 또한 이들은 자신들의 의지와 상관없이 제2차 세계대전 이후 국민국가 형성기에 정치적 · 행정적 경계가 그어졌으며, 중앙정부로부터 경제적 · 문화적 · 사회적 주변부로 소외되었다. 그러나 이들은 대개 지리적으로 중앙 행정의 중심으로부터 멀리 떨어져 있기 때문에 독자적인 행동이 가능하다는 것이다.

2006년 현재 태국과 미얀마의 무슬림 인구는 각각 전체 인구의 4퍼센트에 해당하는 260만 명과 200만 명에 이른다. 필리핀의 경우도 민다나오(Mindanao) 지역에 집중적으로 거주하는 무슬림들 숫자는 전체 인구의 약 5퍼센트에 해당하는 4백만 명 수준이다. 이들 3개국의 무슬림은 특정 지역에 집중적으로 군거(群居)해 왔기 때문에 종교적 일체성은 물론이고 역사적 · 문화적 정체성을 지니고 있다.

미얀마는 방글라데시와 인도의 접경 지역인 여카잉(Rakhine) 주의 마웅도(Maungdaw) · 부디다웅(Buthidaung) · 로디다웅(Rothidaung) 지역에 집단으로 거주하는 로힝자(Rohingya)족이 대표적인 무슬림이며, 태국은 말레시이아와 국경을 접하고 있는 말레이(Malay) 반도 북부의 빧따니(Patanni) · 얄라(Yala) · 나리티왓(Naratiwat) · 싸뚠(Satun) · 쏭클라(Songkla) 등 5개 주를 중심으로 타이 무슬림(Thai Muslim)이라는 통칭으로 군거하고 있다. 필리핀은 민다나오의 남부 지역 · 술루(Sulu)군도 · 팔라완(Palawan) 일대에 모로(Moro)족으로 알려진 무슬림이 집단으로 거주하고 있다.

II. 비(非)무슬림정부의 이슬람정책

1. 미얀마

미얀마 정부는 무슬림 로힝자족에 대해서 독립 이후 오늘날까지 미얀마 영토에서 떠나줄 것을 요구하는 강압적 무슬림 배타정책으로 일관하고 있다. 미얀마 정부의 주장에 따르면 로힝자족은 1824년 발생한 제1차 영국-미얀마 전쟁 당시 방글라데시에서 불법으로 이주한 것으로 확신하고 이들에 대해서 영주권을 부여하지 않을 뿐 아니라 무력적인 방법으로 이들의 세력화를 저지하고 있다.

1948년부터 1960년까지 미얀마는 문민정부 기간이었으며, 소수종족들이 중앙정부로부터 독립하려는 움직임이 거세게 일어났다. 그러나 로힝자족은 자치권을 보장 받기 위해서 일본의 미얀마 점령 당시 영국군에 가담했다. 그러나 1947년 국부(國父) 아웅산(Aung San) 장군 암살을 주도한 미얀마적기공산당(CPB: *Communist Party of Burma*)의 당원 대부분이 여카잉주 사람들로 구성되었다는 이유로 중앙정부로부터 대대적인 무력공세를 당하였다.

로힝자족은 1942년과 1948년 발생한 반(反)로힝자족 폭동으로 인해서 10만여 명이 사망하였다. 이때 폭동을 피해서 8천 명이 동파키스탄(방글라데시)으로 피난(避難)하였다. 이 과정에서 307개소의 로힝자족 마을이 흔적도 없이 사라졌다. 이때 로힝자족은 군대를 결성하고 당시 동파키스탄 정부에게 여카잉주 합병을 요청하였다.

1960년 미얀마 정부는 여카잉주의 준(準)자치권 부여를 검토하였으나, 1961년 5월에 이르러서 마웅도·부디다웅·로디다웅 등 여카잉주 북부를 총괄하는 마유 행정지역(MFAA: *Mayu Frontier Administration Area*)을 군의 직접적인 관할 하에 두었다. 1962년부터 오늘날까지 미얀마는 군부가 집권하고 있기 때문에 로힝자족에 대한 무력적 탄압은 정도의 차이가 있으나 지속되고 있음이 분명하다.

우 누(U Nu) 통치시기에는 불교우위 정책에 바탕을 둔 이상주의정치를 실현하려는 노력에 집중하였으므로 정부의 통치력이 극히 취약하였다. 이로 인해서 중앙정부의 통치력이 지방 곳곳까지 미치지 못하였으므로 소수종족들의 분리주의 운동은 상대적으로 매우 활발하였다. 그러나 상명하복(上命下服)체계와 근대식 무기를 소유한 군부가 연성국가의 취약함을 정면 돌파하기 위해서 무력 집권한 많은 경우에 실권을 쥔 군부는 당연하게 최우선하여 국가질서 회복에 집중하였다.

이런 현상은 미얀마에서도 네 윈(Ne Win)정권에서 명확히 드러났다. 네 윈은 공식적으로 로힝자족을 자국의 국민으로 인정하지 않았고, 1960년 무슬림의 정치적 권익을 보호하기위해서 조직된 미얀마무슬림기구(BMO: *Burma Moslem Organization*)를 해체시켰다. 특히 네 윈은 특유의 외국인혐오증(*xenophobia*)을 앞세워 미얀마 국내에 남아 있던 인도 무슬림에 대한 대대적 공세를 펼쳤다. 식민지 시대에 이주한 인도인들은 고리대금업을 통해 미얀마 경제에 엄청난 타격을 주었으므로, 중앙정부 입장에서는 인도인들을 미얀마에서 축출하는 것이 완전한 민족주의경제를 이루는 계기로 판단했다.

무력적 공세 이외에도 미얀마 정부는 로힝자족에 대한 제도적 압박을 병행하였다. 정부는 로힝자족이 원천적으로 군인이나 공무원의 신분을 가지지 못하게 제한하였고, 이미 군인이나 공무원 신분을 소유하고 있는 경우 가족의 거주지와 멀리 떨어진 타 지역으로 전출 시키는 방법을 구사했다. 또한 1974년의 비상이민법이나 1977년의 나가 밍 프로그램(*Operation* Naga Min)을 통하여 본격적으로 종족차별정책을 실시하였다.

비상이민법은 중국·인도·방글라데시로부터 이주해 오는 불법이주민들을 단속하기 위한 방안으로 주민등록증을 항시 소지하도록 의무화한 규정인데, 이때 로힝자족은 주민등록증 대신 외국인등록증을 배부 받았다. 나가 밍 프로그램은 불법이주민을 색출해 내기 위해서 내무부와 종교부장관령에 의해서 전 국민을 대상으로 신분조사를 실시한 프로그램이었다. 이때 30만 명에 육박하는 로힝자족이 방글라데시로 피난하였고, 방글라데시 정부는 이들 중 20만 명을 다시 미얀마로 송환하였다.

로힝자족에 대한 탄압은 1988년부터 1997년 사이에 미얀마를 실질적으로 지배한 국가법질서회복평의회(SLORC: *State Law and Order Restoration Council*)가 출범하면서 극에 달했다. 1991년부터 정부군은 계획적으로 4만여 명의 로힝자족 부녀자를 폭행하고 대대적 탄압을 가해서 30만 명의 난민 발생을 유도하였다. 1992년 말부터 1994년 초까지 미얀마 군부의 무력 공세를 피해서 방글라데시로 도피한 로힝자족은 5만여 명으로 집계되었다.

로힝자족에 대한 미얀마 군사정부의 탄압이 거세지고, 국경을 넘는 로힝자족의 수가 많아지자 방글라데시 정부도 난색을 표하기 시작했다. 국제사회는 사태의 심각성을 인지하고 인도적 차원에서 양국 정부를 설득하기 시작했다. 1993년 미얀마 정부와 유엔난민고등판문관(UNCHR) 간에 양해각서가 체결되었고, 1994년 4월부터 이듬해 12월까지 UNCHR은 1차적으로 로힝자족에 대한 본국 송환 프로그램을 실시하기 시작하였다. 2004년 기준 23만 6천 명의 로힝자족이 방글라데시에서 미얀마로 송환되고 콕스바자(Cox Bazar) 일대에 난민 캠프가 설치되었다. 이들 중 7천 명 정도가 미얀마 송환을 허가 받았다.

이러한 국제사회의 노력에도 불구하고 1997년 이래로 미얀마를 통치하고 있는 국가평화발전평의회(SPDC: *State Peace and Development Council*)는 여전히 로힝자족을 자국민으로 인정하지 않고 있다. SPDC는 2004년 4월 유엔아동인권위원회(*UN Committee on the Rights of the Child*)에 보낸 답변서에서 미얀마 정부는 로힝자족의 출생과 사망신고 · 교육 · 보건 및 제반 사회적 문제와 관련하여 다른 종족과 동일하게 대우한다고 밝히면서, 그들은 벵갈족의 한 하위 종족으로 미얀마 내에서 영구적으로 거주하는 자들이라고 말했다.

1982년 제정된 버마시민법(*Burma Citizenship Law*)에 의하면 미얀마인은 완전시민(*full citizen*) · 준 시민(*associate citizen*) · 귀화시민(*naturalized citizen*)으로 분류되며 이들은 법적으로 공히 동등한 권리를 가진다. 이 법령이 정한 기준에 따르면 로힝자족은 어느 부류에도 소속되지 않는다. 첫째, 미얀마시민법 제3항은 1823년(버마력 1185년)부터 미얀마 영토에 거주해 온 까친(Kachin) · 꺼야(Kayah) · 까렌(Karen) · 친(Chin) · 미얀마 · 몽(Mon) · 여카잉 · 샨(Shan)족과 기타 소수종족을 미얀마의 완전시민이라고 규정하였다. 따라서 로힝자족은 완전시민에 속하지 않는다. 둘째, 1948년의 버마시민법에 의하면, 로힝자족이 준 시민에 해당되지만 SPDC는 이를 인정하지 않는다. 셋째, 일부 로힝자족은 독립 이전부터 귀화하였다는 물증이 될 만한 증명서를 가지고 있으나, 해당 문서에는 출생지가 명확히 기재되어 있지 않아서 귀화시민으로도 인정받지 못한다는 것이다.

이에 대해서 국제 NGO와 UN 산하 기구들이 공동으로 로힝자족의 시민권 획득을 위해서 미얀마 정부에 로비활동을 벌였다. 1989년 미얀마 정부는 완전시민에게 핑크색 주민증을 교부하고, 준 시민에게는 파랑색을 귀화시민에게는 녹색 주민증을 교부하였다. 모든 주민증에는 출신 종족명과 신봉하는 종교명을 명시하였다.

미얀마 정부는 1991년부터 1992년 사이에 방글라데시로부터 송환된 로힝자족에게만 노란색의 송환자 확인증(*Returnee Identity Card*)을 교부하였다. 1995년 7월에는 정부의 이주·인구부 명의로 여카잉 북부에 거주하는 로힝자족을 대상으로 흰색의 임시등록증(*Temporary Registration Card*)을 교부하였다. 한시적으로 특정 지역에 거주하는 로힝자족에 대해서만 신분증을 배부하였고, 해당 신분증을 소지하더라도 아무런 권리를 향유할 수 없었다. 그러므로 미얀마 정부의 이러한 조치는 국제사회의 압박을 우회하기 위한 미봉책에 불과한 것으로 믿어진다.

미얀마 정부는 2000년 이래 마웅도 지역의 경제를 황폐화하기 위한 새로운 전략을 도입했다. 방글라데시 국경의 국경 수비대인 나사까(Nasaka)

소속 군인들이 미얀마 측의 방조에 따라 주민들 몰래 물소를 훔쳐 방글라데시로 밀수출 하고 있으며, 모스크나 이슬람 학교를 건설하는 주민들을 강제노동에 동원하고 있다는 것이다.

로힝자족에 대한 무력적 탄압 이외에도 이들의 문화와 생활방식마저 파괴하려는 움직임이 있다. 무슬림들의 단식월인 라마단(Ramadan) 기간이던 2005년 11월 9일부터 바나나 잎으로 만든 마웅도 소재의 이슬람 사원과 이슬람 종교학교에 방화로 보이는 화재가 발생하여 로힝자족뿐만 아니라 여카잉 현지인들이 화상을 입었다. 로힝자족들은 미얀마 정부가 로힝자족과 여카잉 공동체 간의 대립을 조장하여 폭동을 유발시킬 목적으로 방화를 사주했다고 말했다.

미얀마 사람들은 왕조시대부터 미얀마에 이주하여 정착한 인도 출신 무슬림들을 멸시하여 껄라(Kala)라고 칭한다. 식민지 시대에 유입된 인도인들은 껄라가 아님에도 불구하고, 현대적 의미로 인도계 외국인을 통칭하여 껄라라고 부르고 있다. 식민지 시대의 인도인들은 경제적 수탈뿐만 아니라 미얀마 문화의 정수(精髓)인 불교를 폄하(貶下)하여 미얀마인들의 분노를 샀었다. 따라서 오늘날 미얀마인들은 무슬림들에 대한 반감을 인도인들에 대한 반감으로 여기고 있다.

2. 태국

태국 정부의 무슬림에 대한 정책은 변화를 거듭해 왔다. 서구 열강 침입시기부터 쁘렘(Prem Tinsulanonda)정권 이전까지는 강압적 동화정책(同化政策)시기로, 쁘렘 이후 2001년 탁씬(Thaksin Shinawatra)이 집권하기 이전까지는 온건한 포용정책(包容政策)시기로 구분할 수 있다. 특히 1992년 태국이 민주화된 이후에는 지역주의에 기반을 둔 정당정치가 회생하여 무슬림 지역에서 이슬람의 정체성이 다소 표출(表出)되었다고 볼 수 있다. 이에 대하여 탁씬은 집권 이후 지속적으로 태국 남부 무슬림지역에 대한 강압정책을 펼쳤고, 2006년 군부 쿠데타의 원인을 제공하였다.

1932년 입헌혁명 이전까지 태국 정부는 자주 남부 무슬림지역에 대한 행정개혁을 단행하였다. 이 지역 무슬림들이 주동하여 중앙정부에 대한 불만을 폭동으로 표출하였을 때, 이를 진압하고 그 후속대책의 하나로 행정개혁을 단행하였던 것이다. 이와 함께 타이족 위주의 국민국가 형성을 목표로 빧따니 등 남부 무슬림지역의 경제발전 요소와 이슬람의 정체성을 약화시켰다. 이를 위해서 이슬람법 샤리아(Syariah)와 무슬림들의 관습법(慣習法)인 아다트(Adat)를 태국 전통 관습법인 싸얌(Siam)법으로 대체하고 전통 무슬림 사회의 이슬람학교인 뻐너를 태국 현대식 학교로 대체하였다. 뻐너는 말레이 이슬람 사회의 서당(書堂)에 해당되는 뽄독(pondok)의 타이 무슬림들의 발음이었다.

1938년 집권한 피분(Phibun Songkhram)은 타이 민족주의(*Pan-Thai Propaganda*)를 고취시켰다. 피분은 1939년 국명을 민족적 색채를 강하게 띠는 타일랜드(Thailand)로 개칭하고, 중부 타이어(語)를 표준어로 정했다. 남부 무슬림 지역에 대해서는 1938년부터 1944년까지 전통 말레이 사회의 복식인 사롱(sarong) 착용과 말레이식 이름과 말레이어 사용을 금지하는 내용의 타이관습칙령(*Thai Custom Decree*)을 발표했다. 이와 함께 남부지역으로의 불교도 이주를 권장하고, 무슬림들에게는 타이어 교습과 사용을 강요하였다.

1980년 집권한 쁘렘은 공공참여와 경제발전이라는 국가발전 계획을 내걸고 공산주의자와 분리주의자에 대한 대사면을 단행하였다. 이에 따라 태국 남부 이슬람지역에 대한 포용정책을 채택했다. 쁘렘 자신이 남부 출신인데다가 남부지역을 관할하는 제4군에 복무한 경력이 있기 때문에 현지의 불만과 이슬람 사회의 특성을 이해하고 있었다.

쁘렘은 1981년 남부변경행정지원센터(SBPAC: *Southern Border Provinces Administrative Center*)를 설립하고, 남부지역의 빈곤퇴치와 비(非)무슬림 관료들의 부정부패를 일소하겠다고 발표했다. 그 결과 1980

년대 10여 년 동안 분리독립 저항세력들은 무장투쟁활동을 일시적으로 포기하였고, 말레이시아 끌란딴(Kelantan)주로 도피해 있던 정치범들도 돌아오기 시작했다. 그러나 관료와 경찰 등 공무원 사회의 부패가 여전하고, 타이 중심적 통합정책으로 발전되면서 남부 이슬람문제는 근본적인 해결에 이르지 못하였다.

2005년 총선에서 탁씬은 의회의 다수 의석을 차지하면서 2001년에 이어 연속 집권에 성공했다. 그러나 남부지역에서는 2001년에 이어 2005년 총선에서도 탁신은 단 1석을 유지하는 그쳤고, 2005년 10월 쏭클라 주(州) 보궐선거에서도 야당인 민주당에게 패배했다. 탁씬은 남부지역에서 자신이 이끄는 타이락타이당(TRT: Thai Rak Thai)이 부진한 이유를 기존의 남부지역 행정체계가 야당의 이익에 부합하며, 그 동안 중앙정부와 무슬림사회를 연결한 SBPAC가 왕실과 야당인 민주당에게 충성을 보이고 있다고 판단했다. 결국 탁씬은 SBPAC를 폐지하기에 이르렀고, 무슬림사회를 대변하는 매체가 없어진 까닭에 각급 행정기관과 무슬림 사이에 불만이 쌓여 갈등이 표출되기 시작했다.

2004년 1월 정체가 밝혀지지 않은 일단의 괴한에 의해서 군부대가 습격당하는 사건이 발생하면서 태국 남부 이슬람 지역은 폭력사태로 휩싸이게 되었다. 같은 해 4월과 10월에도 계속해서 몇 차례 폭동이 발생하면서 최소 300명의 무고한 시민들이 희생되었다. 심지어 경찰에게 연행되어 고문피해를 입은 말레이 무슬림을 변호하던 인권변호사 쏨차이(Somchai Neelaphaijit)가 2004년 3월 실종되는 사건이 발생하였다. 이 사건은 수사가 지지부진하게 이어진 후 2006년 1월 그가 사망한 뒤 태국정부가 공식적으로 발표했다. 태국 남부 무슬림 지역에서 발생한 일련의 사건을 종합적으로 볼 때, 탁씬 집권 이후에 발생한 남부지역 유혈사태는 무슬림 내부 집단의 갈등보다 정부의 차별적 강압정책에 대한 저항적인 성격이 강하다는 것을 알 수 있다.

태국 정부는 남부지역 폭력사태가 발생할 때마다 국내적 사건임을 강조하였다. 이는 표면적으로 치안문제와 질서유지에 어려움이 없다는 점을 과시하여 관광수입이 감소하지 않도록 하려는 근시안적 태도로 유혈사태를 축소해 왔다. 그러면서도 발리 폭탄 테러를 자행한 것으로 믿어지는 제마 이슬라미야(JI: Jemaah Islamiyah)와 연대한 이슬람 테러조직이 태국 남부지역에서 활동하고 있다며 부시(George W. Bush) 미국 대통령이 선언한 '테러와의 전쟁'에 동참을 선언하였다. 정부는 남부 이슬람 지역에 국제테러조직과 연계된 테러집단이 활동하고 있다며 해당 지역의 무슬림 주민들에 대한 인권 유린을 자행하였다.

남태(南泰) 무슬림 지역에서 발생한 각종 폭력사태에 대해 태국 시민단체들은 민중평화회의(*People's Caucus for Peace*)의 결성을 통한 비폭력적 해결을 제안하고 있다. 이 기구는 현지 주민들의 불만을 접수하고 지원할 창구가 되며, 정부와 공무원을 감시하여 정부와 무슬림 사회를 연결하는 가교 역할을 할 것으로 기대되나 정부의 전폭적인 지지와 지원이 필수적이다. 민중평화회의는 탁씬이 폐지한 SBPAC의 기본적 역할을 복구하고 시민사회 기구로서 정부의 역할과 활동을 감시하는 기능을 보유할 것으로 기대하고 있다.

태국 남부지역의 무슬림 지식인들은 태국으로부터의 정치적 분리보다는 생명과 재산을 보호하는 기본적 인권보장 수준의 자치를 요구하고 있다. 태국 남부 문제에 대해서 지대한 관심을 갖거나 직접 관여하고 있는 말레이시아 무슬림사회도 태국 남부 이슬람지역이 분리되어 이슬람자치지역화로 발전되는 것에 대해서는 대체로 회의적이다.

3. 필리핀

필리핀 정부의 대(對)무슬림 정책은 마르코스(Ferdinand Marcos) 대통령 통치기까지 지속된 강압적 동화정책(同化政策)과 아키노(Corazon Aquino) 대통령 통치기와 라모스(Fidel Ramos) 대통령 통치기를 거쳐 아로요(Gloria Magapagal Arroyo) 대통령 통치기에 이르는 동안 시행되고 있는 선택적 타협정책으로 구분할 수 있다.

독립 이후 필리핀 정부는 민다나오 지역에 거주하는 무슬림에 대해서 스페인과 미국 식민통치시기의 정책과 동일하게 이들에 대한 차별정책으로 일관하였다. 가톨릭교도들의 민다나오 이주를 장려하였고, 무슬림 소유의 토지를 몰수하여 신규 이주자에게 제공하였다. 이러한 과정에서 남부 무슬림의 생활 근거지를 파괴하여 무슬림 지역을 단 기간에 동화시키려는 정책이었다.

필리핀 남부 민다나오 지역으로의 이주정책은 미국의 식민통치시기부터 시작됐다. 1902년 미국 식민정부는 토지등록법(*Land Registration Act*)을 제정한 후 1903년부터 자기자본이 없는 가톨릭교도들에게 채권을 발행하는 형태로 이주를 장려했다. 1902년에 이어 1905년, 1913년, 1914년 그리고 1919년 등 총 5회에 걸쳐 개정을 거듭한 토지등록법에 의거 남부 무슬림의 사유지는 가톨릭교들의 사유지로 바뀌었다. 1919년 토지등록법에 따르면 가톨릭교도들은 24헥타르의 땅을 사유지로 소유할 수 있으나 무슬림을 포함한 비(非)가톨릭교도들은 10헥타르로 점유가 제한되었다.

사유지의 강제적 축소에 따라 무슬림 인구도 확연히 줄어들었다. 1918년 통계에 의하면 꼬따바오(Cotabao) 지역의 무슬림은 110,926명이고 비무슬림은 61,052명으로 2:1 수준을 유지했다. 그러나 1970년대에 이르러서 비무슬림 인구는 711,430명으로 증가하고 무슬림은 424,577명으로 집계되어 그 비율이 역전되었다. 전체 인구 중 75퍼센트 가량이 무슬림이었던 민다나오 지역은 그 숫자가 1960년 말에는 25퍼센트 수준으로 떨어지고 1990년에는 18퍼센트 이하로 격감했다. 전통적으로 모로(Moro) 이슬람 사회는 토지를 공동으로 관리하고 있었으나, 정부는 가톨릭교도의 이주뿐만 아니라 외국 기업들의 민다나오 투자진출을 적극 장려함으로써 주민들의 일차적 생계 터전인 토지를 강제로 몰수하는 전략을 택했다.

필리핀은 전통적으로 중앙정부의 능력이 허약한 반면, 소수 지방 엘리트들이 지방 권력과 부를 독식해 왔다. 중앙정부의 통제력이 지방까지 미치지 못함에 따라 경제개발 계획이나 분배정책이 실효를 거두지 못했기 때문이다. 특히 민다나오 지역은 풍부한 천연자원과 경제적 잠재력에도 불구하고, 이주 가톨릭교도와 토착 무슬림 집단 간의 끊임없는 대립과 대결로 이렇다 할 경제개발정책을 펼치지 못한 채 계속해서 저발전 상태로 머무르게 되었다.

마르코스는 모로 분리독립운동집단이 폭력을 동원하여 사회의 무질서를 조장하고 있다고 판단하고 사회의 법과 질서 회복이 절실하다는 이유로 1972년 9월 계엄령을 선포하였다. 그러나 민다나오 지역을 중심으로 중동의 이슬람 국가에서 수학한 신진 무슬림엘리트들이 중심이 된 분리독립단체들이 등장하면서 무장 독립투쟁이 확산되었다.

필리핀 정부는 정예정부군을 동원하여 무력진압에 나섰고, 무슬림 집단과 국제이슬람사회가 극력 항거하였다. 마르코스는 이들에 대한 회유책과 함께 분열책을 동시에 구사하는 양동작전으로 대 무슬림정책을 수정하였다. 모로민족해방전선(MNLF: *Moro National Liberation Front*) 등 무장 이슬람 단체들은 무슬림 조직망을 통해서 해외의 이슬람 국가들과 연대하여 공동전선을 폈다.

국제이슬람사회의 연대는 급속도로 강화되었으며, 필리핀 정부의 비(非)인도적인 무슬림 정책과 정부군에 의한 무슬림들의 대량학살은 이슬람국가와 국제사회의 비난의 대상이 되었다. 1973년 리비아 · 사우디 아라비아 · 세네갈 · 소말리아 등 이슬람국제기구(OIC: *the Organization of Islamic Conference*) 회원국 외무장관은 필리핀 정부군의 모로 무슬림에 대한 탄압과 대량학살에 심각한 우려를 표명하는 동시에 필리핀 정부에 대해 모로 무슬림들에 대한 보호책을 강구하라는 평화적 요구안을 채택하였다.

OIC의 중재 하에 이뤄진 필리핀 정부와 MNLF 간의 회담은 1976년 12월 리비아의 수도 트리폴리(Tripoli)에서 맺어진 트리폴리협정(*Tripoli*

Agreement)으로 성사되는 듯 했다. 이 협정의 주요 내용은 양자 간의 휴전을 통해서 남부 13개 무슬림 주에 독자적 의회와 행정기구와 사법체계를 갖춘 무슬림 자치지구를 설정한다는 내용이었다.

그러나 마르코스는 자치권 부여는 국가주권과 영토적 통합의 구도 내에서 해결되어야 하는 국내적 문제라며 의회의 승인이 있어야 한다고 주장했다. 의회 승인은 해당 지역의 주민을 대상으로 주민투표를 실시하고 이들로부터 승인을 받을 때 비로소 가능한 것으로 해석했다. 1977년 4월 실시된 주민투표에서 가톨릭교도가 다수인 3개 주가 무슬림 자치지구 설정에 반대함으로써 트리폴리협정의 후속 조치는 수포로 돌아갔으며, 10월부터 다시 정부군과 무슬림 반군 사이에 전투가 재개되었다. 결과적으로 양자는 트리폴리협정 이전의 긴장관계로 회귀하였다.

그러나 마르코스 정부는 실익을 많이 챙기게 되었다. 무엇보다 OIC로 대표되는 이슬람 국가들의 요구안을 수용하였으므로 국제이슬람사회에 대한 압력을 완화할 수 있게 되었던 것이다. 대 무슬림정책은 당연하게 강화되었다. 또한 정부와 협상을 벌였던 MNLF는 이들의 요구안이 부결되자 내부적으로 심각한 파벌싸움이 생겨나게 되었다.

1986년 마르코스 정부를 승계한 아키노 대통령은 국민화해정책을 표방하면서 MNLF와의 협상을 재개하였다. 아키노는 민다나오 지역의 자치권을 보장해 준다는 공약을 실천하기 위해서 대통령 당선 직후 헌법을 개정하여 남부 지역에 무슬림 민다나오 자치지역(ARMM: *Autonomous Regions in Muslim Mindanao*) 선포계획을 발표하였다. 1987년 아키노는 누르 미주아리(Nur Misuari) MNLF 대표와 젯다협정(*Jeddah Accord*)을 체결하였다. 그러나 트리폴리협정 때와 마찬가지로 자치구 범위를 둘러싸고 대립각을 세우다가 결국 합의 도출에 실패하고 말았다. 아키노 정부는 10개 주를 주장한 반면 MNLF는 13개 주 전 지역의 이슬람 자치주 설정을 주장하였던 것이다.

1989년 11월에 실시된 주민투표에서 단지 4개 주만 무슬림 민다나오

자치지역조직법(*Organic Act for the Autonomous Regions in Muslim Mindanao*)을 지지했다. 해당 4개 주는 무슬림이 절대 다수인 남(南) 라나오(Lanao del Sur) · 마귄다나오(Maguindanao) · 술루(Sulu) · 따위-따위(Tawi-Tawi) 주 등이었다. 한편, 아키노 정부는 이미 MNLF에서 분열된 모로이슬람해방전선(MILF: *Moro Islamic Liberation Front*)을 협상 대상에서 제외하는 등 정부정책에 비협조적 무장단체는 철저히 배제시켰다.

1996년 9월 라오스 정부와 MNLF 간의 평화협정이 맺어져 지난 30여 년 간 이어진 내전이 종식될 전기를 맞았다. 정부는 14개 주와 9개 도시에 평화와 발전을 위한 특별지역(SZOPAD: *Special Zone of Peace and Development*)을 설정하였다. 또한, 의장 및 부의장 각각 1인과 무슬림 · 가톨릭교도 · 루마드(Lumad) 등 종교 대표자 3인을 집행위원으로 하는 평화와 발전을 위한 필리핀남부평의회(SPCPD: *Southern Philippines Council for Peace and Development*)를 출범시켰다.

아로요 대통령은 에스트라다(Joseph Estrada) 대통령 시기 국내 과격 무장단체에 대한 말레이시아와 유럽의 사면 요구에 굴복했다고 자책하면서 술루 군도에 있는 5천 명의 무장단체들과는 절대로 협상을 하지 않겠다고 선언하였다. 나아가서 2001년 3월 MILF는 정부와의 정전협정을 선언하고 본격적인 협상에 들어갔다. 그러나 같은 해 10월 미주아리가 신흥 무장과격기구인 아부사야프그룹(Abu Sayyaf Group) · MILF와 무장투쟁 연대를 위한 비밀 회담을 가진 후 이들 무장세력 간에 무력충돌이 발생하여 다수의 MNLF 회원이 사살되는 심각한 사태가 발생했다. 이에 따라 2003년 2월 MILF는 정전협상을 일방적으로 폐기하고 민다나오 주둔 정부군과 민간인을 포함하여 30명의 인명을 사살했다. 이 사건으로 2003년 5월로 예정된 정부와 MILF의 협상은 취소되었으나 일부 온건한 파벌과 정부는 같은 해 7월의 정전협상에 합의하였다. 과격주의자들도 2005년에 들어서서 정부와 정전협정에 긍정적 자세를 가지게 되었고, 2005년 4월 이후부터 정부와 MILF는 말레이시아에서 정전 및 평화정착 협상을 벌이고 있다.

한편 평화협정에 합의한 ARMM 지역에 대해서는 조속한 평화정착과 빈곤탈출을 위한 대규모의 지원을 하고 있다. 일례로 2006년 3월 아로요 대통령은 행정명령 제518호를 통해 ARMM 평화를 위한 사회기금(ASFP) 조성을 지시했다. 또한 지방 정부는 ASFP를 직접 관리할 수 있는 행정권도 부여 받았다. 아로요는 필리핀 남부 분쟁지역의 평화정착과 개발을 위한 국제사회의 지지와 재정적 지원을 호소하였다.

9·11테러 이후 미국을 위시한 서방 국가가 테러와의 전쟁을 선포한 후, 전 세계에서 활동하고 있는 테러조직의 블랙리스트가 작성되었다. MILF도 이에 포함되었다. 아로요는 MILF를 미국 행정부가 작성한 블랙리스트에서 삭제해 줄 것을 요청하는 동시에 이들과의 정전협상에 박차를 가하고 있다.

III. 무슬림집단의 저항과 분리주의운동

1. 미얀마

로힝자족이 현재 여카잉 지역에 집단으로 거주해 온 장구한 기간에 비해서 이들이 분리독립을 추구하거나 자치지역 건설을 위한 노력은 매우 미미하다. 로힝자족은 분리독립보다 무슬림들의 전통적인 생활방식과 자신들의 역사를 보존하는데 비중을 두었다. 이를 보장받기 위해서 자치지역 건설을 원하게 되었으며, 이러한 노력은 여카잉 지역에 기반을 둔 정당에 의해서 시작되었다.

1947년 8월 20일 두보차웅선언(*Dubbo Chaung Declaration*)에 따라 본명이 자파 후세인인 자파 카왈(Jafar Kawal)이 무자히드(Mujaheed)당을 창당했다. 로힝자족 원로들이 지하드평의회(*Jihad Council*)의 자문을 맡으면서 궁극적으로 여카잉 지역 내에 무슬림 자치주 건설을 정강(政綱)으로 내세웠다. 그러나 무자히드당은 네 윈 정권 수립 직후 정부군의 대규모 공세로 와해되고 말았는데, 이때는 국제사회의 지지를 얻지 못했다.

1960년대 들어서면서 무슬림 무장단체가 속속 등장하게 되었다. 최초의 무장단체는 로힝자독립군(RIF: *Rohingya Independent Force*)으로 1964년 4월 마웅도에서 자파 하비브(Jafar Habib)와 술탄 아흐메드(Sultan Ahmed)에 의해서 결성되었다. 이 단체는 로힝자족의 자치주 건설을 목표로 삼았으나, 내부 조직력 부재로 오래 지속되지 못하고 소멸되었다.

1969년 로힝자독립군(RIA: *Rohingya Independent Army*)으로 개칭한 RIF는 1973년 9월 미얀마-방글라데시 국경지대인 싹 달라(Sack Dala)에서 로힝자애국전선(RPF: *Rohingya Patriotic Front*)으로 확대 · 재조직되었다. 인도로부터 동파키스탄이 이슬람 국가로 독립하자, 이에 고무되어 조직과 체계를 갖추게 되었던 것이다. 1974년에 이르러 RPF는 누룰 이슬람(Nurul Islam)을 의장으로 하고, 샤비르 후세인(Shabbir Hussain)을 부의장 겸 사무총장으로 하는 조직을 갖추게 되었다.

그러나 1987년부터 RPF는 극심한 내부 균열 현상을 보이면서 급속도로 쇠락하였다. 이 조직의 일부 세력들은 기득권 확보를 위해서 동족인 로힝자족을 탄압하는 행위도 서슴지 않았다. 이로써 자치주 획득을 위한 로힝자족의 노력은 파벌싸움으로 발전하여 국제사회로부터 외면을 당하였다. 이들을 지원해 온 로힝자족 내부 지원세력으로부터도 점차 지원을 받을 수 없게 되었다.

1995년 7월 로힝자단결기구(RSO: *Rohingya Solidarity Organization*)와 여카잉로힝자이슬람전선(ARIF: *Arakan Rohingya Islamic Front*)은 정치 · 군사 · 사회 · 문화 · 교육문제 등 로힝자족의 제반 현안을 공유하고 공동의 이익을 추구하기 위해서 동맹연합선언(*Joint Declaration of Alliance*)을 채택하였다. 이와 함께 두 기구는 곧 로힝자민족동맹(RNA: *Rohingya National Alliance*)의 산하 조직이 되었다. RSO는 1982년 모하메드 유누스

(Mohammed Yunus)가 조직한 다소 과격한 이슬람 원리주의 군사조직이고, ARIF는 1987년 RSO에서 탈퇴하여 누룰 이슬람의 주도 하에 결성된 무장단체이다.

그러나 RNA도 오래지 않아 내부 균열이 발생하였다. RSO 내부에 모함마드 유누스 파벌과 모하메드 자카리아(Mohammed Zakaria) 파벌로 양분되었기 때문이었다. 파벌 다툼이 3년여 지속되는 동안 일부 로힝자족 원로들과 국제사회의 지원세력은 파벌 간의 화해를 중재하였다. 그 결과 1998년 방글라데시 치타공에서 이들 기구는 다시 여카잉로힝자민족기구(ARNO: *Arakan Rohingya National Organization*)로 재탄생했다. 1998년 11월 로힝자족 조직합병에 대한 공동 성명이 발표되었는데, 누룰 이슬람이 중앙위원회 의장으로 추대되었다.

이 성명서는 로힝자족의 내부 결속을 다지고 중앙정부로부터 자결권을 인정받으며, 최종적으로는 독립을 쟁취한다는 내용을 골자로 하고 있었다. 하지만 ARNO도 RSO 내 양대 파벌과 ARIF 출신 인사들이 중앙 권력을 장악하려는 파벌 싸움에 휩싸이게 되었는데, 누룰 이슬람의 온건한 성향이 파벌 간의 이해를 조정할 수 없었기 때문이었다.

오늘날까지 국내에서 활동하고 있는 무장기구로는 친(Chin)족과 로힝자족으로 구성된 로힝자민족연합전선(NUFA: *National United Front of Arakan*)과 여카잉군(*Arakan Army*)이 있다. 두 조직 모두 여카잉 주민들로 구성되어 있으며, 무장병력 숫자도 200여 명 정도에 지나지 않는다. 이외에 1997년 정부와 정전협정에 합의한 CPB 여카잉 지부가 있다. 쏘 뜬 우(Saw Tun Oo)가 이끌던 이 기구는 정전협정 이후 정부가 제공한 새로운 정착지로 이주하였다.

방글라데시 국경지대에서 활동하고 있는 조직들은 방글라데시 국내 극단주의자들과 연계하여 세력을 유지하고 있다. 2005년 2월 기준 핫라인 인권 방글라데시(*Hotline Human Rights Bangladesh*)의 조사에 의하면 방글라데시 내 로힝자족과 관련된 무슬림 저항세력이거나 분리독립을 목표로 하고 있는 조직으로는 여카잉로힝자군(*Arakan Rohingya Force*)·이슬람단결전선(*Islamic Solidarity Front*)·여카잉인민군(*Arakan Peoples Army*)·자유미얀마무장세력(*Liberation Myanmar Force*)·여카잉무자히드당(*Arakan Mujaheed Party*)·로힝자독립무장세력(*Rohingya Independent Force*)·로힝자독립군(*Rohingya Independent Army*)·로힝자애국전선(*Rohingya Patriotic Front*)·로힝자단결기구(*Rohingya Solidarity Organization*)·여카잉로힝자이슬람전선(*Arakani Rohingya Ismaic Front*) 등 10개의 단체가 있다고 한다.

이들 무장기구들은 알카에다와 연계된 방글라데시 내 과격 이슬람 무장세력인 자마툴 무자히딘 방글라데시(JMB: Jama'atul Mujahideen Bangladesh)와 연계된 것으로 알려져 있다. 샤이크 압두라흐만(Shaikh Abdurrahman) JMB의장은 1999년 초 미얀마 내 이슬람 저항세력들과 범이슬람국가 건설을 위해서 방글라데시 무장세력 간의 연대를 선언했다. 이들은 나프(Naf)강 유역에 본거지를 마련하고 로힝자족과 미얀마 내 이슬람 세력을 지원하고 있다.

2. 태국

남태(南泰) 무슬림지역에서의 분리주의운동 촉발(觸發) 조짐은 이미 19세기 말부터 있었다. 그러나 당시에는 무슬림들에게 이슬람 사상과 종교교리를 고취(鼓吹)하는 계몽적 성격이 강했으며, 조직적으로 분리주의 운동을 지원할 수 있는 조직도 없었다. 1938년 집권한 피분이 대(大)타이 정책을 펴면서 타이족 중심의 국민국가를 건설하려 하자 무슬림들의 저항의식이 표출되기 시작했다.

이러한 사회적 조류에 따라 대빧따니말레이연합(GAMPAR: *Greater Pattani Malays Association*)과 빧따니인민운동(PPM: *Pattani People's Movement*)이라는 두 개의 조직이 결성되었다. 그러나 이들 조직은 이전의 계몽운동을 조직적으로 확대하는 수준에 그쳤다. 주요 내용은 말레이 무슬림들과의 유대강화와 연대 또는 연합시도와 이슬람 종교교리 인정과 이슬람식 교육확대 등이었다. 이때, 빧따니인민운동(PPM)은 남태 무슬림 지역의 말라야연방(*Federation of Malaya*)으로의 편입을 주장했다.

남태 지역에 본격적으로 무장저항단체들이 등장하기 시작한 것은 1960년대이다. 1960년대 말까지 무슬림 분리주의자와 태국-말라야 공산주의자, 그리고 납치와 살인을 일삼는 과격한 무장단체 등 정치적 · 범죄적 성격을 띤 60여개의 집단들이 등장하였다. 그러나 이들이 공통적으로 무장(武裝) 항쟁을 통해서 분리주의를 주장하였지만, 이를 목적으로 저항세력들이 연합한 사례는 없었다.

분리독립을 목적으로 한 남태 지역의 최초 무장조직은 빧따니민족해방전선(BNPP: Barisan Nasional Pembebasan Pattani)이었다. 이 무장단체는 떵꾸 압둘 잘랄(Tengku Abdul Jalal)이 태국으로부터 완전 분리독립을 주장하여 1959년에 세웠다. 떵꾸 압둘 잘랄은 1947년 태국 당국에 의해서 체포된 하지 술롱(Haji Sulong)의 추종자로 말레이계(系) 무슬림 엘리트였다. BNPP 자체가 말레이어(語) 단어이며, 떵꾸 역시 말레이족 이슬람 술탄(왕)의 호칭(呼稱)이다.

이 기구는 남태 무슬림 지역과 말레이 반도 북부의 전통 귀족과 이슬람 종교 엘리트로부터 막대한 재정적 지원을 받았고, 이를 토대로 1960년대까지 게릴라전을 펼치면서 태국 중앙정부에 저항하였다. 게릴라 활동이 가장 강성했던 시기는 1980년 초반대로 200명 이상 300명 가량의 정규 병력을 보유했다. 나아가서 팔레스타인해방기구(PLO: *Palestinian Liberation Organization*)를 포함하여 중동에 근거지를 두고 있는 이슬람 무장조직과 연대했다. 이들 중 일부 병력은 리비아 · 시리아 · 아프가니스탄 등에 파견되어 고도의 게릴라 전술교육을 받기도 하였다.

태국 중앙정부의 교육개혁정책이 무슬림의 문화와 정체성을 약화시킨다고 판단한 카림 하산(Ustaz Haji Abdul Karim Hassan)은 빧따니이슬람

공화국(IRP: *Islamic Republic of Pattani*) 설립을 목적으로 1961년 민족혁명전선(BRN: Barisan Revolusi Nasional)을 조직하였다. 빤따니민족해방전선(BNPP)이 빤따니 지역의 주요 무슬림 엘리트들이 주도한 이슬람 술탄왕국체제를 강조한 데 비하여, 카림 하산과 그의 추종자들은 다소 진보적 이슬람 사회주의를 표방했다. 정치적 · 종교적 활동 이외에도 민족혁명전선(BRN)은 제 바쿠(Jeh Baku)를 수장으로 하는 150명 내지 300명 규모의 무장 게릴라부대를 조직하였고, 주로 알라와 쏭클라 일대에서 활동했다.

세 번째로 남태 무슬림 지역에 등장한 무장단체는 빤따니연합해방기구(PULO: *Pattani United Liberation Organization*)였다. 1960년대에 들어서서 고무 가격이 하락하면서 지역 경제가 침체되자 이 지역의 무슬림들은 투자와 기술 지원 없이 과중한 세금 부과와 잦은 공공노역을 부과하는 중앙정부와 지방정부의 안일함에 반감을 가지게 되었다. 때마침 이집트 · 파키스탄 · 인도 등지에서 유학을 마치고 귀국한 빤따니 출신 청년들에게 정부는 일자리 제공을 기피했다.

1968년에 결성된 PULO는 정부의 소극적인 대(對)무슬림정책에 대한 반감이 크게 작용하였다. PULO의 주도 세력들은 '종교 · 종족 · 모국 · 인도주의'라는 이데올로기를 내걸고 이슬람 원리주의보다 말레이 민족주의를 강조했다. 이들도 빤따니민족해방전선(BNPP)의 경우처럼 정예 요원을 선발하여 시리아와 레바논 등 중동의 이슬람 강성국가에 파견하여 군사훈련을 받고 PLO와 연계하였다. 1981년을 기준으로 PULO의 정규 무장세력은 200명 내지 600명 정도이고 기타 추종세력이 2만 명에 달하였다.

1970년대 이후 1980년대에 이르는 동안 남태 무슬림 지역의 무장저항세력들은 와해(瓦解)되기 시작했다. 쁘렘 정권의 유화정책(宥和政策)에 따라 무슬림사회에 부분적으로나마 자율권이 인정된 것이 주요 원인의 하나였다. 보다 중요한 요인은 무슬림 과격단체의 주요 인사들이 사망하거나 또는 체포되어 조직 내에 권력 공백현상이 발생한 것이었다. 이에 따라 조직 내부의 이해관계가 얽히면서 파벌 투쟁이 격화된 것이다.

빤따니민족해방전선(BRN)은 1977년에 두 명의 핵심 인사가 사망하자, 1980년 카림 하산과 하지 엠(Haji M)을 추종하는 세력으로 양분되었다. 카림 하산은 그가 주장해 온 이슬람 사회주의를 포기하고 이슬람 근본주의로 탈바꿈하자 조직의 정체성에 의문을 가진 세력들이 등장하면서 파벌 투쟁으로 발전되었다. 결국 1984년 선거를 통해서 새 지도자를 선출하였는데, 예상을 뒤엎고 제쿠 펭(Jehku Peng)이 의장에 당선되었다. 카림 하산은 이 결과에 승복하지 않고 빤따니울라마운동(PUM: *Pattani Ulama Movement*)을 결성하여 조직에서 이탈하였다.

PULO에서도 1980년대 초부터 중앙정부를 압박하기 위한 방책으로 도적떼와 연합하는 전략을 두고 하이하디 민도사리(Hayihadi Mindosali)와 아롱 무렝(Arong Mooreng)의 파벌싸움이 발생하였다. 설상가상으로 1984년 메카 소재의 자금책이 사우디아라비아 정부에 체포됨에 따라 극심한 재정난에 빠지게 되었다. 하이하디 민도사리에게 승리한 아롱 무렝은 로만 바조(Haji Abdul Rohman Bazo)와 함께 신(新)PULO를 결성하고, 인명 살상을 최소화하는 수준으로 게릴라전을 시작했다.

1995년에는 나소리(Nasori)가 빤따니무자히딘운동(GMIP: Gerakan Mujahidin Islam Pattani)을 결성했다. 나소리는 태국 남부 이슬람지역인 나라티왓(Naratiwat) 출신으로 아프가니스탄에서 무자히딘으로 복무했으며, 리비아에서 강도 높은 군사훈련을 받은 인물로 알려져 있다. 그는 다양한 이름으로 불렸는데, 아웨 케레(Awae Kaelae) · 포웨(Poh Wae) · 하지 웨(Haji Wae) 등으로 본명을 위장하였다. GMIP는 기존 국내 무장단체들보다 국제적 조직망을 갖춘 이슬람 테러단체와 연대하고 있다. 2001년 얄라(Yala) 지방에서 성전(聖戰)을 촉구하는 오사마 빈 라덴(Osama bin Laden)의 선전문구가 발견되어 그 개연성을 높였으나, 태국 국내 언론은 그 가능성을 일축했다.

3. 필리핀

필리핀 남부 민다나오 지역에 군거(群居)해 온 필리핀 무슬림도 1960년 후반부터 이슬람 사회의 각성과 함께 분리주의에 관한 다양한 논의가 본격적으로 일기 시작했다. 이러한 움직임을 촉발시킨 계기가 된 것은 1968년 3월 17일에 발생한 하비다 학살사건(*Jabidah Massacre*)이었다. 이 사건은 필리핀이 말레이시아와 사바(Sabah)주를 놓고 영유권분쟁을 벌이고 있는 중에 일어났다. 당시 마닐라 정부는 사바 주에서 이슬람 국가 운동이 일어난 것처럼 위장하기 위해서 모로(Moro)족 출신 무슬림들을 훈련시켜 이들을 이용하기로 했었다. 이 과정에서 모로 출신 군인 28명이 꼬레히도르(Corregidor)섬에서 필리핀 정부군에 의해서 명령불복종 죄로 집단처형을 당하였다. 모로 출신 군인들은 같은 이슬람 형제국인 말레이시아(사바)를 공격할 수 없다며 강력하게 저항했던 것으로 알려졌다.

이 사건을 계기로 다뚜 우뜩 마딸람(Datu Udtog Matalam)은 민다나오무슬림독립운동(MIM: *Mindanao Independence Movement*)을 조직했다. MIM은 젊은 무슬림을 선발하여 말레이시아로 보내 군사훈련을 실시했으나 무장투쟁을 전개하지는 않았다. 그러나 이때 등장한 미주아리(Nur Misuari) · 압바스(Macapanton Abbas) · 하쉼(Salamat Hashim) 등 모로 출신 청년 지도자들은 곧 모로 분리독립을 위해서 무장투쟁에 나서게 되었다.

최초의 무장 분리독립단체는 미주아리가 이끄는 모로민족해방전선(MNLF: *Moro National Liberation Front*)이었다. MNLF는 1969년 남부 무슬림 집단거주 지역에 방사모로공화국(BMR: *Bangsa Moro Republic*)을 설립하기 위해서 결성되었다. 게릴라전을 수행할 무슬림청년들을 모집하여 훈련시키고 게릴라전에 투입하기 위해서 방사모로군(BMA: *Bangsa Moro Army*)을 육성하였다. BMA는 1971년 기독교 극우(極右) 정치인들이 이끄는 사설군대인 일라가스(Ilagas)가 바리오 마닐리(Bario Manili)

소재 이슬람사원에서 70명의 무슬림을 학살한 직후부터 무장투쟁에 나섰다. 특히 1972년 마르코스 대통령이 계엄령을 선포하고 남부 이슬람지역에 정부군을 투입하자 무슬림들은 대거 MNLF에 가입하여 무장 항쟁에 나섰다.

1976년 트리폴리 협약의 방안에 의한 자치구 설정이 좌절되자 미주아리의 지도력은 심각하게 타격을 받았다. 당시 MNLF의 대외교섭업무를 담당했던 하쉼(Salamat Hashim)이 수뇌부의 부패와 미주아리가 개인적으로 공산주의에 심취해 있다고 비판하면서 내부 파벌이 노정(露呈)되었다. 미주아리는 필리핀대학교(*University of the Philippines*) 출신으로 모로(Moro)족의 독립과 함께 급진적 사회경제적 변화와 같은 혁명을 추구했다. 이에 대해서 하쉼은 이집트 카이로에서 유학하여 이슬람 근본주의를 추구하는 우익(右翼) 보수성향의 인물이었다. 그는 MNLF에 몸담고 있는 동안 이슬람을 강조하는 보수 세력과 연대했고, 이를 중심으로 새로운 세력을 구축하려고 노력했다.

MNLF의 파벌 대립은 MNLF를 지원했던 이슬람 국가들도 하쉼 지지와 미주아리 지지로 양분되는 결과를 초래했다. 이집트는 하쉼을 지지하였고 리비아는 미주아리를 지지했다. 특히 리비아의 카다피는 열성적으로 미주아리를 지지하고 지원을 아끼지 않았다. 두 지도부는 결별 후에도 계속해서 세계무슬림연맹(*Muslim World League*) 같은 이슬람 국제기구와 화해와 통합을 시도했으나 결국 성사되지 못하였다.

1978년 MNLF에서 탈퇴한 하쉼은 다와(Dawah: 비폭력운동) · 따비야(Tarbiyyah: 동료) · 지하드(Jihad: 성전)를 내세우며 이슬람 교리에 합당한 정치체계를 성취하기 위한 목적으로 모로독립해방전선(MILF: *Moro Independent Liberation Front*)을 조직했다. MILF는 MNLF와 달리 모집한 지원병을 해외로 집단 이주시켜 혹독한 군사훈련을 실시했고, 이슬람 무장단체와의 연계도 강화했다. 하쉼은 이집트 카이로에서 유학할 당시 오사마 빈 라덴과 압둘라 아잠(Abdullah Azzam) 등 알카에다(Al-Qaeda)의 핵심 인물들과 친분관계를 쌓아왔기 때문에 이슬람 국제조직으로부터 든든한 지원을 받을 수 있었다. 1990년대에 들어서서 하쉼은 아프가니스탄 역내에 병영캠프를 차리고 8천 명에서 1만5천 명에 이르는 대규모 게릴라군을 육성했고, 국내에서는 신흥 무장 집단인 아부사야프그룹과 연계했다.

1996년 MNLF와 정부 간에 평화협정이 맺어지자 MILF는 이를 즉각 전면 부인하여 분리독립을 달성하려는 의지를 재확인하였다. 그러나 2000년대에 들어서서는 MILF도 정부와 정전협상을 선언했다가 다시 파기하는 등 최고 지도부의 결정에 난맥상을 드러냈다. 이는 MILF 내에도 파벌 대립이 발생하고 있다는 것을 의미했다. 정부군과의 대립이 장기화되면서 MILF 수뇌부는 분리독립이 현실적으로 어렵다는 것을 인식하게 되었고, 모로족으로 대별되는 무슬림 사회에서도 군소 종족 간에 이념과 경제적 갈등이 표출되기 시작했다.

1991년 압두라작 쟌잘라니(Abdurrajak Janjalani)는 오직 무력사용을 통해서만 필리핀 남부 무슬림지역의 분리독립을 성취할 수 있다고 판단하고 MNLF에서 이탈하여 아부사야프그룹을 결성했다. 이 무장세력은 가톨릭교회와 가톨릭 유명인사에 대한 테러를 감행하거나, 외국인 또는 정부의 고위관료들에 대한 납치와 살인을 자행했다. 1997년 미국은 이 조직을 국제 테러집단으로 지목하였다. 9·11테러가 발생하자 아부사야프그룹은 반미(反美) 대열을 재정비하여 미국의 테러정책에 동조하는 외국 대사관에 대한 공격도 병행했다. 쟌잘라니는 1998년 정부군에 의해서 사살되었다.

아부사야프그룹은 테러의 국제적 연계에 있어서 매우 견고한 조직망을 갖추고 있다. 바실란(Basilan)이나 쟌잘라니(Jajalani)섬 등이 위치한 남부지역에서 지원군을 모집하고, 아프가니스탄으로 보내 무장훈련을 받게 하는 것으로 알려져 있다. 교육을 담당하는 집단은 아프가니스탄 무장단체인 아프간 동문(*Afghan Alumni*)인데, 이 단체는 과거 200명의 무자히딘을 배출했으며 계속해서 국제 테러 조직을 지원하고 있다.

1990년대에는 아부사아프그룹의 조직원들을 훈련시키기 위해서 오사마 빈 라덴이 파키스탄 출신 테러리스트 람지 유숩(Ramzi Yusuf)을 아프가니스탄으로 파견하기도 했다. 람지 유숩은 1993년 미국의 국제무역센터(WTC) 폭파를 시도했던 과격파 인물로서 이미 1980년대에 잔잘라니와 친분관계를 맺은 것으로 알려져 있다. 이들 둘은 1995년 교황 요한 바오로 2세가 필리핀을 방문했을 때 교황 암살을 획책했던 것으로 알려져 있다.

아부사아프그룹의 활동자금은 오사마 빈 라덴의 처남인 사우디아라비아 출신의 모함마드 자말 칼리파(Muhammad Jamal Khalifa)가 맡고 있는 것으로 알려져 있다. 잔잘라니는 1998년 2월 오사마 빈 라덴이 주동한 '유대교와 기독교에 대항한 성전을 위한 세계 이슬람 전선'(*Worldwide Islamic Front for Holy War against the Jews and Crusaders*)에 가입했고, 알카에다 지원군과 캠프를 공유하는 등 알카에다와 연대를 공고히 하고 있다.

2002년 필리핀 이민부 장관은 인도네시아에 본거지를 둔 제마 이슬라미야(JI)와 아부사야프그룹 간의 연대를 확인했다고 발표하였다. 2003년 아로요 대통령도 제마 이슬라미야는 '필리핀 최대의 적'(*number one security threat*)이라고 말할 정도로 이들과 연대하고 있는 아부사아프그룹은 동남아 이슬람 과격무장조직으로 자리를 잡아가고 있다.

1998년 잔잘리니가 사살된 후 그의 동생인 카다피 잔잘라니(Khadaffy Janjalani)가 권력을 승계하였다. 그러나 2004년부터 조직 수뇌부가 정부군의 대공세에 밀려 위축되기 시작했고, 조직 균열 현상이 관측되고 있다. 카다피 잔잘리니를 위시한 일부 요원들은 기존의 무력 투쟁을 지속적으로 전개하고 있으나, 최근 필리핀 내 평화협상 분위기가 고조됨에 따라 일부 회원들은 지하드를 재확인함에도 불구하고 MNLF와 같은 단체들과의 정치적 연대를 대안적으로 모색하고 있다. 또한 '테러와의 전쟁'을 선포하고 범국제적으로 테러집단을 압박하고 있는 국제정세에 따라 외부의 재정적 지원이 격감하고 정부군의 공세가 강화되어 이들의 영향력도 점차 약화되고 있다.

IV. 소수 무슬림사회의 정체(停滯)와 발전전망

미얀마 · 태국 · 필리핀 등 동남아 3개국의 무슬림 사회 분리독립 또는 자치권 확보를 위한 투쟁배경은 매우 흡사하다. 이들 국가들 중 미얀마와 태국은 상좌 불교를 신봉하는 국민들이 압도적으로 많고, 필리핀 또한 세계 최대의 가톨릭 국가로 알려져 있다. 그러나 이들 세 나라의 이슬람 사회는 비록 소수이기는 하지만, 장구한 이슬람 역사의 배경을 가지고 무슬림 사회를 유지 · 발전시켜 나왔다. 이들 무슬림들은 왕조시대에 독자적 왕국을 가졌으나, 식민통치 시대를 거쳐 제2차 세계대전 후 국민국가 탄생 과정에서 자신들의 의지와는 상관없이 오늘날의 중앙정부에 속하게 되었다.

국제질서의 급격한 변화 속에서 주요 국가들의 이슬람 사회도 계속해서 무슬림의 정체성과 함께 종족적 · 문화적 · 역사적 동질감 유지에 전력해 왔다. 그러나 이와 같은 무슬림 사회의 노력과는 상반되게 대부분의 중앙정부는 국가와 사회를 통합할 목적으로 소수 무슬림 사회를 강제적으로 동화(同化)시키거나 배척(排斥) 또는 소멸(消滅)을 시도하였고, 종교 엘리트들은 이에 대항하여 민중 계몽운동을 전개하였다. 이 과정에서 자치권 확보와 분리독립이라는 투쟁목표가 설정되었다.

태국에서는 이슬람 관습법과 문화를 말살하려는 중앙정부의 강압적 동화정책과 함께 무슬림들의 정신적 지주였던 하지 술롱이 체포되었다가 석방된 후 다시 실종되었다가, 그가 수장(水葬) 되었다는 풍문이 번지면서 무슬림 사회를 자극했다. 필리핀에서는 1971년 정부군과 가톨릭교도의 공세와 함께 1972년 선포된 계엄령으로 주민들의 생존권이 위협받게 되자 대규모 무장 저항운동이 시작되었다. 그러나 미얀마의 로힝자족은 1960년대 등장한 군사정권의 대규모 공세를 받아 무장투쟁을 펼치지 못하고 방글라데시로 망명하는 사태로 이어졌다.

이처럼 소수종족에 대한 중앙정부의 차별적 정책이 무슬림들의 상대적 박탈감을 자극했다. 무슬림들의 문화와 역사를 말살(抹殺)하는 최악의 방법을 동원하가도 하고, 무슬림 거주 지역을 저개발 상황으로 남겨두고 자원과 노동력을 수탈하는 경제적 박탈도 병행하였다. 필리핀을 예로 보면, 마닐라 중앙정부는 미국 식민지 시대부터 가톨릭교도의 남부 이주를 장려하여 무슬림들이 전통적으로 유지해 온 사회구조 자체를 파괴했다.

그러나 중앙정부의 온정적인 대(對)이슬람정책이 성공을 거두고 있는 사례도 있다. 태국에서는 중앙정부가 태국 남부 이슬람지역의 개발 사업에 지속적인 지원을 아끼지 않았다. 이에 따라, 가구당 수입이 타 지역에 비해서 낮지 않기 때문에 경제적 박탈감이 분리주의 운동의 동인(動因)이 되지 않는다. 오히려 중앙정부가 말레이어와 이슬람 교육을 허가한 1980년대에 망명했던 무슬림 엘리트들이 본국으로 돌아와 이슬람 교육에 집중했던 것으로 보아 이들에 대한 문화적 차별정책이 분리주의 운동의 결정적 동기가 된 것으로 보인다.

미얀마 로힝자족이 속한 여카잉주는 미얀마 14개 주 가운데 머그웨(Magwe)주와 함께 가장 빈곤한 지역이긴 하지만, 미얀마 정부는 이들이 제1차 영국-꽁바웅 전쟁 당시 유입된 외래 종족이라고 규정하고 이들을 축출하기 위한 무조건적인 탄압정책을 벌이고 있기 때문에 경제적 박탈감은 재고될 필요가 없다.

소수 무슬림 집단에 대한 중앙정부의 압제에 대응하기 위한 내외부적 결속력이 분리주의 운동으로 표출되고 있다. 미얀마·태국·필리핀 등 세 동남아 국가는 공통적으로 1960년대부터 본격적인 분리주의 또는 자치권 확보를 위한 무장 투쟁을 시작하였다. 그러나 오늘날까지 이렇다 할 성과를 거두지 못하였으며, 오히려 대부분의 조직이나 저항운동이 와해되는 양상을 띠고 있다. 미얀마와 태국의 경우 집단 내 권력 공백 현상이 발생할 경우 이념을 달리 하는 중심인물을 중심으로 재구조화되는 파벌 대립이 지속되고 있다. 필리핀도 트리폴리협정 이후 MNLF로부터 두 개의 파벌이 각기 다른 형태의 무장단체로 분열되었다. 따라서 집단 내부의 결속력을 확인할 수 있는 지도력이 매우 취약한 것으로 보인다.

이들 세 국가에 대한 국제사회의 국제적 지원은 세 국가 모두 극명하게 대립된다. 미얀마의 경우 대규모 난민이 발생하고 있는 인접 방글라데시 정부는 국제사회의 압박과 미얀마 정부와의 불화 속에서 난색을 표명하고 있다. 일시적으로 방글라데시로 망명한 무장 단체 소속 인사들이 방글라데시 무장단체와 연계하고 있긴 하지만 아직까지 이렇다 할 활동은 발견되지 않고 있다.

탁씬 총리 집권 이후 재현된 태국 남부 유혈사태는 국제 이슬람 과격단체의 지원보다는 정부의 정책에 불만을 품은 소수 주민들에 의한 소행일 가능성이 크다. 제마 이슬라미야(JI)와 같은 동남아 무슬림 과격 단체가 이 지역에서 활동한 증거는 자주 포착되지만, 무장 단체와의 연계 가능성은 정부의 주장과 달리 크지 않다. 한편 말레이시아는 태국 남부의 무슬림 형제들에 대한 인도적 지원을 아끼지 않고 있다. 그러나 국경을 마주하고 태국과의 사이에 또 다른 이슬람국가를 둔다는 점에 대해서는 대체로 회의적인 시각을 가지고 있으므로 남태 무슬림들의 분리주의운동에 대해서는 찬성하고 있지 않다.

필리핀은 무장 단체를 조직한 엘리트들이 중동과 아프리카 이슬람권 국가에서 유학하면서 각종 이슬람 단체 및 인사들과 우호 관계를 쌓은 까닭에 이들로부터 재정적인 지원을 쉽게 받을 수 있었다. 더군다나 9·11테러 이후 미국을 위시한 서방 세계가 이슬람 테러조직에 대한 대대적 소탕작전을 전개함에 따라 이슬람 무장 단체들과 이해관계가 얽혀 있는 아부

사아프그룹(ASG)은 상승하는 반미 감정에 따라 테러 행위를 배가하고 있다.

제2부

동남아 각국의 이슬람현황

제5장

브루나이의 이슬람

I. 세계 최고(最古)의 이슬람국가

1405년 초대 무함마드(Muhammad) 국왕이 죠호르(Jahar)왕국의 공주와 결혼하여 브루나이이슬람왕국(Negara Brunei Darussalam)을 세운 이후, 현재의 하싸날 볼키아(Hassanal Bolkiah) 국왕이 1968년 8월에 제29대 왕으로 즉위한 브루나이는 비록 소국(小國)이나 세계에서 가장 오래된 정통 이슬람왕국이다. 이 나라는 1904년 현재의 국토인 사바(Sabah)와 사라와크(Sarawak) 사이에 낀 작은 나라가 되기 이전에는 17세기 이래로 네덜란드와 영국의 식민통치를 받았으며, 제2차 세계대전이 끝나기 직전인 1942년부터 3년여 동안 일본 군국주의의 강권통치를 경험하였다. 이들 열강세력이 북부 보르네오(*Borneo*)에 침략의 손길을 뻗치기 이전에 브루나이는 오늘날의 말레이시아령(領)인 사라와크와 사바 그리고 필리핀 남부 민다나오(Mindanao)와 술루해(*Sea of Sulu*) 인근의 필라완(Palawan)섬과 술루 열도(列島)에 걸쳐 대영토를 지닌 거대한 이슬람 왕국이었다.

중국 문헌에 의하면, 브루나이는 이미 6세기경부터 중국과 교류를 시작하였다고 적고 있다. 무함마드가 초대 술탄에 즉위하여 이슬람왕국을 세우기 이전에는 마자빠힛(Majapahit)왕국의 지배 하에 있었기 때문에 힌두교와 인도문화의 영향을 많아 받았다고 한다. 무함마드 이후 제5대 술탄에 이르기까지 번영을 거듭하여 17세기 후반까지 약 300년 동안 브루나이 이슬람왕국은 오늘날의 사바 · 사라와크 · 칼리만딴 전역과 필리핀의 남부 술루 열도를 통치하고 있었다.

브루나이 왕국에 내도한 최초의 서구인은 포르투갈의 마젤란 원정대였다. 이들은 1521년 브루나이에 기항(寄港)하여 당시 이곳의 번영에 관한 상세한 기록을 남겼다. 다음으로 1562년 말라카(Malaka)로부터 포르투갈 선단이 브루나이를 방문하여 우호관계를 수립한 것이 서구(西歐)와의 공식적인 접촉이었다. 1578년에는 마닐라에 근거지를 둔 스페인이 필리핀 남부의 민다나오와 사바 북쪽 해협에 있는 도서 중심의 이슬람토후국인 술루(Sulu)왕국을 정복하기 위한 첫 단계로서 브루나이를 일시 점령하였으나, 주민들의 완강한 저항으로 퇴각한 사건이 발생하였다. 이에 대한 보복으로 스페인은 1645년에 브루나이를 재차 공격하여 막대한 피해를 입혔다.

그 후 브루나이 왕국에서 내분이 일어나자 술루 왕국이 개입하여 이를 수습한 일이 있다. 술루 해(海)를 사이에 두고 사바와 민다나오를 잇는 술루열도의 중심도서인 술루(Sulu)도 한때 필리핀 전 군도와 칼리만딴 북부 해안지방에 걸쳐 거대한 이슬람 술루왕국의 중심지였다. 술루왕국의 술탄은 당시 브루나이 내란을 수습한 대가로 브루나이 북동부 지역(오늘날의 사바 지역)을 할양(割讓) 받았다고 주장하게 되었다. 이것이 오늘날까지 이어지고 있는 말레이시아와 필리핀 간 영유권 분쟁의 빌미가 되었다. 사바는 오늘날 말레이시아의 한 개 주(州)이지만, 필리핀 헌법은 이 지역이 자국 영토임을 명시하고 있다.

북부 보르네오 지역에서 영국의 활동은 1761년부터 시작되었다. 같은 해 영국은 동인도회사(*British North Borneo Company*)를 설립하고 술루 왕국과 교섭하여 팔라완(Palawan)섬에도 무역사무소의 개설허가를 얻어 내었다. 그 후 영국이 마닐라를 점령(1762-1764)하고 있던 1763년에 스페인에 의해 포로가 되어 이곳에 억류되어 있던 술루왕국의 전(前) 술탄(당시 술탄의 백부(伯父))을 석방시켜 술루 왕국으로 귀환시킨 일이 있었다. 술루 왕국은 이에 대한 보답으로 당시 술루왕국이 통치하고 있던 북부 보르네오 북동부 지역을 영국의 동인도회사에 양도하는 조약을 체결하였다.

팔라완 소재 영국의 동인도회사는 1773년부터 1803년까지 활동하였으나 술루군도에 비해서 입지조건이 열악하고 산림자원 이외에 이렇다 할 교역 품목도 개발하지 못하여 소기의 성과를 거두지 못하였다. 1812년에는 영국의 유명한 식민지 경략가(經略家) 토마스 래플즈(Thomas Raffles)가 북부 보르네오에 상륙하여 식민지 경략과 교역 가능성을 탐색하였으나, 본격적인 진출은 하지 않았다.

한편, 브루나이 술탄왕국의 영토로 있던 사라와크의 꾸칭(Kuching) 지역에서는 대규모 안티모니 광산이 발견되자 왕실로부터 파견된 영주들이 현지 주민들을 안티모니 채광에 혹사시킴으로써 이곳에서 반란이 발생하였다. 이에 따라 브루나이의 술탄은 후계자를 꾸칭에 보내어 반란을 진압하려고 노력하였으나 반란 세력이 크게 불어나서 시간을 끌고 있었다. 당시 한동안 영국 동인도회사에 소속된 군대에서 근무한 바 있는 제임스 브룩크(James Brooke)가 부친이 남긴 유산으로 무장 화물선을 구입하여 보르네오와 술라웨시(Sulawesi) 군도의 탐험여행을 하던 중 1839년 8월 꾸칭에 도착하였다. 꾸칭의 반란은 그 때까지 진압되지 않고 있었는데, 제임스 브룩크는 브루나이 왕실과 친교를 맺고 반란진압에 협조하였다.

브룩크는 다시 여러 지역을 여행한 뒤 1840년에 꾸칭으로 되돌아왔다. 그는 당시까지도 지속되고 있던 반란진압에 앞장서서 이를 성공적으로 끝마쳤다. 이에 대한 대가로 브루나이의 술탄 하심(Raja Muda Hassim)은 브룩크에게 사라와크를 양여(讓與)하겠다고 약속하였다. 그러나 술탄 하심은 변심(變心)하여 그와의 약속을 이행하지 않았다. 이 때문에 브룩크는 신식무기로 술탄 하심을 위협하여 약속을 이행케 하였다. 1841년 9월 제임스 브룩크는 사라와크의 총독 겸 라자(Raja)로 임명되었다. 이로 인해서 사라와크에는 영국인을 라자(왕)로 받드는 브루나이술탄왕국의 속령(屬領)이 생기게 된 것이다. 브룩크가(家)는 이곳에서 4대에 걸쳐서 백인 왕(Raja Puteh)으로 영화를 누렸다.

브룩크는 그 후 꾸칭을 수도로 삼고 영국식 사회제도를 만들어 나갔다. 농노(農奴)제도를 금지시키고 공정한 재판을 실시하는 한편 말레이 다약(Malay Dayak)족을 보호하는 등의 서구식 통치정책을 펴면서 라쟈의 역할을 착실하게 수행해 나갔다. 그는 싱가포르에 주둔하고 있던 영국해군을 군함과 함께 초치(招致)하여 사라와크 지역에서 준동(蠢動)하던 해적을 소탕하기도 하였다. 그러나 당시 브루나이의 술탄이 막후에서 이들 해적의 활동을 지원하고 있다는 사실이 밝혀졌다.

1845년 해적 활동을 적극 견제해 온 전(前) 술탄 하심이 반대 세력에 의해서 살해당하는 사건이 발생했다. 사건 전모를 알게 된 브룩크는 1846년 영국함대를 이끌고 브루나이 술탄왕국으로 쳐들어 왔다. 그는 술탄에게 해적 지원을 중지할 것과 브루나이의 북동 해상에 위치한 라부안(Labuan)섬을 영국에 할양할 것을 요구하였다. 이로써 라부안섬은 1846년에 정식으로 영국령이 되었다. 브룩크는 이 사건을 계기로 자신이 통치하고 있던 사라와크를 브루나이 술탄으로부터 독립시키고 라부안섬도 자신의 지배 하에 두었다. 국제금융 자유지역을 지향하고 있는 라부안섬은 오늘날 말레이시아 연방정부의 직할(直轄) 도서로 행정체계가 갖추어져 있다.

영국은 1877년에 또 하나의 북(北)보르네오회사를 설립하였다. 이 회사는 영국 식민당국과 결탁하여 브루나이 왕국과 술루 왕국으로부터 북부 보르네오 지배권을 넘겨받고, 1882년부터 본격적으로 사바 지역을 경략하기 시작하였다. 이 회사는 오늘날의 꼬따끼나발루(Kota Kinabalu)인 당시 제슬턴(*Jesselton*)을 중심으로 중계무역 형태의 교역에 힘썼으나 큰 이익을 내지는 못하였다.

그 후 1888년에 영국은 공식적으로 북 보르네오의 브루나이와 사바·사라와크를 자국의 보호령 하에 두었다. 1890년에는 림방(Limbang) 지역이 영국 식민당국의 묵인 하에 부룩크가(家)에 의해서 사라와크에 편입(編入)되었다. 림방은 오늘날 브루나이의 양분된 국토 중앙의 사라와크주(州)에 위치함으로써 때때로 브루나이 술탄정부와 미묘한 관계의 상징이 되기도 한다. 이는 제임스 브룩크에 이어 제2대 왕(라쟈)에 오른 찰스 브룩크(Charles Brooke)가 브루나이를 더욱 분할함으로써 자신의 입지를 확고히 하려 했던 것이다. 소국 브루나이는 이때부터 림방을 사이에 두고 동서(東西)로 영토가 분할되었다. 브루나이는 독립 후 말레이시아령으로 획정(劃定)된 림방 주변의 구토(舊土)를 회복하기 위해서 다각적인 노력을 기울인 바 있다.

이들 지역에 대한 영국의 식민통치가 본격화되자 바자우(Bajau)족 무슬림들이 1899년에 맛살레(Mat Salleh)의 지휘 아래 반영(反英) 반란을 일으켰다. 그러나 너무 조급하게 서두르는 바람에 성공하지 못하였다. 이때부터 북부 보르네오의 세 지역은 영령(英領) 보르네오가 되어 1941년 12월 제2차 세계대전을 맞게 되었다. 일본군의 점령(1941-1945) 아래에 있던 1943년 북부 보르네오(사바) 지역에서는 카다잔(Kadazan)족이 중심이 되어 반일(反日) 폭동이 발생하였다. 이 사건으로 176명이 학살되었지만, 소규모의 반외세(反外勢) 사건은 계속되었다.

제2차 세계대전이 끝나자 연합군의 일원인 호주군이 사바에 상륙하여 이 지역을 다시 영국의 북(北)보르네오회사에 인계하였다. 그 후 이 지역은 영국정부에 귀속되는 절차를 거쳐 직할 식민지로 탈바꿈한 후 1963년에 말레이시아연방이 성립되자 이에 편입되었다. 이때부터 이 지역의 호칭이었던 북부 보르네오(*North Borneo*)가 현지 명칭인 사바(Sabah)로 개칭되고, 중심도시였던 제슬턴(*Jesselton*)도 사바의 주종족인 카다잔어로 '영혼의 안식처'라는 뜻인 끼나발루(Kinabalu)로 바뀌었다. 사바는 오늘날 말레이시아의 1개 연방주로 남게 되었다.

한편 사라와크는 제2차 세계대전이 끝나자 호주군이 꾸칭(Kuching)에 상륙하여 일본군을 무장해제 시킨 후 통치권을 다시 브룩크 왕가(王家)로 이양하였다. 1946년 7월까지 지속된 브룩크 왕국은 그 후 영국의 직할 식민지로 변경되었다가 1963년 말레이시아연방이 성립됨에 따라 이에 편입되어 오늘에 이르고 있다.

브루나이 술탄왕국의 운명은 사바 · 사라와크와는 다르게 전개되었다. 세리아(Seria) 지역의 해상유전이 발견된 1929년 이래 소국 브루나이는 활기를 띠게 되었고, 하싸날 볼키아 국왕의 선왕(先王)인 오마르 사이푸딘(Omar Saifuddin)이 1950년에 제28대 국왕으로 등장하면서 전제 봉건 왕국으로부터 근대국가로 발전하는 계기를 맞게 되었다.

제2차 세계대전이 일어나기 이전까지 영국의 보호령으로 있던 브루나이도 전쟁 발발 후 1945년까지 일본의 식민통치를 받았으며, 그 후 다시 영국의 보호령으로 복귀하였다. 1959년 브루나이는 국방과 외교를 제외한 자치권을 인정받음으로써 독립준비에 박차를 가하였다. 브루나이는 1971년과 1978년 그리고 1979년에 연이은 일련의 영국과의 협약에 의해서 점차로 주권을 회복해 나갔다.

이에 따라 브루나이이슬람술탄왕국은 1984년 1월 1일 96년간의 영국 보호령의 그늘로부터 완전독립을 이루었다. 이로써 '평화의 집' 브루나이 다루살람(Negara Brunei Darussalam)은 580년 만에 제2의 건국을 달성하였다. 이 나라는 1984년 독립 1주일 만에 ASEAN에 가입하였고, 같은 해 9월에는 UN의 169번째의 정회원국으로 받아 들여져서 명실상부하게 국제사회의 일원이 되었다.

II. 신정(神政)국가에서 세속국가로의 변화

브루나이는 세계 최고(最古)의 이슬람국가이다. 35만 명(2002년)의 2/3에 해당되는 말레이계(系) 국민은 물론이거니와 기타 이 나라에 거주하는 소수 종족들의 상당수가 무슬림들이다. 브루나이 헌법 제2조는 이슬람이 브루나이의 국교이며, 국왕(술탄)이 이슬람의 수장(首長)임을 명시하고 있다. 이에 따라 하싸날 볼키아 국왕은 본인의 의사에 따라 수상과 국방장관·재무장관 등을 두루 겸임하였다.

브루나이에서 술탄의 지위는 당연히 국가와 동등한 최고위직의 상징이다. 61세(2007년)의 하싸날 볼키아 국왕은 1,788개의 방을 갖춘 궁전에 살고 있으며, 전통적 전제군주 스타일로 통치하고 있다. 국가의 부(*wealth*)와 술탄 개인의 부(*riches*)가 동일한 것으로 간주하고 있다. 따라서 브루나이의 국왕은 전 세계에서 가장 부유한 한 사람으로 정평이 나 있다. 국가의 모든 수입과 외환 보유고는 술탄 개인의 소유이며, 국가의 지출 규모도 또한 대부분을 술탄 혼자서 결정한다.

이슬람은 브루나이에서 모든 국사(國事)와 정치 · 경제 분야에서 국민 개개인의 일상생활에 이르기까지 광범위하게 영향을 미친다. 종교의 자유도 보장되어 있어서, 주로 중국인에게 해당되는 불교도를 포함하여 기독교도들도 있다. 수도 반다르 스리 베가완(Bandar Seri Begawan)에는 곳곳에 교회와 기독교들을 위한 미션스쿨도 발견할 수 있다.

매일 다섯 차례씩 정해진 시간이 되면 이슬람교 사원에 부착된 고성능 스피커에서 꾸란 낭송 방송이 흘러나온다. 금요일이 되면 무슬림들은 예배를 위해서 빠짐없이 이슬람교 사원을 방문한다. 말레이인들은 거의 모든 사람들이 이슬람교 신자이며, 그 외에도 인도인 · 중국인 그리고 원주민들의 상당수도 이슬람교를 신봉하고 있다.

전체 인구의 16퍼센트에 달하는 중국인은 도교를 신봉하는 사람들도 다수 있으며 토착 종족과 여타의 소수 종족들은 원시 종교와 기독교를 자신의 종교로 가지고 있다. 도교와 기독교의 경우, 각각 이 나라 전체인구의 15퍼센트와 10퍼센트에 이른다는 조사보고서가 있다.

브루나이의 경우 말레이인은 당연하게 이슬람교도라는 등식이 고착되어 있으며, 토착종족과 중국계 등 이민족들도 점차 이슬람교 신봉자가 늘어나고 있다. 이러한 경향은 종교 자체에 매료되기보다는 이슬람 신앙을 통하여 브루나이 사회에 보다 쉽게 정착할 수 있기 때문이다. 또한 다른 종교로부터 이슬람교로 개종은 쉽게 할 수 있지만, 그 반대의 경우는 거의 불가능하기 때문에 무슬림 인구는 점증하는 추세이다. 이슬람교도는 다른 종교를 가진 사람과의 결혼을 금지하고 있는 것도 중요한 이유가 될 것이다.

이슬람의 중요 축일(祝日)은 국가적인 대규모 행사로 치러지고 있다. 지난 1998년 8월 브루나이 수도에서는 성대한 이슬람 종교행사가 엄숙하게 거행되었다. 당시 약관 24세의 알 무타디 빌라(Al Muhtadee Billah) 왕자가 하싸날 볼키아에 이어 브루나이 이슬람 왕국의 제30대 국왕이 되기 위한 왕위계승선포식이 치러진 것이다. 국왕은 이 행사에서 빌라 황태자에게 500년 역사를 자랑하는 말레이이슬람왕조(Malay Islam Beraja)의 전통에 따라 왕권을 상징하는 금검(金劍)을 물려주었다.

국민 전체가 원유와 천연가스가 가져다주는 엄청난 부를 만끽(滿喫)하고 있는 브루나이도 나름대로의 고민거리가 있다. 그 첫째가 노동력과 고급인력의 절대부족이다. 총 8만 명을 상회하는 노동 인구 중 37퍼센트에 해당하는 3만 명 이상의 노동자가 태국 · 말레이시아 · 필리핀 · 인도네시아 등지에서 공급된 외국인들이다. 브루나이 정부당국은 국내의 정치상황 변화의 가능성을 이유로 해서 이 수준 이상의 외국인 노동자들을 받아들일 수 없는 입장이다. 실제로 술탄 친정(親政)의 브루나이정부는 급격한 개발정책이 정교일치(政敎一致)와 이슬람법 통치 국가라는 이 나라의 신정(神政)국가체제에 불리한 영향을 초래할 것을 우려하여 모든 국가개발정책을 신중하게 다루고 있다. 그럼에도 불구하고 브루나이의 국가경제 팽창은 보다 많은 노동력을 요구하고 있으므로 정치 환경의 변화 가능성과 경제현실 사이에서 고민이 많을 수밖에 없다.

브루나이 노동 인력의 50퍼센트 정도는 공공기관에서 일하고 있는 고급인력이다. 이 나라에서 말레이계(系) 인력의 3/4은 정치활동이 금지된 공무원들이다. 고급인력의 부족은 이 나라 정부 각급 기관이 많은 외국인을 고용하는 기현상(奇現象)을 나타나고 있다. 이에 대한 해결책으로 이 나라 정부는 독립 이전부터 해마다 재능 있는 많은 젊은이들을 국비로 해외유학을 보내고 있다. 이들은 주로 영국 · 캐나다 · 호주 · 뉴질랜드 · 말레이시아 · 싱가포르 등 영연방국가로 보내지는데, 유학 후 귀국하여 술탄왕국의 장래를 짊어지고 나가게 될 것이다. 이와 더불어 이 나라 최초의 대학인 왕립브루나이대학교(UBD)가 1986년에 개교하여 국내에서 고급인력을 양성할 수 있게 되었다. 이로써 고급인력 충원은 가능할 것으로 보이나, 일반 노동력 부족이 해결될 전망은 그리 밝지 않다.

둘째로, 비(非)석유산업 부분의 발전 문제이다. 95퍼센트를 상회하는 석유산업 중심의 이 나라의 산업구조는 지극히 비정상적이다. 특히 비 석유부문의 취약성으로 인해서 심각한 산업별 불균형을 나타내고 있으며, 농업분야가 가장 심각한 미 발전분야이다. 2005년까지로 계획된 이 나라 장기 개발계획은 이러한 취약성의 극복에 많은 투자를 하였으나, 다양한 국내 산업분야가 어느 정도라도 균형을 이루기에는 상당한 시간이 소요될 것이다.

셋째로, 브루나이의 상권을 장악하고 있는 약 5만 명의 화교와 술탄 정부와의 불협화음이다. 브루나이 정부는 지난 1961년 중국인을 통제하는 법령을 만들어 이들의 시민권 취득을 강력하게 제한하고 있다. 이로 인해서 이들 화교의 과반수 이상은 의료 및 교육의 무료혜택이 없고 토지매입이 불가능한 비시민권자로 오늘날까지 과거 영국정부가 발행한 여권을 소지하고 있다.

브루나이의 시민권을 얻기 위해서는 지난 25년간 계속해서 20년 이상 국내에 거주하여야 하고 정부가 시행하는 국어(말레이어) 시험에 합격해야 한다. 시민권 획득과 직업선택의 기회가 많이 제한되어 있기 때문에 경제적으로 성공한 화교들은 자녀들을 위해서 80년대 이후에 많은 숫자가 호주나 캐나다로 투자이민을 떠났다. 이 나라의 원주민 우대정책은 90년대 이후로 많은 변화를 겪었다. 그 주된 내용은 '대 화교 제재조처에 대한 점진적인 완화'로 요약할 수 있다. 가장 획기적인 조처로 1999년 8월 중국어 신문의 발간을 허가한 것을 들 수 있다.

빈번한 국제교류와 다양한 통신망은 브루나이에도 입헌군주제 추진세력의 활동을 가능하게 하고 있다. 교육비와 의료혜택을 정부에서 제공하고 개인 소득세가 면제되는 이 나라가 현재와 같은 경제적 풍요를 누리는 동안 절대왕권 지배체제는 지속될 것이다. 해외에서 교육을 받은 엘리트들이 점차로 세력을 확장하고 국내의 지식인들이 입헌군주제 추진 움직임에 적극적으로 동조할 수 있는 주변 환경이 조성될 때까지 술탄왕국 브루나이의 현 정치체제는 큰 변화를 겪지 않을 것이 분명하다. 그러나 경제발전과 더불어 사회발전이 다양화하고 국제사회와 긴밀한 접촉이 증가하면, 보다 이상적인 정치체제로 탈바꿈하려는 움직임 또한 자연스럽게 증가될 것이다.

브루나이 술탄정부도 지난 1962년의 총선거 이래 한 번도 시행되지 않고 있는 선거제도를 포함한 헌법 개정을 공표하였으며, 대 북경정부 접근을 축으로 하여 외교영역도 ASEAN으로부터 확대하고 있다. 우리나라는 이 나라가 독립한 1984년 대사급 외교관계를 수립하였으며, 북한도 1999년에 공식수교 하였다. 브루나이는 1999년 8월 이 나라 역사상 가장 큰 국제적 행사인 동남아게임(SEA Games)을 성공적으로 치렀다. 이 스포츠 행사에는 ASEAN 10개 회원국에서 4,000여 명의 선수와 임원이 참석했다. 이와 같은 일련의 변화는 브루나이도 전통 이슬람왕국으로부터 국제화·세계화 시대를 향하여 서서히 변화를 모색하고 있음을 말해 준다.

제6장

캄보디아의 무슬림 사회

I. 개 요

1993년 제정된 신헌법에 따라 캄보디아는 33년 만에 다시 국왕을 국가 수반으로 하는 입헌군주국가로 회귀하였다. 국왕이 반드시 불교도 이어야한다는 헌법 조항은 없지만 캄보디아가 지향하는 국가의 모토가 '국가(國家) · 종교(宗教) · 국왕(國王)'이며, 종교의 자유는 인정하되 불교를 우선시한다는 헌법 조항(제43조와 제44조) 등은 국가와 국왕이 신봉하는 종교가 불교임을 강력하게 암시하고 있다. 무엇보다 캄보디아 국민들의 95퍼센트 이상이 불교신자이며, 왕실의 권위와 위엄을 복구하려는 의도가 분명한 군주제의 부활은 캄보디아에서 확고한 불교의 지위를 가늠하게 한다. 또한 불교는 이 나라에서 국민들의 생활영역에 깊게 영향을 미치고 있어서 개인과 사회를 통제하는 하나의 사회규범이자 제도로 자리 잡고 있다.

캄보디아로 이주하여 정착한 베트남인과 화인(華人)들은 대략 50만 명 내지 60만 명 수준으로 전체 인구의 10퍼센트에 해당되는데, 이들은 대체로 대승불교를 신봉한다. 산악지대에 거주하는 소수종족들이 애니미즘이나 토테미즘 등 다양한 토착종교를 가지고 있음을 염두에 두더라도 캄보디아에서 상좌(上座)불교와 대승불교 이외의 종교는 찾아보기가 쉽지 않다.

그러나 다종족 사회인 캄보디아에도 불교도 이외에 소수의 이교도(異敎徒)들이 있다. 대표적인 종족은 참(Cham)족으로, 캄보디아 동남부 베트남 국경지역과 수도 프놈펜(Phnom Penh)에 집중적으로 거주하고 있다. 참족에 대한 분포도는 통계마다 다른데, 최소 12만 명에서 최대 70만 명 정도로 캄보디아 전체 인구의 1퍼센트 내지 3퍼센트로 추정된다.

이들 참족은 최대종족인 크메르(Khmer)족과 달리 2세기부터 15세기까지 베트남 남부와 캄보디아 동남부에 걸쳐 독자적인 참파(Champa)왕국을 형성했기 때문에 민족적 정체성의 기원은 크메르족과 다르다. 또한 언어계통상으로도 크메르어가 속한 오스트로-아시아(Austro-Asia)어계(語系)가 아니라 오스트로네시아(Austronesia)어계의 하위 갈래인 말레이어 계통에 속한다.

13세기 이후 해양부 동남아를 중심으로 본격화된 해상무역은 아랍상인들이 이 지역에 출현하는 계기를 마련해 주었다. 같은 시기에 대륙부 동남아의 중앙부에는 몽고의 침입에 이어 타이족이 남하(南下)하고 크메르 왕국이 붕괴하는 등 수 차례에 걸친 세력 재편(再編)이 발생하였지만, 상좌 불교를 제외한 여타 종교의 확대는 발견되지 않았다. 오히려 대륙부 동남아의 힌두문화와 크메르 왕국을 중심으로 풍미했던 대승불교가 위축되고 상좌 불교가 발흥(發興)하는 현상을 보였다.

크메르 왕국이 분열된 후 캄보디아는 베트남과 태국의 영향력 아래에 놓이게 되면서 독자적 왕국을 재건하지 못했다. 이와 함께 힌두·불교적 기원으로 성립된 참파 왕국도 멸망하였는데, 흥미롭게도 참파 왕국의 멸망 후에 이슬람교가 이 지역에 집중적으로 유입되었다. 이슬람 유입이 가능했던 첫 번째 이유는 참파 왕국의 번영 시기에 이슬람화된 해양부 동남아와의 빈번한 접촉이 있었다는 사실이다. 이밖에도 참파 왕국은 지리적으로 이슬람 수용에 매우 양호한 지리적 조건을 갖추고 있었다는 점이다.

참파 왕국은 8세기 후반부터 수차례에 걸쳐 말레이(Malay)족의 침략을 받았을 뿐만 아니라 앙코르(Angkor) 왕국과 베트남(Vietnam) 왕조로부터 지속적인 위협에 시달렸다. 또한 캄보디아 남부와 베트남 남부는 지리적으로 말레이 반도와 인접해 있기 때문에 말레이반도에 내도한 이슬람 상인들의 왕래가 비교적 자유로운 지역이었다. 이에 따라 10세기 이후부터 페르시아 이슬람 상인들은 참파 왕국을 거점으로 중국 대륙과의 교역을 활발하게 전개하였기 때문에 점차 중개무역항으로 자리 잡게 되었다.

캄보디아 역사는 힌두 · 불교문화를 바탕으로 한 크메르족을 중심으로 전개되었다. 이들은 9세기부터 15세기에 대륙부 동남아를 석권한 거대한 앙코르 왕국을 건설하였다. 그러므로 캄보디아에서 크메르족 이외의 종족에 관한 연구는 상대적으로 매우 적었다. 그러나 이슬람을 신봉하는 참족은 비록 수차례의 정치적 혼란을 겪으면서도 계속해서 자신들의 문화적 정체성을 지키려는 시도를 계속해 나왔다. 캄보디아 참족 무슬림들의 움직임은 지난 1960년대부터 자주 발견되었다. 중동 이슬람국가와의 교류도 활발히 일어나고 있고, 9·11 테러 사태 이후 국제적으로 세력을 확장하고 있는 무장 무슬림 단체의 일원이 캄보디아에서 체포되기도 하였다. 캄보디아에도 이슬람공동체인 움마(ummah)가 생동하고 있다는 증거인 셈이다.

II. 이슬람의 전래와 참족 무슬림 사회의 형성

캄보디아 이슬람의 역사는 2세기부터 15세기까지 오늘날 캄보디아 동남부지역과 베트남 남부 지역에서 독자적인 문화를 바탕으로 참파 왕국을 발전시켰던 참족의 역사와 깊은 관련을 맺고 있다. 중국 기록에 따르면, 기원후 192년 베트남 후에(Hue) 지역의 지방 관리인 키우 리엔(Kiu-lien)이 한(漢)으로부터 독립하여 참파 왕국이 분명한 린이(Lin-yi)왕국을 건설하였다는 것이다. 참파 왕국의 기원이 중국에 있음에도 불구하고, 이 고대왕국은 중국의 정치체제나 문화 요소를 수용하지 않았다. 오히려 이들은 4세기 중엽 후난(Funan, 扶南) 왕국을 병합하고, 이미 후난 왕국에 뿌리 내린 힌두·불교적 세계관을 수용하는 모습을 보였다.

참파 왕국은 중앙집권적 독립 왕국 체제를 유지하였지만 영토의 대부분이 험준한 산지로 둘러싸여 있었기 때문에 여러 지역으로 분할 통치되었다. 대체로 기름진 북부 지역은 농업에 유리했지만, 베트남·중국·앙코르 왕국의 위협으로부터 노출되어 있었다는 결정적인 단점도 있었다. 반면 남부 해안 지역은 동쪽으로 베트남에 가로막혀 있긴 했으나 이들의 주요 경제활동인 해상무역에는 이렇다 할 무리가 없었다. 이런 영토적 배경으로 인해서 참파 왕국의 북부지역은 인도화된 신권정치체제가 공고화 된 반면 남부 지역은 다양한 문화를 접할 수 있는 기회가 있었다.

이 지역에 이슬람이 전래된 시기는 명확하지 않지만, 중국과 베트남에 진출한 아랍 상인들이 10세기경부터 오늘날의 베트남 남부와 캄보디아의 동남부에 집중적으로 거주한 것으로 보아 참파 왕국 시기에 이미 이슬람이 전래되었던 것으로 추측된다. 아랍상인의 베트남과 중국 진출은 이미 7-8세기경에 시작되었다. 중국 남부 광저우 지역까지 접근한 아랍 상인들은 베트남 북부 하이퐁(Haiphong)에서 왕성한 무역활동을 벌이고 있었다.

이슬람을 수용한 일부 중국인들은 9세기경에 이미 중동의 걸프(Gulf)만에 이르는 해로(海路)를 확보했던 것으로 보인다. 이 과정에서 소수의 아랍 무슬림들이 중국 남부에 정착하기 시작했고, 일부는 참파 왕국으로 이동하여 정착했다. 고대 중국문헌에 따르면 961년 참파 왕국의 명을 받은 아부 하산(Abu Hasan)이 중국과의 관계 증진을 위해 사신으로 왕래했다. 당시 참파 왕국에는 아부 아(Abu Ah)와 후세인(Hussain)이라는 무슬림이 주축이 되어 수백 명의 추종자를 거느렸다고 한다. 1039년에 세워진 아부 카밀(Abu Kamil)이라는 사람의 무덤에 있는 비석이 아랍어로 표기되었던 점이나 조세 징수 대상에 무슬림 공동체가 포함되어 있었던 점 등은 참파 왕국에 무슬림이 존재했다는 결정적인 증거로 보인다.

참파 왕국은 남쪽으로 해양부 동남아에 노출된 지리적 조건으로 인해서 8세기경부터 해양세력의 빈번한 침략을 받았다. 말레이 반도와 남중국해 남부 지역의 해상권을 장악한 스리 위자야(Sri Wijaya) 왕국은 774년 오늘날 베트남의 영토인 나짱(Nha Trang)에 이어 787년에는 판랑(Phan Rang)까지 함락시켰다.

그러나 10세기 말 참파 왕국의 사신이 스리 위쟈야 왕국을 직접 방문하였고, 992년에는 스리 위자야의 사신이 참파를 방문하는 등 양국은 우호적 관계로 변화하였다. 13세기 말에는 참파 왕국의 체만(Che Man) 왕이 쟈바 공주와 혼인하였고, 1448년에는 참파 왕국의 공주와 마쟈빠힛(Majapahit) 왕국의 군주가 혼인하였다. 이에 앞서 11세기에 들어서면서 양자 간의 무역도 활성화되었고, 13세기경에는 참파의 선박들이 말레이 반도와 남중국해를 자유롭게 다닐 수 있었다. 이 과정에서 남부 지역에 거주하던 참족들은 이슬람으로 개종하거나 오늘날의 인도네시아 군도로 이주하여 정착한 것으로 추정된다.

참파 왕국은 1471년 레 타인 똥(Le Thanh Tong: 재위 1460-1497)이 이끄는 베트남군의 공격을 받고 급격히 쇠퇴하였다. 6만 명 이상의 참족이 사망하거나 포로로 끌려갔고, 이후 베트남의 끈질긴 공세에 밀려 멸망하게 되었다. 참파 왕국의 마지막 왕이었던 포 치엥(Po Chien)은 많은 수의 참족을 이끌고 오늘날의 캄보디아 남부지역인 캄퐁참으로 이주하였다.

『크메르왕실연대기』(*Khmer Royal Chronicle*)에 의하면 참파 왕국의 북부와 남부가 각각 점령된 시기에 베트남에 거주하던 참족 왕족과 귀족이 두 차례에 걸쳐 캄보디아로 이주했다. 1692년 북부 거점마저 베트남에 의해 함락된 후 5천 가구 이상의 참족 왕족과 귀족이 캄보디아로 이주하려고 했을 때, 당시 캄보디아의 왕이었던 자야젯타 3세(Jayajetta Ⅲ: 재위 1677-1709)는 수도 우동(Oudong)에 정착할 수 있도록 허락했다. 당시의 우동은 오늘날의 캄보디아 수도인 프놈펜이다.

그 밖의 참족들은 해안을 따라 오늘날 말레이 반도 북부인 뜨렝가누

(Teregganu)로 이동하였으나, 험난한 여정 때문에 일부만 생존하였다고 한다. 또 다른 일부는 오늘날 통킹(Tonkin)만을 사이에 두고 베트남 중북부 해변 건너편에 위치한 하이난(Hainan)섬으로 이동하였다. 베트남 영토를 벗어나지 못한 참족들은 오늘날까지도 중북부 베트남 해안지역에 군거(群居)하고 있다. 베트남 정부는 이들 이슬람 신봉자들을 참 바니(Cham Bani)라 칭하며, 힌두교를 신봉하는 발라몬(Balamon)과 함께 불교도와 다른 이교도(異教徒)로 분류하고 있다. 이들 소수 이교도 중 참 바니가 80퍼센트 정도이고, 발라몬이 20퍼센트 가량이다.

참족 무슬림의 90 퍼센트 이상이 오늘날까지 캄보디아 영내에 거주하고 있다. 이들은 참파 왕국을 자신들의 선조(先祖)국으로 간주하나 문화적 전통은 이슬람에서 찾는다. 이들 참족은 언어계통상 오스트로네시아어파로 분류되며, 말레이(Malay)족과 혈연적 · 언어적 유대를 강조하며 참어와 크메르어를 동시에 사용한다. 이들은 오늘날 캄퐁참(Kampong Cham)이나 캄폿(Kampot) 또는 프놈펜 북부에 집단으로 거주하고 있다.

두 번째 참족 집단은 크메르어로 자바(Jawa)를 뜻하는 츠베아(Chvea)가 있다. 이들 대부분이 오늘날 말레이 반도와 인도네시아에 거주하는 것으로 보아 9세기 이후 해양부로 진출한 참족들의 후손이거나 참파 왕국 멸망 이후 이주한 것으로 추정된다. 이들은 크메르어를 사용하고, 자신들을 츠베아보다 크메르 무슬림으로 불리기를 원한다. 이 집단은 중동과 말레이 무슬림들로부터 다양한 종교적 · 재정적 지원을 받는다. 예를 들어 성적이 우수하거나 종교적 신앙이 투철한 크메르 무슬림에게 성지순례의 기회를 제공하기도 하고, 무슬림이 군거하는 캄보디아 지역 내에 이슬람 사원이나 종교학교를 지어주기도 한다.

자헤드(Jahed)라고 불리는 참족 무슬림들도 있다. 이들 역시 역사적 기원을 참파 왕국에 두고 있다. 그러나 1692년 베트남에 의해 참파 왕국 북부가 멸망한 후 캄보디아로 이주하였다고 믿는 것으로 보아 대부분이 베트남 출신 참족으로 추정된다. 이들은 참어와 크메르어를 모두 구사할 수 있으며, 현재 캄보디아 내에는 약 2만3천 명 정도가 거주하고 있는 것으로 알려지고 있다. 이들은 힌두문화를 바탕으로 한 세계관을 유지하고 있기 때문에 정통 이슬람적 성향보다 이슬람 신비주의 사상이 짙게 깔린 수피즘(*Sufism*)에 가깝다. 참파 왕국으로부터 보존해 오던 무슬림들의 전통을 유지하고 있지만 큰 차이가 있다. 가장 중요한 예는 기도에 관한 사항인데, 하루에 다섯 번 기도하는 정통 무슬림과 달리 이들은 일주일에 한 번 이슬람 사원에서 기도모임을 갖는다. 참족 자헤드 무슬림들의 기도 시에도 아랍어 대신 참어를 사용하며, 참어로 된 종교문헌도 보전하고 있다.

19세기 말까지 캄보디아 영내의 무슬림은 뭅띠(mupti) · 뚝 깔리(tuk Kalih) · 라자 깔릭(raja kalik) · 쯔안 빠께(tvan pake) 등 총 4개의 그룹으로 구성되어 있었다. 한편, 참족 무슬림들의 마을에는 오늘날까지 한 명의 하켐(hakem)과 소수의 까팁(katip) · 비랄(bilal) · 라비(labi) 등 지도층이 남아 있는 곳이 있다. 하켐은 무슬림 사회를 대표하여 구성원들의 잘잘못을 판결해 주는 역할을 하며, 까팁은 이슬람사원을 관리하며, 비랄과 라비는 예배를 소집하며, 이맘(imam)은 예배를 주재한다. 이들 무슬림 사회를 이끄는 사람들의 호칭이나 역할은 말레이 무슬림사회와 큰 차이가 없다. 정치적 격변기를 제외하고 이슬람 사회의 최고 지도자들은 정부로부터 세금을 면제 받고 때때로 궁중 연회에 초청되기도 했다.

오늘날 프놈펜 근처의 크로이 창와(Chroy Changvar)는 참족 무슬림들의 메카로 여겨지고 있으며, 무슬림 지도자들이 거주한다. 이들 중 일부는 매년 말레이시아 끌란딴(Kelantan)주 또는 중동의 이슬람국가의 초청으로 현지에 가서 꾸란을 공부하거나 메카로 성지순례를 떠난다.

III. 참족 무슬림 사회의 변화와 발전

참족의 이슬람화는 해상무역을 통해서 참파 왕국과 교류하던 말레이족에 의해서 이루어졌다. 그러나 이들의 이슬람화가 가장 활발하게 일어났던 시기는 참파 왕국이 멸망한 16세기 이후부터였다. 참파 왕국 멸망 이후에도 참족과 말레이족은 상업을 비롯한 활발한 문화적 교류가 계속 이어졌다. 일례로 오늘날 태국 남부의 차이야(Chaiya) 지역에서 참족들이 사용했던 것으로 추정되는 다양한 물품들이 발견되었다.

말라카왕국은 베트남의 침입으로 참파 왕국의 수도 비자야(Vijaya)가 붕괴되자 참족 왕족과 다수의 귀족들의 망명을 허용했다. 이들은 선박을 이용하여 15세기 말에서 16세기 초까지 말라카 왕국으로 망명하였는데, 그들 중 일부는 큰 공을 세워 왕실의 고위 관직을 차지하기도 하였다. 1594년 망명한 참파 왕국의 한 군주가 자신의 군대를 보내어 포르투갈과 대치하고 있던 죠호르(Johor)왕국의 술탄을 도왔다는 기록이 있어서 참족들의 높은 위상을 입증해 준다.

또한 1607년의 네덜란드 기록에 의하면, 참파 왕국의 잔존 세력들과 말레이 술탄 간의 유대관계가 목격되었고 같은 시기에 가톨릭 선교 행위에 항의하기 위해서 말레이 출신의 참족 무슬림을 프랑스에 파견했다고 한다. 말레이 반도에서 싸얌(Siam)만(灣)으로 향한 참파족 유민도 있었다. 16세기 말 무역을 위해서 짜오 프라야(Chao Phraya)강 하류에 정박했던 포르투갈 무역상들은 참파 유민으로 추정되는 선박이 싸얌만에 집단으로 정박해 있었다는 기록을 남기고 있다.

태국의 아유타야(Ayuthaya)왕국은 참파 왕국의 구영토 일부를 병합하였는데, 1675년부터 1685년 사이에는 아유타야 왕실에서 참파 왕국 왕자들의 알현(謁見)을 받을 정도로 양국 관계가 발전하였다. 그러나 1686년과 1687년 사이에 참족이 낀 왕위 찬탈 음모가 드러난 후 아유타야 왕국은 참족들을 멀리 했다. 참파 유민들에 대한 태국 왕실의 기록은 1812년부터 1830년 사이에 캄보디아에 거주하던 소수의 참족 무슬림들을 방콕으로 강제 이주시켰다는 기록이 남아 있다. 참파 왕국 쇠퇴기에 베트남을 빠져 나오지 못한 참족 무슬림들은 이슬람 전통을 무시당하거나 불교로 개종(改宗)을 강요당하는 등 박해를 받았던 것이 분명해 보인다.

그러나 베트남에서 캄보디아로 이주하여 정착한 참족 무슬림들은 말레이족과 말레이 문화권의 영향으로 이슬람의 전통과 문화를 계승하게 되었다. 이들 중 일부는 용맹성을 인정받아 왕실 근위병으로 선발되기도 했는데, 대표적인 인물이 락사마나(Laksamana)였다. 그는 참파 왕국으로부터 포병대를 이끌고 크메르 왕국으로 투항하여 당시의 군주였던 프라라마(Pra Rama: 재위 1594-1596)로부터 높은 관직과 봉토를 하사받았다. 그는 한동안 오늘날의 캄퐁참 지역인 뜨바웅 큼음(Thbaung Khmum)지역을 다스리게 되었다. 그러나 락사마나가 사망하자 뜨바웅 큼음에 거주하던 참족들은 크메르족에 의해서 박해를 받았다.

한편, 베트남의 속국으로 전락한 참파 왕국은 17세기에 들어 선 후, 왕실에서 적극적으로 이슬람을 수용하였는데 이는 캄보디아 왕실의 후원에 힘입은 것이었다. 크메르 왕실의 라마디파티 1세(Ramadhipati Ⅰ: 재위 1642-1659)는 참족과 말레이족 무슬림 지도자들의 적극적인 권유에 따라 개종하여 이브라힘(Ibrahim)이라는 무슬림 이름을 가졌다. 그는 이슬람으로 개종하기 전 말레이 무슬림 여성과 혼인하였는데, 결혼식을 주관한 말레이 무슬림 고위 지도자가 왕에게 말레이족의 전통인 끄리스(keris)를 선물로 주었다. 말레이족 무슬림 사회의 상징인 단검(短劍) 끄리스는 오늘날까지 프놈펜 소재 캄보디아 왕실 박물관에 전시되어 있다.

18세기 말 경에는 크메르 왕실의 왕위 세습 과정에서 참족과 말레이족이 깊이 관여한 기록이 있다. 앙엔(Ang En) 왕자가 너무 어려 왕위를 잇기 어려운 상황이 발생하자 섭정을 주도할 관직을 차지하려는 여러 파벌이 대립하였다. 결국 파엔(Paen)이라는 실력자가 등장하였으나, 곧 이에 반대하는 세력이 참족과 말레이족의 지원으로 왕국의 수도 우동(Oudong)

으로 진격하여 1782년 크메르 왕실을 장악했다. 이에 따라 이들 중 두옹 싯(Duon Set)은 크메르 왕실의 행정업무를 총괄하는 자리에 올랐다. 그는 뜨바웅 큼음 지역의 무슬림들을 우동의 요지인 크로이 창와로 대거 이주시켰다. 그러나 당시 캄퐁톰(Kampong Thom)에서 세력을 키우고 있던 크메르족들이 우동을 공격하여 두옹 싯을 참살하고, 참족과 말레이족 군대를 해산하였다.

1858년에 이르러 참족 지도자들은 캄보디아 왕실이 뜨바웅 큼음의 참족을 학대하고 과중한 세금과 부역을 부과했다는 구실로 반란을 일으켰다. 당시 캄보디아 왕이었던 앙두엉(Ang Duong: 재위 1841-1860)은 참족을 회유하기 위해서 무슬림 지도자들에게 잘 알려져 있던 우드카나(Udkana Yodhasangram)를 뜨바웅 큼음으로 보냈다. 그러나 반란군은 우드카나의 설득을 듣지 않고 그를 살해했다. 이에 격분한 옹두엉은 수차례 참족 반란군을 공격 끝에 결국 이들을 진압하는 데 성공했다.

이 반란사건으로 주요 참족 무슬림 지도자가 사망하고 일부는 베트남의 쩌우 독(Chau Doc)으로 피신했다. 캄보디아 왕실은 영내에 남아 있던 참족들을 푸삿(Pursat) · 로벡(Lovek) · 캄퐁(Kampong) · 뜨라랏(Tralach) · 캄퐁 루엉(Kampong Luong) 등지로 분산 이주 시켰다. 앙두엉은 여기에 만족하지 않고 이듬해 직접 군사를 이끌고 쩌우 독으로 도망간 참족들을 추격했으나, 베트남의 도움으로 딘 비엔(Tinh Bien)에 정착해 있던 참족과 베트남 연합군은 이들을 맞아 격전을 벌였다. 앙두엉은 1860년 전사하였다.

앙두엉의 갑작스런 전사(戰死)로 공백이 생긴 캄보디아 왕실은 왕위 세습을 두고 왕족 간에 격한 대립이 발생했다. 노로돔(Norodom: 재위 1860-1904)과 그의 동생인 시 왓타(Si Vatta)가 왕위 각축전을 벌였는데, 결국은 노로돔이 승리하여 왕위를 계승하게 되었다. 시 왓타는 군권을 장악하고 프놈펜 왕실을 압박하는 인물로 자리잡게 되었다. 1861년 캄보디아의 또 다른 수도였던 바탐방(Battanbang) 마저 태국의 영향력으로 들어가자, 이 틈을 이용해서 쩌우 독으로 피신했던 참족들이 귀환을 서둘렀다. 이들은 국왕인 노로돔과 국왕의 어머니에게 충성을 보임에 따라 격하되었던 자신들의 지위를 회복할 수 있었다.

IV. 참족 무슬림들의 수난과 분리주의운동

1863년 프랑스는 캄보디아를 식민지화하여 보호령(保護領)에 편입시켰다. 프랑스는 베트남에서 영국이나 기타 유럽 열강의 위협으로부터 자국의 이익을 보호하기 위해서 완충지역으로 라오스와 함께 캄보디아를 필요로 했다. 따라서 프랑스는 식민통치에 필요한 기본적인 질서유지정책을 펴면서 원자재와 시장 확보 등 경제적 이익 추구에 도움이 될 것으로 판단한 베트남 관리를 캄보디아에 파견하였다.

이에 따라 캄보디아 국민을 우민화(愚民化) 시키려는 프랑스정책은 참족에게도 그대로 반영되었다. 프랑스 교사들은 이슬람을 모독하는 발언을 서슴지 않는 한편, 식민정부는 무슬림들에게 학교 교육을 불허하였다. 이에 무슬림들은 진학을 포기하고 이슬람 사원에서 꾸란을 중심으로 이슬람 교리를 공부하였다. 식민당국에 의해서 꾸란 교육에서 크메르(Khmer)어 사용이 엄격하게 금지되었기 때문에 참어와 언어적 유사성이 있는 쟈위(Jawi)문자를 사용하였다. 쟈위 문자는 말레이(Malay)어를 아랍어식으로 표기한 것이었다.

프랑스의 식민통치 기간 내 참족의 인구는 증가하지는 않았으나, 그렇다고 해서 크게 감소하지도 않았다. 그러므로 이슬람 사원을 중심으로 참족 무슬림들은 자신들의 정체성을 유지하는 데 도움이 되었다. 1874년 프랑스 식민당국이 조사한 참족 인구는 전체 캄보디아 인구의 3퍼센트에 해당하는 25,999명이었고, 1936년 인구 조사에서는 73,465명으로 같은 백분율을 유지했다. 이러한 사실은 참족 무슬림들에게 교육기회를 주지 않았으나, 그렇다고 해서 참족들이 정체성을 유지할 수 없도록 라오스나 베트남으로 강제 이주시키지는 않았던 것이다.

1955년 통계에 의하면, 참족 인구는 캄보디아 전체 인구 4백80만 명의 3.16퍼센트에 해당하는 15만 명 수준이었다. 이 수치를 기준으로 하여 독립 이후 참족 인구는 조금씩 증가하였는데, 1970년에는 23만 명, 1975년에는 25만 명으로 추정되었다.

1975년 집권한 폴 포트(Pol Pot)는 캄보디아를 잔혹한 학살의 현장으로 몰아넣었다. 반(反)베트남 민족주의공산주의를 표방한 크메르 루지 정권은 자본주의나 외세(外勢)와 연계된 인사나 단체를 첫 번째 숙청 대상으로 삼았다. 농업 국가를 달성하겠다는 목표에 따라 학자나 교사 등 지식층도 숙청 대상에 포함되었는데, 안경을 쓴 사람들은 모두 식자층으로 간주되었다. 1975년 4월부터 1977년 1월까지 계속된 킬링필드(*killing field*)의 현장에서 최소 120만 명에서 최대 610만 명에 달하는 무고한 인명이 희생되었다.

참족도 예외가 될 수 없었다. 무슬림 여성들이 머리를 가리는 질밥(Jilbab) 착용을 금지했으며, 단발령(斷髮令)을 내려 무슬림 사회를 동요케 하였다. 1975년부터 1979년까지 최소 15만 명 이상 최대 25만 명의 참족이 죽임을 당하였다. 주로 무슬림 식자층이나 이슬람 종교 지도자들이었다. 이 기간 중 이슬람 사원의 예배를 인도하는 이맘(imam)은 총 113명 중 20명만 생존한 것으로 알려졌고, 전국적으로 총 132개의 이슬람 사원 중 1988년 기준으로 프놈펜 인근에 6개가 남았다. 1979년 1월 기준으로 참족 인구는 163,200명으로 집계되어 민주캄푸치아(*Democratic Kampuchea*) 시기 동안 참족들이 당한 수난을 입증해 준다. 베트남 전쟁이 한창이던 1960년대부터 참족들은 하노이(Hanoi) 정권의 후원으로 조직적으로 자신들의 권리를 요구하기 시작했다. 미국이 후원한 사이공(Saigon) 정부와 달리 북(北)베트남의 대남(對南) 게릴라인 베트콩(Viet Cong)은 소수 종족의 언어와 풍습 등 고유 문화를 보장하였고, 이슬람 학교 설립에도 나서는 등 참족 무슬림들에게 유화적 제스쳐를 취했다.

이에 따라 캄보디아 영내의 참족들도 종족 자각(自覺)운동에 나서게 되었다. 1962년 북부캄보디아자유전선(FLNC: *Front for the Liberation of Northern Cambodia*)과 참파자유전선(FLC: *Front for the Liberation of Champa*)이 탄생하게 된 배경이다. 이 두 단체는 곧 화이트 스카프(*White Scarves*)로 알려진 깐센소(Can Sen So) 운동을 주도한 참파고산지역자유전선(FLAH: *Front for the Liberation of the Champa Highlands*)과 참투쟁연합전선(UFSC: *United Front for the Struggle of the Cham*)으로 확대되었다.

이들 참족 단체는 베트남 내 크메르족의 후예로 여겨지는 크메르크롬(Khmer Krom)의 자치를 주장하는 캄푸치아크롬크메르크롬투쟁전선(SFKKKK: *Struggle Front of the Khmer Krom of Kampuchea Krom*)과 베트남 영내 데가(Dega)지역의 소수종족인 바나(Bahnar) · 자라이(Jarai) · 라디(Rhade) · 코호(Koho)족들의 연합전선인 바자라카(Bajaraka)와 함께 분리독립을 주장하는 소수종족들을 후원하는 정치조직으로 발전하였다. 그러나 조직에 가담하지 않은 일부 세력과 본류(本流)에서 이탈한 일부 참족 무슬림들은 베트남이 주도하는 인도차이나 공산당에 가입하기도 하였다.

1969년 3월 참족 무슬림들은 캄보디아중앙이슬람연합(CIAC: *Central Islamic Association of Cambodia*)과 캄보디아청년무슬림연합(AMYC: *Association of Muslim Youth of Cambodia*)을 결성했다. 전자는 참족 무슬림들의 이슬람 종교와 사상에 대한 정확한 이해를 돕기 위한 계몽단체이고, 후자는 교육 · 사회 · 종교 문제 등을 다루는 청년 무슬림들의 결속기구였다.

1993년 독립 이후 지속되던 캄보디아 내전이 종료된 후 참족 무슬림사회도 안정으로 접어들게 되었다. 훈 센(Hun Sen) 총리는 무슬림 단체를 합법적으로 승인하고, 이슬람 사원 복원 사업을 중시하는 등 무슬림들의 권익보호를 위한 조치를 취했다. 그러나 정부의 예산 부족으로 인해서 이슬람 학교를 세울 충분한 재정 확보가 어렵고, 크메르 루지 통치시기에 대부분의 이슬람 지도자들이 사망했기 때문에 참족 무슬림 학생들을 교육할 교사가 크게 모자라는 상황이다.

이에 따라 아직 숫자는 많지 않지만, 말레이시아국제이슬람대학교(IIUM: *International Islamic University of Malaysia*)와 이슬라마바드국제이슬람대학교(IIUI: *International Islamic University of Islamabad*) 등 말레이시아와 파키스탄의 국립 이슬람대학에서 수학한 식자층들이 참족 어린이들의 종교교육을 맡기 시작하였다. 또한 크메르 루지 통치시기에 캐나다나 미국 또는 뉴질랜드 등지로 망명하였던 참족 지도자들과 쿠웨이트와 말레이시아 등 비교적 재정적 능력이 있는 국가에서 무슬림들이 운영하는 비정부기구(NGO)가 캄보디아 영내의 이슬람 사원과 이슬람 학교 건설을 돕고 있어서 참족 무슬림들의 미래가 어두운 것만은 아니다.

V. 동남아 이슬람 테러조직과 참족 무슬림 사회

2003년 5월 태국 국적의 압둘 치밍(Abdul Aziz Haiji Chiming)과 무함마드 마딩(Muhammad Yalaludin Mading), 그리고 이집트 국적의 모함메드 알리(Esam Mohammed Khidr Ali) 등 이슬람 종교교사 3명이 알카에다(Al Qaeda)와 연계된 동남아 이슬람 테러조직인 제마 이슬라미야(JI: Jemmah Islamiyah)의 조직원으로 밝혀져 프놈펜 당국에 의해서 긴급 체포되었다. 이들 3명은 프놈펜 근처 사우디아라비아 NGO가 설립한 움 알 쿠라(Um-Al Qura)라는 이슬람 학교의 종교교사로 근무해 왔다. 한 달 후 캄보디아 국적의 스만 이스마엘(Sman Esmael)도 같은 죄명으로 체포되었다. 이스마엘은 태국 남부 얄라(Yala) 지방에 소재한 이슬람 학교에서 3년간 수학한 참족 출신 무슬림 청년이었다. 프놈펜 당국은 즉시 이들이 근무했던 학교를 폐쇄하고, 교사 28명을 포함한 500명의 학생들 중 외국인들은 본국으로 추방하고 내국인은 조사 후 귀향 조치하였다. 또한 학교를 정밀 수색하여 활동 자금으로 파악되는 수천 달러를 압수했다고 발표했다.

캄보디아 영내 이슬람 사회를 뒤흔든 이러한 조처는 2003년 6월 콜린 파월(Colin Powell) 미 국무장관이 프놈펜을 방문한 기간 중에 취해졌기 때문에 테러리스트들의 테러활동에 민감한 국제사회에 큰 충격을 던졌다. 프놈펜 당국은 체포된 용의자들이 제마 이슬라미야의 조직원이라는 명확한 증거는 없으나, 미국의 정보요원들이 제공한 최신 첩보를 바탕으로 이들을 체포했다고 발표했다. 이에 대하여 참족 출신 국회의원인 아흐마드 야흐야(Ahmad Yahya)는 미국이 주도하는 대테러 전쟁에 캄보디아도 동참하고 있다는 것을 보여주기 위해서 직접적 위협을 가하지도 않은 무슬림을 불법으로 체포한 것이라고 비난했다.

그러나 9·11 테러 이후 캄보디아 정부는 오사마 빈 라덴의 얼굴이 인쇄된 티셔츠를 착용할 경우 내외국인을 막론하고 체포하겠다는 의지를 밝힌 바 있다. 외국인관광객들의 출입이 잦은 캄보디아로서는 이슬람 무장단체가 주도하는 테러에 민감하게 반응할 수밖에 없다. 특히 1990년대 이후 정치 상황이 안정되자 국내 무슬림들이 해외로 유학하는 일들이 잦아지고 있다. 이들 중 일부는 이슬람 국제 테러조직원으로 활동하고 있지만, 프놈펜 정부로서는 이들을 규제할 수 있는 어떠한 방안도 마련하지 못하고 있는 실정이다.

이슬람 국제 테러조직의 확산을 막기 위한 캄보디아 정부의 정책 이외에도 전통적인 캄보디아의 불교 우대정책은 이교도에 대한 잠재적 차별의식으로 각인(刻印)되어 있다. 따라서 표면적으로 무슬림 사회의 배려를 위한 정책이 실시되고 있더라도 무슬림들에 대한 사회적 편견과 배타주의는 계속해서 잔존(殘存)하고 있다. 실제로 2001년 캄보디아종교성(*Ministry of Cults and Religions*)은 해외원조에 의한 이슬람 사원 건설과 외국 무슬림들의 종교 활동을 엄격히 금지하고, 국내 무슬림들의 해외교류를 억제하기 위한 방안으로 국내 무슬림 인구를 세밀하게 조사하기 위한 캄보디아 이슬람교유지법규를 입안(立案)하려다가 반대 의견이 많아 폐기한 사실이 있었다.

그럼에도 불구하고 캄보디아 정부가 1990년대 이후 무슬림 사회 재건에 긍정적인 제스처를 취하고 있는 것은 분명하다. 그렇지만 장기간에 걸친 불교도들의 이슬람에 대한 편견과 참족 무슬림들의 정부정책에 대한 불신을 단기간에 극복하기는 어려울 것 같다. 그 뿐만 아니라 이슬람 과격 단체 주도의 테러가 세계 도처에서 목격되고 있는 상황에서 캄보디아 정부도 이들의 활동에 민감하게 반응하고 있기 때문에 더욱 그러하다. 특히 캄보디아는 최근 들어 앙코르 유적지 복원 사업과 함께 연간 30만 명에 육박하는 관광객들이 방문하는 관광지로 각광을 받고 있어 그만큼 테러의 위협도 증가하고 있는 셈이다.

프놈펜 소재 알 아즈하르(Al-Azhar) 이슬람 사원의 이맘인 하지 유숩(Haji Yusuf)은 참족 무슬림들은 역사적으로 온건한 집단이기 때문에 국제 테러조직과 연계될 가능성이 매우 희박하다고 말했다. 그에 따르면 참족 무슬림들은 최근 들어 교리를 재정비하고 무슬림 공동체를 설립하려는 노력을 펼치고 있기 때문에 왜곡된 교리에 따라 잔혹한 테러를 일삼는 일부 극단주의 무슬림과는 생리적으로 연계될 수 없다고 했다. 하지 유숩의 언급은 참족 무슬림에 대한 지극히 개인적인 평가일 수 있지만, 그간 역사 속에서 소외된 참족의 현주소를 보여주는 것이기도 하다. 캄보디아의 참족은 소수에 불과하지만, 이들은 근대 정치사에서 주목받지 못했을 뿐만 아니라 폭정(暴政)에 의한 오욕의 역사를 간직했기 때문에 과거 참파 왕국의 영화를 복원하려는 노력은 아끼지 않을 것이 분명하다는 것이다.

제7장

이슬람의 인도네시아 전래와 인도네시아화

I. 이슬람의 전래 과정

인도네시아는 외형상 세계 최대의 이슬람국가이다. 이 나라의 이슬람에 비록 힌두·불교적 요소와 기타 토착문화적 요소가 적지 않게 가미된 것은 사실이지만, 오늘날 이 나라의 정치·경제·사회·문화 등 모든 분야가 이슬람의 영향 하에 있음이 분명하다. 그러므로 이슬람의 전래는 인도네시아 역사에서 가장 중요한 사건 중의 하나라고 말할 수 있다. 이슬람이 인도네시아 군도에 전파된 것은 성전(聖戰)이나 무장한 반란군에 의해서가 아니라, 해상(海上) 실크로드(*the Silk Voyage*)와 연계(連繫) 되었음이 틀림없다. 그러므로 인도네시아 군도에 이슬람이 전래된 것은 동양의 주요 무역항로에 따라 전개된 평화적인 경제영역 확대에 의한 것이었다. 이슬람 상인들이 수세기 동안 인도네시아 군도와 동남아 지역을 자유로이 왕래했지만, 인도의 무역중심지였던 구저라트(Gujerat)가 13세기에 무슬림들의 수중에 떨어지면서 이 지역의 무역은 더욱 활발해지게 되었다.

인도네시아의 고분(古墳) 가운데 현존하는 가장 오래된 것은 1082년 동부 자바의 레난(Lenan)에 세워진 것이다. 이 고분은 마이문(Maimun)이라는 사람의 딸의 무덤으로 알려져 있다. 그러나 비문에는 이 여인이 이슬람교도임을 증명할 수 있는 어떤 문구도 없으므로, 이슬람교의 인도네시아 정착에 별 도움이 되지 못한다. 인도네시아 이슬람교도에 대한 최초의 물증은 북부 수마트라에 있다. 베네치아(Venezia)의 여행가 마르코 폴로(Marco Polo)는 1292년 중국으로부터 귀국하던 중 수마트라에 기착했을 때, 빠를락(Perlak)이 이슬람 도시인 것을 발견하였다. 그러나 당시 인근 지역은 아직 이슬람화되어 있지 않았다고 했다. 초기 이슬람 왕국의 하나인 사무드라(Samudra)의 초대 이슬람 통치자인 술탄 말리크 앗 살리(Malik As-Salih)의 무덤이 이곳에서 발견되었는데, 이 무덤은 말레이 반도와 인도네시아 지역에 이슬람 왕국이 존재하였다는 가장 오래된 물증으로 북부 수마트라가 13세기 말부터 이슬람의 통치하에 있었음을 나타내고 있다.

또 다른 기록은 모로코의 여행가인 이븐 바투타(Ibn Battuta)가 남기고 있다. 그는 1345년과 1346년에 중국으로 가는 도중 사무드라에 기착했을 때, 그곳의 통치자가 샤피(Shafi'i)법률학파의 추종자임을 알게 되었다. 이 사실은 비록 이슬람교의 다른 세 학파인 하나피(Hanafi) · 말리키(Maliki) · 한발리(Hanbali)가 일찍부터 이 지역에 공존(共存)했을 가능성이 있다 하더라도, 나중에 인도네시아를 지배하게 되는 샤피학파가 이때부터 있었음을 확인해 준다. 이븐 바투나에 의하면, 당시의 사무드라는 훌륭한 항구를 가지고 있어서 인도네시아 여러 지역과 인도와 중국 등지를 오가는 선박의 왕래가 잦았으며, 궁정 의식은 인도식으로 행해지고, 대신들 중에는 페르시아 사람도 있었다는 것이다. 이 초기 인도네시아 이슬람 왕국이 15세기 중엽까지 중국에 사신을 보냈다는 기록도 남아 있다.

북부 수마트라의 미네 뚜조(Minye Tujoh)에 있는 14세기 말경의 두 개의 비문은 이 지역에 지속적인 문화적 변이(變移)가 있었음을 입증하고 있다. 이 두 비문은 같은 형태이나, 하나는 아랍어로 되어 있고, 다른 하나는 수마트라 고문자(古文字)로 쓰여져 있는데, 모두 이슬람에 관한 것이다. 이 두 비문은 술탄 말리크 앗 자히르(Malik Az-Zahir)의 딸의 죽음을 기념한 것으로, 월일(月日)까지 연대가 정확하게 동일한 것으로 보아 같은 인물을 두고 두 언어로 기념하고 있는 것으로 보인다. 북부 수마트라에 있는 이 연대 이후의 기록은 전부 아랍문자로 기록되어 있다.

고대로부터 국제수로(國際水路) 역할을 해 온 말라카 해협을 사이에 두고 수마트라와 말레이반도 그리고 자바는 당연히 하나의 문화권을 형성하였다. 후세에 말레이 세계(*Malay World*)로 더 잘 알려진 말레이 문화권의 중심지가 바로 이곳에서 발원하였다. 14세기부터 말레이 반도 동북쪽의 뜨렝가누(Trengganu)와 동부 자바에 이슬람교 전래에 대한 흔적이 남아 있다. 뜨렝가누에 남아 있는 유물(遺物)은 법률 포고의 내용을 담은 비석인데 1303년부터 1387년 사이에 만들어 진 것으로 추정된다. 이것은 비(非)이슬람 지역으로의 이슬람법 샤리아(Syariah)가 유입되는 과정을 보여주는 것으로서, 아랍어에 대한 산스크리트어의 우세를 나타내는 단어가 나온다. 즉, 신(神)과 같은 중요 단어는 아랍어의 '알라(Allah)'를 사용하지 않고 산스크리트어의 '데와타 물리아 라야(dewata mulia raya)'라 했다.

또 다른 여러 개의 중요한 비석은 동부 자바의 마자빠힛(Majapahit)왕국 인근 지역인 트라울란(Trawulan)에서 발견된다. 이 비석들은 무슬림의 비석임을 암시하고 있다. 그러나 예외적으로 이슬람의 '히즈라(Hijra)력'보다는 인도의 '사카(Saka)'기원을 썼으며, 아랍 숫자가 아닌 고대 자바어 숫자를 많이 사용한 것을 볼 수 있다. 이 비문들에 사카 기원이 명시되어 있고 고대 자바 숫자를 사용한 것으로 미루어 자바인의 무덤임이 확실해 보인다. 사카 기원은 AD 78년에 살리바하나(Salivahana) 왕이 고대 인도왕국인 사카국을 세운 해를 그 원년으로 하는데, 인도네시아에서는 고대 자바 시대부터 1633년까지 여러 자바 왕조가 이 기원을 사용한 기록이 있다. 토착문화가 만개한 이후 군소 왕국시대로 접어들면서 인도네시아가 인도문화의 영향을 많이 받았다는 물증(物證)인 셈이다.

트라울란에서 발견된 가장 오래 된 비석은 사카 1290년(1368~1369)에 세워진 것이다. 이 비석에는 꾸란의 인용문과 이슬람 종교법식이 적혀 있다. 이 비문의 정교한 장식으로 보아 왕족 등 매우 높은 신분을 가진 자바인의 무덤으로 판단되고 있다. 이를 근거로 해서 힌두·불교를 바탕으로 크게 융성했던 마자빠힛 왕국의 전성기에 높은 신분의 일부 엘리트들은 이미 이슬람을 수용했었음을 알 수 있다.

쟈바의 해안 사회가 이슬람을 받아들이기 전에 쟈바 왕조의 왕족 또는 귀족들이 먼저 이슬람을 수용했었을 가능성이 크다. 이들은 이슬람을 소개한 아랍상인들이나 이슬람 신비주의자인 수피(Sufi)들과 접촉할 기회가 더 많았을 것이 분명하기 때문이다. 쟈바의 통치 엘리트들은 이슬람 상인들을 통해서 전해지는 총포류를 비롯하여 아랍 세계의 정교한 문물과 수피들이 전달하는 초자연적인 신비주의(*Sufism*)를 바탕으로 한 훌륭한 종교적 전통과 금욕주의(禁慾主義)와 아랍 세계의 문학과 예술에 매료(魅了) 되었다.

마자빠힛 왕국은 특히 넓은 정치 영역과 활발한 상업적 교류를 가졌으므로 외국의 이슬람 상인들과 빈번한 접촉을 가졌을 것이다. 중요한 것은 힌두·불교를 왕국의 통치 이데올로기로 가지고 잇던 마자빠힛 왕국의 통치자들이 어떻게 이슬람을 받아들였을까 하는 문제이다. 초자연적인 힘을 주장한 이슬람 선교사들은 오랫동안 힌두교와 불교의 신비적인 교리에 식상(食傷)했던 고대 쟈바 왕족들에게 상당히 매력 있는 중개인이었을 것이다. 이 점은 일반 백성들에게도 마찬가지였음에 틀림없다. 또한 이슬람과 더불어 해상무역이 가져다주는 진기한 서양 문물과의 접촉은 쟈바 통치 엘리트들을 만족하게 했던 것이다.

또한 이슬람의 가르침은 신왕(神王)과 브라만 그리고 불교의 신비주의자들이 오랫동안 지배해 온 쟈바의 힌두·불교 사회에 정치적으로나 문화적으로 큰 무리 없이 잘 융화되었다. 아마도 이러한 이유 때문에 이슬람은 기존 왕실의 사회적 · 정치적 구조를 혼란시키지 않고 대체로 평화적인 과정을 통해서 정착되었을 것이다. 이슬람은 알라(Allah) 앞에서 만인(萬人)이 평등함을 주장하여 카스트 제도(*the Caste System*)에 기초한 힌두사회에 비해서 일반 백성들에게 더욱 가까이 접근할 수 있었기 때문에 이슬람화를 앞당기는데 도움이 되었을 것이다.

이슬람교가 언제 쟈바의 북쪽 해안 사회에 정착되었는지는 불명확하다. 1416년에 중국의 무슬림인 마후안(馬歡)은 쟈바 해안을 방문하고 『영해승람(瀛海勝覽)』이라는 저서를 남겼는데, 이 책에 의하면 쟈바에는 세 종족의 사람들이 살고 있다고 했다. 즉, 서쪽(나라)에서 온 이슬람교도, 일부가 이슬람교도인 중국인들 그리고 이슬람교 이외의 종교를 가진 쟈바인이라고 기술하고 있다. 마후안의 기록은 해안 지역에 거주하던 쟈바인이 이슬람교로 개종하기 전에 이미 쟈바 왕족들이 이를 수용했다는 사실을 암시하고 있다.

II. 향료무역과 이슬람의 정착

15세기 초엽 말레이 반도의 거대한 무역국인 말라카(Malaka)왕국이 성립되었다. 말라카왕국은 북부 수마트라와 쟈바를 포함하는 인근 도서 지역에서 짧은 기간 내에 가장 중요한 무역의 중심지가 되었다. 이로 인해서 중동과 인도로부터 수많은 무슬림의 빈번한 왕래가 이루어졌고, 이슬람교는 이곳에 자연스럽게 자리 잡게 되었다.

말라카와 그 밖의 여러 지역에 말레이 반도에서 이슬람 전파를 입증하는 많은 비석들이 발견된다. 말레이 반도 중부 지역인 빠항(Pahang)의 초대 술탄은 무함마드 샤(Muhammad Syah)의 비석과 말라카의 제6대 술탄인 만수르 샤(Mansur Syah)의 비석도 발견되었다. 말레이 반도 중서부 느

그리 슴빌란(Negeri Sembilan) 주(州)에 위치한 뺑깔란 껌파스(Pengkalan Kempas)에는 말라카에 인접한 이 지역이 1460년대에 이미 이슬람화 되었음을 나타내는 비석이 있다. 이 비석은 두 부분으로 되어 있는데, 하나는 쟈위(Jawi)라 칭하는 아랍문자를 사용한 말레이어로 되어 있다. 사카(Saka)력 1398년(AD 1467-1468)에 세워진 이 비석은 마쟈나(Ahmad Majana) 또는 마쟈누(Ahmad Majanu)라는 이름을 가진 반도(叛徒)의 죽음을 나타내고 있다.

북부 수마트라에 있는 15세기 후반부터 16세기 말까지의 고분들은 그곳에 이슬람왕국이 더 많이 존재했음을 말하고 있다. 16세기 초 수마트라 북단에 아쩨(Aceh)왕국이 성립되었다. 아쩨 왕국은 곧 북부 수마트라를 석권했을 뿐만 아니라 말라카 해협과 말레이 반도를 포함하여 인도네시아 전 군도에서 가장 강력한 이슬람국가가 되었다. 아쩨 왕국의 초대 술탄은 알리 묵하얏 샤(Ali Mughayat Syah)였다. 그를 칭송하는 비석도 남아 있는데, AD 1530년에 세워진 것으로 밝혀졌다.

인도네시아의 이슬람이 수마트라 북단으로부터 동쪽으로 전파되어 갔다는 사실은 명백하다. 이는 필리핀 남부의 술루(Sulu)군도의 중심도시인 홀로(Jolo)에서, 이방인이지만 그 지역의 통치자가 된 무슬림의 무덤임을 나타내는 AD 1310년에 세워진 비석이 전해지기 때문이다. 필리핀의 이슬람 지역인 민다나오(Mindanao)와 술루 군도의 전설에도 서쪽에서 아랍인과 말레이인들이 이슬람을 전파하였다는 이야기가 나온다. 그밖에도 중국인 무슬림들이 이 지역의 이슬람 전파에 큰 역할을 담당했다는 중국 사료(史料)들이 있다.

16세기 이전 인도네시아 군도의 이슬람화가 군도의 서부로부터 시작되었음을 입증하는 단편적인 자료들이 많이 있다. 그러나 인도네시아 전 지역을 통하여 한 지역 한 지역이 차례로 새 종교를 받아들이는 이슬람의 지속적인 물결이 있었던 것으로 보이지는 않는다. 13세기 말경 이슬람은 수마트라 북부에 정착하였고, 14세기 말에는 말레이 반도 북동쪽과 필리핀 남부의 술루(Sulu) 군도와 쟈바 동부의 여러 지역에 뿌리를 내리기 시작하였다. 그리고 15세기 초엽에는 말라카 해협 양안(兩岸)의 여러 지역과 말레이 반도의 다른 지역에도 전래되었다. 몇 개의 비석과 여행자들의 기록은 단지 특정 시기와 특정 지역에 이슬람 교도들이 존재했음을 알려줄 뿐이다. 어떤 한 지역이 무슬림 왕을 가졌다고 해서 이슬람화 과정이 완성되었다고 속단할 수 없으며, 오히려 그 지역의 일반 백성들에게는 이슬람화의 끝이 아니라 시작이라고 보는 편이 옳다는 것이 일반적인 관점이다.

16세기 초에 만들어진 한 유럽 자료는 말레이 반도와 인도네시아 군도에 이슬람이 정착되었다는 사실을 알려준다. 토메 피레스(Tome Pires)는 포르투갈이 1511년 말라카를 정복한 직후인 1512년부터 1515년 사이에 말라카에서 지낸 리스본(Lisbon) 출신의 동양통(東洋通)이었다. 그는 말라카에 머무르던 중, 인도 고아(Goa)에 사령본부를 두고 동아시아로의 세력 확장을 지휘하던 포르투갈 부왕(副王)의 명으로 중국을 방문하였다. 중국 황제에게 포르투갈과 중국 양국의 교역의 필요성을 설득하고, 중국 황제에게 포르투갈어를 가르치는 등 외교사절의 역할을 하기도 하였다.

토메 피레스는 쟈바를 방문하여 말레이와 인도네시아 전 지역에 관한 광범위한 정보를 의욕적으로 수집하였다. 그의 저서인 『동양개요(*Suma Oriental*)』를 보면, 이 지역의 이슬람에 관한 상당 부분의 묘사가 위에서 언급한 여러 가지 물증과 일치함을 알 수 있다. 그러므로 그의 저서는 마후안의 영해승람(瀛海勝覽)과 더불어 이 지역의 이슬람 전파에 관한 기록 중 가장 중요한 것 중의 하나라 할 것이다.

『동양개요』에 따르면, 그 당시 수마트라의 왕들은 대부분 무슬림들이었으나 일부는 무슬림이 아니었다. 북단의 아쩨에서 중동부의 빨렘방(Palembang)까지의 동쪽 해안의 통치자들은 이슬람 교도였다. 그러나 빨렘방 남쪽과 북부 수마트라의 서쪽 해안은 대부분 비(非)이슬람권이었다. 특히, 아쩨로부터 멀지 않은 곳에 위치했던 빠사이(Pasai)에는 거대한 무역 도시가 있었다. 이 곳의 통치자는 이슬람으로 개종하였으나 백성들에게 개종(改宗)을 강요하지는 않았다. 이와 유사한 경우가 많이 발견되었다. 미낭까바우(Minangkabau) 왕과 그의 수백 명의 신하들은 무슬림이었으나, 백성들은 계속해서 힌두 · 불교를 고집하였다. 그러나 이슬람은 수마트라에서 하루하루 새로운 신도를 얻고 있었다고 피레스는 기술하였다.

토메 피레스가 『동양개요』를 저술하고 있을 때, 서부 자바의 순다(Sunda)어 사용 지역은 아직 이슬람화가 진행되지 않았을 뿐만 아니라 무슬림에 대해서도 적대적(敵對的)이었다. 이 지역은 그때까지 힌두 · 불교 이데올로기를 가진 왕국들의 영향 하에 있었기 때문이다. 그러나 신기하게도 순다어 사용권의 몇몇 지역 통치자나 영주들이 자바인이 아니라 중국인이거나 인도인 · 아랍인 혹은 말레이인이 끼어 있었다. 이들 외지인들 중에는 자바해안에 정착하여 무역도시 설립을 주도한 인물도 있었다. 이러한 사실은 자바해를 중심으로 말라카 해협과 순다 해협이 만나는 서부 자바의 북부 해안은 말루꾸 군도에서 공급되는 각종 향료가 집산되어 유럽 시장을 향해 떠났으므로 세계 각지에서 해상 무역을 목적으로 많은 실력자들이 모여 들었음을 말해 준다.

피레스는 특히 외지인(이방인)들 중의 자바화 과정도 있었다고 했다. 그들은 자바 힌두 · 불교의 궁정문화에 탄복하고 이에 동화되어 자바인이 되어 가고 있었다고 쓰고 있다. 앞서 언급한 것처럼, 14세기의 트라울란의 비석들은 힌두 · 불교 왕국의 통치자들이 이슬람교도를 자신의 주위에 용인하고 있음을 암시한다. 따라서 피레스가 말하는 자바 해안에 위치한 이슬람왕국과 내륙에 위치한 힌두 · 불교왕국 사이의 투쟁은 종교나 문화적 차이를 극복하지 못하는데서 오는 비타협적인 산물이 아니라, 이슬람이 한껏 만개(滿開)한 강력한 고대 자바문화와 부딪혔을 때 파생된 문화적 동화과정이었다.

자바의 해안왕국과 내륙왕국간의 투쟁적 동화과정은 두 지역이 이슬람을 채택한 이후에도 계속되었는데, 그 원인은 종교적 이유가 아니라 두

지역 간의 정치적 · 경제적 차이에서 기인한 것이다. 수라바야(Surabaya) 동쪽의 쟈바 북부 해안에는 여전히 힌두교 악습(惡習)의 하나인 과부화장(*widow burning*)이 남아있었다. 남편이 죽으면 남편의 시체와 살아 있는 부인을 함께 화장하는 이 제도는 사티(Sati)라 칭했는데, 가부장 제도의 가장 잔혹하고 전형적인 제도였다. 사티가 여전히 이곳에서 시행되고 있는 것으로 보아 힌두 문화권이었음이 분명하다.

쟈바의 동쪽에 위치한 마두라(Madura) · 발리(Bali) · 롬복(Lombok) · 숨바와(Sumbawa) · 플로레스(Flores) · 티모르(Timor)섬과 마찬가지로, 북부의 브루나이(Brunei)를 제외한 칼리만딴의 다른 지역은 토메 피레스가 『동양개요』를 쓸 즈음에는 아직 이슬람화 되지 않았다. 술라웨시(Sulawesi) 남부의 부기스(Bugis)와 마까사르(Makassar)도 이슬람화 이전이었다.

그러나 동부 인도네시아의 말루꾸(Maluku) 향료군도(*the Spice Islands*)에는 이슬람이 이미 전파되어 있었다. 말루꾸 군도는 몰루카스(*Moluccas*)라는 이름으로 유럽시장에 널리 알려지고 있었다. 이 군도의 심장부인 반다(Banda)섬의 해안 여러 곳에 쟈바인 무슬림과 말레이인 상인들이 정착했지만 이들의 통치자는 없었고, 내륙지방은 여전히 이슬람교였다. 술라웨시 동부의 할마헤라(Halmahera)의 떠르나떼(Ternate)와 띠도레(Tidore) 그리고 바짠(Bacan)섬에는 이슬람 왕들이 있었다. 띠도레와 바짠의 통치자들은 왕을 뜻하는 '라쟈(raja)'라는 인도식 호칭을 사용했다. 그러나 떠르나떼의 통치자들은 이슬람식인 술탄(sultan)으로 칭했다. 띠도레의 왕은 인도식 통치자 호칭인 '라쟈'에 덧붙여서 아랍식 이름인 '알 만수르'(Al Mansur)라는 호칭을 가진 예외적인 경우도 있었다.

수마트라 북단(北端)을 시발점으로 하여 이슬람교는 13세기 말부터 16세기 초까지 동부 인도네시아의 향료군도까지 전파되었다. 이슬람이 확고하게 정착된 곳은 주로 국제적으로 향료거래가 빈번한 해안지역들이었다. 말라카 해협의 수마트라 쪽 해안 · 쟈바의 북부 해안 · 브루나이 · 말루꾸 군도 · 술루(Sulu) 열도(列島) 등이 이 범주에 속한다. 그러나 무역 중심지가 모두 이슬람화 된 것은 아니다. 한 예로서, 백단향(白檀香)을 산출하는 티모르(Timor)와 숨바(Sumba)는 여전히 이슬람화되고 있지 않았다. 티모르는 후일 백단향(*sandalwood*) 때문에 계속해서 포르투갈의 식민지로 남아 가톨릭 문화를 고수하게 된다. 이처럼 예외적인 사례가 있지만, 이슬람과 국제무역의 연관성(聯關性)은 명백해 보인다.

III. 이슬람 무역왕국 말라카

14세기 말부터 15세기 초에 걸쳐 마쟈빠힛(Majapahit)왕국의 영향력은 쟈바를 비롯하여 전 인도네시아 군도에서 차츰 쇠퇴하기 시작했다. 거의 같은 시기에 말레이 반도 중남부를 중심으로 한 말라카 해협 쪽에서는 이슬람 무역왕국인 말라카(Malaka)왕국이 부상(浮上)하고 있었다. 말라카 왕국 이전에 수많은 군소 이슬람왕국이 있었음에도 불구하고 이 왕국의 등장은 인도네시아 군도의 이슬람 역사에 매우 중요한 의미가 있다. 왜냐하면 말라카 이슬람 왕국은 비록 해상무역이 수단이 되었지만, 인도네시아 전 군도에 걸쳐서 지대한 영향을 미쳤기 때문이다. 뿐만 아니라 말라카 왕국은 말레이 반도와 인도네시아 군도 밖으로도 크게 영향력을 행사한 최초의 거대한 이슬람 왕국이었다.

말라카 왕국의 정확한 기원은 오랫동안 논쟁의 대상이 되어 왔다. 마쟈빠힛 왕국의 한 공주와 결혼한 빠라메시와라(Paramesywara)라는 수마트라 빨렘방(Palembang)의 왕자가 1405년에 이 왕국을 세웠다는 설이 가장 설득력이 있다. 그는 1389년 마쟈빠힛 왕국의 하얌우룩(Hayam Wuruk)왕이 서거한 후, 왕권 계승 문제와 관련하여 15세기 초에 빠레그레그(Paregreg) 난이 일어나자 이를 피하여 말라카로 건너가서 그곳에서 중국 명조(明朝)의 도움으로 새로운 나라를 세웠다는 것이다.

말라카에서 빠라메시와라는 폭이 좁은 말라카 해협에 어떠한 기후 조건에도 접근하기 쉬운 훌륭한 항구를 건설하였다. 일정한 생활 터전이 없던 해협 지역에 흩어져 살고 있던 말레이족을 포용하여, 그는 말라카 해협을 경유하는 모든 선박들이 거쳐 가지 않을 수 없는 양질의 국제 항구도시로 말라카 왕국을 육성해 나갔다. 이를 위하여 중계무역과 창고업의 편의를 위한 각종 시설도 잇따라 건설되었다.

말라카 왕국은 실질적인 생산품을 갖지 못했기 때문에 동남아 지역에서 순수한 중계무역을 시작한 최초의 국가가 되었다. 말라카 왕국은 백성을 부양하기 위하여 많은 식량과 각종 생필품을 동남아 여러 지역과 인접 아시아 대륙으로부터 수입해야만 했고, 재원(財源) 마련을 위해서 이들 지역과 중계무역에도 힘쓰지 않으면 안 되었다. 이러한 이유 때문에 말라카 왕국은 짧은 기간 동안에 말루꾸(Maluku) 군도로부터 아프리카의 동부와 지중해에 이르는 거대한 국제 무역망의 중심인 도시국가로 발전하게 되었다.

초기부터 말라카 왕국의 주요 위협세력은 오늘날 태국의 싸얌(Siam)족이었다. 싸얌족의 위협을 견제하기 위해서 말라카는 1405년 건국 이래로 중국의 보호를 받았고 자주 명군(明軍)의 도움을 요청하였다. 이러한 이유 때문에 말라카 왕국은 건국 초기부터 계속해서 각종 사절단을 베이징(北京)에 보냈다. 명나라는 이에 대한 반대급부로 1434년까지 여덟 차례에 걸쳐서 쩡허(鄭和) 제독이 지휘하는 대 함대를 말라카에 보내서 인접 국가에 무력시위를 함으로써 이 나라가 대 왕국으로 성장하는데 크게 기여하였다.

15세기 중반에 말라카 왕국은 식량과 주석, 금과 후추를 생산하는 말라카 해협의 양쪽 해안으로 세력을 확장해 나갔다. 이로 인해서 국부원(國富源)과 전략적인 위치가 차츰 견고한 기반을 가지게 되었다. 1470년대와 1480년대 사이에 말라카 왕국은 말레이 반도 남부의 거의 전 지역과 수마트라 동부 연안의 전역을 통해서 주요 거점을 완전히 장악하게 되었다.

빠라메시와라는 초기에 힌두 · 불교를 신봉하였음에도 불구하고 이교도인 무슬림 상인들을 말라카로 유치하는데 앞장섰다. 이 과정에서 왕 자신도 점차 이슬람에 매료되어 이슬람으로 개종한 것으로 보인다. 그는 자신의 통치 말기에 이르러서 이슬람 군주의 명칭인 이스깐다르 샤 (Iskandar Syah)라는 칭호를 채택했던 것으로 보인다. 그의 두 계승자였던 머갓 이스깐다르 샤 (Megat Iskandar Syah, 재위: 1414-1424)와 무함마드 샤 (Muhammad Syah, 재위: 1424-1444)는 처음부터 무슬림이었다. 그러나 4대 왕인 빠라메시와라 데와 샤 (Paramesywara Dewa Syah, 재위: 1445-1446)의 통치기간 중에 힌두 · 불교도들의 반란이 있었고, 그 자신은 무슬림 반도들에 의해서 살해되었다. 말라카 왕국은 빠라메시와라 데와 샤의 이복동생인 술탄 무자파르 샤 (Sultan Muzaffa Syah, 재위: 1446-1459)에 의해서 계승되었다. 이후부터 이슬람의 위치는 말라카 왕국에서 더 이상 도전받지 않게 되었다.

말라카 왕국은 짧은 시간 내에 말레이 반도를 포함한 인도네시아 전 군도에 걸친 광대하고 조직적인 무역망을 가지게 되었다. 포르투갈의 여행가 토메 피레스(Tome Pires)는 그의 저서 『동양개요(*Suma Oriental*)』에서 말라카 왕국의 광대한 무역망과 풍부한 교역물자에 대해서 열성적으로 묘사하였다. 말라카의 무역망은 인도네시아 전역으로부터 인도와 페르시아, 그리고 아라비아와 시리아를 거쳐서 아프리카 동부와 지중해까지 연결되었다. 이들의 무역망은 북으로는 싸얌 그리고 동으로는 중국과 일본에까지 이르는 장대한 연결고리를 가지고 있었다. 말라카의 무역망은 당시 세계에서 가장 큰 동서(東西) 무역망이었던 '해상 실크로드'의 중추적인 역할을 했음이 분명하다. 당시 동양무역의 중심지는 말라카와 인도의 구저라트였다. 말루꾸와 인도네시아 군도의 여러 지역에서 산출되는 값진 향료는 이러한 무역구조에서 가장 관심을 끈 상품 중의 하나였다.

말라카 왕국의 번영은 현명한 통치자들이 천연의 지리적 이점을 극대화하여 국제무역의 공동체를 창출해 냄으로써 이루어지게 되었다. 그러나 말라카의 번영은 멀리 동방의 나라로부터 간접 무역에 의해서 수입되는 고급 향료와 양질의 열대작물에 매료되어 있던 유럽 열강들로 하여금 말라카와 직접 접촉에 나서도록 부추기는 엉뚱한 결과는 초래하였다.

IV. 인도네시아 이슬람화의 특징

인도네시아의 이슬람화는 수세기에 걸쳐서 이루어져 나왔다. 지구상에서 가장 큰 군도(群島)인 이 나라의 여러 지역은 일찍부터 중동과 인도 등 외국 무슬림들과의 접촉을 통해서 이슬람을 받아들이게 되었다. 이들 사이에 행하여진 국제무역이 이슬람이라는 공통의 '정서적 공감대'로 인해서 활성화되었을 것이 분명해 보인다. 그러나 이슬람화에 소요된 오랜 시기와 방대한 면적의 군도적 성격으로 인해서 인도네시아 군도의 이슬람화를 보다 구체적으로 설명하기에는 많은 어려움이 따른다. 또 군도 내부적 요인이 배제된 채, 국제무역 같은 외부적 요인만으로 인도네시아 이슬람화를 설명하는 것도 오류(誤謬)를 범할 수 있다. 왜냐하면 인도네시아의 이슬람은 말레이(Malay)족과 쟈바(Jawa)족, 그리고 비(非)이슬람 지역을 정복했던 무슬림 통치자들에 의해서 여러 지역으로부터 도입되었기 때문이다. 인도네시아의 이슬람화는 군도의 많은 지역에서 여러 나라의 무슬림들과 지역마다 종족이 다른 인도네시아 무슬림들의 다양한 접촉을 통해서 이루어졌다. 이슬람화의 성격과 진행 속도조차도 수세기에 걸쳐서 계속 변화되었다.

인도네시아 이슬람의 신비주의적 경향은 수피(Sufi)가 개종의 주된 행위자였다는 주장을 낳게 한다. 이들은 1258년 몽고가 이슬람문화권의 심장부인 바그다드(Bagdad)를 함락한 후, 수피들이 이슬람세계의 정신적 지주로 등장했다. 같은 시기에 수피들은 인도네시아를 거쳐 동남아 여러 곳으로 이동하여 그 곳에서 성공적으로 현지의 문화적 환경에 보다 절충적(折衷的)이고 중동의 이슬람보다 덜 엄격한 이슬람 신앙을 전파했다. 그러므로 현지 적응과정에서 이슬람은 원형으로부터 다소 변형된 모습으로 정착되었을 것이다.

인도네시아의 이슬람화는 국제무역이 필수적 요인이었다는 것이 명백하다. 국제무역은 또한 이슬람으로의 개종에도 자극제로 작용하였을 것이다. 왜냐하면, 무역행위에 흥미를 느낀 인도네시아 고대 왕국의 지도자들은 무역상인들과 같은 종교를 채택하는 것이 도움이 된다고 생각했을 것이기 때문이다. 그러나 마자빠힛 왕국의 귀족들은 예외였던 것 같다. 그들은 사회적 지위에 있어서 자신들이 이들 외지의 무역 상인들보다 훨씬 높다고 판단했던 것이다.

이슬람화 이전에는 아무것도 알려지지 않았던 수마트라와 쟈바의 해안 지역들이 있었다. 이곳의 인도네시아인들은 힌두 · 불교사상에 거의 영향을 받지 않았을 지도 모른다. 그래서 이들이 읽고 쓰는 방법 등은 이슬람이 소개한 문화적 소도구에 동화(同化)되었다고 볼 수 있다. 그러나 높은 문화 수준을 구가했던 고대 왕국이 존재한 지역에서는 그렇지 않았다. 즉, 마쟈빠힛 왕국이나 발리(Bali)에서 이슬람은 심각한 문화적 저항에 직면했다. 마쟈빠힛의 문화적 영향은 대단해서 심지어 해안에 위치한 비(非)쟈바계(系) 무슬림들조차도 마쟈빠힛 왕국의 힌두 · 불교문화를 그대로 간직했다. 또한 마쟈빠힛 문화권이었던 쟈바의 어떠한 통치자도 확실하게 술탄(sultan)의 칭호를 사용했다고 알려져 있지 않은 반면에, 수마트라 북단에서는 13세기 말엽부터 이미 술탄이 존재했다는 사실은 이와 같은 차이점을 말해 준다.

그럼에도 불구하고, 이슬람은 쟈바에서 여러 가지 전통적인 관습을 변화시켰다. 결국 모든 쟈바의 개종자들은 예를 들어 화장(火葬)과 같은 힌두 · 불교 의식을 대신하여 할례와 매장(埋葬)을 수용했다. 발리에서는 명확하지 않은 이유로 해서 문화적 장벽을 뛰어넘지 못하였다. 그래서 발리는 오늘날까지 힌두발리(Hindu Bali)라는 이름으로 계속해서 독창적인 힌두 문화권으로 남아있다. 그러므로 거대한 도서국가 인도네시아에서의 이슬람화는 8세기가 지난 오늘날에도 계속해서 진행되고 있는 셈이다.

인도네시아의 이슬람 전파에 관한 이제까지의 자료들은 쉽게 확실한 결론에 이르게 하지 못한다. 가장 중요한 문제점 중의 하나는 이슬람이 도래한 지역에 관한 것이다. 북서 인도의 구저라트(Gujerat)는 하나의 유력한 후보지였다. 이는 그레식(Gresik)에 있는 말리크 이브라힘(Malik Ibrahim)의 묘비와 빠사이(Pasai)에 있는 몇 개의 묘비가 구저라트에서 발견된 것과 동일하다는 사실에 근거를 두고 있다. 구저라트 이외에도 국제무역이 성했던 남서 인도의 말라바르(Malabar)해안, 남동 인도의 코르만델(Cormandel), 벵갈(Bengal), 남지나(南支那)와 아랍, 인도, 페르시아까지 인도네시아 이슬람 발원지의 가능성을 배제하지 않고 있다.

인도네시아에서의 이슬람화는 대체로 평화적인 과정이었을 것이라고 여겨진다. 왜냐하면 무력으로 이슬람을 강요한 왕국의 군사적 움직임(전쟁)에 대한 뚜렷한 증거가 없기 때문이다. 그러나 이슬람은 때때로 한 지역에서 다른 지역으로 무력의 수단에 의해 전파되었다. 16세기에는 수마트라와 쟈바에서, 17세기에는 술라웨시에서 그 예를 찾아볼 수 있다. 무력에 의한 이슬람의 전파는 반드시 종교적 이유에서만 행하여진 것 같지는 않다. 이러한 전쟁의 원인은 아마도 왕국의 세력을 넓히는 문제를 비롯하여 전략적인 문제나 경제적인 문제가 원인이 되었을 것이다. 그러나 무력에 의한 정복에는 반드시 이슬람화라는 또 다른 목적이 동반되었음은 물론이다.

인도네시아 군도를 포함한 동남아의 이슬람은 이 지역에 먼저 뿌리를 내린 힌두 · 불교 문화의 터전 위에 전래되었다. 그러나 지형적 · 군도적 특성 때문에 서(西)에서 동(東)으로 밀물처럼 전파되지는 않았다. 발리(Bali)처럼 이슬람화된 주변을 두고도 한결 같이 힌두 · 불교문화를 지켜온 곳이 있는가 하면, 같은 도서에서 조차 한 부분은 이슬람을 받아들였으나 다른 지역은 힌두· 불교 문화권으로 남아 있는 곳도 있다.

이슬람화 이전에는 아무것도 알려지지 않았던 많은 오지(奧地)가 인도네시아 군도를 비롯하여 동남아 여러 곳에 산재되어 있었다. 힌두·불교문화의 영향도 전혀 받지 않았던 이들 지역은 쉽게 이슬람화되었다. 힌두·불교문화를 꽃피운 많은 고대 왕국조차 이슬람 문화의 전파매체인 무슬림들의 무역행위는 용인하였다. 그러므로 대부분의 경우 동남아 지역에 있어서 이슬람교의 수용은 위에서 아래로, 왕궁으로부터 일반 백성들에게로 이어졌다. 이런 이유로 해서, 많은 종교적 관습에 힌두·불교적인 요소와 이슬람적 요소가 이 지역에 혼재(混在)하게 되었다.

그러므로 13세기부터 전래되기 시작한 이슬람은 기존의 토착문화와 힌두·불교문화의 두터운 토양 위에서 오늘날까지도 이슬람화가 진행되고 있다. 이 이슬람화에는 말라카 왕국을 위시하여 많은 군소 이슬람 무역왕국이 큰 역할을 담당하였다. 이슬람문화를 적극적으로 거부한 비(非)이슬람적 요소는 이슬람의 강한 종교적 색채를 다소 무디게 했으나, 이로 인해서 인도네시아 군도와 동남아 여러 곳에서 이슬람은 성공적으로 그리고 현지의 토착 문화와의 절충적인 형태로 정착되게 하였다.

제8장
인도네시아 이슬람사회와 정치변동

I. 인도네시아 이슬람의 외형

오늘날 세계 4대 인구대국이자 외형상 세계 최대의 이슬람국가이기도 한 인도네시아에서 이슬람이 국교(國敎)로 자리 매김을 하지 못하는 이유는 이 나라가 정치적 이슬람을 지향하지 않고 '사회적 이슬람'을 지향하고 있기 때문이다. 이 나라 무슬림들의 생활관습을 들여다보면, 군도적 특성을 가진 여러 지방의 토착신앙과 힌두 · 불교의 영향을 많이 받았다는 사실을 알 수 있다. 이는 이슬람교가 전파되는 과정에서 인도네시아인들의 일상생활에 절대적인 영향을 끼치고 있던 기존 신앙의 토대를 파괴하지 않고 현지 문화와 절충적인 형태로 문화변용(文化變容)을 하였기 때문이다.

클리포드 기어츠(C. Geertz)는 그의 역작인 『쟈바의 종교(*the Religion of Jawa*)』에서 인도네시아 이슬람의 상호 공존적 전파방식을 열성적으로 설명하고 있다. 기어츠는 오늘날 인도네시아의 명목상 무슬림인 아방안(Abangan)계층과 전통 이슬람주의자들인 산뜨리(Santri)계층이 생겨나게 된 요인이라고 주장하고 있다. 일상생활을 통해 나타나고 있는 종교적 계율의 이행 여부를 눈여겨보면 인도네시아에는 명목상의 무슬림인 아방안 계층이 정통이슬람주의자인 산뜨리 계층보다 훨씬 많다는 사실을 알 수 있다.

산뜨리 계층도 이 나라 이슬람의 양대 산맥인 나흐다뚤 울라마(NU: Nahdatul Ulama)와 무함마디야(Muhammadiyah)가 초기부터 경쟁적인 관계로 출발하였다. 오늘날 NU의 회원은 4,000만 명에 이르며 무함마디야는 3,000만 명을 넘는 추종세력을 거느린 초대형 이슬람 조직으로 발전하였는데, 이들 양자관계는 때때로 적대적으로 발전하기도 하였다. 이는 전통 보수적 사고를 가진 NU가 꾸란과 하디스 이외에도 4개 이슬람 법률학파의 율법(Fikhi)에도 큰 비중을 두고 있지만, 혁신적인 사고를 바탕으로 하는 현대주의자들의 집단인 무함마디야는 꾸란과 하디스 이외에는 현대적이고 실용적인 사고를 지향하고 있기 때문이다. 이들 두 단체는 인도네시아 이슬람의 통합을 통한 이슬람사회의 발전이라는 무슬림들의 간절한 염원에도 불구하고 각각 독자적인 노선을 고집해 왔다. 이들은 비(非)종교적인 분야에서는 공히 사회적 이슬람을 지향하기 때문에 순수한 종교집단이라기 보다는 이익단체의 성격을 많이 띠고 있다.

쟈카르타 정부는 1963년 수카르노(Soekarno) 대통령령으로 이슬람교 이외에도 기독교 · 가톨릭 · 힌두교 · 불교를 국가종교로 공식 선언하였다. 와히드(A. Wahid) 대통령 통치시기인 2000년 중국계 소수종족의 환심(歡心)을 사기 위해서 유교(儒敎)도 국가종교의 반열에 올려놓았다. 그 후 유교는 메가와티(Megawati) 대통령 통치기인 2003년 종교성의 회람에 의해서 공식적으로 국가종교가 되었다.

조사기관에 따라 수치가 조금씩 다르기는 하지만, 인도네시아의 이슬람 종교 신봉자인 무슬림은 최소 85퍼센트에서 최대 90퍼센트까지로 나타나고 있다. 이슬람의 분포는 지역에 따라 매우 다르다. 수마트라 · 쟈바 · 칼리만딴 등 서부 주요 도서에서는 이슬람세(勢)가 압도적으로 강하지만, 동부 군도에는 비(非)이슬람교가 우세하다. 특히, 발리 · 동부 누사뜽가라(Nusa Tenggara Timur) · 북부 술라웨시(Sulawesi Utara) · 말루꾸(Maluku) · 서부 이리안(Irian Barat) · 파푸아(Papua) 등지에서는 힌두교, 기독교, 가톨릭이 이슬람을 압도하고 있다.

1999년 제8차 인도네시아 총선거 캠페인이 한창일 때 투쟁민주당(PDIP)의 메가와티 총재가 발리(Bali)에서 힌두 신전(神殿)을 참배하자 일부 무슬림들이 대통령 후보로 나설 그녀의 종교적 이중성을 지적하였다. 이에 발끈한 발리 주민들은 인도네시아로부터 분리독립을 주장하는 등 즉각적으로 예민한 반응을 나타내었다. 이처럼 이슬람과 비이슬람이 공존하는 인도네시아에서, 특히 양측 신봉자들의 수치가 비슷한 동부 군도에서는 이들의 갈등이 때때로 종교분쟁으로 비화하고 있다.

정교일치(政教一致)와 신법(神法)통치 국가를 지향하는 이슬람은 당연하게 강한 정치적 성향을 가지고 있고, 사회적 이슬람을 지향하는 인도네시아 이슬람도 궁극적으로는 예외가 될 수 없다. 인도네시아 현대사는 네덜란드와 일본이라는 외세와 정치 지향적인 다양한 형태의 이슬람세력간의 정치변동이 주류를 형성해 왔다. 이 나라 이슬람사회의 정치변동은 군도국가(群島國家)의 특징인 다양하고 이질적인 종족문화와 이를 통일하기 위한 군사문화로 인하여 더욱 복잡하게 전개되고 있다.

II. 식민통치 시대의 인도네시아 이슬람사회

인도네시아 군도에 가장 먼저 발을 들여 놓은 포르투갈은 말라카 이슬람 무역왕국이 동방의 무역거점으로 육성한 무역망을 독점하려고 시도하였으나 실패로 끝났다. 포르투갈 뒤를 이어 네덜란드가 이 지역에 등장하였다. 처음부터 네덜란드의 정복자들은 포르투갈의 전철을 밟지 않기 위해 많은 세심한 노력을 기울였다. 이들은 적대 관계에 있던 포르투갈과 스페인 그리고 영국의 위협을 의식하여 1602년 강력한 전함을 보유한 동인도회사(VOC)를 설립하는 한편, 쟈바섬 북서부의 순다 끌라빠(Sunda Kelapa)항구 인근에 바타비아(Batavia)를 건설하여 식민통치 영속화를 위한 교두보를 마련하였다.

식민통치 영역의 확대보다 향료무역 독점을 통해서 막대한 부를 추구했던 동인도회사가 무력에 의하지 않고는 인도네시아 군도에서 포르투갈을 철수시킬 수 없다고 판단한 네덜란드는 전쟁수행과 동인도회사의 효율적인 업무 수행을 위해서 1610년부터 공식적으로 총독을 임명하였다. 초대부터 3대까지 네덜란드 총독은 말루꾸 군도의 중심도서인 암본(Ambon)을 중심으로 동인도회사 활동을 지원하였다. 암본이 향료 생산지의 중심부에 위치해 있었지만, 해상 실크로드의 중추(中樞)이자 동방의 주요 무역중심지로부터 원거리(遠距離)에 있었기 때문에 멀리 아프리카로부터 일본에 이르기까지 교역활동 영역을 넓히는 데 큰 무리가 따랐다.

이에 따라 제4대 총독 얀 피터르스존 쿤(Jan Piterszoon Coen)은 1619년 동인도회사가 인도네시아 군도에 확고한 발판을 구축할 수 있도록 당시 이슬람 반뗀(Banten)왕국의 변경이었던 자야꺼르타(Jayakerta)에 바타비아를 건설하였다. 바타비아는 곧 네덜란드의 동방무역 중심지로 자리를 잡고 점차 군사 및 행정 중심지로 발전하였다. 바타비아를 건설한 동인도회사는 인도네시아 군도에서 향료무역 독점을 위해서 쟈바의 군소 왕국과 평화협정을 체결하고 요새(要塞)를 건설하는 것으로 끝나지 않는다는 사실을 깨닫게 되었다. 이에 따라 동인도회사는 중부 쟈바의 맹주인 마따람(Mataram)왕국의 내분(內紛)에 개입하여 군대를 파견함으로써 적극적인 식민통치를 구사하기 시작했다.

1752년에는 서부 쟈바가 굴복하였고, 1755년에는 마따람 왕국의 근거지인 중부 쟈바가 동인도회사의 영향력 하에 들어갔다. 1772년에는 동부 쟈바가 동인도회사의 수중에 떨어졌고, 1787년에는 칼리만딴(Kalimantan) 지역에 이슬람을 주도적으로 전파하였던 반쟈르마신(Banjarmasin)왕국마저 동인도회사의 무역 독점권을 인정하게 되었다.

통치영역이 대폭 확장됨에 따라 동인도회사의 역점 무역 분야에도 변화가 생겼다. 향료 무역보다는 커피와 후추 등 열대원예작물 재배로 관심을 돌렸다. 이에 따라 대규모로 단일작물을 재배하는 농장 운영체제로 전환하게 되었다. 동인도회사는 그 후부터 네덜란드는 인도네시아 군도에서 여러 이슬람 왕국의 이렇다 할 저항을 받지 않고 통치영역을 넓혀나갈 수 있었다. 그러나 얼마 후 동인도회사의 주요 무역품목인 커피 · 차(茶) · 담배 · 사탕수수 등 열대원예농산물의 가격이 유럽시장에서 크게 하락함에 따라 회사경영에 압박을 받기 시작했다.

1808년 쟈바와 유럽 관계의 새로운 시대가 시작되었다. 1806년 네덜란드 왕좌에 오른 나폴레옹 황제의 동생인 루이 나폴레옹(Louis Napoleon)은 인도양에서 영국과 대항하기 위한 중간기지로 쟈바를 요새화할 것을 명령하고 육군 원수인 헤르만 다엔덜스(Herman Daendels)를 바타비아 총독으로 임명하였다. 다엔덜스는 동인도회사에 의해서 자행된 착취행위와 비(非)능률적인 요소를 척결하고 인도네시아 사회를 개혁하려고 시도하였다. 그러나 그의 시도는 대부분 실효를 거두지 못하였다. 네덜란드는 통치력이 미치는 지역에서 부빠띠(bupati)들을 쟈바의 세습귀족으로서가 아니라 네덜란드 행정부의 관리로 취급하여 그들의 권위를 격감시키고 수입을 삭감하였다. 다엔덜스는 쟈바 내륙 왕국의 통치자들에게도 부빠띠들에게 하는 방식으로 접근하였다. 이와는 반대로 네덜란드 주재관들의 지위를 격상시켜 쟈바 왕실의 왕족들과 동등한 대우를 해줄 것을 요구하였다. 쟈바 왕실에 대한 네덜란드 식민정부의 모욕적인 행위는 쟈바 전쟁의 불씨가 되었다.

1816년 나폴레옹 전쟁이 끝나자 런던조약에 따라 인도네시아에 대한 통치권은 다시 네덜란드 왕국으로 되돌아갔다. 유럽인들과 중국인들은 중부 쟈바에서 사탕수수 · 커피 · 인디고 · 후추 등 양질의 열대작물을 재배하기 위해서 귀족들로부터 토지를 임대하여 사용해 오고 있었는데, 1823년 카펠렌(Van Der Capellen) 총독은 토지 임대를 불허한다는 명령을 내렸다. 이에 따라 수입원을 상실하게 된 쟈바 귀족들은 불만을 품게 되었다. 또한 세금 징수원들조차 착취를 일삼아 사회가 극도의 혼란에 빠졌다.

이런 와중에서 디뽀네고로(Diponegoro) 왕자가 등장하였다. 그는 당시 이슬람 신비주의에 심취해 있었으며 서민들로부터 깊은 존경을 받고 있었다. 디뽀네고로는 유럽인들에 의한 퇴폐문화와 부패한 왕족들의 권력투쟁에 염증을 내고 있던 중 도로건설 문제로 그의 영지가 침탈되자 이에 분노하여 요그야까르타(Yogyakarta)술탄과 무력충돌하게 되었다. 네덜란드 식민정부는 디뽀네고로를 체포하기 위해서 군대를 파견하였다. 디뽀네고로의 반란은 중부와 동부 자바 전역으로 급속하게 파급되었다.

유럽인들의 멸시에 분노하고 있던 자바 왕족과 부빠띠들을 비롯하여 끼야이 마자(Kiyai Maja)를 중심으로 한 무슬림 청년조직이 디뽀네고로 왕자 주위에 모여들었다. 디뽀네고로는 술탄 하멩꾸부워노 2세와 네덜란드 식민정부 연합군과 대치하며 1825년부터 5년 동안 게릴라 전쟁을 전개하였다. 그는 네덜란드의 흉계에 속아 휴전협상 중 체포되어 마까사르(Makassar)로 추방되었다. 디뽀네고로 전쟁은 그렇게 끝났다.

한편, 1803년 서부 수마트라의 미낭까바우(Minangkabau)에서는 미스낀(Miskin) · 삐오방(Piobang) · 수마닉(Sumanik) 등의 이슬람 지도자들이 메카(Mekah) 성지순례 중 와하비(Wahhabi)운동으로 아라비아 반도가 개혁의 물결에 정화(淨化)되는 것을 보고 고무되어 귀국하였다. 이들은 무력에 호소해서라도 토착 귀족사회에서 성행하고 있었던 도박 · 투계 · 아편과 알코올 성분이 있는 자극성 음료를 마시는 관습을 없애려는 사회운동을 전개하였다. 이를 네덜란드 식민통치자들은 '빠드리(Padri)운동'이라고 불렀다.

네덜란드 식민정부는 미낭까바우 이슬람 지도자들이 전개한 빠드리 운동을 뚜안꾸(Tuanku)를 따르는 신흥 상업계층과 식민통치 이전의 지배계층인 뻥훌루(Penghulu) 간의 세력투쟁으로 보았다. 뚜안꾸는 미낭까바우에서 이슬람교리를 가르치는 교사(教師)에 대한 경칭(敬稱)이었다. 빠드리 운동은 종교적으로 혼합사회를 구성하고 있던 미낭까바우 지방에 순수한 이슬람 교리를 정착시키기 위해 전개된 사회운동이었다. 빠드리는 당시 네덜란드인들이 콧수염을 기르고 삭발(削髮)한 머리에 백색 두건을 쓰고 백의(白衣)를 입고 다녔던 이슬람종교 지도자를 지칭하는 용어였다.

이맘 본졸(Imam Bonjol)이 중심이 되어 추진한 개혁운동은 초기에는 빠드리들이 승리하였다. 그러나 네덜란드가 개입하여 뻥훌루를 적극 지원하자 상황이 악화되어 양측 사이에 전쟁이 벌어졌다. 이 전쟁은 1821년부터 1838년까지 지속되었다. 18년 동안 계속된 빠드리 전쟁에서 뻥훌루 편에 섰던 네덜란드가 승리만을 거듭했던 것은 아니었다. 당시 네덜란드는 쟈바에서 디뽀네고로 전쟁을 동시에 치르고 있었기 때문에 미낭까바우로 최대한의 군사력을 파견할 수가 없었기 때문이었다. 디뽀네고로 전쟁이 끝난 후, 네덜란드는 증원군을 파견하여 미낭까바우의 주요 항구를 봉쇄함으로써 빠드리들의 저항을 끝낼 수 있었다.

미낭까바우 전역을 장악한 네덜란드 식민정부는 전통적 관습법(慣習法)인 아다트(Adat)와 이슬람법 샤리아(Syariah)의 차이점을 교묘히 이용하여 뚜안꾸와 뻥훌루의 양 세력을 이간(離間)하는 동시에 뻥훌루들의 역량과 영향력을 약화시켰다. 한편, 군사적인 패배에도 불구하고 빠드리주의자들은 미낭까바우 사회에 깊은 흔적을 남겼다. 아다트와 샤리아는 미묘한 차이에도 불구하고 그 밑바탕의 이슬람적 사고는 상당 부분이 유사하기 때문이었다.

빠드리 전쟁에서 승리한 네덜란드는 영향력을 동쪽으로 확대하여, 1838년에 인더라기리(Inderagiri)와 조약을 체결하고 1840년에는 바루스(Barus)와 시악(Siak)을 점령하였다. 이어서 수마트라섬 최북단에 위치한 인도네시아 이슬람의 메카인 아쩨(Aceh)와 그 주변으로 세력확대를 시도했으나, 역시 이 지역으로 진출하려던 영국의 방해로 일시 중단하였다.

당시 아쩨는 군사강국이었을 뿐만 아니라 국제무역이 크게 번성하고 있었는데, 후추무역의 절반 이상을 장악하고 있었다. 유럽과 미국 무역상들이 양질의 아쩨산(産) 후추를 확보하기 위해서 경쟁함에 따라, 아쩨는 국제적인 이해관계의 충돌을 면할 수 없었다. 아쩨의 알리 알라우딘 만수르 샤(Ali Alauddin Mansur Syah)는 후추 생산과 교역에 관련하여 소영주들이 서로 경쟁하도록 유도하여 생산량을 대폭 늘렸다. 그는 1854년 후추 생산지인 수마트라 동부 해안을 따라 몇몇 요지에 원정대를 보내어 자신의 영지를 확대하였다. 따라서 아쩨와 네덜란드 간의 무력충돌이 불가피해졌다.

1860년대 말 영국은 네덜란드와의 관계에서 아쩨의 독립을 고집하는 것이 자국의 이익에 크게 유리한 것은 아니라고 판단했다. 나아가서 유럽 열강들의 식민지 쟁탈전이 치열해짐에 따라 영국의 힘겨운 경쟁상대인 프랑스나 미국보다 오히려 네덜란드가 아쩨를 차지하도록 방임하는 것이 유리하다는 결론에 도달했다. 그 결과 1871년 수마트라에 대한 영국-네덜란드 조약이 체결되었다. 이에 따라 네덜란드는 수마트라에서의 완전한 영유권을 인정받고, 영국은 후추무역에 관한 한 네덜란드와 동등한 권리를 보장받았다.

영국과의 교섭이 원만하게 이루어짐에 따라 네덜란드는 아쩨 정복에 적극성을 띠게 되었고, 이는 곧 네덜란드가 인도네시아 군도에서 벌인 마지막 무력에 의한 식민지 장악인 아쩨전쟁으로 이어졌다. 1873년부터 1903년까지 30년 간 지속된 아쩨전쟁에서 네덜란드는 식민통치 중 가장 많은 원정군을 동원하였다. 네덜란드가 유럽 열강의 식민통치 방식의 전형(典型)인 간접통치(*indirect rule*)이나 분할점령(*divide & conquer*)이 아닌 대규모의 무력개입을 통해서 인도네시아에서 가장 부유하고 강력한 아쩨를 정복하는 과정은 당연하게 많은 인적·물적 희생이 따랐다.

네덜란드에 의한 본격적인 쟈바 식민통치의 역사는 니뽀네고로 전쟁이 끝난 1830년부터 시작되었다. 네덜란드 국왕 윌리엄 1세는 디뽀네고로 전쟁과 벨기에 정복으로 인한 본국의 재정적 파탄을 타개하고자 환 던 보스(Van Den Bosch)를 총독으로 임명하였다. 그는 서(西)인도에서 성공한 식민정책을 인도네시아에 이식하는데 앞장섰다. 이 식민정책이 바로 쟈바 농촌사회를 피폐(疲斃)하게 만든 열대원예작물 강제재배제도였다.

이 제도는 쟈바의 모든 농촌마을 농지의 1/5에 식민정부가 지정한 작물을 재배하여 수확한 후, 관청에서 일방적으로 제시한 가격에 넘기는 제도였다. 커피와 사탕수수 그리고 인디고(indigo)는 3대 강제재배 작물이었다. 인디고는 천연으로 나는 암청색(暗青色)의 고운 염료(染料)로 커피와 설탕 못지않게 유럽시장에서 인기가 높았다. 이들 작물들은 하나 같이 재배와 가공이 까다로워서 경험이 부족한 농민들에게는 큰 부담이 되었다. 이로 인해서 농민들은 자신들의 수전(水田)경작에 일손이 많이 부족하게 되었다. 따라서 홍수가 나거나 가뭄이 들어도 이를 제 때에 손 쓸 수가 없었으므로, 흉작으로 쌀 부족현상을 초래하게 되었다. 1843년부터 1848년까지 6년 간에 걸친 쟈바 농촌의 대기근(大饑饉)은 열대작물 강제 재배제도가 그 원인이었다.

네덜란드 식민정부의 폭정과 그들의 행정관료로 전락한 쁘리야이(Priyayi)들의 횡포는 기근과 질병에 시달리고 있던 많은 농민들을 이슬람신비주의에 탐닉하게 만들었다. 실의(失意)에 빠진 농민들은 신통력을 가지고 있다고 여겼던 끼야이(Kiyai)들을 자신들을 고통의 세계로부터 구원의 세계로 인도해 줄 라뚜아딜(Ratu Adil)로 확신하며 신성시하고 경배하기 시작하였다. 쁘리야이는 쟈바 사회의 세습귀족들로 고대 왕국의 왕족들이거나 토호(土豪) 또는 군벌(軍閥) 등 기득권층이었으며, 끼야이는 이슬람 전통사회의 종교교리를 가르치는 교사들로 우리나라 서당의 훈장(訓長) 같은 위치에 있었다.

디뽀네고로 (Diponegoro) 왕자의 항쟁 · 빠드리 (Padri) 전쟁 · 반뗀(Banten) 항쟁 · 아쩨 (Aceh) 전쟁을 치루면서 '이슬람 공포증(*Islamphobia*)'에 시달린 네덜란드 식민정부는 쟈바와 수마트라를 비롯한 농촌지역의 실질적인 통치자인 부빠띠(bupati)들이 정통이슬람 신비주의에 심취(心醉)하지 않을까 우려하여 한시도 경계를 늦추지 않았다. 이는 부빠띠들이 행정적인 통치자들인 동시에 지역 주민들의 정신적인 지주 역할을 겸함으로써 식민정부의 잠재적인 저항세력으로 뿌리를 내릴 수 있었기 때문이었다.

1869년 수에즈(Suez) 운하가 개통된 이래로 아라비아 반도에서 거세게 일고 있던 이슬람 부흥운동을 목격하고 돌아온 산뜨리(santri)들은 뽄독 쁘산뜨렌(pondok pesantren)을 중심으로 강한 결집력을 보이며 네덜란드 식민정부의 학정(虐政)에 저항하기 시작했다. 이에 놀란 식민정부는 스나우크 허흐론여(Snouck Hurgronje)의 주도로 이슬람세(勢)를 약화시킬 구실과 방안을 찾아내기에 골몰하였다. 네덜란드 식민정부는 곧 쁘리야이(Priyayi) 계층을 아방안(Abangan)화하는 정책에 착수하였다.

이에 따라 뽄독 쁘산뜨렌에서 이슬람 전통교육을 받아오던 쁘리야이 계층의 자제들을 서구식(西歐式) 교육으로 전환(轉換)시켰다. 쁘리야이 계층에 대한 서구식 교육은 이들을 보다 현대화하여 네덜란드 식민통치의 자원으로 활용하고자 하는 의도가 없지는 않았지만, 궁극적인 목적은 아방안 세력을 확대하여 원리주의 이슬람의 강한 색깔을 희석(稀釋)시키는데 있었다. 이슬람이 인도네시아에 전파되기 이전에 뿌리를 내리고 있던 힌두 · 불교문화를 바탕으로 한 전통문화를 부흥케 한다는 것이었다. 이를 위해서 식민정부는 일상생활에서도 쁘리야이 계층과 끄쟈웬(Kejawen) 성향의 농민들에게 전통 관습법 적용을 확대하였다. 끄쟈웬은 쟈바의 전통문화가 많이 가미된 쟈바 이슬람을 지칭한다.

III. 이슬람의 입지와 무슬림 조직의 화합과 갈등

20세기 초반 인도네시아 사회는 식민통치자들에 의한 새로운 식민정책을 묵묵히 수용하고 있었던 것만은 아니었다. 이 기간 동안 인도네시아 각 지역의 선구자들은 정치적 · 사회적 · 종교적으로 자신들이 직면한 문제들을 해결하여 새로운 시대에 대비하여야 한다는 막연하지만 폭넓은 생각을 하고 있었다.

1901년 네덜란드의 빌헬미나(Wilhelmina) 여왕은 식민통치 지역의 원주민 관리육성에 대한 정책을 발표하였다. 인도네시아 민중사회의 급격한 변화 가능성에 대비하여 새로운 형태의 억압정책을 구상하고 있던 식민정부는 부빠띠와 세습귀족 등 엘리트 계층에 대한 교육을 통하여 이들을 새로운 친(親) 네덜란드 세력으로 육성한다는 방안을 내놓았다. 세습귀족의 자녀들에게 현대식 법률제도 · 장부기장 · 측량 등 전문 직업교육을 시키고, 이들을 식민정부의 행정관리로 임용한다는 것이었다. 그러나 식민정부가 노린 일석이조의 정책은 이렇다 할 성과를 거두지 못하였다. 쟈바 세습귀족의 자녀들이 부빠띠 계층의 사기가 저하(低下)되고 사회적 인식도 이전과 많이 달라졌기 때문에 부친의 사회적 지위를 달가워하지 않았다. 이로 인해서 식민정부는 점차 고위 행정직도 직위가 낮은 관리들의 자녀들로 채워야 했고, 때로는 일반 서민층에서도 충당하여야 했다.

이 과정에서 인도네시아 무슬림 지도자들은 메카의 성지순례를 통해서 이슬람 부흥운동에 동참하게 되었다. 20세기 초에는 매년 7,000명 이상의 무슬림들이 넓은 외부세계의 눈부신 변화와 발전을 체험하게 되었다. 이들은 쟈바 내륙의 오지(奧地)로 들어가 고리대금업자와 악덕 지주들에 대한 항거운동을 이끌었다. 그들은 또한 농촌지역에서 이슬람 교리를 전수하는 일선 교사가 되어 침체된 기존의 이슬람 사회에 도전하였다. 이때부터 이슬람에 열성적이며 헌신적인 이들 산뜨리와 이제까지 쟈바 전통의 토속 신앙적 요소가 많이 가미된 이슬람(끄쟈웬)을 신봉해 온 아방안 사이에 서서히 갈등의 골이 생기기 시작하였다.

인도네시아 무슬림 사회의 정치적 활동의 태동(胎動)은 1911년에 결성된 이슬람 연합인 사레깟이슬람(SI: Sarekat Islam)에서 시작되었다. 이 연합은 사만후디(Samanhudi)를 중심으로 몇 명의 바띡(batik) 상인들에 의해서 이슬람무역연합(SDI: Sarekat Dagang Islam)이라는 이름으로 중부쟈바의 수라까르타(Surakarta)에서 조직되었다. 이 조직은 당시 인도네시아 전통 옷감인 바띡 시장을 독점하고 있던 중국 상인들이 1911년 10월

10일 쑨원(孫文)의 공화정(共和政)을 목표로 한 혁명성공에 고무되어 중국민족의 우수성을 과시하자 이에 대항하기 위해서 만들어졌다.

당시 중국인들은 무슬림들을 멸시하고 이슬람을 하찮은 종교라고 무시하는 언행을 예사롭게 했다. 쪽로아미노또(Tjokroaminoto)가 이 조직을 이끌면서 세력이 급팽창하여 쟈바뿐만 아니라 수마트라 등 외곽 도서로도 급속도로 확대되었다. 사레깟 이슬람(SI)의 전성기인 1919년에 이르러서는 200여만 명의 회원을 포용하였다. 이에 위협을 느낀 중국 상인들도 이슬람연합(SI)에 대항하는 세력대결에 나섰다. 수라까르타 등 대도시는 물론이고 시골에서도 인도네시아 무슬림들과 중국 상인들 사이에 집단 폭력사태가 자주 발생하였다. SI의 활동이 반(反)네덜란드 투쟁으로 발전될 것을 우려한 네덜란드 식민정부는 1916년까지 SI의 중앙본부 설립을 인가하지 않았다.

1917년에 거행된 제2차 SI 총회에서는 인도네시아에서 형식적으로나마 의회 기능을 가지고 있던 폴크스라아트(Volksraad)에 참여하기로 하는 결의안을 통과시켰다. 점차로 SI는 민족주의적 성향을 나타내게 되었다. 서구식 교육을 받은 진보적 성향의 엘리트들에 의해서 SI는 반(反)네덜란드와 반(反)중국인 그리고 인도네시아 귀족계급에 대항하는 정책노선을 채택하게 되었다.

1919년에 절정기를 맞은 SI는 그해부터 급격하게 쇠퇴하기 시작했다. 같은 해 똘리똘리(Toli-Toli)에서 발생한 식민정부 고위관리 살해사건과 서부 쟈바의 가롯(Garot)에서 총기 사건이 발생하자 지금까지 빌미를 찾고 있던 식민정부는 쪽로아미노또와 압둘 무이스(Abdul Muis) 등 고위급 SI 지도자들을 체포하기 시작했다. 이러한 와중에서 SI는 내홍(內訌)을 겪게 되었다. 내부에서는 사회혁명을 통해서 사회주의국가를 건설하자는 급진세력들이 등장하고, 외부에서는 급진적인 대중운동을 반대하는 쁘리야이 출신의 행정관리들이 목소리를 높이고 있었다. 식민정부 또한 그들의 경찰조직을 동원하여 SI의 활동을 세밀하게 감시하였다.

이에 조직의 붕괴를 우려한 전통적 이슬람 집단인 우파(右派)는 1921년 급진적 개혁파인 좌파(左派)를 축출하였다. 세력 다툼이 첨예(尖銳)하게 진행되고 있을 당시 우파는 백색 사레깟이슬람(SI Putih)으로, 이에 맞선 좌파는 적색 사레깟이슬람(SI Merah)으로 칭했다. 이에 앞서 SI는 인도네시아의 모든 이슬람 세력과 연계하여 1923년 이슬람연합당(PSI: Partai Sarekat Islam)으로 확대개편한 후 이슬람법 샤리아를 기초로 한 이슬람 국가건설과 식민정부에 대한 비(非)협조투쟁을 기조(基調)로 하는 당의 강령을 채택하였다.

우파로부터 밀린 좌파 이슬람연합은 전열을 정비하여 국민연합(Sarekat Rakyat)으로 개칭한 후, 아방안을 대상으로 세력 규합에 나서서 우파에 대항하였다. 이들 두 세력 간의 대결은 1924년에 인도네시아공산당(PKI: Partai Komunis Indinesia)으로 변신한 동인도공산주의자연합으로 하여금 보다 과격한 폭력행위를 야기(惹起)하도록 유도하는 결과를 가져왔다. 1926년 말부터 1927년 초에 걸쳐 자바와 수마트라에서 PKI가 일으킨 폭동은 PSI와 PKI 사이에 격심한 세력경쟁이 그 원인이었으나, 결과는 네덜란드 식민당국의 인도네시아 통치 환경을 보다 압제적(壓制的)으로 만들었다. 그리고 정치적 주도권을 양분(兩分)하고 있던 PKI는 분쇄(粉碎)되고 PSI는 위축(萎縮)되었으며, 수카르노(Soekarno)의 민족주의 시대가 도래하게 되었다.

수카르노는 인도네시아 대중조직의 활성화를 통해서 독립을 실현하고자 1928년 인도네시아국민당(PNI: Partai Nasional Indonesia)을 창당하였다. PNI는 이념적으로 순수한 민족주의를 내세워 식민정부에 대한 비협조정책을 견고히 하였다. 그리고 PSI나 부디 우또모(Budi Utomo) 또는 기독교를 포함한 주요 종교단체와 기타 주요 정치적 세력과 연합전선을 구축할 목적으로 인도네시아민족정치단체협의회(PPPKI)를 결성하였다. 그러나 민족주의를 공통분모로 출발했던 PPPKI는 처음부터 난항을 거듭하였다.

지역적으로나 종교적으로 상호 관련이 없는 집단들을 민족주의라는 이름으로 연결하려고 했던 수카르노의 노력은 1929년 PSI를 개칭한 인도네시아이슬람연합당(PSII)으로부터 강한 반발을 받았다. PSII는 종교와 국가가 분리된 터키와 이집트를 선망의 대상으로 삼고 있는 PPPKI의 노선을 받아들일 수가 없었다. 이슬람을 전면에 내세우고 있던 PSII로서는 정교일치(政敎一致)의 신정국가(神政國家)를 염원하였던 것이다. 그래서 1930년 PSII는 현대개혁파 이슬람 지도자들이 이슬람을 기초로 한 국가 건설을 PPPKI 내의 다른 집단에서 인정하지 않고 있다는 구실로 탈퇴하였다.

이슬람연합(SI)이 정치적인 성향을 보였다면, 사회봉사와 교육을 통해서 무슬림들을 계몽시켜 나가기 위한 단체가 결성되었다. 알 아프가니(Al-Afghani)와 무함마드 압두(Muhanmmad Abduh)로부터 깊은 영향을 받은 현대적이며 혁신적인 사고를 가지고 있던 무함마디야(Muhammadiyah)와 이슬람 신비주의자들이 지켜온 것처럼 전통적인 쟈바인들의 생활관습을 포용해야 한다고 주장한 나흐다뚤 울라마(NU: Nahdatul Ulama)가 바로 그 단체들이었다. 나흐다뚤 울라마는 당시에도 엔우(NU)로 약칭하였다.

인도네시아의 현대사에서 특히 이슬람 현대화운동에 획기적인 전환점(轉換點)을 마련한 무함마디야는 1912년 요그야까르타에서 아흐마드 다흘란(K. H. Ahmad Dahlan)에 의해 설립되었다. 그는 이슬람 사상을 토대로 교육을 발전시키고 선교활동을 강화하며, 무슬림들의 상부상조(相扶相助)를 통한 생활향상에 관심을 쏟았다. 하지만 초기의 무함마디야는 성장 속도가 지지부진하였다. 행정관리들의 무관심과 농촌지역에서 전통적인 방법으로 이슬람 종교교육을 전담해 온 뻔독 쁘산뜨렌의 끼야이(kiyai)들로부터 강한 반발을 받았다. 이들은 전통을 고수하며 개혁사상을 거부하였다.

아흐마드 다흘란이 서거한 2년 후인 1925년까지 무함마디야는 4,000

명의 학생과 55개의 학교와 2개의 진료소, 그리고 고아원과 양로원을 각각 1개 씩 보유하는데 그쳤다. 그러나 같은 해 무함마디야는 하지 라술(Haji Rasul)에 의해서 수마트라의 미낭까바우에 소개되면서 조직과 규모가 놀라운 속도로 팽창하기 시작했다. 1930년에 24,000명, 1935년에는 43,000명 그리고 1938년에는 인도네시아 군도의 여러 주요 도서에 250,000명의 회원과 834개의 크고 작은 사원(masjid)과 31개의 공공도서관, 1,774개의 학교, 5,516명의 남성(男性) 전도사와 2,114명의 여전도사를 보유한 거대한 조직으로 확대되었다. 무함마디야는 이후에도 계속해서 성장을 거듭하였다. 1925년 이후 인도네시아 이슬람현대화운동의 역사는 대부분이 무함마디야 조직 확대의 역사라고 말할 수 있다.

무함마디야가 도시를 중심으로 혁신운동을 전개하고 있는 동안, 농촌지역을 기반으로 하고 있던 전통 보수성향의 이슬람세력들도 시대 조류에 부응하여 나름대로의 세력을 견고히 하고 있었다. 특히 4개 이슬람 법률학파 중 인도네시아 이슬람의 주류를 이루고 있던 샤파이(Syafi'i)학파 추종자들은 중동 이슬람 국가에서 전개하고 있던 와하비(Wahhabi) 운동에 참여하기를 거부하였다. 이들은 이슬람 개혁운동에 반발하여 수구(守舊) 세력을 중심으로 세결합에 나섰다. 특히 동부 자바의 농촌 지역에 산재되어 있던 뻔독 쁘산뜨렌을 중심으로 영향력을 넓혀 온 하쉼 아샤리(Hasyim Asyari)를 비롯하여 와합 하스불라(A. Wahab Hasbullah), 비스리 삼수리(Bisri Samsoeri), 아스나위(Asnawi), 리드완(Ridwan), 압둘 아지즈(Mas Alwi bin Abdul Aziz) 등은 1926년 수라바야(Surabaya)에서 회동하고 인도네시아 이슬람의 정신적인 지도자인 울라마(ulama)들이 함께 일어섰음을 널리 알렸다. 이들은 수라바야 회동에서 '울라마들의 부흥'이란 의미를 지닌 나흐다뚤 울라마(NU)를 결성하게 되었다.

당시 NU는 무함마디야나 뻐르시스(Persis) 또는 알 이르샤드(Al-Irsyad)와 같은 혁신단체들이 전개한 이슬람 개혁운동에 동참을 거부하고 있던 많은 이슬람 단체들의 호응을 받았다. 특히 최고 지도자들에 대한 존경심과 신뢰감으로 인해서 NU는 빠른 속도로 성장해 나갔다. NU는 1930년에는 동부쟈바에 18개, 중부쟈바에 21개, 서부쟈바에 8개, 남부 칼리만딴의 반자르(Banjar)와 마르따뿌라(Martapura)에 각각 지부를 둔 거대한 조직이 되었다.

무함마디야는 초기부터 쟈바인들의 생활관습을 통해서 간직하고 있던 토속적 신앙을 꾸란과 하디스를 통해서 정화시켜 나갔고, 불안정한 식민시대에 인재를 양성하기 위해 무슬림들에게 신식 교육을 시켰다. 이들은 식민정부가 세운 학교에서 인도네시아인들에게 성경을 가르치는 것처럼 이슬람 교육도 시킬 수 있는 기회를 제공하라고 요구하였다. 또한 신문과 잡지 등에 기고를 통해서 또는 서적을 통해서 무슬림들을 계몽시키는 노력을 기울였다.

무함마디야는 설립된 이래로 정치참여를 위한 정당을 창당한 적은 없지만, 회원 개개인은 각자의 신념에 따라 정치활동을 할 수 있도록 허용하였다. 실례로 무함마디야를 창설한 아흐마드 다흘란은 부디 우또모(Budi Utomo)에서 집행위원으로, SI에서는 상임고문으로 활약한 바 있었다. 또한 무함마디야 의장을 역임한 만수르(Mansur)는 1938년 수끼만(Sukiman)과 인도네시아이슬람당(PII: Partai Islam Indonesia)을 결성하여 식민정부에 대해서 민주주의에 입각한 인도네시아의 통합· 의회주의· 직접선거 등을 요구하였다. 하디꾸스모(Ki Bagus Hadikusumo)는 일제(日帝) 하 인도네시아독립조사준비위원회(BPUPKI: Badan Penyelidik Usaha Persiapan Kemerdekaan Indonesia)와 그 후신인 인도네시아 독립준비위원회(PPKI: Panitia Persiapan Kemerdekaan Indonesia)에서 활약하였다.

NU도 무함마디야와 마찬가지로 식민통치 하에서는 정당을 만들지 못하였다. 다만 시대적 상황과 회원 개개인의 정치적 신념에 따라 정치활동을 허용했을 뿐이었다. NU에게 정치적인 감각을 처음 일깨워준 단체는 인도네시아이슬람최고회의(MIAI)였다. 이슬람 세력에 대한 네덜란드 식민정부의 엄격한 감시 때문에 결성목적에 정치적인 활동내용을 포함시킬 수 없었던 MIAI는 1937년 무함마디야와 인도네시아이슬람연합당을 포함해서 7개의 단체로 구성된 연합조직으로 출범하여, 1941년에는 21개의 이슬람 단체가 참여한 거대한 조직으로 발전하였다. NU는 초기에 MIAI의 정책에서 불만을 가지고 있었기 때문에 적극적인 참여를 망설였다. NU의 MIAI 합류는 1939년에서야 이루어지는데, 경쟁 세력인 무함마디야가 주축을 이루고 있던 것이 가장 큰 걸림돌이었다. 그럼에도 불구하고, MIAI가 대내외적으로 세(勢)를 과시하며 진용을 갖추는 데는 NU 진영의 다흘란(M. Dahlan)과 하스불라(W. Hasbullah)의 역할이 매우 컸다.

MIAI는 정치적 조직이기보다 여론조성의 역할이 더 컸다. 정치·경제·사회·문화 분야의 제반 문제가 쏟아져 나왔고, 폭넓은 토론을 거쳐 사회적 공감대(共感帶)를 유도해 내었다. 그러나 이슬람 율법문제에 대한 해석과 적용에 대해서는 전통주의를 고수하는 NU중심의 수구세력과 현대주의를 주장하는 무함마디야 주축의 개혁세력 사이에는 자주 격렬한 논쟁이 벌어졌다. 민족주의 계열의 단체들이 1939년 5월 인도네시아정치동맹(GAPI: Gabungan Politik Indonesia)을 결성하여 식민정부에 인도네시아인들로만 구성된 의회(議會) 설립을 요구하고 나왔을 때도 MIAI는 이에 적극적으로 찬동하였다. 인도네시아의 정치적·사회적 통합이라는 궁극적인 목표를 달성하기 위해서는 어떤 세력도 비협조적인 입장에 설 수 없었다.

사회적 변혁을 추구하는 과정에서 무함마디야의 적극성이 돋보였다. 무함마디야는 MIAI에 참여하여 공세적인 정치활동을 전개하였다. 1938년 PSII에서 축출된 수끼만이 인도네시아이슬람당(PII)을 창당하는데, 무함마디야의 지도부가 이를 적극적으로 후원하였다. 특히 당시 무함마디아의 의장이었던 마스 만수르를 비롯한 지도부는 일부 회원들의 반대에도 불구하고 PII의 중앙당 상임위원으로 활약하였다. PII는 1940년에 이르러 쟈바·수마트라·칼리만딴·술라웨시 등 주요 도서에 총 125개의 지부를 둔 대 정당으로 발전하게 되었다. 당연하게 본격적인 정치투쟁도 뒤

따랐다. 그들은 네덜란드 식민정부에 대하여 민의(民意)가 반영된 인도네시아 국민의 대표기관을 세워줄 것을 요구하였다. 또한 민주주의 원칙에 입각한 정부운영과 인도네시아인 관리로 식민정부 관리를 대체할 것도 요구하였으며, 나아가서 언론 및 의사표현의 자유를 보장해 달라고 요구하기에 이르렀다. 또한 국민들의 정치적 권리가 없는 상황에서 네덜란드 왕국군으로 강제징병을 반대하였다.

네덜란드 식민통치 시기와 달리 일본통치 하에서 NU와 무함마디아를 비롯한 대부분의 이슬람단체들은 식민당국에 우호적인 자세를 견지하였다. 일본 식민당국에 비협조적인 정책을 표방했던 MIAI가 1943년 10월 마슈미로 약칭(略稱)하는 인도네시아무슬림협의회 (Masyumi: Majelis Syuro Muslimin Indonesia)로 대체되었다. 마슈미의 의장은 당시 NU에서 가장 큰 영향력을 행사하던 하쉼 아샤리가 맡고, 무함마디아에서는 만수르가 부의장으로 활약하였다.

한편, 뿌떼라(Putera)라고 약칭한 일본군의 전위조직인 국민운동본부(Pusat Tenaga Rakyat)는 수카르노 (Soekarno) · 핫타(M. Hatta) · 데완따라(Dewantara) 등 세 명의 민족주의자가 공동의장을 맡았다. NU와 무함마디야도 전면에 나섰는데, 조국의 독립이 현실로 다가오고 있다는 희망에서였다. 그러므로 독립을 쟁취하기 위해서는 어떤 형태로든 간에 일본에 협력해야 한다고 판단했다. 다만 우호적인 협력관계 하에서도 천황(天皇)에 대한 경례(敬禮)는 이슬람 계율에 위배된다하여 강력하게 거부하였다.

1942년 3월 일본 식민당국은 인도네시아의 모든 정치단체를 규제하고 일체의 정치활동을 금지시켰다. 또한 이슬람 단체들을 정치로부터 격리시킬 목적으로 이슬람 교육기관을 비롯하여 모든 이슬람 종교와 관련된 단체들을 철저하게 감시하였다. 그러나 일본 식민당국은 곧 정책을 변경하여 NU와 무함마디야 등 모든 이슬람 단체의 활동에 대한 규제조치를 해제하였다. 이러한 정책변화에는 이유가 있었다. 천황에 대한 경례 의식에 대해서 하쉼 아샤리는 이를 우상숭배(偶像崇拜)라는 이유로 공개적으로 거부하였다. 일본이 그를 구속하자 NU가 강력하게 항의하였는데, NU의 신속하고 막강한 군중동원 능력이 식민당국을 놀라게 하였다. 또한 동남아에서 전황(戰況)이 계속해서 일본에 불리해지자, 일본은 인도네시아 주민의 다수를 차지하는 무슬림들에게 접근하기 위해서 비교적 정치와 무관한 NU와 무함마디야를 가까이 해둘 필요가 있었다. 두 단체 중 특히 무함마디야는 인도네시아 전국에 걸쳐 각급 학교와 고아원 · 양로원 · 병원 등 복지사업을 하고 있었으며, 도시에서 작은 촌락에 이르기까지 끈끈한 연계조직을 가지고 있었기 때문에 이용가치가 많다고 판단하였던 것이다.

일본 식민당국과 NU-무함마디야 간의 동상이몽(同床異夢)은 인도네시아 전 군도에 민족주의 운동의 바람을 일으키게 된 마슈미가 이슬람 사회의 양대 산맥인 NU와 무함마디야의 영향 하에 놓이게 되었다. 마슈미는 대(對) 식민당국 화친정책에 따른 일본 측의 적극적인 협조로 인도네시아 민중사회에 강력한 영향력을 가진 단체로 자리 잡게 되었다. 특히 NU는 일본 식민당국과 상호협력관계를 구축하여 이들의 도움으로 뻔독 뻐산뜨렌의 끼야이를 비롯해서 산뜨리 자원자들에게 군사훈련을 시킬 수 있었다. 일본으로부터 군사훈련을 받은 이들은 곧 혁명적인 성향의 사빌릴라(Sabilillah)와 무함마디야와 PSII의 지휘를 받았던 마슈미 산하의 히즈불라(Hizbullah) 등 순수한 인도네시아 민병대가 창설되는 모태(母胎)가 되었다. 이 두 독립적인 성격의 민병대는 독립 초기 인도네시아국군(TNI: Tentara Nasional Indonesia)에 편입되어 유엔군의 일원으로 인도네시아를 재통치하고자 시도했던 네덜란드군에 대항하여 독립을 지키는 노력에 일조하였다.

일본 식민당국은 1945년 3월 인도네시아독립준비활동조사위원회(BPUPKI)의 설치를 발표하고, 그 첫 모임을 5월 말에 개최하였다. 식민당국이 이러한 정책을 시행한 것은 인도네시아에 대한 지배력이 거의 소멸되었다고 판단하였기 때문이었다. BPUPKI는 NU의 와히드 하쉼과 무함마디야의 만수르를 포함하여 이슬람 단체에서 15명, 수카르노와 핫타와 같은 온건한 중도 민족주의자들과 식민정부의 행정 관료였던 쁘리야이들을 포함하여 45명, 그리고 일본인 8명으로 구성되었다.

BPUPKI 위원들은 현실적인 감각에 보다 민감한 구(舊)지도자들이 매우 많은 것을 알 수 있다. 이는 인도네시아가 독립했을 때 젊은 세대의 지도자들에게 행정권을 넘겨주면 어떤 행동을 할 지 예측하기 어렵다고 판단한 일본 식민당국의 계산된 조처였다. 또한 신생 인도네시아국이 이슬람적인 색채가 강한 국가로 태동하는 것보다 세속적인 국가가 되는 것이 향후 양측의 우호관계 설정에 도움이 될 것이라고 판단한 것이다. 당시 NU와 무함마디야가 참여했던 마슈미는 일본이 안전하게 인도네시아에서 철수하는 방안에만 고심하고 있는 상황에서 별다른 활동을 할 수가 없었다. 그러나 NU와 무함마디야의 대표자들은 BPUPKI에서 신생 인도네시아의 국가형태 · 국가영역의 범위 · 국가이념 · 국민의 조건 · 헌법 · 경제와 재정 · 교육문제 등 정치색이 없는 문제들을 다루었다.

BPUPKI는 1945년 5월 말 전체회의를 열고 인도네시아 독립에 필수적인 국가 이데올로기 문제를 상정하였다. 이 자리에서 수카르노와 야민(M. Yamin) 등 민족주의 세력들은 빤짜실라(Pancasila)로 명명한 국가의 다섯 가지 기본원칙을 주장하였고, 와히드 하심과 하디꾸수모 등 이슬람측의 지도자들은 당연하게 이슬람을 국가이데올로기로 채택하여야 한다고 주장하였다. 양측의 의견은 처음부터 첨예하게 대립되었다. 그러나 독립이 임박한 시점에서 BPUPKI이 분열되는 것을 원하지 않았던 지도자들은 각계 대표 9인으로 이데올로기 소위원회를 설치하였다. 이 위원회는 이슬람계 4명, 민족주의자 4명 그리고 기독교 대표 1명으로 구성하여 양측의 의견을 절충하도록 하였다. 그 결과 1945년 헌법의 근간이 된 쟈카르타 헌장(Piagam Jakarta)이 탄생하였다. 쟈카르타 헌장에는 빤짜실라(Pancasila)를 국가이념으로 하면서도 '무슬림들에게는 이슬람법 샤리아를 적용'한다는 내용을 포함시켰다.

당시 인도네시아 이슬람 지도자들이 빤짜실라를 국가이념으로 받아들인 것은 1945년 8월 9일 일본 남방군 사령관 데라우치(寺內)의 네덜란드령 동인도(인도네시아 현 영토)에 대한 완전 독립보장이라는 약속이 있었기 때문이었다. 그러므로 독립을 목전에 두고 종교문제로 인해서 다종족으로 구성된 인도네시아의 통합이 방해를 받아서는 안 된다고 인식하였고, 무슬림(이슬람교도)에게는 이슬람법을 적용할 수 있다는 내용이 포함되어 있었기 때문이었다. 그러나 이슬람법 적용문제는 구체화되지 못하였다. 독립 선포 다음날인 8월 18일 인도네시아 독립준비위원회(PPKI)에서 민족주의자의 한 사람인 핫타(M. Hatta)는 무슬림들에게만 한정하여 이슬람법 샤리아를 적용한다는 문구가 헌법 조항에 삽입될 경우, 다수가 기독교도인 인도네시아 동부군도의 여러 지역이 신생공화국에 합류하지 않을 것이라고 설득력 있게 경고하였다. 핫타는 이를 명분으로 하디꾸수모(Ki Bagus Hadikusumo)와 와히드 하쉼(A. Wahid Hasyim) 등 고위 이슬람 지도자들을 설득하였다. 그 결과 자카르타 헌장에는 이슬람에 관한 내용이 삭제되고 '최고신에 대한 신앙(Ketuhanan Yang Maha Esa)'이라는 추상적인 구절로 대체되었다.

네덜란드가 인도네시아를 재(再) 식민통치할 가능성을 우려하여 인도네시아 통합을 우선했던 핫타와 이슬람 지도자들은 명목상의 이슬람교도인 자바 출신 아방안들이 주류를 이룬 독립정부가 인도네시아 무슬림 사회를 이끌어 가는데 많은 어려움이 있을 것이라는 것을 예측하지 못했다. 그러나 비(非)이슬람적 관점에서 볼 때, 다소 불안하기는 하지만 통합된 인도네시아 사회의 오늘은 이슬람을 국가이데올로기로 채택하지 않았기 때문에 가능했다.

IV. 수카르노 시대의 이슬람과 정치

신생 인도네시아공화국은 대외적으로 매우 어려운 여건 속에 있었다. 쟈바 외곽도서에서 전통적으로 민중사회의 지주 역할을 해 왔던 군소 왕국의 통치자와 귀족들이 인도네시아공화국에 대해서 적대적은 아니지만 전체적으로 비(非)우호적인 자세를 취하고 있었고, 각 지역마다 혁명세력과 보수세력 간의 갈등으로 심각한 혼란 상태에 빠져 있었기 때문이었다. 더구나 인도네시아를 재식민통치하려는 야욕을 감추지 못하고 있던 네덜란드는 연합군의 일원으로 일본군 무장해제를 명분으로 인도네시아의 주요 항구로 입성할 만반의 준비를 갖추고 있었다.

신생 독립국으로 출범 직후 인도네시아공화국이 난국(難局)을 맞자 NU는 1945년 10월 22일 성전(聖戰) 결의문을 발표하였다. 이 결의문에서 NU는 합법적인 정부로서 인도네시아공화국은 유지되어야 하며 인도네시아 군도를 재정복하려는 네덜란드와 네덜란드의 동맹국에 대항하여 무장투쟁을 촉구하였다. 이 성전(Jihad) 결의문은 곧 수라바야(Surabaya)·스마랑(Semarang)·반둥(Bandung) 등 대도시를 중심으로 수많은 무슬림들이 신생공화국을 지키기 위해서 연합군과 대치하는 치열한 전투에 참가하는 기폭제가 되었다.

BPUPKI와 PPKI 그리고 인도네시아국가중앙협의회(KNIP: Komite Nasional Indonesia Pusat)에서 민족주의 지도자들에게 일방적으로 밀렸다고 판단한 NU와 무함마디야를 비롯한 무슬림 단체의 지도자들은 1945년 11월 인도네시아 독립선포 후 이슬람 세력들의 이익을 대변해 줄 정당 결성에 나섰다. 이들에 의해서 설립된 정당이 바로 마슈미(Masyumi)였다.

마슈미는 창당 초기에는 NU · 무함마디야 · 이슬람공동체연맹(PUI: Perikatan Umat Islam)·이슬람공동체연합(PUI: Persatuan Umat Islam) 등 주요 네 단체로 출범하였으나, 오래지 않아 이슬람교육운동(Perti)을 제외하고는 대부분의 이슬람 단체들이 이에 합류하였다. 이로서 마슈미는 수카르노와 그의 지지 세력들이 창당한 인도네시아국민당(PNI: Partai Nasional Indonesia)을 누르고 1950년부터 1955년까지 인도네시아 최대의 정당으로 부각되었다.

혼란스러운 다양성을 딛고 새로운 동질성을 찾으려는 노력이 혁명기간(1945~1950년) 내내 전개되었다. 이 동안 마슈미는 PKI · PSI · 노동당(Partai Buruh) 등 사회주의 성향의 정당들이 장악하고 있던 공화국 정부의 샤흐리르(Sjahrir) 내각이 네덜란드와 체결한 1947년의 링가쟈티(Ringgajati)조약과 1948년의 렌빌(Renville)협정에 대해서 인도네시아가 일방적으로 양보한 불평등조약이라고 강력하게 반발하였다. 네덜란드는 당시 렌빌협정을 근거로 인도네시아공화국 (NRI: Negara Republik Indonesia)을 포함한 6개의 자치국과 9개의 자치지역으로 인도네시아합중국을 건설하려고 하였다.

마슈미는 또한 1948년에 일어난 마디운(Madiun) 공산반란에 강력하게 대처하였다. 마슈미의 룸(Moh. Roem)은 1949년 4월 네덜란드 측의 로엠(Royem)과 룸-로엠(Roem-Royem) 협상을 성사시켰고, 1949년 11월에는 덴 하아그(Den Haag)의 원탁회의를 이끌어 내었다. 그 결과 그해 12월 27일 이리안 자야(Irian Jaya)를 제외한 전 인도네시아 군도를 인도네시아연방공화국으로 인수받았다. 이에 따라 인도네시아 혁명기가 종결되었다.

인도네시아 정국에 매우 중대한 영향력을 행사해 온 마슈미가 NU의 탈퇴로 고비를 맞게 되었다. 마슈미에서 PSII가 탈퇴했을 때 마슈미는 별로 타격을 받지 않았다. 그러나 1952년 당(黨)의 주도권과 종교성 장관직이 무함마디야 계열의 우스만(F. Usman)에게 넘어가자 NU는 미련 없이 마슈미로부터 탈퇴하여 독자적인 정당을 만들었다. NU가 창당하자, 마슈미는 큰 타격을 받게 되었다. NU는 무함마디야와 함께 인도네시아 이슬람 세력을 대표하는 세력으로 마슈미의 양대 지주였기 때문이다.

NU가 독자적인 정당으로 나서고 무함마디야가 주축이 된 마슈미가 1955년 인도네시아 제1차 총선거에서 국민의 심판을 받았는데, NU의 선전(善戰)이 단연 돋보였다. NU는 총 의회 의석 260석 중에서 득표율 18.4퍼센트로 45석을 얻어 득표율 22.3퍼센트로 57석을 획득한 PNI와 20.9퍼센트로 같이 57석을 확보한 마슈미에 이어 3위를 차지하여 파란을 일으켰다. PKI는 39석으로 4위 자리를 고수했다. 제1차 총선거 이전의 의회는 1948년 9월에 구성된 인도네시아중앙위원회(KNIP: Komite Nasional Indonesia Pusat)의 세력별 구성원의 비율에 따른 것인데, NU의 의석은 8석에 불과했다. 그러므로 마슈미에서 탈당하기 전과 비교하면 대단한 약진이어서 NU는 선거결과에 매우 고무되어 있었다.

NU는 뽄독 쁘산드렌에 확고한 영향력을 가지고 있던 끼야이들과 인구밀도가 높은 동부 자바에서 전폭적인 지지를 받았으며, 마슈미는 자바 이외 지역에서 선전한 것으로 나타났다. 마슈미를 통해서 간접적으로 선거에 참여한 무함마디야는 마슈미가 획득한 57석의 의석 중 22.8퍼센트에 해당하는 13석을 배당 받았다. NU와의 경쟁에 따른 갈등과 불화를 우려하여 지도부가 전면에 나서지 않았음에도 불구하고, 마슈미가 PNI와 선두 경쟁을 벌일 수 있었던 것은 NU 못지않게 막강한 무함마디야의 영향력 때문이었다.

제1차 총선거가 끝난 이듬해 의회의 3대 다수당인 PNI · 마슈미 · NU가 연립정부를 구성하였지만, 세 정당 간의 경쟁과 갈등으로 알리 사스트로아미죠요(Ali Satroamidjojo) 내각은 분열되어 국민들의 기대를 충족시켜주지 못하였다. 중앙 정부의 비(非)자바 출신 정치가로서 가장 존경을 받았던 핫타(M. Hatta)가 수카르노와 정당정치(政黨政治)에 대한 의견 차이로 부통령직에서 물러나자, 수마트라와 술라웨시를 비롯한 인도네시아 동부의 여러 도서지역에서는 중앙정부의 자바 중심주의를 강력하게 비판하고 나섰다. 이러한 상황 속에서 1956년 10월 수카르노가 의회민주주의의 비효율성을 지적하며 정당 축소론을 제기하자, 마슈미를 비롯한 기존 정당들은 의회민주주의를 옹호하려는 입장에서 적극적으로 반대의사를 표명하였다.

당시 NU와 무함마디야와 버금가는 정치적 영향력을 가지고 있던 군부도 양분(兩分)되어 있었다. 하나는 수마트라 지역의 루비스(Z. Lubis) 대령을 중심으로 한 지방 군부였고, 또 다른 하나는 나수티온(Nasution) 육군 참모총장을 중심으로 한 중앙 군부였다. 숙군(肅軍)운동에서 비롯된 군부의 양분은 핫타의 사퇴에 맞물려 1958년 2월 수마트라의 인도네시아 공화국혁명정부(PRRI: Pemerintah Revolusioner Republik Indonesia) 반란사건으로 이어졌다.

마슈미의 총재였던 낫시르(M. Natsir)와 또 다른 마슈미의 지도자 샤프루딘(Sjafruddin)이 적극 참여한 이 반란사건은 여타 지역사령부의 비협조와 중앙군부의 신속한 대응으로 3개월 만에 진압되었다. PRRI사건은 인도네시아 군부를 자바출신 중심으로 단일화시키는 중요한 계기가 되었다. 뿐만 아니라 이슬람 세력의 한 축을 이루고 있었던 무함마디야가 1959년 9월 마슈미와 결별(訣別)하였다. 무함마디야의 이탈(離脫)은 1960년 8월 마슈미가 해체(解體)되는 직접적인 원인이 되었다. 교도민주주의의 실행을 완강히 반대해 온 마슈미와 인도네시아사회당(PSI)이 해체되자 군부의 눈치를 보고 있던 정당들은 1961년 수카르노가 추진한 정당 간소화 정책과 나사콤(Nasakom)체제를 수용할 수 밖에 없었다. 이들 정당들은 수카르노의 제안에 협력하지 않을 경우, 군부의 강력한 응징이 뒤따를 것으로 판단했던 것이다.

1960년 기존의 의회를 해산하고 상부상조의회 (DPRGR: Dewan Perwakilan Rakyat Gotong-Royong)를 구성한 수카르노가 그해 8월 마슈미를 공식적으로 해산하자, 마슈미를 통해서 정치적 소신을 피력했던 무함마디야 인사들은 딜레마에 빠지게 되었다. 이슬람 종교 정화(淨化)와 교육 등 사회봉사 활동에 역점을 두어 왔던 무함마디야는 독자적인 정당을 만들기가 쉽지 않았다. 그렇다고 해서 경쟁 상대인 NU를 통해서 독자적인 정치력을 발휘할 수도 없었으며, 격이 맞지 않는 군소정당인 PSII나 Perti와 제휴할 수도 없었기 때문이었다. 무함마디야는 마슈미가 해체된 이후에 군부와 함께 수카르노에게 절대적인 영향력을 행사하고 있던 PKI와의 좋지 않은 관계 때문에 종교단체로서 존립(存立)의 위기를 맞았다. 그러나 당시 무함마디야의 의장이었던 바다위(Badawi)의 헌신적인 노력으로 1962년 자카르타에서 열린 무함마디야 전국총회에 수카르노가 참석하여 축사를 함으로써 마침내 정상 궤도로 복귀하게 되었다.

현대주의자가 주류를 이루었던 마슈미가 해체된 후, NU는 인도네시아에서 가장 큰 이슬람정당으로 자리매김하였다. 그러나 NU의 성공과는 상반되게 이슬람계 정당들은 크게 위축되었다. 무함마디야가 정치활동을 중단한 상황에서 NU는 수카르노의 강력한 지지를 바탕으로 농촌사회를 장악해 나가고 있던 PKI를 다방면에서 견제하였다. PKI가 농촌지역에서 청년운동을 전개하자 NU는 안소르(Ansor) 청년운동으로 이에 대항하였다. 문화 분야에서 PKI의 선전도구의 역할을 한 민중문화원(Lekra)에 대항하여 NU는 무슬림예술문화원(Lesbumi)을 결성하였으며, 노동 분야에서 PKI의 사회주의근로자연맹(SOKSI)에 대항해서 NU는 무슬림노동자연맹(Sarbumusi)으로 맞섰다. 또한 PKI가 농민들을 대상으로 세력을 확산해 나간 농민전선(BTI)을 견제하기 위해서 NU는 농민연합(Pertaun)을 만들었다. PKI가 다양한 계층의 민중을 동원하여 조직을 강화하자 NU 역시 같은 목적으로 학생연맹(IPPNU) · 교사연합(Perguru) · 무슬림사업가연합(HPMI) · 이슬람대학생운동(PMII) 등의 유사 조직을 결성하였다.

NU는 수카르노(Soekarno)시대 종반기의 정치적 · 경제적 혼란 상황에서 수하르토의 신질서 시대가 도래 하는데 기여하였다. 수카르노 사후 정국의 주도권을 군부(특히 육군)가 장악하리라는 우려에서 1965년 9월 30일 PKI가 친위 쿠데타를 일으키자 전략예비군사령관이었던 수하르토(Soeharto)가 중심이 되어 이를 분쇄하였다. 이 과정에서 NU의 안소르 청년조직이 군부에 협조하여 PKI와 그 잔당을 소탕하는데 일조하였다. 이로써 나사콤 체제 하의 교도민주주의는 막이 내리고 얼마 동안의 세력 다툼이 있은 후 수하르토 시대가 도래하였다.

NU는 1965년 10월 5일 민간단체로서 처음으로 PKI의 해체를 요구했으며, NU의 부의장 수브찬(Subchan)은 PKI 해체를 위한 빤짜실라전선(Front Pancasila) 구축에 중요한 역할을 하였다. 당시 상부상조의회(DPRGR)에서 활약하던 NU는 사회혼란의 원인이 되고 있던 국가 통치체제의 단일화에도 앞장 섰다. 수카르노는 9·30사태 이후 정국불안이 최고조에 달하자 1966년 3월 11일 수하르토에게 행정권을 위임하였다. 그러나 수카르노는 여전히 대통령직에 있으면서 PKI를 비호하였다. NU는 새로운 대통령 선출을 위한 국민협의회임시총회(MPRS) 개최를 요구하였고, 소정의 절차를 거쳐서 수하르토를 대통령으로 선출할 것을 건의하였다.

V. 수하르토 치하 이슬람사회의 정치변동

수하르토 군부는 인도네시아공산당(PKI)에 의한 9·30사태를 신속하게 진압하고 민심의 소재를 정확하게 파악하였기 때문에 나사콤(Nasakom) 체제로 짜여진 수카르노의 아성(牙城)을 무너트릴 수 있었다. 이 과정에서 수카르노의 전위세력이었던 PKI와의 경쟁관계 속에서 최대의 피해자였던 이슬람 세력이 전면(前面)에 나서 군부를 도왔다. 이들 이슬람 세력을 PKI에 대항하여 투쟁적으로 나서게 한 것은 산트리들의 힘이었다. 산트리들은 군부와 이슬람의 공동의 적대세력이었던 PKI를 제거하는데 군부 최대의 조력자였다. PKI가 붕괴하고 수카르노를 잃은 PNI가 정치적 딜레마에 빠지자 수하르토의 군부를 도운 산트리들이 자신들의 입지 강화에 나섰다.

이에 따라 알리 무르토뽀 (Ali Moertopo)와 후마르다니 (Soedjono Hoemardani)와 같은 수하르토의 최측근 참모들은 이슬람의 득세를 적극 견제할 필요성을 절감하였다. 수카르노 시대에 경험했던 이슬람의 군중 동원 능력과 정치적 잠재력을 두려워하였기 때문이다. 군부는 소도시와 농촌지역에서 NU를 중심으로 산뜨리들이 아방안 계층인 PKI추종세력을 색출하여 살해하는 과정에서 방관적인 자세를 견지하였고, 네덜란드 식민통치시대 이래로 산뜨리와의 경쟁관계에 있었던 쁘리아이 계층의 주요한 지지 세력이었던 PNI를 보호함으로써 NU와의 경쟁관계를 존속시켜 주었다. 이들 수하르토의 일급 참모진은 쟈카르타에 전략 및 국제문제 연구소(CSIS)를 세워 자신들의 브레인을 육성하였다.

수하르토는 1968년 자신의 내각을 개발내각(Kabinet Pembangunan)으로 명명하고 정치안정과 국민경제 회생을 국정운영의 최우선 과제로 삼았다. 이와 함께 비동맹 중립노선을 추구하면서도 친(親)서방정책을 내세워 대외채무를 연기하거나 조정하였으며, 국론분열의 방지와 경제우선정책을 명분으로 하여 정쟁(政爭)의 제반 요소를 엄격히 제한하였다. 이슬람의 정치참여를 차단하려는 조치였는데, 그 결과는 매우 성공적이었다. 군부를 도와 수하르토 시대를 연 이슬람 정치세력은 이러한 과정을 통해서 행동반경이 극히 제한되었다.

정통 이슬람의 산뜨리들과 경쟁관계에 있었던 PKI를 비롯하여 PNI 등 민족주의 세력과 군부는 마슈미와 마슈미의 잔존 세력에 대한 의구심을 버리지 않고 있었다. 마슈미에 대한 의구심을 가지고 있는 이들은 마슈미가 PRRI사건에 연루되어 해체된 이후에도 그들의 동조세력들을 규합하여 여전히 이슬람 국가건설에 대한 미련을 가지고 있다고 믿어왔다. 그래서 무함마디야가 신질서시대 초기에 마슈미를 재건하여 현실정치에 참여하고자 했으나, 군부가 이를 허용하지 않았다. 그 대신 군부는 마슈미의 구(舊) 지도층을 배제(排除)하고 마슈미의 복원(復原)이며 후신(後身)이라는 그럴듯한 구실로 친군부 세력이 대거 참여한 인도네시아무슬림당(Parmusi: Partai Muslimin Indonesia) 창당을 도왔다.

그러나 군부의 지나친 간섭과 친군부 세력으로 변신한 Parmusi에 대한 혐오감(嫌惡感) 때문에 무함마디야는 1971년 우중빤당(Ujung Pandang)에서 개최된 제38차 총회에서 정치와의 결별을 공식적으로 선언하였다.

이로서 무함마디야는 사회단체로 남되 정치적 성향을 배제한 채 이슬람 정화운동과 선교운동 그리고 사회개혁운동 등 3대 사회운동에 역점을 둔다는 점을 명백히 하였다. 다만 회원들에게 창설 초기처럼 정관에 어긋나지 않는 한 개개인의 정치성향에 따라 정치에 참여하는 것을 허용하였다.

군부 중심의 세력판도 변화는 이슬람 정치세력에 대한 견제(牽制)를 강화하는 쪽으로 이어졌다. 나사콤 체제의 균형추 역할을 했던 PKI가 해체되고 PNI가 지리멸렬해지자 3대 지주의 하나였던 이슬람 정치세력이 당연히 크게 부각되었다. 알리 무르토뽀는 이슬람 정치세력이 계속해서 강화되도록 방치한다면, 산뜨리 세력과 아방안 세력 간의 균형이 깨지고 NU가 중심이 된 강경세력이 득세할 것이라고 판단하였다. 이에 따라 알리 무르토뽀는 군부와 가톨릭과 기독교 엘리트들 간의 새로운 우호협력 관계를 구축하게 되었다. 이슬람 강온(强穩) 세력간의 경쟁과 견제구도를 이슬람 대 비(非)이슬람 구도로 교체한 것이다.

이 시기에 가톨릭과 기독교 엘리트들은 국가운영 참여와 무슬림과의 관계 정립에 있어서 크게 두 그룹으로 구분되었다. 첫째 그룹은 군부와 함께 이슬람 세력의 부상(浮上)을 억제하는 동시에 기독교 문화를 확산시키는데 주력하였다. 이들은 원리주의 이슬람 세력이나 강경파 무슬림들을 자바 이슬람으로 변형(變形)시켜 아방안(Abangan)화하려는 시도를 지속적으로 전개하였다. 국제전략문제연구소(CSIS)에서 활약한 비이슬람 엘리트들이 이 그룹에 속한다. 둘째 그룹은 이슬람 세력을 자극하지 않는 것이 옳다고 판단하여 군부에 소극적으로 협력하거나 관망하는 쪽을 택하였다. 이들은 군부와 이슬람 세력과의 충돌은 언젠가는 그 피해가 자신들에게 돌아올 것이라고 생각하였다.

1971년에 거행된 제2차 총선거에서 수하르토의 골카르(Golkar)당은 약 63퍼센트의 지지를 확보하였다. 인도네시아 헌정사상 최초로 과반수가 넘은 의석을 차지한 정당이 탄생한 것이다. 그러나 골카르당의 압승(壓勝)에는 군 정보기관에 의한 후보자 개개인에 대한 통제와 정부시책에 대한 비판기능을 무력화하기 위한 언론통제 이외에도 중앙선거관리위원회의 장악과 이슬람 공동체와 이슬람 종교를 상징하는 표현 범위를 대폭 규제한 행위 등이 작용하였다. 이에 따라 이슬람계 정당은 골카르에 비해서 매우 불리한 조건으로 총선거에 참여하였다. 선거 결과는 당연하게 예상치를 훨씬 밑돌았다. NU가 18.67퍼센트를 득표하였고, Parmusi가 5.35퍼센트, PSII가 2.39퍼센트, Perti가 0.7퍼센트 등 4개 이슬람계 정당은 합계 27.11퍼센트를 얻는데 만족하여야 했다.

제2차 총선거를 통해서 의회를 장악한 군사 정부는 모든 정당들을 정부의 통제 아래 묶어 두기 위한 조치를 취했다. 총선거에 참여했던 골카르 이외의 9개 정당을 1973년 1월 2개의 야당으로 통폐합하였다. 이에 따라 4개의 이슬람계 정당들은 통일개발당 (PPP: Partai Persatuan Pembangunan)으로 통폐합되어 당명(黨名)에서부터 이슬람의 색깔이 배제되었다. 나머지 5개 비이슬람계 정당은 민주당 (PDI: Partai Demokrasi Indonesia)이라는 깃발 아래 한데 모았다. 그러나 쟈바 이슬람적인 성향을 가지고 있던 수하르토 대통령 측근들과 정부의 두뇌집단 역할을 하고 있던 CSIS는 정당 통폐합에 흡족(洽足)해하지 않았다. 이에 따라 1974년에는 혼인법을 개정하고 1975년에는 공무원들의 서약에 관한 정부시행령을 만들어 아방안들을 이슬람으로부터 분리시키려는 시도를 전개하였다.

1977년의 제3차 총선거는 군사정부와 이슬람 세력 간에 사활을 건 대충돌 양상으로 전개되었다. 이 선거에 대비하여 1975년 군사정부는 정당법을 개정하여 모든 정당은 군(郡) 단위까지만 지부 설치를 허용하였으며, 면(面) 단위 이하에 대한 정당 활동은 선거기간 동안만 허용하였다. 이 정당법은 야당인 통일개발당(PPP)과 민주당(PDI)에는 아주 불리하게 작용하였으나, 골카르로서는 면장을 비롯한 지역 유지들을 당원으로 영입하여 평시에도 정당 활동이 가능했기 때문에 매우 유리한 제도였다.

제3차 총선거에서도 수하르토의 최측근인 아미르 마흐무드 (Amir Mahmud) 내무장관 겸 중앙선거관리위원장, 수도모 (Sudomo) 치안질서

회복작전사령부(Kopkamtib) 사령관, 알리 무르토뽀 대통령 특별보좌관 등의 활약이 돋보였다. 아미르 마흐무드는 NU 계열이 장악하고 있던 통일개발당의 상징을 이슬람 성지인 메카의 카바(Ka'bah)를 채택하는 것을 허용하지 않았다. 수도모는 이슬람 과격세력들이 선거를 방해하기 위해서 성전(聖戰)본부를 결성하였다고 조작하여 통일개발당 지지자들을 탄압하였다. 한편 알리 무르토뽀는 비밀리에 통일개발당 선거운동원들을 위협하고 테러를 가하여 부정선거를 자행하도록 교사(敎唆)하였다.

군사정부의 집요한 방해공작에도 불구하고 통일개발당은 제2차 총선거 때보다 5석을 추가하였다. 특히 쟈카르타에서 통일개발당은 제2차 총선거보다 약 41퍼센트의 지지율 상승을 기록하였으나 골까르는 약 36퍼센트니 감소하였다. 통일개발당이 선전할 수 있었던 이유는 비록 이슬람계 정당들이 통폐합되어 당명에서 이슬람 색깔이 제거되었지만, 이슬람 정당으로서의 정체성을 유지하고 다수의 산트리로부터 선거자금과 함께 많은 선거 운동원을 지원 받았기 때문이었다. 더욱이 선거 때마다 표출되었던 이슬람 단체 간의 갈등도 이슬람당으로 통합됨으로 자연스럽게 해소되어 의외의 효과를 올릴 수 있었다.

제3차 총선거를 치르면서 이슬람 세력의 건재를 확인한 군사정부는 19세기 말 네덜란드 식민정부가 산트리들을 약화시키기 위해서 이용했던 전통 쟈바문화 부흥운동을 전개하였다. 꺼바띤안(Kebatinan)이라 칭한 전통 쟈바문화 부흥운동을 통하여 이슬람세를 견제하기 위한 시도는 80년대를 거쳐 인도네시아 군부의 최고 실력자였던 벤니 무르다니(Benny Moerdani)에 의해서 주도면밀하게 진행되었다.

군사정부는 꺼바띤안정책의 활성화 이외에도 빤짜실라의 이해와 실천(P4: Pedoman Penghayatan dan Pengamalan Pancasila)을 국민협의회(MPR)의 결의안으로 상정하였는데, 빤짜실라를 정부가 임의대로 해석하여 악용할 것을 우려하여 통일개발당은 이를 강력하게 거부하였다. 이에 군사정부는 통일개발당 내의 주요 계파인 NU와 MI(Parmusi가 개명)의 분열 공작에 착수하였다. 당 총재였던 민따레자(Mintaredja)를 외국대사로 내 보내고, 1970년대 초 Parmusi의 총재와 사무총장이었던 무함마디야의 하디꾸수마(J. Hadikusuma)와 하룬(Lukman Harun)을 축출한 전력이 있는 나로(J. Naro)를 당 총재로 내세웠다. 알리 무르토뽀의 사주로 당권을 잡은 나로는 제3차 총선거에서 가장 공이 많은 NU계열 인사들을 푸대접하였다. 이것이 계기가 되어 NU는 1984년 12월 시뚜본도(Situbondo)에서 개최된 제27차 총회의 결의로 통일개발당과 결별하고 정치활동을 중단하고 '종교로의 회귀'를 선언하였다.

1982년에 실시된 제4차 총선거에서 NU계열과 MI계열 간의 갈등에도 불구하고 통일개발당이 여전히 약 28퍼센트(94석)의 지지를 받자, 군사정부는 이슬람의 탈(脫)정치화정책을 구체적으로 실천에 옮기기 시작하였다. 이를 위해서 인도네시아 국내의 모든 단체로 하여금 빤짜실라를 유일한 조직이념으로 수용하도록 하는 조처를 법제화하였다. 지속적인 경제개발과 사회안정을 유지하기 위해서는 빤짜실라의 법제화가 절실하다고 인식해 온 수하르토는 이를 실천할 적임자로 당시 모든 정보기관을 장악하고 있던 벤니 무르다니를 통합군 사령관으로 임명하였다. 가톨릭교도이자 CSIS의 후견인이었던 벤니 무르다니는 이슬람 세력에 대해 항상 의심의 눈길을 늦추지 않았다. 벤니 무르다니의 군부는 이슬람 단체들이 빤짜실라의 법제화에 대한 반발이 조직적으로 일어나자, 딴중 쁘리옥(Tanjung Priok)학살사건을 유도하는 등 공포분위기를 조성하여 이를 정치적 목적으로 활용하였다.

이슬람 조직에 대한 군부의 가시적인 탄압은 이슬람 단체들이 빤짜실라를 그들의 유일한 이념으로 받아들이기 시작하면서부터였다. 집권 여당이었던 골카르를 장악한 수다르모노(Sudharmono)와 군부의 수장인 벤니 무르다니 간의 주도권 다툼 또한 군부와 이슬람 간의 화해 분위기 조성에 일조하였다. 제4차 총선거가 끝난 후, 군부를 벤니 무르다니에게 맡긴 수하르토는 정치적 야망을 가지고 있지 않으면서 대통령 비서실을 성공리에 개편한 수다르모노 총무처 장관을 골까르의 총재로 낙점(落點)하였던 것이다. 벤니 무르다니는 군 법무관 출신으로 이슬람에 대해서 비교적 우호적이었던 수다르모노와의 관계가 원만하지 못하였는데, 이들 두 사람 간의 실세(實勢) 다툼은 제5차 총선거 후 수하르토가 수다르모노를 부통령에 지명할 때까지 이어졌다.

마슈미가 과거 수카르노의 교도민주주의 정부를 강력하게 비판한 것처럼, 수하르토가 이끄는 신질서 정부를 비판해 온 NU는 1984년 12월 통일개발당과 결별함과 동시에 빤짜실라를 유일한 이념으로 받아들였다. 인도네시아 이슬람 사회에서 가장 많은 회원을 포용하고 있는 NU의 예상 밖의 결정은 당시 군사정부의 눈치만 보고 있던 이슬람 단체들뿐만 아니라 여타의 종교단체들을 경악시켰다. 두 번째로 많은 회원을 가지고 있는 무함마디야도 1년 후, "빤짜실라를 종교화하지 않고, 종교 또한 빤짜실라화 하지 않겠다"는 수하르토 대통령의 약속과 신임 의장 아민 라이스(Amien Rais)의 노력으로 빤짜실라를 무함마디야의 유일한 이념으로 받아들였다.

벤니 무르다니와 전략적 제휴를 한 압두라흐만 와히드(A. Wahid)는 빤짜실라 정부와의 유대강화를 통한 새로운 입지 구축에 나섰다. 그는 1985년 NU 간부는 각종 사회 및 정치 단체의 간부를 겸하지 못하게 명령하였다. 이어서 1987년 실시된 제5차 총선거에서 압두라흐만 와히드는 NU 회원들에게 이슬람 법제화의 수용으로 당의 상징을 '황금빛 별'(Nur Cahaya)로 바꾼 통일개발당을 지지할 의무가 없으며, 골카르나 민주당(PDI)을 지지해도 좋다고 선언하였다. 특히 제4차 총선거 후 통일개발당에서 나로 측으로부터 푸대접받았던 유숩 하심(Yusuf Hasim)과 마흐붑 주나이디(Mahbub Junaidi)는 노골적으로 반(反)통일개발당 선거운동을 전개하였다.

NU의 지속적인 노력으로 골카르는 창당 후 가장 많은 약 73퍼센트의 지지를 받았고 PDI 또한 어부지리로 창당 이후 가장 높은 10.9퍼센트의 득표를 하였다. 그러나 통일개발당은 약 16퍼센트 득표에 그쳐 치욕적으로 참패하게 되었다. 제4차 총선거 때 획득한 27.8퍼센트에서 11.8퍼센트가 이탈하였던 것이다. NU의 도움으로 총선거에서 압승한 빤짜실라 정부는 감사의 뜻으로 압두라흐만 와히드를 비롯한 일부 NU 인사들을 국민협의회 의원으로 추천하였다.

수다르모노가 골카르당의 총재로 재임한 1983년부터 1988년까지 당내 분위기는 CSIS의 주도로 이슬람과 대립적인 분위기를 조성하였던 기간(1978-1983)과는 매우 다른 양상이 나타났다. 수다르모노는 이슬람학생연합(HMI: Himpunan Mahasiswa Islam) 출신인 악바르 딴중(Akbar Tanjung)을 골카르당의 사무차장에 임명하는 등 이슬람 포용정책을 표방하였는데, 그 결과 많은 이슬람 지도자들이 골카르에 입당하였다.

벤니 무르다니의 영향력 하에 있었던 군부가 대통령이 임명한 수다르모노를 마지못해서 부통령 후보로 받아들인 사실을 심각하게 생각한 수하르토는 자신의 부관 출신의 한 사람인 트리 수트리스노(Tri Sutrisno) 육군 참모총장을 새 통합군사령관으로 임명하여 군부를 장악하게 하는 한편, 수카르노가 1950년대 후반에 나사콤 체제를 구축하여 정권을 확고하게 장악했던 것처럼, 자신도 군부와 전문기술관료와 이슬람 세력으로 삼각 권력구조를 구축하여 새로운 상호견제와 경쟁관계를 모색하였다. 이로써 1970년대에 절정기를 구가했고 1980년대에도 여전히 자카르타 정치력 창출의 원천(源泉)이었던 CSIS는 국정(國政)의 중심에서 조용히 사라지고 1990년에 결성된 인도네시아전국무슬림지식인연맹(ICMI: Ikatan Cendekiawan Muslimin Se-Indonesia)이 새롭게 부상하기 시작했다.

신질서 정부의 지주 역할을 해 온 군부와 수하르토의 갈등은 수다르모노를 부통령 후보로 지목하면서 불거지기 시작하였다. 수다르모노는 골카르당 총재로 재임하는 동안 당에 대한 군부의 영향력을 차단하였다. 군부의 자신에 대한 충성심을 의심하게 된 수하르토는 정권연장 전략의 일환으로 군 내부의 벤니 무르다니 세력을 축출하고 군부의 기능을 축소하는 한편, 이슬람 세력을 포용하기 위한 유화적인 이슬람 정책을 표방하기 시작하였다.

수하르토의 대 이슬람 포용정책은 1988년 이래 다양하게 표출되었다. 대표적인 사례로 1988년 12월 이슬람 사법(司法) 법령(UU Peradilan) 통과를 들 수 있다. 이듬해인 1989년에는 교육법을 개정하여 공립학교 교과과정에 종교과목을 추가하고 1991년에는 여학생들에게 이슬람을 상징하는 베일(kerudung) 착용을 허용하였다. 무함마드를 모독한 죄로 1990년 10월 시사 주간지 모니또르(Monitor)를 폐간하였으며, 같은 해 12월에는 ICMI 창설을 적극적으로 지원하였다. 더욱 극적인 대 이슬람 유화정책의 제스쳐로 자바 이슬람 끄자웬(kejawen) 성향의 수하르토 대통령 일가는 1991년 6월 하지(Haji) 순례여행을 마쳤고, 1992년 5월에 이르러서는 이슬람은행(BMI)을 설립하는데 대통령 자신이 주된 역할을 하였다.

수하르토의 권위주의 정부는 1980년대 말부터 종교 정책에서는 대체로 호의적이었지만, 이슬람 과격 단체에 대해서는 단호하게 대처하였다. 인도네시아로부터 분리독립을 주장해 온 아쩨독립운동조직(GAM)의 경우가 그 대표적인 사례인데, 수하르토는 1989년 아쩨 지역을 군작전지역(DOM)으로 선포하였다. 1998년 DOM이 해제될 때까지 분리독립과 군사작전 사이에서 수많은 양민들이 희생되었다. 아쩨 분리독립 문제는 그 후 2004년 말 미증유(未曾有)의 지진해일이 이 지역을 휩쓸고 지나가면서 국제사회가 적극적으로 나서서 2005년 8월에 극적으로 분쟁이 종식되었다.

제6차 총선거에 대한 군부의 암묵적인 정치적 중립 자세표명과 골카르당의 분열, NU의 정치적 중립선언 등 정부와 여당 측에 불리한 사건이 계속해서 터져 나왔음에도 불구하고 1992년 6월의 총선거에서 골카르가 68.1퍼센트를 차지하게 된 것은 수하르토의 이슬람 포용정책과 깊은 상관관계가 있음은 명백한 사실이다. 수하르토와 군부와 이슬람 세력 등 3자 간의 관계는 1991년 말 확정된 골카르 소속 의회의원 후보 선정 과정에서 명확하게 드러났다. 수하르토는 이제까지의 관례에 따르지 않고 골카르당 총재 · 통합군사령관 · 총무처장관 등이 추천한 후보 중 군부에 가까운 인사들을 무슬림후보들로 대폭 교체하였다.

수하르토의 배려에 화답하기 위해서 이슬람 단체들은 제6차 총선거가 실시되기 한 달 전 37개의 이슬람 단체에서 약 3,000명의 대표자들이 참석한 대 집회를 열고 수하르토의 당선을 축원하는 기도회를 가졌다. 이에 비하여 군부는 수하르토의 대통령 후보추대 문제에 대하여 전례와는 달리 열광적이지 못했다. 오히려 일부 고위 장성들은 인도네시아 정치문제에서 만장일치 제도는 빤짜실라 정신에 맞지 않는다고 주장하기도 하였다. 만장일치는 '협의(協議)와 합의(合意)'(musyawarah dan mufakat)라는 수하르토 통치철학의 기본이었다. 시간이 걸리더라도 여러 차례 협의를 통해서 모든 사람의 합의를 얻어낸다는 것이었다.

이러한 상황 변화 속에서 6선 대통령으로 선출된 수하르토는 고도의 정치력을 발휘하였다. 부통령 후보로 골카르에서 추천한 당시 과학기술처장관 겸 ICMI 총재였던 하비비(B. J. Habibie)를 고려하고 있던 수하르토는 군부가 언론을 통해서 공개적으로 추천한 뜨리 수트리스노(Try Sutrisno) 통합군사령관을 부통령으로 낙점하였다. 그 대신 이제까지 군부인사가 맡아왔던 골카르 당 총재직을 언론인 출신 민간인인 하르모코(Harmoko) 공보성 장관에게 맡기고 당의 주요 요직 또한 민간인들을 대거 등용하여 군부 인사를 대체하였다.

1970년대 초에서 1980년대 초까지 상당 부분의 국정은 CSIS에 의해서 입안되었다. 당시의 인도네시아 정치는 엘리트들의 상호작용에 의해서 비공개적으로 진행되었기 때문에 정부 내 특정 세력이 주도했다고 볼 수 있다. 그러나 1990년 이후에는 ICMI가 국정에 지대한 영향을 미쳤는데, 이때의 양상은 CSIS의 주도 하에 반(反)이슬람 분위기가 확산되었던 1970년대와는 달랐다. 제6차 개발내각의 각료 중 비(非)무슬림은 3명에 불과하여 1990년대에는 산뜨리들이 국정을 장악한 것으로 보이지만, 언론이 많이 개방되어 있던 시점이었기 때문에 정치활동은 이전과 비교하면 비교적 공개적이고 투명하게 이루어졌다. 또한 대부분의 이슬람 단체들은 이슬람 내부의 정화운동을 통해서 보다 굳건한 신앙생활 추구하는데 우선적인 목표를 두고 있었기 때문에 타 종교를 간섭하거나 억압하는 경우는 거의 없었다.

대부분의 이슬람 세력들이 참여하고 있던 ICMI는 수하르토가 하야(下野)하고 하비비가 잠정 대통령으로 재임하고 있던 1999년 10월까지 국정에 적지 않은 영향을 미쳤다. 창설 1년 후인 1991년 12월에 이미 약 50만명의 회원이 가입했던 ICMI에는 질적인 면에서 인도네시아의 어느 사회단체나 정치 단체보다 많은 각계각층의 엘리트들이 합류했었다. 하비비 측근 인물 24명과 ICMI회원 37명이 국민협의회 의원으로 선출되었으며, 대부분의 장관들이 ICMI 회원이 되었다. 압두라흐만 와히드는 NU 계열의 엘리트 부족으로 무함마디야 인사들이 ICMI의 주요 요직을 차지하자 종파집단이라고 비난하기도 했다. 그러나 당시 ICMI는 군부를 장악한 산뜨리 성향의 고위 장군들과 원만한 관계를 유지하여 국정 전반에 걸쳐 산뜨리화(santrisasi)라 하여 이슬람적 색깔을 강화하였다.

VI. 와히드 대통령 탄생 배경

인도네시아 사상 처음으로 이슬람 정파에서 대통령이 배출되었다. 제8차 총선거에서 의회 총의석 500석 중 51석 획득으로 제4위의 민족중흥당(PKB)의 압두라흐만 와히드(A. Wahid) 상임고문이 1999년 10월 20일에 개최된 국민협의회(MPR)에서 153석 확보로 제1당이 된 투쟁민주당(PDI-P)의 메가와티 수카르노뿌뜨리(Megawati S.) 총재를 누르고 인도네시아공화국의 제4대 대통령으로 선출된 것이다. 이는 무함마디야의 의장을 역임한 국민여망당(PAN)의 아민 라이스(Amien Rais) 총재의 주도 하에 통일개발당(PPP) · 민족중흥당(PKB) · 국민여망당(PAN) · 이슬람당(PBB) ·

정의당(PK) · 무슬림부흥당 등 제8차 총선거에서 의회 의석을 확보한 모든 이슬람 정당들을 결집하여 하나의 세력 형성에 성공했기 때문이었다. 이슬람 세력들이 이처럼 통합된 힘을 과시하여 하나의 공통된 목표를 단시간 내에 이루어 낸 것은 수카르노 시대와 수하르토 신질서 시대에서는 물론이고 인도네시아에 이슬람이 전래된 이래 처음 있는 일이었다.

이슬람 세력들이 결집하여 와히드를 대통령으로 옹립할 수 있었던 이유는 세 가지로 요약된다. 무엇보다 먼저 군사정권 붕괴 후 정치력 공백기에 이슬람 이데올로기를 공유하고 있던 이들 소수당이 연합할 경우 정권(政權) 주도가 가능하다는 인식이 팽배하였고, 둘째는 독립 준비과정에서부터 혁명기 · 의회민주주의 경험기 · 교도 민주주의 시기 · 군사정부 시대에 이르기까지 이슬람 세력의 분열로 국민의 신망을 져버렸다는 자책감(自責感)과 함께 최고 통치자나 정부로부터 세력에 합당한 대우를 받지 못한 것에 대한 보상(補償)심리가 작용했으며, 셋째는 인도네시아가 직면한 국제적인 금융위기와 국내적인 분리독립 움직임 등 대내외적으로 매우 어려운 상황에서 자칫하면 국가가 분열될 수 있다는 공통된 위기의식 때문이었다.

당시의 의회 분위기도 한 몫을 했다. 제1당의 위치를 차지했던 PDI-P가 국민협의회(MPR) 의장과 의회(DPR) 의장 선거에서 패하자, 대통령 선출은 빤짜실라 정신에 입각해야 한다며 합의추대를 강력하게 요구하였다. 그러나 하비비 전 대통령을 지지하는 세력과 메가와티 수카르노뿌뜨리를 지지하는 PDI-P 세력 간에 한 치도 양보가 없는 정면 대결로 치달았기 때문에 합의 추대가 이루어 질 수 없는 상황이었다. 두 대결 세력 간의 충돌로 야기될 가능성이 큰 총체적 국난(國難)을 해결하고자 아민 라이스가 나섰다. 그는 제3당인 통일개발당(PPP)과 기타 이슬람 정당의 지도자들을 설득하여 자신과 경쟁관계에 있던 압두라흐만 와히드를 대안으로 추대하였던 것이다. PAN(무함마디야)과 PKB(나흐다뚤 울라마)의 협력관계 구축은 제8차 총선거에 참여했던 이슬람 제 정당을 결집할 수 있는 기폭제가 되었던 것이다.

경제위기 극복을 최우선의 국정 과제로 삼은 와히드 대통령의 국민통합내각(Kabinet Persatuan Nasional)은 국제금융위기를 해결하기 위한 방편으로 이슬람 단체들의 완강한 반대에도 불구하고 이스라엘과 공식적인 국교관계를 선언하였으며, 국내 화인(華人) 소수민족들의 신뢰감 회복을 위해서 다양한 유화정책을 내놓았다. 또한 군부의 영향력을 축소하기 위한 방안으로 기존의 육해공군 및 경찰군의 4군 체제를 변경하여 육해공군으로 구성된 국군(TNI)과 경찰군을 대통령 직속기관으로 분리하였다. 그는 사회가 극도로 혼란스러운 상황에서 군부를 크게 자극하지 않으면서 군의 정치적 역할을 점진적으로 축소한다는 계획을 실천해 나가려 했다. 그러나 와히드는 성공한 대통령이 되지 못하였다. 이슬람계 정당들이 와히드의 실정(失政)에 대한 메가와티 측의 공세를 적극적으로 방어해 주지 않았기 때문이었다.

제9장 인도네시아 이슬람사회의 다양성과 독창성

I. 엔우와 무함마디야

구스 두르(Gus Dur)로 널리 불려온 와히드(Abdurrahman Wahid) 전임 인도네시아 대통령은 국내외에서 좋은 인상을 가지지 못했다. 국가원수가 앞을 보지 못한다는 것 이외에도 미숙한 국정운영으로 문민정부로 들어선 인도네시아 국내정국을 혼란스럽게 했으며 하싸날 볼키아(Hassanal Bolkiah) 브루나이 국왕이 인도네시아 국내 이슬람 소요사태를 진정 시키는데 써달라고 전달한 200만 달러의 일부를 유용했다는 두 가지 이유로 탄핵(彈劾)되어 대통령직에서 도중하차한 무능한 인물로 생각되고 있다. 그러나 그렇지 않게 생각하는 사람들도 많다. 엔우(NU)라는 이슬람 조직에서는 구스 두르의 탄핵이 가결되면, 기꺼이 죽음을 택하겠다는 조직도 만들어졌었다. 빠수깐 브라니 마띠(Pasukan Berani Mati)라는 조직이 그것인데, 직역하자면 '(구스 두르를 위하여)용감하게 죽을 준비가 되어 있는 군대'이다. 구스 두르는 대통령직에서 물러난 뒤에도 여전히 인도네시아 최대의 이슬람 조직인 엔우의 존경받는 웃어른으로 건재(健在)하다.

인도네시아 이슬람을 '이것이다'라고 명쾌하게 설명하기는 어렵다. 구스 두르에 대한 상반된 평가처럼 이 나라의 이슬람과 이슬람 사회는 다양한 요소들이 너무 많기 때문이다. 원리주의자들과 전통주의자들이 있고, 현대주의자들이 있는가 하면 실용주의자들도 있다. 원리주의자들은 제마 이슬라미야(JI)의 추종세력들이 자행한 것으로 믿어지는 테러가 대변하듯이 이슬람의 순수성을 강조하며 중동의 이슬람 형제들과의 연대를 과시하려는 세력들이다. 이로 이해서 미국은 제마 이슬라미야가 알카에다 조직과 어떤 형태로든지 연계되어 있을 것으로 의심하고 있다. 전통주의자들은 흔히 '쟈바 이슬람' 또는 끄쟈웬(Kejawen)으로 칭하며 이슬람 내도(來到) 이전의 힌두·불교와 민간신앙 등 토착적인 요소들을 포용하는 이슬람을 신봉하는 세력들이다. 구스 두르가 이끄는 엔우가 이에 속한다. 현대주의자들은 이슬람의 맹목적인 부분을 비판하고 미신적인 요소를 거부하여 보다 검증된 이슬람을 수용하려는 무리들이다. 엔우와 쌍벽을 이루며 경쟁하는 무함마디야(Muhammadiyah)가 현대주의자들의 집단이다.

정치권을 장악하고 있는 무슬림(이슬람교도)들은 대체로 실용주의자들이다. 이들은 당연하게 모든 이슬람 세력과 파벌들은 물론이고 이교도(異敎徒)들까지 포용해야 하는 입장을 가진 세력들이다. 2억 3천만(2005년)에 달하는 인도네시아의 인구 중 약 15퍼센트가 기독교와 가톨릭 또는 힌두교 등을 신봉하고 있다. 그러고 보면, 실용주의 이슬람 세력들은 외형은 대다수의 이슬람 세력을 의식하여 '이슬람'의 면면을 갖추고 있으나, 내면적으로는 정부 정책으로 이교도들도 포용해야 하므로 비(非)이슬람적인 요소들을 가지게 마련이다. 그러므로 외형상 세계 최대의 이슬람국가인 인도네시아에서 원리주의 이슬람 세력들은 실용주의 이슬람정부에 대해서 반기(反旗)를 들고 있다. 정부의 대내외 이슬람 정책을 비판하고 비이슬람적 정책에 대한 적극적인 항거의 표시로 테러를 자행하고 있다.

정치지향적인 이슬람이 동질성을 테두리로 하여 한데 뭉쳐 있다면 대단한 저력(底力)을 지니고 있을 것이 분명하다. 전통주의 이슬람 세력을 대변하는 엔우와 현대주의 이슬람 세력을 대변하는 무함마디야가 바로 이들인데, 오늘날 공룡 같은 거대한 집단이 되어 인도네시아 사회를 점령하고 있다. 과장된 면이 없지 않지만, 엔우는 4,000만 명의 회원을 거느리고 있다고 말하며, 무함마디야도 3,000만 명을 능가한다고 말한다. 전체 인구 중 85퍼센트를 이슬람으로 볼 때 약 2억 인구가 무슬림이고, 3명 중 1명은 엔우나 무함마디야에 가입하고 있다는 계산이 나온다. 그러나 핵심 구성원은 1/10이 넘지 않을 것이라는 것이 전문가들의 견해이다. 지난 1965년의 정변(政變)에서 공산당원이었거나 공산당에 동조했던 수십만 명의 사람들을 무차별하게 제거하는 과정에서 신흥 군부를 도와 대규모 군중을 동원하여 전면에 나섰던 세력들이 바로 엔우였다.

엔우와 무함마디야의 역사는 18세기 말부터 19세기 초에 이르는 사이에 사우디아라비아에서 발흥(發興)했던 와하비운동(*Wahhabism*)과 깊은 관련이 있다. 식민통치와 더불어 밀려들었던 서구문명에 항거하여 반(反)식민주의와 범(凡)이슬람주의를 주장하며 이슬람 순수주의를 내세운 이슬람부흥운동에 전 세계의 무슬림들이 기꺼이 동참하였다. 인도네시아에서도 아흐마드 다흘란(Ahmad Dahlan)과 하심 아샤리(Hasyim Asyari)가 인도네시아 이슬람을 대표하여 사우디 아라비아로 건너가 와하비운동에 합류하였다. 아흐마드 다흘란은 귀국 후 1912년에 무함마디야를 세웠고, 구스 두르의 조부(祖父)인 하심 아샤리도 1926년 엔우로 약칭되는 나흐다뚤 울라마(Nahdatul Ulama)를 세웠다. 인도인도네시아 이슬람 사회는 이들에 의해서 이슬람의 순수성(純粹性) 회복과 복고(復古)를 위한 이슬람 부흥운동의 새 물결을 만나게 되었다.

중동 이슬람의 절대적인 영향을 받은 인도네시아 이슬람은 정도의 차이가 있으나 전체적으로 순화(純化)된 느낌을 가지게 한다. 종교행위 자체도 그렇고 이슬람 용어도 그렇다. '자선(慈善)'을 뜻하는 자카트(zakat)처럼 뜻과 내용이나 용어의 발음까지 동일한 것도 있지만, 대개는 발음(發音)상 조금씩 차이가 있다. 가장 흔한 용어로 몇 가지 예를 들어 보자면, '인정을 베푸는 것'을 의미하는 아랍어의 인파끄(infaq)를 인도네시아 이슬람에서는 인팍(infak)으로, '좋은 행동'을 지칭하는 이흐산(ihsan)은 인도네시아어식 표기법에 따라 이흐산(ikhsan)으로 쓰고 있다. '자선적인 행위'를 뜻하는 아랍어의 시드끄(sidq)와 사다까(sadaqa)는 인도네시아에서 각각 시딕(sidik)과 스데카(sedekah)로 쓰고 있다. 나흐다툴(Nahdatul)은 아랍어로 나흐들라툴(Nahdlatul)이다. 인도네시아 이슬람 학자들도 당연하게 원전(原典)에 충실하게 접근하는 방법으로 아랍어 원전에 의거한 용어를 고집하기도 한다.

하쉼 아샤리는 뽄독 쁘산뜨렌(pondok pesantren)을 중심으로 전통주의 이슬람을 한데 묶고 나흐다뚤 울라마라는 구심점으로 이슬람 부흥운동을 이끌어 거대한 조직을 거느리게 되었다. 무함마디야가 '사도(使徒) 무함마드의 길(道)'이라는 현대적이며 평범한 의미를 가진데 비하여 나흐다뚤 울라마는 '이슬람 율법학자들의 융성(隆盛)'이라는 다소 무겁고 고루하며 전통적인 의미를 고수하였다. 우리나라의 서당(書堂)과 유사하게 쟈바를 중심으로 한 뽄독 쁘산뜨렌은 일찍이 서구문명에 반대하여 자진해서 혹은 식민통치자들에 밀려서 낙향(落鄕)한 쟈바 군소왕국의 귀족들이 쟈바 농촌지역에서 이슬람 교리를 가르치고 있었다. 이들을 방사완(bangsawan)이라고 불렀는데, 우리 농촌의 훈장(訓長)들과 달리 이들은 상당한 재산도 보유하고 있었다. 이들의 가르침에는 이슬람 교리가 주류를 이루었으나, 자신들의 출신 성향처럼 쟈바의 토착문화와 힌두교의 요소들이 조화롭게 혼합되어 있었다.

쟈바 방사완들과 같은 부류에 속했던 하쉼 아샤리는 동부 쟈바의 좀방(Jombang)에 위치한 자신의 뽄독 쁘산뜨렌를 근거지로 하여 엔우의 터전을 확대해 나갔다. 낙향한 고대 쟈바왕국의 귀족들은 이슬람 부흥운동이 자신들의 명예와 권위를 강화하는데 획기적인 계기가 될 것이라는 기대에 부풀어서 하쉼 아샤리의 주변으로 모여 들었다. 구스 두르(Gus Dur)로 애칭(愛稱)되고 있는 와히드(Abdurrahman Wahid) 전임 대통령은 아랍식 이름인 압두라흐만에서 '두르(Dur)'를, 자바 왕족을 지칭하는 라덴 바구스(Raden Bagus)에서 '구스(Gus)'를 따온 것이다. 정통 자바 왕국의 후예이자 이슬람교도(무슬림)인 압두라흐만이라는 두 가지 의미를 함축한 것이다.

엔우가 자바의 전통 속으로 회귀(回歸)하였다면, 무함마디야는 과감하게 현대적(*modern*)인 요소를 수용하기 시작했다. 그래서 무함마디야는 도시에서 신학문(新學問)을 접한 지식인들과 외국문물을 쉽게 접할 수 있는 무역 상인들이 주축을 이루었다. 재력을 갖춘 무함마디야의 중추 세력들은 현대식 교육을 위해서 학교를 세우기 시작했다. 또한 이들은 '식민주의'도 세계사의 흐름 속에서 '있을 수 있는' 하나의 과정으로 인식하는 전향적(轉向的)인 자세를 취했으므로 네덜란드 식민당국으로부터 호감을 샀다. 현대적인 요소를 현시(顯示)하기 위해서 무함마디야는 학생들 앞에서는 교사들에게 넥타이 매기를 권장하였다. 그러나 엔우는 새로운 변화를 거부하고 사룽(sarung) 착용이 전통주의를 실현하는 첩경임을 강조하였다. 사룽은 자바의 남녀노소가 간편하게 입을 수 있는 통치마 같은 것으로 빈한(貧寒)한 자바 사회의 전통과 편리함을 동시에 대변하고 있다.

엔우와 무함마디야가 처음부터 정치세력으로 나섰던 것은 아니다. 대동아공영권(大東亞共榮圈)이라는 미명 아래 군국주의 일본은 동남아로부터 전쟁물자 수급에 혈안이 되었다. 이에 따라 인도네시아에도 식민경제 수탈(收奪)작전이 시작되었고, 이 과정에서 민중동원이 절실해지자 일본은 독립을 미끼로 이슬람 세력을 끌어내었던 것이다. 이때 주류를 이룬 이슬람 세력은 당연하게 엔우와 무함마디야였다. 이들 인도네시아 이슬람의 양대 세력들은 인도네시아이슬람최고회의(MIAI)를 만드는데 적극 협력하였다. MIAI는 머지않아 인도네시아의 모든 이슬람 세력을 총망라하는 인도네시아무슬림협의회로 확대 개편되었는데, 이를 마슈미(Masyumi)로 약칭(略稱)하였다. 마슈미는 정치지향적인 이슬람 세력의 정치력을 활용하여 이슬람부흥운동을 연계시킬 필요성을 절감하고 정치

세력으로 변신하게 되었다. 1952년 엔우가 마슈미로부터 탈퇴할 때까지 무함마디야와 엔우는 마슈미를 통해서 적극적인 공조(共助)관계를 유지하였다.

1952년 엔우의 마슈미 탈퇴는 다소 어이없는 사건이었다. 독립 이후 계속해서 엔우측 인사가 맡아 온 종교성장관(Menteri Agama)직이 무함마디야 인사에게 돌아가자 엔우는 마슈미에서 탈퇴하는 것은 물론이고 정치권으로부터의 결별(訣別)을 선언하였다. 엔우가 제외된 당시의 정치세력은 무함마디야가 중추를 이룬 마슈미와 수카르노(Soekarno) 대통령의 통치기반이었던 국민당(PNI)뿐이었다. 그러나 1955년의 제 1차 인도네시아 총선거는 무함마디야와 PNI의 독무대가 아니었다. 전격적으로 정치권으로 되돌아 온 엔우가 돌풍(突風)을 일으킨 것이다. 선거 결과 마슈미와 PNI와 더불어 엔우와 공산당(PKI)이 인도네시아의 4대 정당으로 자리 잡게 되었는데, 엔우의 폭발적인 잠재력은 PKI의 부각 못지않게 센세이셔널하게 받아들여졌다. 뽄독 쁘산뜨렌을 중심으로한 인도네시아 전통이슬람주의가 잠에서 깨어난 것이었다.

수하르토(Soeharto)는 1973년 자신의 지지기반인 골카르(Golkar)당을 집중적으로 육성할 목적으로 정당간소화법을 만들었다. 이에 따라 골카르 이외의 정당들은 모두 이슬람계 정당과 비이슬람계 정당 등 2개 정당으로 통폐합되었다. 엔우와 무함마디야는 통일개발당(PPP)에서 다시 만나 '어색한 동거'에 들어갔지만, 당내에서 공조(共助)체제를 갖추지 못한 것은 물론이고 어떤 사안(事案)에서도 협력하지 못하였다. 수하르토 체제가 종료되자마자 PPP는 엔우 출신의 전임 부통령 함자 하스(Hamza Haz)만 남긴 채 각 계파 모두 원래의 위치로 되돌아갔다. 무함마디야는 국민여망당(PAN)으로, 엔우는 국민각성당(PKB)로 '새 옷'을 갈아입고 문민정치(文民政治) 무대로 뛰어 들었다. PKB의 압두라흐만 와히드(A. Wahid)는 하비비(B. J. Habibie)의 과도 정부 직후 최초의 민선 대통령으로 선출되었고, PAN을 이끈 아민 라이스(Amien Rais)는 국민협의회

(MPR) 의장이 되어 헌법 개정을 주도하였다. 수실로 밤방 유도요노(Susilo Bambang Yudhoyono)가 국민직선의 대통령이 되면서 엔우 의장도 하심 무사디(KH Hasyim Musadi)로 바뀌고, 무함마디야의 의장도 국립이슬람대학교(UIN)의 딘 샴수딘(Prof. Dr. Din Syamsuddin) 교수로 교체되었다.

무함마디야와 엔우는 공히 네덜란드 식민통치 말기에 독립투쟁의 선봉에 섰던 인도네시아 민족주의 세력의 원류(原流)이다. 수카르노가 창당하고 육성한 국민당(PNI)과도 같은 성격이다. 그러나 이들 양대 이슬람 세력은 발전과정에서 지도자의 개인적인 성향과 지도 형태에 따라 '전통주의'와 '현대주의'를 지향하는 별개의 정치세력으로 자리 잡게 된 것이다. 전통주의를 고집하는 엔우 쪽에서는 무함마디야를 이슬람에 대해서는 '쥐뿔도 모르면서 유행을 좇는 가벼운 무리들'로 보고 있으며, 무함마디야는 엔우를 '변화를 수용할 줄 모르는 촌사람들'로 여기고 있다. 이러한 기본적인 인식의 차이가 인도네시아 이슬람의 통합과 발전을 저해하는 요인으로 작용하고 있다.

무함마디야나 엔우는 모두 이슬람교도들의 집합체로서 이슬람(종교)에 대한 대체로 공통된 인식과 크게 다르지 않다. 다만 엔우는 보다 전통적이고 광범위하며 인도네시아적인 다양한 요소들을 포용하고 있다는 것이다. 이슬람 내도 이전에 이미 만개했던 쟈바 전통사회의 가치관을 수용하여 이를 바탕으로 인도네시아식 이슬람(쟈바 이슬람)을 발전시켜 나왔기 때문이다. 엔우의 이슬람에는 힌두교와 힌두문화의 전통이 많이 남아 있다. 쟈바 전통사회의 가치관을 기록한 끼땁 꾸닝(Kitab Kuning)에 등장하는 다양한 가치관들, 이를 테면, 슬라마딴(Selamatan)이라 칭하는 상부상조(相扶相助)의 전통 같은 것들도 발견된다. 끼땁 꾸닝은 예의범절(禮儀凡節)을 가르치는 족보(族譜) 비슷한 고전(古典)으로 하도 오래 되어서 표지가 노랗게 기름때가 찌들어서 부쳐진 이름이다. 이들 두 가지 쟈바 문화를 토대로 엔우는 이슬람 성전인 알 꾸란(Al Qur'an)과 이를 확대

해석한 알 하디스(Al Hadith)를 수용한 것이다. 이에 비하여, 무함마디야의 이슬람은 알 하디스를 중추(中樞)로 삼고 기타 인도네시아적인 요소들은 곁가지로 하고 있다.

엔우의 특징 중의 하나는 누구나 조건 없이 회원이 될 수 있다는 점이다. 이전의 이력이나 종교적 성향을 가리지 않고 '아무개를 잘 압니다.' 정도로 자신을 소개해도 기꺼이 형제로 받아들인다. 그러나 무함마디야는 입회 의사를 밝히면, 일단 기다리게 한다. 입회 희망자의 개인적인 사정과 주변을 알아보고 나서 '조직'이 최종적으로 입회를 결정한다. 이러한 절차에 대해서 엔우는 가톨릭에서나 하는 '짓'이라고 비판한다. 그러므로 엔우는 보다 인간적인 집단이다. '쫓겨난 대통령'도 엔우의 전임 의장들도 계속해서 조직의 장로(長老)로서 사랑받을 수 있다. 그러나 무함마디야의 의장은 거대한 조직의 중간 관리자일 뿐이다. 임기를 다했거나 선거에 패하는 등 중대한 실수가 있으면 가차 없이 교체된다. 조직은 있으나, 절대 지도자는 없다는 것이다. 막강한 국민협의회 의장이자 두 차례나 대통령 후보에 올랐던 무함마디야의 전임 의장 아민 라이스는 갸쟈마다대학교 국제관계학과의 초라한 자신의 연구실로 되돌아갔다가 정년(停年) 퇴직이 아닌 명예퇴직을 택했다.

엔우와 무함마디야의 작지만 분명한 차이는 장례절차에서 명확하게 드러난다. 무슬림들의 장례는 야속할 만큼 신속하게 치러진다. 오전에 사망한 사람은 오후에, 오후에 사망한 사람은 다음 날 오전이면 기본적인 장례절차가 마무리 된다. 무슬림들은 흰 색 천에 싸서 얼굴을 메카(*Mecca*) 방향으로 하여 매장(埋葬)한다. 부자인 경우에는 양탄자를 쓰기도 한다. 최근에는 관을 사용하는 사람들이 늘고 있는데, 신앙심이 부족한 사람으로 여긴다. 화장(火葬)은 하지 않는다. 신(神) 이외에는 어느 누구도 인간을 불(火)로 심판할 수 없다고 가르치고 있기 때문이다. 무함마디야의 경우는 보다 현실적이다. 망자(亡者)는 대개 지병으로 오랫동안 병석에 누워 있었기 때문에 사망 직후 신속하게 시신을 처리하지 않으면

좋지 않은 병(病)이 가족이나 이웃 등 주변으로 번질 수 있다고 생각한다. 그래서 오후 두 시 경에 사망해도 같은 날 어두워지기 전에 매장하는 것이 좋다고 말한다. 그러나 엔우는 그렇지 않다. '꼭 와야 할 가족이 아직 오지 않았다'는 이유로 다음 날로 미루어지기가 일쑤이다.

엔우의 최고위급 인사들의 이름 앞에는 'KH'라는 직함이 붙는다. 와히드(KH A. Wahid) 전임 대통령이나 엔우의 현 의장 하심 무사디(KH H. Musadi)도 같은 직함을 쓴다. KH는 끼야이(kiai)와 하지(haji)의 약자이다. 끼야이는 이슬람 전통사회가 부여한 경칭(敬稱)이며, 하지는 메카로 성지순례(聖地巡禮) 의무를 다했다는 표식(標式)이다. KH는 학위도 아니고 별도의 급여가 따르는 것도 아니다. 인도네시아 이슬람 사회가 덕망(德望)과 박식(博識)을 갖춘 인사에게 존엄(尊嚴)의 뜻으로 경증(敬贈)한 것이다. 이에 비해서 무함마디야의 전임 의장(Amien Rais)이나 현임 의장(Din Syamsuddin)의 이름 앞에는 Prof. Dr.가 붙는다. 박사(Dr.)학위는 누구나 가질 수 있지만, 정교수(Professor)는 교수라고 해서 누구에게나 붙여주는 것이 아니다. 소정의 복잡한 절차와 거듭된 오랜 검증과정을 거쳐야 한다. 또한 정교수직을 부여하는 의식은 학내에서 가장 중요한 행사로 엄숙하게 치러진다. 그러므로 인도네시아 사회에서 Prof. Dr.는 학자로서 최고의 경지에 도달한 사람이다. 이처럼 최고위급 지도자들에게 부여되는 경칭으로도 엔우와 무함마디야는 차별적이다. 엔우는 이슬람의 전통과 인도네시아의 전통사회의 관례를 우선하며, 무함마디야는 현대적이며 학문적이고 체계적인 사고(思考)를 바탕으로 하여 이슬람의 장래를 '멀리 본다.'고 말한다.

이슬람 신앙에 관한한 무함마디야와 엔우는 별다른 차이가 없다. 엔우는 예배를 시작하면서 꾸란(Al Qur'an) 구절 중 반드시 쿠누트(Qunut)를 암송하는데 비하여 무함마디야는 이를 행하지 않는 정도이다. 이슬람의 4개 법률학파(하나피, 한발리, 말리키, 샤피학파) 마다 예배를 시작하면서 양 손을 편 채 귀(耳) 가까이로 올리는지 올리지 않는지, 두 손을 모아

아랫배 부분에 대는지 그렇지 않은지, 양 팔을 '차렷' 자세로 두는지 그렇지 않은지 혹은 이 경우에 주먹을 쥐는지 펴는지 정도의 차이가 있는 것과 크게 다르지 않다. 쿠누트는 무슬림들의 기본적인 의무의 하나인 하루 다섯 번 예배 중 가장 중요한 새벽 예배(subuh)에 '사탄(악)으로부터의 보호를 (알라께) 청(請)하나이다'하는 내용의 구절을 암송하는 것이다. 엔우는 쿠누트의 의미를 확대해석하여 '언제나 성전(聖戰) 지하드(jihad)에 대비(menghadapi perang)해야 한다'고 암송케 하고 있다.

이슬람에서 지하드(성전)는 반드시 물리적인 수단이 동원되는 전쟁만을 의미하지 않는다. 악(사탄)과의 싸움도 전쟁이요, 육체적인 욕망(nafsu)을 누르는 것도, 정신적이나 도덕적 해이(解弛)를 극복하는 것도 지하드이다. 이슬람은 그래서 생활종교라고 말하며 '조화스런 전체'를 강조하고 있다. 엔우가 새벽 예배에 쿠누트를 강조하는 것은 지극히 전통적인 것이다. 무함마디야도 그 중요한 의미 자체를 거부하는 것은 아니다. 다만 엔우의 행위 자체가 너무 고루(固陋)하다는 것이다. 무함마디야의 견해로는 '오늘날' 모든 주변적인 여건이 모든 무슬림들로 하여금 스스로 판단하게 할 수 있다는 것이다. 새벽 예배에 임하는 것은 당연하게 쿠누트의 의미를 이해하고 실천하는 것을 기본으로 하기 때문에 이를 다시 암송할 필요가 없다는 것이 무함마디야의 주장이다. 그러나 엔우는 종교적이며 전통적인 쿠누트 암송에 계속해서 중요한 의미를 부여하고 있다.

인도네시아는 이슬람 문화권의 주변부에 위치한다. 또한 외형상 세계 최대의 이슬람국가이지만, 이 나라는 전통적으로 빤짜실라(Pancasila)를 이데올로기로 한 세속국가임을 내세우고 이슬람 이외의 종교도 수용하는 자세를 가지고 있다. 쟈카르타(Jakarta) 정부의 이슬람정책을 물으면, 주저하지 않고 '이슬람화된 사회'를 지향한다고 말한다. 우리나라 사람들처럼 흑백 논리에 강한 사람들의 눈에 인도네시아 이슬람은 '두리 뭉실'하여 이렇다 할 특징이 없는 것으로 보일 것이 분명하다. 그러나 인도네시아를 오랫동안 관찰하다 보면, 이 나라 사람들은 엔우와 무함마디야를 가리지 않고 매우 종교적이며, 동시에 종교를 불문하고 대체로 신실(信實)한 사람들임을 알 수 있다.

II. 원리주의 이슬람과 태형(笞刑)

노름현장에서 체포된 총 26명 중 15명에게 6대에서부터 10대까지의 태형(笞刑)이 가해졌다. 2005년 6월 24일 수마트라 북단(北端) 아쩨(Aceh)주(州)의 비레운(Bireuen)군(郡)에서 있었던 일이다. 이곳 아쩨는 오래 전부터 동남아 이슬람의 메카라는 자긍심을 가지고 이슬람국가를 지향하며 인도네시아공화국으로부터 분리독립을 줄기차게 추구해 온 지역이다. 2차 대전 후 인도네시아가 신생독립국가를 건설해 나가는 과정에서 이곳 아쩨를 아쩨특별지역(Daerah Istimewa Aceh)으로 칭하고 특별한 이슬람지역의 지위를 인정하였다.

어떻게 보면 별스런 일도 아닌 것 같은 이슬람 사회의 태형이 이곳에서 주목 받게 된 것은 정교일치(政教一致)를 지향하는 이슬람국가(negara Islam)와 달리 세속국가임을 내세우고 있는 인도네시아가 최초로 행한 이슬람관습법에 의한 형벌(刑罰)을 집행하였기 때문이다. 이 나라는 외형상 세계 최대의 이슬람국가임이 분명하지만, '정치의 이슬람화'를 지향하는 중동지역의 전형적인 이슬람국가와는 달리 이슬람화된 사회(masyarakat Islam)를 지향하고 있다. 이로 인해서 결혼과 이혼 등 혼인(婚姻)에 관한 모든 문제와 재산분할과 상속(相續) 등 재산에 관한 사항은 이슬람관습법이 세속법에 우선하고 있다.

아쩨의 이슬람관습법은 간음(姦淫) · 음주 · 도박 · 단식(斷食) 불이행 등 네 가지 사안에 대해서 이를 위반하는 무슬림은 태형에 처하도록 규정하고 있다. 이슬람법이자 교리인 샤리아(Syariah)의 사회적 적용과 집행을 감시하는 샤리아경찰(polisi Syariah)에게 이번에 노름 현장에서 적발된 26명 중 10명은 건강진단 결과 태형 집행 시 건강에 이상이 올 것으로 판단되어 형 집행이 연기 되었고, 또 다른 한 명은 2,500만 루피아(260만원)라는 이곳 서민으로서는 상상하기조차 어려운 거금의 벌금형이 떨어졌다. 아즈와르 아부바카르(Azwar Abubakar) 아쩨 주지사는 이슬람 아쩨주와 인도네시아 이슬람사회에서 최초로 이슬람 형법이 집행되었음에 큰 의미를 부여하고, 아쩨주의 다른 지역에서도 점차로 퇴색되어가는 샤리아가 '준엄하게 살아있음'을 일깨워주는 계기가 될 것으로 확신한다고 말했다.

이날 금요일 정오 예배가 끝난 직후 비레운 군의 중앙사원에서 행하여진 태형집행에는 비레운과 인근 지역에서 약 3,000명의 주민들이 운집하였다. 하미드 살레(Hamid Saleh) 비레운 이슬람법원장을 비롯하여 비레운군수와 검찰지청장이 참여하였고, 아쩨 주지사와 검찰총장을 대신하여 아쩨주 고등검찰청장이 배석하였다. 이들은 무스삐다(Muspida)라 하여 주정부 단위와 기초 지방자치단체마다 설치된 지역지도자협의회의 멤버들이다. 아쩨 주는 2개 시와 11개 군으로 구성되어 있다.

태형집행은 오후 2시 50분부터 시작되었다. 윌라야툴 히스바(wilayatul hisbah)라 칭하는 샤리아경찰 두 명이 검사의 호명에 따라 사원 뒤편에 위치한 임시 감호소로부터 죄인(?)의 양 팔을 끼고 나온다. 이들은 차례대로 사원 앞마당에 임시로 설치한 높이 1미터, 가로와 세로가 각각 4미터와 3미터인 태형 집행대에 오른다. 비레운 검찰 지청장의 신호에 따라 알고죠(algojo)가 135도 각도로 죄인의 등을 향하여 매를 내려친다. 알고죠는 죄인이나 관객들이 신원을 알아보지 못하도록 얼굴을 가린 채 머리부터 발끝까지 내려오는 초록색 유니폼을 착용하였다. 태형에 쓰이는 매 채는 대나무보다 질긴 로탄(rotan)으로 1센티 직경에 1미터 길이의 규격이었다. 이 날 태형이 집행된 15명 중에는 쟈카리아(Zakaria)라는 이름을 가진 60세 노인도 있었다.

비레운의 태형 집행은 이슬람관습법에 근거하여 도박을 금지한 2003년도 아쩨주 법령 제13조의 위반혐의가 적용되었다. 이날 주민들의 집단반발 등 만약의 사태에 대비하여 다수의 경찰과 지역 군부대 병력이 동원되었는데, 비레운 사원 정문 앞에는 육군용 소형 장갑차까지 등장하여 눈길을 끌었다. 뿐만 아니라, 태형에 의한 졸도나 기타 예측하지 못한 죄인의 히스테리 발작에 대비하여 10명의 의사와 20명의 간호원이 동원되고 5대의 앰뷸런스가 시동을 켠 채 대기하였다. 태형 집행대로부터 사방 10미터 거리에는 접근 금지를 알리는 폴리스 라인(*police line*)이 쳐지기까지 하였다.

대부분이 일용 노동자들인 26명은 몇 군데서 노름을 하다가 잡혀온 사람들이다. 인도네시아 서민들은 동전 몇 닢을 놓고도 노름을 즐긴다. 특히 무작정 손님을 기다리는 일에 종사하는 베짝(becak)꾼이나 도시 근교 관광지에서 조악한 관광 상품을 파는 사람들이 여기에 해당된다. 이들은 시간 '죽이기'에 이 보다 더 좋은 것이 있을 수 없는 노름에 깊이 매료되어 있다. 최연장자인 60세 노인 쟈카리아는 뿔로 키톤(Pulo Kiton)이라는 작은 마을에서 체포되었는데, 경찰은 현장에서 증거물로 45,000루피아(4,800원)의 판돈을 압수하였다고 발표했다. 이들 대부분은 태형이 가해지기 전에 이미 52일 간의 구류(拘留)생활을 하였다. 그래서 태형을 맞고 풀려난 이들 중에는 한 가지 죄목에 대하여 구류와 태형이라는 두 가지 형벌을 가하는 것은 온당치 않다고 강한 불만을 토로하였다.

태형집행에 대한 인도네시아 사회의 반응은 당연히 다양하다. 이슬람계 정당에서는 이를 환영하였다. "비레운에서 행하여진 태형은 인권(人權)을 침해한 사안과 엄격하게 구분되어야 한다. 태형에 관한 이슬람의 전통관습법은 매우 확고하기 때문에 이를 왈가왈부할 필요가 없다"는 것이다. 그러나 인권단체에서는 태형집행으로 인도네시아의 인권신장 노력이 당연히 퇴보했으며, 정부는 하루속히 이를 중단시키는 특단의 조처를 취해야 한다고 통박하였다. 정작 태형을 당한 이들이 코멘트가 묵직한 여운을 남기고 있다. 한 사람은 이슬람 관습법에 따라 태형에 처해진 것을 기쁘게 생각한다며, 그는 태형을 당한 마지막 사람이 되고 싶지는 않다고 했다. 그는 "아쩨와 인도네시아 전역에 있는 많은 부패한 관리들과 성직자들이 나처럼 태형에 처해지는 것을 보고 싶다"고 소감을 말했다.

동남아 이슬람문화권에서 짬북(cambuk) 또는 삼북(sambuk)으로 통하는 태형(笞刑)은 이슬람법 샤리아(syariah)에 나오며 이슬람의 경전인 알 꾸란(Al Qur'an)에 법원(法源)을 둔다. 샤리아의 법원은 총 114장으로 구성되어 현세와 내세의 인간사(人間事)에 관한 알라(Allah)의 계시를 집대성한 알 꾸란이 최상위에 위치하며, 그 아래로 하디스와 끼야쓰 그리고 이즈마으 등 네 가지가 있다. 하디스(Al Hadith)는 알라의 사도(使徒)인 무함마드(Muhammad)의 언행(言行)과 어떤 것은 그분이 묵인한 것이고, 끼야쓰와 이즈마으는 각각 유추(類推)와 합의(合議)라는 의미의 아랍어이다. 유추는 꾸란과 하디스로부터 유사한 사항을 찾아내어 관행에 비추어 결정하는 것이고, 합의는 이슬람법학자들이 집단적으로 협의하여 합의를 도출해 내는 것이다. 태형에 관한 사항은 샤리아의 최상위 법원인 알 꾸란에 근거하고 있다. 그러므로 비레운 태형사건을 보는 이슬람계 정당의 시각은 너무도 당연한 것이다.

정교일치를 내세우는 이슬람국가가 국가체제와 국민들의 활동을 규제하는 것이 바로 샤리아이다. 이슬람법으로 번역되는 샤리아의 원래 아랍어의 뜻은 '물가에 이르는 길'이다. 사막에서 물은 생명이다. 그러므로 물가에 이르는 길은 생명의 길이자 구원의 길이다. 꾸란에서 샤리아는 '길'이라는 보통명사로 쓰이고 있음을 알 수 있다. 그러고 보면, 동남아의 불교문화권에서 말하는 왓트(wat)도 비슷한 의미를 가진다. 앙코르 왓트(Angkor Wat)처럼 왓트는 불교사원을 지칭한다. 그러나 왓트는 사원이라는 뜻 이외에도 도량형(度量衡)이라는 부가적인 의미를 가지고 있다. 하나의 국가를 건설하는데, 도량형은 말(국어)이나 문자 못지 않게 중요한 위치를 점하고 있음이 분명하다. 왓트가 동사로 쓰이기도 하는데, '자(尺)

로 재다'라는 의미가 된다.

샤리아는 종교와 사회윤리를 기준으로 무슬림들의 행위를 다섯 가지로 규범화하고 있다. 그 첫째 항목이 와집(wajib)이다. 하루 다섯 번 예배와 단식월의 단식이행 등 반드시 행하여야 하는 의무이다. 둘째는 음주·절도·간음·이자놀이·뇌물수수 등 절대로 행하여서 안 되는 금기(禁忌)사항으로 하람(haram)이라고 한다. 도박도 하람에 포함된다. 이 밖에도 권유(勸誘)하는 행위, 비난(非難) 받을 행위, 그리고 허용(許容)되는 행위 등으로 세분하고 있다. 예를 들면, 외모를 단정하게 하여 타인에게 호감을 주는 행위는 권유에 해당되고, 과도한 흡연을 하거나 해가 중천에 뜰 때까지 늦잠 자는 행위 등은 비난의 대상이 되나, 처벌로 이어지지는 않는다. 직업이나 주택 또는 음식의 선택 등은 법과 무관하게 허용되는 행위이다.

이슬람 사회는 사회주의 또는 전체주의를 바탕으로 '공익'과 '공공질서'와 '공동선'을 최우선으로 한다. 그렇게 보자면, 태형은 반(反)이슬람 사회적 행위나 제반 요소들에 대하여 경각심(警覺心)을 일깨워주는 역할을 해왔다. 그래서 태형은 공개적으로 창피를 주는 형벌이다. 인도네시아와 차별적인 이슬람정책을 취하여 강화된 이슬람으로 말레이(Malay)종족의 우위와 애국심을 고취하고 있는 말레이시아에서는 오래 전부터 태형이 흔하게 집행되었다. 특히 이슬람세(勢)가 강한 말레이 반도 북부의 끄다(Kedah)주(州)나 끌란딴(Kelantan)주 같은 지역에서는 태형집행에 관한 보도가 자주 나온다. 말라카 해협을 몰래 건너와서 잡역부로 일하는 인도네시아 노동자들이 좀도둑질로 태형을 당하고 있다. 얼마 전 말레이시아와 법제도가 매우 유사한 싱가포르에서도 마이클 페이(당시 18세)라는 미국 소년이 상습적으로 정차해 놓은 차량에 흠집을 내다가 체포되어 벌금형과 함께 태형을 선고 받아 미국과 싱가포르 간에 외교적 마찰을 불러일으킨 적이 있었다.

그러고 보면, 이슬람 사회의 창피형인 태형은 우리 조선조(朝鮮朝)를 풍미했던 곤장(棍杖) 때리기와는 아주 다른 형태인 셈이다. 조선조에서는 도둑이나 군율(軍律)을 어긴 죄인의 볼기를 치는 형벌로 죄질(罪質)에 따라 더 두껍고 더 무거운 곤장을 사용하였다. 비레운에 등장한 태형 매 채는 직경 1센티에 길이가 1미터에 불과했으나, 조선조에서 중죄인을 다루던 치도곤은 잘 휘어지는 버드나무 재질로 길이가 5자 7치(171센티), 너비가 5치 3푼(16센티), 두께가 1치(3센티)였다. 치도곤 이외에도 중곤(重棍), 대곤, 중곤, 소곤 등 모두 다섯 종류의 곤장이 있어서 길이와 너비와 두께가 조금씩 작아졌는데, 소곤은 153센티 길이에 12센티 너비에 1.2센티 두께의 가장 작은 규모였다. 경우에 따라서는 곤장을 물에 물려서 죄인을 다루었기 때문에 당연이 볼기가 터져서 살점이 묻어나고 죽음에까지 이르는 경우가 허다했다. 우리 주변에서 흔히 듣는 욕설 중 '치도곤을 맞을 놈(사람)'이라는 표현은 알고 보면 이렇게 섬뜩한 내용을 담고 있는 것이다.

인도네시아 아쩨주 비레운군의 태형집행은 다분히 정치적인 의미를 내포하고 있다. 인도네시아 전국적으로는 부정부패 척결을 벼르고 있는 신임 유도요노 대통령정부의 정치적 의지를 보인 것으로 확대 해석할 수 있고, 분리독립을 외치고 있는 아쩨주에 대해서는 치안 및 질서유지에 대한 경고이자 이슬람법 적용을 허용하여 반(反)쟈카르타 정서를 희석시키려는 무마책으로도 해석할 수도 있다. 판돈 45,000루피아로도 태형을 당하는데, 수천억 루피아를 횡령한 부패한 관리는 처벌하지 않느냐 하는 여론몰이를 쉽게 부추길 수 있고, 이를 또한 최대한 활용할 수 있다는 것이다. 꾸란 재해석 문제도 등장할 수 있다. 원리주의자들이 득세할 계기가 될 수 있고 반대로 현대주의자들에게 기회가 주어질 수도 있다. 나흐다뚤울라마(NU)와 무함마디야(Muhammadiyah) 등 인도네시아 이슬람 양대 산맥은 분주하게 비레운 태형의 득실을 계산하고 있을 것이다. 이와는 별도로 여성계에서는 꾸란 재해석의 분위기를 여성들의 인권 신장에 초점을 맞추어 일부다처(一夫多妻)제 등 여성들에게 불리한 각종 악습과 제도를 추방하는 시민운동에 나설 것으로 보인다.

III. 르바란과 단식

이슬람력 9월은 라마단(Ramadan)으로 단식월(斷食月)이다. 이 단식월이 끝나고 나면, 이둘 피트리(Idul Fitri)라 하여 무슬림들의 최대 명절을 맞게 된다. 어려운 한 달 간의 단식을 무사히 끝낸 것을 축하하는 이슬람 종교축제이다. 이 축제일은 같은 이슬람국가라도 시간대가 조금씩 달라서 이둘 피트리가 하루씩 달라지기도 한다. 해마다 라마단 달 한 달 동안 무슬림들은 단식을 한다. 해 뜰 때부터 해질 때까지 일체의 음식을 먹을 수 없다. 담배를 피워도 안 되고, 부부관계도 엄격하게 금지된다. 특정 집단이나 가문에서는 침 삼키는 것조차도 엄금하고 있다. 그러나 이슬람 특유의 융통성과 관용성이 반영되어 임산부나 생리 중인 여자, 노약자와 환자 또는 정신 이상자들은 단식에서 제외된다. 인도네시아 같이 중동 이슬람으로부터 멀리 떨어진 지역에서도 열 살 만 넘으면 라마단 단식에 참가한다. 열 살 미만인 경우에는 하루 단식시간의 반(1/2)만 단식하게 한다. 그러나 장거리 여행자나 아주 귀한 비(非)무슬림 손님을 맞고 있는 무슬림은 단식에서 제외되나, 라마단 달이 지난 후 단식을 어긴 날짜만큼 다시 단식을 행하여야 한다.

중동의 이슬람에서 단식은 개인적으로는 알라(Allah)에 대한 순종과 그의 은총에 대한 감사의 표시를 나타내는 정신훈련이다. 또한 사회적으로는 가난한 사람과 약자(弱者)에 대한 동정과 모든 무슬림들의 연대(連帶)의식과 동등의식을 권장하는 집단의식이다. 이에 따라 개인의 의지에 따른 단식(斷食)이 아니라, 자신이 소속된 집단의 거역할 수 없는 명령에 따른 금식(禁食)으로 설명하기도 한다. 인도네시아에서는 라마단 단식행위를 배고픔 속에서 알라에 대한 경외심(敬畏心)을 높이고, 헐벗고 굶주린 자들의 고통을 함께 나누며, 단식으로 남은 양식을 가난한 자들에게 나누기 위함이라고 설명한다. 그러므로 단식은 개인의 의지를 강화하는 도덕적 훈련이자 동시에 배고픔을 인내하는 육체훈련이라는 점을 강조하고 있다. 한 걸음 더 나아가서 일부 학자들은 단식이라는 고통스러운 과정을 통해서 정신과 육체를 맑게 하는 부수적인 효과도 적지 않다고 말한다.

이슬람에서의 단식은 유대교의 영향을 받은 것이다. 알라의 사도(使徒) 무함마드(Muhammad)는 고대 이집트에서 노예상태에 있던 이스라엘 백성들을 구해낸 모세가 고난과 인고(忍苦)의 세월을 회고하기 위해서 금식을 명하는 것을 보고 이슬람력 1월 10일 하루를 금식일로 정한 바 있었다. 그 후 무함마드는 623년 메카로부터 메디나로 성천한 623년부터 이슬람력 9월 한 달을 단식월로 정하였다. 비록 유대교의 영향을 받았지만, 이슬람에서 단식월은 자기 성찰과 반성의 계기이기는 하나 슬프거나 우울한 기간이 아니다. 오히려 무슬림들은 단식월을 축제의 달로 경하(慶賀)하고 있다. 모든 무슬림들에게 라마단 달은 신성한 달이다. 이 달에는 '뽑았던 칼을 칼집에 되집어 넣는다'고 하며, 말다툼조차도 삼간다. 인도네시아에서도 단식을 깨는(buka Puasa) 저녁시간이 되면, 유난스레 인사말이 길어지고 집집마다 음식을 돌리면서 어린아이에게 또는 동성(同性)끼리 뺨을 부비면서 형제애를 다진다. 이곳의 일부 부유층들은 이때 호텔 등지에서 여러 가족과 친구들을 초청하여 특별하게 준비한 값비싼 라마단 음식을 즐기기도 한다. 이로 인해서 대도시의 호텔들은 라마단 특수(特需)를 위한 메뉴를 개발하고 경쟁적으로 판촉광고를 내기도 한다.

무함마드가 라마단 달을 단식월로 정한 까닭은 이 달에 꾸란(Al Qur'an)에 실린 알라의 최초의 계시(啓示)가 내려졌기 때문이었다. 계시가 내려진 라마단 달 하순 10일 간은 단식월 중에서 가장 성스러운 기간으로 본다. 라마단의 달의 시작과 끝은 초승달의 출현으로 결정된다. 두 사람 이상의 이슬람 지도자가 초승달이 떠올랐다는 것을 확인하면, 단식이 시작되고 한 달 후에 다시 초승달이 떠오르는 것을 확인하고 단식을 끝낸다. 무슬림들은 싸움(saum)이라 칭하며 종교적 의무로 행하는 라마단 달의 단식 이외에도 자발적으로 단식을 행하는 무슬림들을 종종 본다. 자발적인 단식도 의무적인 단식과 그 목적이 다르지 않지만, 배고픔의 고통을 통하여 정신적인 만족감을 얻고자 하는 것이다. 그러나 자발적인 단식은 이둘 피트리(Idul Fitri)나 이둘 아하드(Idul Ahad) 같은 이슬람 명절 중에는 행하지 않는다.

무슬림들의 일생은 알라의 이름으로 태어나 알라 곁으로 돌아가는 것이다. 아이가 태어나면, 아버지는 아이의 귀에 대고 "앗살람 알라이꿈(알라의 평화가 깃들기를)"이라고 속삭인다. 이레째 되는 날 이름을 짓고, 여드레째는 할례를 한다. 이때부터 아이는 이슬람공동체의 일원이 된다. 2006년 10월 21일 자 조선일보는 이란의 수도 테헤란에서 라마단 달 마지막 금요일 이스라엘에 대한 투쟁과 예루살렘 해방을 위해서 자살특공대에 참여하여 순교할 준비가 되어 있음을 나타내는 서약서에 서명하는 한 젊은 여성의 사진을 싣고 있다. 이렇듯 이슬람 사회에서 이슬람 신앙에 관한한 남녀의 구별이 없다. 외형상 세계 최대의 이슬람 국가인 인도네시아는 좀 다르다. 이 나라에서는 정치의 이슬람화가 아니라 '사회의 이슬람화'를 목표로 하고 있기 때문이다. 할례는 열 살이 넘어서 중학생이 되면 실시하고, 자살특공대 같은 극단주의 이슬람은 적극적으로 경계한다.

인도네시아에서 이둘 피트리를 르바란(Lebaran)으로 칭한다. 이 나라 최대의 명절 르바란을 맞으면 우리나라의 설이나 추석과 마찬가지로 많은 사람들이 고향을 찾는다. 이것을 나익 무딕(naik Mudik)이라고 한다. 그래서 이들 피트리 혹은 르바란 명절이 시작되기 약 2주일 전부터 '나익 무딕'을 위한 모든 교통수단은 초만원을 이룬다. 인도네시아 2억 3천만 명의 67퍼센트에 달하는 1억 5천만 명이 자바(Jawa)에 산다. 이들 중 상당수는 수도 자카르타(Jakarta)나 기타 대도시 주변에 사는 가난한 사람들이다.

이들이 쟈바 외곽 도서지방으로 '무딕'을 떠난다면, 시간이 많이 걸릴 것이 분명하다. 인도네시아 동단(東端)에 위치한 파푸아(Papua)로 선박을 이용해서 간다면 편도에만 10일 이상이 걸린다. 르바란 명절은 각종 교통수단의 티켓이 매진되었다는 보도로 시작된다. 르바란을 전후하여 약 2주일간 쟈바를 중심으로 한 인도네시아는 해마다 예외 없이 교통대란이 발생한다. 버스 터미널 인근의 도로는 인산인해를 이루고, 연안 여객선의 선착장은 전쟁터를 방불케 한다. 과거 네덜란드 식민통치 시기부터 해양국가인 인도네시아는 연안 여객선이 가장 중요한 장거리 교통수단이었다.

우리나 인도네시아인들이나 고향을 찾는 사람들은 선물 꾸러미를 싸들고 가게 마련이다. 옷가지나 과자종류가 대종을 이룬다. 르바란을 맞아 붐비는 버스터미널과 여객터미널에서 쉽게 찾아 볼 수 있는 장사꾼으로 '새 돈 판매상'이 있다. 귀향객들에게 웃돈을 받고 새 돈을 판매하는 것이다. 새 돈은 주로 1,000루피아(110원) 짜리인데, 중앙은행에서 갓 발급된 빳빳한 신권이다. 고향에 가서 형제자매들이나 친척 조카들에게 한두 장씩 나누어 줄 돈이다. 1,000루피아 짜리를 스무 장씩 묶은 것을 25,000루피아에 판매한다. 인도네시아 사람들은 이 기간 동안 다양한 형태의 종교집회를 통해서 잘못을 뉘우치고 용서를 빌며 너그럽게 용서를 해 준다. 동기간과 이웃 간에 형제애를 확인하며, 자신도 이슬람 공동체의 일원임을 확인한다. 그래서 이 기간에는 개인적인 일보다 공동체 일이 우선이다. 공동체에서 돈을 걷어 염소를 한 마리 도살한 후 돈 액수에 관계없이 공평하게 고기를 나눈다든지, 일 년 내내 물을 가두어 놓은 저수지의 물을 공동으로 빼서 물고기를 건져낸 후 큰 놈은 팔아서 돈으로 나누고 잔챙이들은 작은 소쿠리에 담아 집집마다 고루 나누는 식이다. 이슬람 공동체 움마(ummah)의 단결과 협조와 화합이 르바란 명절을 통하여 다져지고 있음을 알 수 있다.

국가 공휴일인 르바란(Lebaran) 휴일은 공식적으로는 3일이다. 그러나 3일만에 휴가로부터 직장에 복귀하는 사람은 거의 없다. 그래서 정부에서도 비공식적으로 5일 휴무를 묵인하고 있는 상태이다. 그러나 중앙정부나 지방공무원들까지 5일 르바란 휴가에 만족하지 못하고 있어서 정시 복귀율이 50퍼센트 수준이다. 일반 회사원이나 공단지역의 노무자들의 경우에는 더욱 심하다. 이들은 르바란을 전후하여 각각 일주일 씩 휴무하여 약 2주일 간의 르바란 휴가를 즐긴다. 주머니 사정이 넉넉하지도 못한 이들이 긴 휴가 동안 조금 먹고 많이 떠들고 오랫동안 휴식을 취한다.

IV. 무슬림 사회의 다양한 얼굴

인도네시아는 외형상으로 세계 최대의 이슬람국가이지만, 적도를 중심으로 전개되는 양호한 자연환경의 오랜 영향으로 '사막의 이슬람'과는 상당히 차별적인 특징을 가지고 있다. 다양한 토착문화에 착근(着根)하였으며, 이로서 기존의 종교문화와 배타적인 관계에 있지 않다는 것이다. 물론 거대한 인도네시아 군도가 종교적으로 일정한 농도의 색깔을 지니고 있는 것은 아니다. 수마트라의 아쩨(Aceh)처럼 처음부터 선명한 이슬람 근본주의를 근간으로 이슬람국가로 분리독립을 갈구해 온 지역도 있고, 기독교 문화권인 말루꾸(Maluku) 북부의 떠르나떼(Ternate)나 띠도레(Tidore)처럼 지속적인 기독교문화의 공세에 대항하여 강력한 이슬람을 고수해 온 곳도 있다.

인도네시아 이슬람은 종종 쟈바이슬람으로 통한다. 쟈바는 인도네시아 이슬람사회를 대표하는 나흐다뚤 울라마(Nahdatul Ulama)와 무함마디야(Muhammadiyah)의 본 고장이다. 이들 두 이슬람 단체는 종교분야에서뿐만 아니라 정치면과 경제면에서도 공히 막강한 영향력을 행사하고 있다. 흔히 엔우(NU)로 약칭하는 나흐다뚤 울라마는 일찍이 정치 세력화하여 수카르노에 대항하였고, 수하르토 정권에 협력하였으며, 와히드(A. Wahid)가 대통령에 오르는데 결정적인 역할을 하였다. 농촌지역에 근거를 두고 있는 엔우와는 차별적으로 도시와 지식인 사이에 보다 넓은 공감대를 가지고 있는 무함마디야는 전국에 걸쳐 이슬람학습을 근간으로 하는 무함마디야대학을 설립 운영하고 있다.

내용적으로 쟈바이슬람은 정통이슬람 또는 원리주의 이슬람과 다르다. 이슬람이 내도하기 이전에 쟈바에는 이미 토착신앙을 배경으로 한 수많은 군소 왕국들이 출현하였으므로 당연히 이들의 뿌리가 깊이 남아 있으며, 곧 이어 스리 위쟈야(Sri Wijaya)나 사일렌드라(Sailendra) 같은 거대한 불교 왕국의 지대한 영향을 받았고, 그 후 마쟈빠힛(Majapahit) 힌두교 왕국이 번성하였다. 오늘날까지 왕통(王統)이 이어져 내려오는 마따람(Mataram) 왕국도 순수한 형태의 이슬람왕국이 아니다. 이곳의 이슬람은 천혜의 자연환경에 매료되어 불교나 힌두교 같은 기존의 종교와 공존하여 중동의 이슬람과는 차별적인 방법으로 자리를 잡았다. 쟈바화(化)된 이슬람으로 번역이 가능한 끄쟈웬(Kejawen 또는 KeJawian)은 힌두 · 불교와 교감을 이루고 있는 쟈바이슬람의 또 다른 이름이다.

인도네시아의 이슬람 세계를 연구하는 서양학자들은 일찍이 이곳 무슬림들을 산뜨리(Santri)와 아방안(Abangan)으로 구분하였다. 산뜨리는 정통 이슬람 또는 원리주의 이슬람을 신봉하는 사람들을 지칭한다. 이에 대해서 아방안은 외형상으로는 무슬림이 분명하지만, 신앙적으로는 이슬람 신앙 이외에도 힌두교와 불교, 또는 토착적인 요소들을 동시에 혼합적으로 가지고 있는 부류들이다. 이들의 분포를 정확하게 구분하는 것은 결코 쉬운 일이 아니다. 왜냐하면, 인도네시아는 세계 최대의 군도대국으로 나라 전체가 문화적 다양성 그 차체이기 때문이다. 그러나 산뜨리와 아방안의 분포를 30퍼센트 대(對) 70퍼센트로 분석한 한 이슬람학자의 견해가 긍정적으로 받아들여지고 있다. 이에 따라 쟈바의 아방안들은 끄쟈웬을 신봉한다는 등식(等式)이 나오게 된다. 또한 아방안이라는 용어는 학술용어로서 인도네시아 이슬람 사회에서 보편적으로 통용되지는 않는다는 사실에 유념할 필요가 있다.

인도네시아의 이슬람을 연구하는 학자들은 어렵지 않게 매우 중요한 사실을 발견하게 된다. 쟈바 농촌지역을 중심으로 넓게 분포되어 있는 쁘산뜨렌(pesantren)이 인도네시아 이슬람 사회의 전통을 계승 · 발전시켜 나오고 있으며, 이곳의 끼야이(kiyai)나 울라마(ulama)의 역할이 오늘날까지 원형대로 보존되고 있다는 점이다. 끼야이는 이슬람 종교 교리를 가르치는 교사역(役)이며, 울라마는 전통이슬람의 지도자이다. 이 울라마들은 자신이 관할하는 지역의 재산문제와 혼인문제를 관장하는데, 혼기를 맞은 수십 명의 동네 처녀들을 한데 모아 놓고 현지조사 차 체류하고 있는 젊은 한국인 학자에게 "맘에 드는 여자가 있으면 (장가보내 줄테니 마음대로) 골라 보라"는 제안을 할 수 있을 정도이다.

이슬람 사회의 중요한 특징의 하나는 돼지고기를 혐오한다는 것이다. 무슬림들이 하람(haram)이라 하여 엄격하게 금하는 것 중에 음주(飮酒) 행위와 돼지고기를 섭취하는 것이 으뜸이다. 이들에게는 할랄(halal)로 분류되어 허용되는 것(음식 또는 행위)만을 행하도록 되어 있다. 이밖에도 마끄루(makruh)라 하여 지나치면 하람이 되고 적당히 행하면 할랄이 되는 것도 있다. 흡연이나 성행위 같은 것이 이 부류에 속한다. 할랄로 분류되어 있는 육류로는 소 · 염소 · 양 · 닭 · 오리 같은 것인데, 이것도 무슬림의 손으로 이슬람식 도살방식에 의해서 잡은 것이라야 한다. 무슬림 도정(屠丁)은 비스밀라(Bismillah)라는 기도문을 외치며 날카로운 칼로 동물의 식도(食道)와 기도(氣道)를 동시에 자른다. 한 번에 죽이지 못하거나 목이 떨어져 나가면 그 고기는 먹을 수 없게 된다. 최근에는 전기충격으로 기절시킨 뒤에 도살하는 방법이 도입되었는데, 전기충격으로 죽어도 그 동물은 폐기처분한다고 한다. 이러한 까다로운 규정들은 동물의 시체나 교살(絞殺)되거나 타살(打殺)된 동물을 식용으로 금하는 꾸란(Al Qur'an)의 글귀에 따른 것이다.

돼지고기를 하람으로 규정하는 근거는 이슬람의 경전(經典) 꾸란으로, 이에 대한 다양한 해석이 있다. 이슬람의 음식금기는 구약성서의 순수(純

粹)와 오염(汚染)에 관한 관념에 기초하고 있다. 정상적이지 못한 것은 순수하지 못하며, 순수하지 못한 것은 오염된 것으로 마땅히 이를 피해야 한다는 논리이다. 소나 양 또는 염소처럼 반추(反芻)동물이면서 발굽을 가진 동물은 식용할 수 있으나, 양자를 모두 결하였거나 또는 돼지처럼 발굽은 있으나 반추하지 않는 동물은 식용으로 불가하다는 것이다. 이와 같은 논리에서 땅위를 기는 동물, 수륙(水陸)에서 공히 생활하는 동물, 또는 비늘과 지느러미가 없는 물고기는 비정상이므로 식용할 수 없다는 것이다. 이 밖에도 많은 견해가 있는데, 마빈 해리스(M. Harris) 같은 학자는 구약성서의 돼지고기 금기는 돼지의 먹이가 주로 곡류(穀類)로서 인간과 식량경쟁을 하기 때문이라고 했다. 요그야카르타(Yogyakarta)의 한 젊은 울라마는 돼지는 너무 탐욕스럽다는 견해를 내 놓았다. 이슬람 사회가 지향하는 '조화로운 전체'와 돼지가 지닌 이미지가 상반된다는 설명이었다.

유엔 통계로 국민의 50퍼센트 이상이 무슬림인 나라가 전 세계 200여 개국 중 48개국이나 된다. 이들 이슬람 국가에서는 대체로 모든 음식에 대해서 할랄(halal)과 비할랄(non-halal) 표시를 의무화하고 있다. 이에 따라 육류는 물론이고 흔한 라면이나 과자류에 이르기까지 할랄 표식이 부착되어 있다. 패스트푸드(*fast food*) 음식점에도 이 표식이 등장하고 있는데, 이를 부착하지 않은 음식점보다 매상이 높다고 한다. 이에 따라 공장에서 대량으로 생산되는 음식제품이나 의약품 같은 새로운 상품에 이슬람 법규를 어떻게 적용할 것인가가 새로운 논란거리로 등장하고 있다. 그 중에서도 돼지고기나 기름이 원료에 포함된 제품이 제조과정에서 돼지의 성분이 완전히 바뀐다면, 이슬람에서 금기하는 불결함이 소멸된 것으로 볼 수 있느냐는 것이다. 또한 동물의 가죽을 가공한 의복에 관한 논란도 있다. 이에 대해서 엔우와 무함마디야는 공히 뱀이나 호랑이 같은 동물의 가죽은 사용 가능하나, 돼지의 경우에는 염색을 한 가죽도 사용할 수 없다는 유권해석을 내린 바 있다.

돼지는 이슬람 사회에서 무조건적으로 금기시하기 때문에 무슬림들은 자연히 돼지고기를 선호하는 중국인이나 중국계 소수민족들과 거리를 두게 된다. 인도네시아보다 전체적으로 이슬람의 색깔이 선명한 말레이시아의 경우, 이슬람을 신봉하는 말레이인과 경제를 장악하고 있는 중국계 국민들 사이에 갈등이 심하다. 그 갈등의 저변에는 늘 돼지와 관련된 상이한 정서문제가 깔려있게 마련이다. 무슬림들과 중국계 국민의 비율이 크게 차이가 없는 말레이시아에서 가장 나쁜 욕지거리가 '돼지 같은 놈'이다. 인도네시아에서도 크게 다르지 않다. 쟈바의 경우 욕지거리로는 개(anjing)가 등장하고 있다(Dasar anjing kamu). 그러나 이곳에서도 상대방을 멸시하는 표현으로 돼지가 등장하고 있음을 볼 수 있다. 수하르토 하야 후 잠정 대통령직에 있던 하비비(B. J. Habibie)는 데모대가 내건 프랭카드에 자주 돼지(babi)로 표현되었다.

중국인들이 있는 곳은 어디에나 돼지고기가 있다. 그러나 무슬림들과 공존하는 지역에서 돼지고기는 판매는 다른 정육들과 구분하여 칸막이가 되어있는 곳에서 조심스럽게 이루어진다. 돈육을 다루는 칼도 별도로 보관한다. 이러한 불편함을 최소화하기 위해서 돼지고기는 특별한 유통조직을 통해서 다소 은밀하게 거래되는 것이 보통이다. 돼지사육 또한 무슬림 거주 지역으로부터 일정한 거리가 떨어진 곳에서 해야 한다고 규정하고 있다. 쟈바 무슬림들이 선호(選好)하는 육류는 쇠고기 · 염소고기 · 닭고기 · 비둘기고기 등의 순서이다. 쇠고기는 염소고기보다 비싸기 때문에 우선순위에 드는 것으로 보인다. 또한 식용으로도 많이 사육하고 있는 비둘기고기는 비싸지만 흔한 닭고기보다 맛이 좋고, 우리네 경우와 달리 출산에 효험이 있다는 속설 때문에 임산부들이 많이 찾는다고 한다.

단식월(斷食月) 라마단(Ramadan)이 끝나면 세계 무슬림들의 최대 명절인 이둘 피뜨리(Idul Fitri)를 맞는다. 인도네시아에서도 이날을 역시 이둘 피뜨리 혹은 르바란(Lebaran)이라고 한다. 르바란으로부터 약 40일이 지나면 이둘 아드하 꼬르반(Idul Adha Korban)이라 칭하는 희생제(犧牲祭)로 이어진다. 이때가 되면, 소와 염소가 할랄 절차를 거쳐 대량으로 도살된다. 소는 한 마리에 400만 루피아에서 500만 루피아(50-60만원)을 호가하고, 염소도 마리 당 60만 내지 70만 루피아(8-9만원)를 주어야 산다. 돈 좀 있고 사회적 명망이 있는 사람들은 이때 몇 마리의 소를 잡고 염소를 잡았나 하는 숫자로 위신을 세우려 한다. 할랄을 거쳐 해체한 고기는 약 1-2 킬로그램 씩 포장하여 가난한 이웃들(Fakir Miskin)에게 돌린다. 때때로 꽤 먼 곳까지 가난한 사람들을 즐거이 찾아가는 것을 볼 수 있다. 무슬림들이 이토록 종교적 전통에 집착하고 있는 것을 보면, 이슬람이 세계 3대 종교가 된 것이 결코 우연한 일이 아니라는 것을 알게 된다.

V. 이슬람 테러조직

2006년 11월 11일 정오 가까운 시간에 자카르타 동부 소재 대형 쇼핑센터인 크라맛자티 인다 플라자(Kramatjati Indah Plaza) 1층의 미국계 패스트푸드점인 아엔웨(A & W)에서 사제(私製) 폭탄이 터졌다. 부시 미국 대통령의 인도네시아 방문(11월 20일)을 열흘 남짓 남겨 놓고 일어난 사건이어서 자카르타 치안당국이 발칵 뒤집혔다. 그러나 정작 범인은 특정한 목적 없이 저지른 단독범행이라고 털어 놓았다. 36세의 무직자인 무함마드 누(Muhammad Nuh)는 유명한 테러리스트들처럼 유명세(有名稅)를 누리고 싶어 했다고 가족들이 증언했다. 그러나 그는 미숙한 폭탄 조작으로 자신의 무릎 위에서 폭발하는 바람에 중상을 입고 200미터 거리에 위치한 경찰병원으로 실려 가서 겨우 목숨을 건졌다. 하필 아엔웨였느냐에 대해서 누는 계속해서 얼버무리고 있지만, 외국인들이 많이 드나드는 여타의 공공장소보다 경비가 허술해서 폭파의 대상으로 선택한 것으로 보안당국은 보고 있다.

사건이 터지자 유숩 칼라(Yusuf Kalla) 부통령은 인도네시아에는 아직도 몇몇 극단주의(極端主義) 이슬람 테러조직이 공공장소에서 자살폭탄

테러를 시도하고 있다고 말했다. 그는 인도네시아처럼 광대한 영토를 가진 나라에서 모든 테러조직을 국가기관이 색출해 내는 데는 분명히 한계가 있다며, 한 가지 예로 인도네시아에서 활동 중인 것으로 믿어지는 말레이시아 태생의 1급 테러리스트인 누르딘 톱(Noordin M. Top)에 대해서 아직 소재 조차 파악하지 못하고 있다고 털어 놓았다. 이에 따라 유숩 칼라는 국제사회와의 대(對)테러 공조(共助)의 필요성을 강조하였다. 부시 대통령과 유도요노 대통령의 보고르(Bogor) 정상회담에서도 이 문제가 주요 의제의 하나로 다루어졌다.

인도네시아는 2000년에 들어선 이래로 마치 연례행사처럼 대형 폭탄테러가 발생하고 있다. 2000년에는 쟈카르타 중심부 멘텡(Menteng) 지역에 위치한 필리핀대사관이 부분적으로 폭파된 이후, 이듬해에는 수디르만(Soedirman)가의 증권거래소와 아트리움(Atrium) 쇼핑센터가 터지고, 2003년에는 쟈카르타 남부의 꾸닝안(Kuningan)에 위치한 매리엇(Marriot) 호텔이 차량 폭탄테러로 12명이 사망하고 150여 명이 부상을 당하였다. 이에 앞서 2002년에는 인도네시아 휴양지 발리(Bali)에서 초대형 폭탄테러가 발생하였다. 그해 10월 12일 발리의 한 나이트클럽에서 발생한 폭탄테러가 인도네시아 이슬람 과격단체의 소행으로 밝혀지면서 인도네시아는 물론 국제사회에 큰 충격을 던졌다. 특히 발리는 호주인들이 가장 선호하는 해외 관광지라는 점에서, 그리고 호주 관광객들의 희생이 가장 컸다는 점에서 호주 정부와 국민들은 경악을 감추지 못했다. 실제로 2명의 한국인 관광객을 포함한 202명의 폭탄테러 희생자 중에서 88명이 호주 국민으로 밝혀졌다.

발리 폭탄테러 사건은 호주 역사상 비 전시 상황에서 발생한 최대의 비극으로 묘사되었다. 사건 직후 호주의 모든 TV 방송국들은 정규방송을 중단하고 국가비상사태에 임하는 분위기를 보였다. 호주 정부는 즉각 군용기와 특별 민간 항공기를 발리로 보내어 부상당한 호주인들을 본국으로 실어 날랐으며, 인도네시아 측의 동의를 얻어 발리 현지에 호주 연방

경찰을 파견하여 공조체제를 구축하였다. 인도네시아 국립경찰(POLRI)과 호주 연방경찰(AFP)은 즉시 합동 수사팀을 구성하여 약 40명에 달하는 범인을 색출하여 이들을 재판에 회부하는 성과를 올렸다. 이때 호주 정부는 1,000만 달러의 대 테러지원금을 인도네시아 정부에 지원하기도 하였다. 그러나 2004년 9월 쟈카르타 중심부에 위치한 호주 대사관 외곽에서 또 다시 폭탄테러가 발생하였다. 양국 경찰의 공조수사 체제가 즉각 가동되었고, 6명의 테러범을 체포할 수 있었다. 이번에 무함마드 누가 미숙하게 저지른 폭발 사건을 보는 인도네시아 국민과 주변국가의 시선도 '불특정 다수를 타깃으로 하는 유사 테러'가 계속해서 일어날 수 있다는 가능성에 무게를 두고 있는 것 같다.

2004년 4월 미국 국무부는 <2003년 세계 테러리즘 보고서>를 발표한 바 있다. 이 보고서에는 37개에 달하는 국제 테러조직들이 총망라되어 있으며, 이중에서도 이슬람에 기반을 둔 23개 조직이 주로 국제사회의 대형 테러를 주도하고 있다고 했다. 오사마 빈 라덴(Osama bin Laden)이 이끄는 알카에다(Al-Qaeda)도 이 중의 하나이다. 1979년 당시 소련이 아프가니스탄을 침공하였을 때, 아랍세계의 의용군으로 참전했던 당시 사우디 아라비아 국적의 오사마 빈 라덴이 결성한 알카에다는 1980년대를 통하여 국제적인 테러 지원조직으로 자리를 굳혔다. 알카에다는 '이슬람의 기지'라는 뜻인데, 좀 더 깊은 해석으로는 '알라(Allah) 군대의 요새'라는 뜻이다.

1991년 이라크가 쿠웨이트를 침공한 걸프(Gulf)전이 발발하자 오사마가 이끄는 알카에다는 반미(反美) 세력으로 변신하였다. 오사마의 아버지 라덴은 원래 예멘(Yemen)사람이었다. 그는 수완이 좋은 건설업자였는데, 사우디 왕가와 교분(交分)을 쌓아 여러 건의 대형 건설프로젝트를 수주하였다. 예멘-사우디 간의 고속도로와 성도(聖都) 메디나(Medina)의 도로 확장공사 등이 바로 라덴에 의해서 이루어졌다. 중동의 현대그룹 고(故) 정주영 회장 같은 기업인이었다. 소련과 아프간 사이에 전쟁이 터지자,

기업인 라덴 부자는 사우디 왕가를 도와 아프간 전쟁에 뛰어들어 엄청난 전쟁특수(特需)를 누렸다. 오사마가 보유한 것으로 믿어지는 3억 달러의 테러지원 자금은 이때 조성된 것으로 보인다. 당시 사우디 정부는 미국 편에 서서 이슬람 형제국 아프가니스탄을 돕는데 앞장섰다. 아랍아프간(Arab-Afgan)으로 명명된 수많은 과격파 무장세력들이 오사마의 지도 아래 게릴라 훈련을 받고 소련-아프간 전쟁에 투입되어 막강한 소련군을 발을 빼기 어려운 수렁에 몰아넣었다. 이라크가 쿠웨이트를 침공하자 라덴과 오사마는 소련-아프간 전쟁에서 전력(戰力)을 쌓은 무장 게릴라 투입을 끈질기게 제안했다. 그러나 사우디는 이를 거절하고 미국 군사력의 사우디 주둔을 허용했다. 이 과정에서 사우디 왕가의 미움을 산 오사마는 국적을 박탈당하고 쫓겨나면서 반미 무장세력의 선봉에 서게 된 것이다.

알카에다의 조직원들은 철저하게 점조직으로 움직이면서 이슬람권은 물론이고 비(非)이슬람권과 미국과 영국을 비롯한 서방세계까지 깊숙하게 세력을 뻗치게 되었다. 알카에다는 특히 1998년에는 이집트의 이슬람 무장세력인 알 지하드(Al Jihad)와 손잡고 두 무장단체를 통합하기에 이르렀다. 이슬람 세계의 원리주의 본산의 하나인 무슬림형제단(MB; *the Moslem Brothers*)의 무장세력과의 제휴에 성공한 알카에다 조직은 자금력과 조직력을 모두 갖추게 되었다. 미국의 정보기관들은 통합 알카에다 조직이 최소 3,000명 이상 최대 5,000명의 정예 무장세력을 보유한 것으로 추산하고 있다. 이들은 아프가니스탄과 파키스탄의 산악 오지에서 은둔 생활을 하면서 정교한 은폐와 테러훈련을 받고 있어서 외부세계에 그 규모와 조직 구성 등이 정확하게 알려지지 않고 있다. 또한 2001년 9월 11일 미국 뉴욕의 세계무역센터와 펜타곤에 대한 테러도 이들이 자행한 것으로 확신하고 있다.

국제적인 이슬람 테러조직들은 직간접적으로 알카에다와 연계되어 조직과 정보를 공유하고 테러자금을 지원 받는 것으로 믿어진다. 기독교의 '박애(博愛)' 나 불교의 '자비(慈悲)' 처럼 이슬람이 지향하는 목표가 '형제애(*brotherhood*)'이기 때문에 이슬람 조직 간에는 최소한 정서적인 유대관계가 있음이 분명하다. 알카에다 이외에도 하마스(HAMAS)처럼 팔레스타인에 거점을 두고 반 이스라엘 테러와 무장 항쟁을 지속적으로 전개하는 테러 조직이 있는가 하면, 이란·이라크·레바논·터키 등 중동지역과 이집트와 알제리 등 북아프리카 지역, 아프가니스탄과 우즈베키스탄 등 중앙아시아 지역에 이르기까지 다양한 형태의 테러조직들이 분포되어 있다.

동남아를 대표하는 이슬람 테러조직으로는 필리핀 남부 이슬람 지역의 아부 사야프(Abu Sayyaf)와 인도네시아의 제마 이슬라미야(Jemaah Islamiyah)가 있다. 아부 사야프(AS)나 제마 이슬라미야(JI)는 인도네시아·말레이시아·싱가포르·필리핀 남부·브루나이·태국 남부를 포함하여 동남아 지역에 이슬람 독립 국가를 수립하는 것을 목표로 하고 있다. JI는 1980년대 초반 인도네시아에서 이슬람 공동체 형식으로 출범했으며, 1990년대 중반에 알카에다 테러 조직과 연관을 맺은 것으로 밝혀졌다. JI 조직원들도 인도네시아뿐만 아니라 동남아의 여러 이슬람 지역에 산재되어 있다. 미국 국무부는 2004년 테러리즘 보고서에서 JI의 정예 조직원이 수백 명에서 수천 명에 이를 것으로 추산하고 있다. 특히 JI는 이슬람 세계의 원리주의 양대 본산의 하나로 인도를 거쳐 파키스탄에서 종교적인 훈련과 다양한 테러기법을 습득한 후 인도네시아 이슬람사회에 정착하였다. JI는 이슬람공동체라는 뜻이다. 동남아 지역에서 산발적으로 일어나고 있는 기독교계 은행 강탈이나 서양 선교단체가 지원하는 병원을 대상으로 한 테러활동은 주로 이들에 의해서 저질러지고 있는 것으로 보인다.

JI의 활동 영역은 인도네시아에 국한하지 않고, 싱가포르와 말레이시아 등 동남아 전역을 대상으로 하고 있다. 실제로 싱가포르 보안당국은 2002년 1월 5일, 아프가니스탄의 알카에다 캠프에서 훈련 받은 15명의 테러리스트들을 체포하였다. 이들의 집과 사무실을 급습하여 수색한 결과, 폭탄 제조법을 상세히 기록한 자료들과 말레이시아 국적의 대학교수를 포함하여 150여 명에 달하는 관련자들의 명단을 입수하였다. 이들 자료들의 분석을 통하여 JI는 이슬람 세계 전역에 걸쳐 무장 테러단체들과 지속적인 연대를 추진해 왔다는 사실을 밝혀냈다. 미국 주도로 테러와의 전쟁이 개시되자 알카에다 핵심 요원들이 아프가니스탄과 파키스탄으로부터 탈출하여 동남아로 재집결하고 있는 것으로 알려졌다. 이러한 사실은 인도네시아에서 체포된 쿠웨이트 태생의 알 파루크(Al Faruk)에 의해서 명확하게 드러났다. 그는 동남아 여러 지역의 이슬람 테러단체들을 국제 무장테러조직과 연결시키는 활동을 해왔는데, 필리핀의 모로이슬람해방전선(MILF)과 인도네시아의 JI가 이에 연대하는 성과를 거두었다. 또한 알 파루크에 의해서 알카에다의 조직원들이 아프가니스탄에서 동남아로 이동하고 있음도 확인되었다.

제마 이슬라미야(JI)의 테러활동은 계속해서 인도네시아 국내뿐만 아니라 국제사회의 관심의 대상이 되고 있다. JI는 인도네시아뿐만 아니라 말레이시아와 싱가포르와 브루나이 등 동남아의 이슬람국가와 유대관계를 맺고 있는 서방국가들에 대한 공격을 통해서 국가 간의 분쟁을 야기하고 혼란을 이용하여 범 이슬람국가를 건설하려는 의도를 가지고 있는 것으로 알려졌다. 이러한 혐의로 18명의 JI 추종자들이 말레이시아에서 체포되었다. 2001년 12월 이들 세력은 C-4 폭탄을 이용하여 자카르타 · 쿠알라룸푸르 · 싱가포르 등지의 미국 대사관 공격을 획책하기도 했지만, 이 공격 계획은 인도네시아 보안당국에 핵심 요원들이 체포되어 무위에 그쳤다. C-4폭탄은 기존의 고체형 화약의 개량형으로 제4형 복합폭발물질(*Composition-4 Explosives*)이라고 부르며, 차량을 이용한 자살 폭탄테러에 자주 이용되고 있다.

인도네시아 경찰은 JI가 2002년 발리 나이트클럽 폭파테러와 2003년 자카르타 매리엇 호텔 차량 폭탄테러를 주도한 것임을 밝혀냈으며, 2004년 한 해 동안 100명이 넘는 조직원을 검거했다. 이들 중에는 JI와 알카에다 간의 연락책임이자 JI 고위 간부인 리두안 빈 이소모딘(Riduan bin Isomodin)과 JI의 정신적 지도자 아부 바카르 바쉬르(Abu Bakar Basyir)가 포함되었다. 특히 2004년 8월 태국에서 검거되어 미국에 신병이 인도된 리두안은 '동남아의 빈 라덴'으로 지목된 인물이다. 그러나 이러한 핵심 지도자급 인물들이 속속 체포됨에도 불구하고 이들이 감행한 것이 분명한 대형 테러가 계속되고 있다는 사실이다. 리두안이 체포된 직후인 2004년 9월 9일 쟈카르타 중심부에 위치한 호주 대사관 앞에서 또 다시 강력한 차량 폭탄테러가 일어난 것이다. 이날의 테러는 2004년 3월 11일 발생한 마드리드(Madrid) 열차 폭파사건이 이라크전쟁을 지지한 집권 국민당의 총선 패배와 스페인군의 이라크 철수를 이끌어낸 것에 고무되어 호주군의 이라크 철수를 노린 것이라고 체포된 테러리스트들이 자백하였다.

인도네시아는 외형상 세계 최대의 이슬람국가이다. 그러나 정교일치(政敎一致)를 주장하여 '정치의 이슬람화'를 추구하는 중동의 이슬람국가와는 달리 일찍부터 세속국가임을 내세우고 있는 인도네시아는 '사회의 이슬람화'를 지향하고 있다. 그러나 다양한 성향의 이슬람 조직을 포용하고 있는 인도네시아는 국내의 강온(强穩) 이슬람세력 간의 갈등과 알력을 극복하고 이슬람 사회의 목표인 '조화로운 전체'를 이끌어 내기가 쉽지 않으며, 또한 형제애를 부르짖는 국제 이슬람사회의 따가운 눈총을 의식하지 않을 수도 없다. 그러므로 인도네시아 이슬람사회는 다양한 형태의 이슬람 무장세력들이 상존하고 있으며, 이들에 의해서 또는 국제적인 이슬람 무장세력들과 연계되어 테러를 자행하고 있다. JI 같은 원리주의 세력뿐만 아니라 전통주의 세력인 나흐다뚤 울라마(NU)나 현대주의 세력인 무함마디야(Muhammadiyah)도 사회의 이슬람화의 강제적 수행을 목표로 강성(强性) 청년조직을 운영하고 있기 때문이다. 그러나 인도네시아 이슬람사회는 알카에다에서 무슬림으로 위장하고 용병(傭兵)처럼 훈련받은 이슬람 극단주의자들을 환영하고 있지 않음은 분명하다.

제10장 말레이시아의 이슬람

I. 개 요

말레이시아의 이슬람은 기본적으로 아랍 정통 이슬람의 고유 형태를 그대로 간직하고 있으며 신앙의 의식적인 면을 강조하고 있다. 이 나라의 이슬람은 전반적으로 정통 순니 이슬람이며, 이슬람 법률학파 중에서는 샤피이학파가 주류를 이루고 있다. 그러나 유독 뻬를리스(Perlis)주(州)에서는 어느 학파도 따르지 않고 이슬람경전인 꾸란과 사도 무함마드의 하디스만을 따를 것을 고집하고 있다.

대부분의 말레이계 국민과 일부 비(非)원주민계 국민이 포함되는 말레이시아 무슬림들은 꾸란에 명시된 신앙고백 · 예배 · 라마단 달의 단식 · 성지순례 · 희사(헌금) 등의 다섯 가지 원칙을 준수하고 있다. 한편, 실제적인 신앙생활에 있어서는 전통문화와 융합된 일면을 보여주기도 하며, 단식이나 성지순례나 헌금 등에 있어서는 정부가 적극적으로 권장하거나 주도하고 있다.

신앙고백(Shahadah)은 "알라(Allah) 외에는 신이 없으며, 무함마드는 하나님의 사도임을 증언한다"를 암송함으로써 이슬람으로 개종함을 선언하는 단순한 형태를 갖고 있다. 기도(Sembayang)는 하루에 다섯 번 그리고 금요일 대중예배를 행하며, 기도시간은 라디오와 텔레비전을 통해방송된다. 정부는 이슬람화 정책을 펴면서 관공서 및 공공건물에 기도를 위한 시설을 설치토록 규정하였다. 라마단(Ramadan) 달에 하는 단식(Puasa)은 국왕이 직접 대(對)국민성명을 통해서 시작되며 이를 지키지 않는 무슬림에게는 이슬람법(Shari′ah)에 따라 제재를 가한다.

단식이 끝나는 날의 축제인 하리 라야(Hari Raya) 혹은 아이딜 휘뜨리(Aidil-Fitri)는 말레이시아인 무슬림에 있어 가장 큰 연중행사로서 축하카드를 보내거나 귀향하여 친지와 이웃을 방문하며 함께 축하를 하고 있다. 성지순례(Haji)는 일생 동안 한 번은 수행해야 할 종교적 의무로 간주되고 있다. 이는 이슬람의 기원지인 메카로 순례를 함으로써 이슬람 세계의 구성원임을 거듭 확인하는 기회로 삼는다. 말레이시아 정부는 독립 이후 성지순례를 위한 적립식 저축제도인 따붕 하지(Tabung Haji) 국립은행을 설치하여 이를 장려하고 있으며, 안전한 순례여행을 할 수 있도록 정책적으로 배려하고 있다.

마지막으로 희사 또는 헌금(Zakat)은 종교담당국에서 헌금을 수령하거나 월급공제 등의 방식으로 받아들인다. 이 돈은 주로 빈민이나 노약자 또는 불구자(不具者)를 돌보거나 새로 개종한 사람들의 생활보조와 교육보조금으로 사용하고 있다. 과거에는 각 지역의 이슬람 사원(모스크)에서 헌금을 받았으나, 지역 사정에 따른 경제적 불균형으로 인해 헌금방식을 중앙 집중화하여 시행하고 있다.

이슬람이 말레이 반도에 전래된 것은 말라카왕국의 건국 이전부터이다. 1414년 이슬람은 말라카 왕국의 공식종교로 수용되어 15세기 중반 이후부터 본격적으로 말레이 반도 전체에 확산되기 시작했다. 이후 포르투갈과 네덜란드, 영국의 식민지 시대를 거쳐 독립의 성취와 현대에 이르는 역사과정에서 정치 · 경제 · 문화 분야는 물론 말레이인들의 의식구조에까지 큰 영향을 미치게 되었다.

말라카 왕국 이전의 힌두 · 불교의 종교적 · 문화적 영향권 하에 있던 말레이 반도의 군소왕국들은 674년 경 아랍 무슬림과의 접촉하기 시작하였다. 15세기 초 말라카를 세운 빠라메쉬와라가 무슬림으로 개종하고 이슬람을 국가종교로 받아 들였다. 이에 따라 이슬람은 말레이 반도와 인근 도서지역으로 확산되면서 기존의 불교와 힌두교와의 종교적 갈등을 겪으면서 동시에 문화적 융화도 이루어 나갔다.

말라카 왕국의 왕들의 이슬람교로의 개종은 술탄제 하의 정치구조 · 국가법 체계 · 문화 분야 · 사회구조 등 사회 전 분야에서 변화를 가져왔다. 힌두 · 불교의 사원과 토착신앙의 상징물들은 이슬람이 공식종교가 되면서 수난을 당했다. 그러나 힌두 · 불교문화가 오늘날까지도 말레이인들의 생활 저변에 남아 있는데, 영국에 의한 식민통치 경험기에 말레이 반도로 유입된 중국인과 인도인에 의해서 이들 종교가 복원되었기 때문이다. 그러나 전체적으로는 말레이 반도를 중심으로 이 나라의 국교인 이슬람과 이슬람 문화가 주류를 이루고 있다.

말레이시아 사회의 특성은 다종족이 창출하는 다양성(多樣性)이다. 이 나라의 종족 구성은 기존 말레이계 종족과 토착 원주민(orang asli)들 외에도 과거 아랍권의 여러 나라에서 건너온 소수의 이주자들이 있고, 포르투갈과 네덜란드인 등 초기 식민통치자들의 후예들이 발견된다. 특히, 19세기 영국의 식민통치 시기의 역사적 산물이라 할 수 있는 중국인과 인도인의 대규모 유입으로 말레이시아 사회구조는 더욱 복합적인 양상을 띠게 되었다.

이 나라에서 이슬람 종교가 갖는 의미는 말라카 술탄체제로부터 식민지 시대를 거쳐 독립을 쟁취하여 오늘날에 이르기까지 변화가 없는 것은 아니나, 전통적인 정치구조 형성에 중요한 역할을 해 온 것은 분명하다. 오늘날 말레이시아의 정치구조는 현대식 의회민주주의와 말라카왕국 시대로부터 이어져 내려오는 이슬람 술탄체제가 공존한다는 사실이다. 실질적인 국정운영은 수상(Perdana Menteri)이 관장하지만, 헌법상의 국가수반은 양 디뻐르뚜안 아공(Yang Di-Pertuan Agong)이라 칭하는 임기 5년의 국왕(國王)이다. 이와 같은 정치구조는 전 세계에서 이 나라만 가지는 매우 독특한 형태이다.

과거 말라카 술탄왕국이나 말라카 왕국시대 이후 말레이 반도의 무슬림 수장을 받드는 9개 독립적인 형태의 주정부(州政府)는 물론이고, 오늘날 말레이시아 연방정부가 외부세계를 대상으로 하는 외교행태는 기본적으로 이슬람을 바탕으로 하고 있다. 말레이 반도의 이슬람 주들도 각각 국제이슬람 네트워크를 통해서 외부 이슬람세계와 성공적인 교류를 하고 있다. 이러한 이유로 말레이 주정부들은 오늘날 과거 식민통치 시기에는 사용하지 않았던 이슬람왕국의 명칭을 복원하여 이슬람적 동질성을 현시(顯示)하고 있다. 몇몇 주의 이슬람식 공식명칭은 아래와 같다.

- 뻬락주: 뻬락 다룰 리드완(Perak Darul Ridhwan)
- 끄다주: 끄다 다룰 아만(Kedah Darul Aman)
- 느그리 슴빌란주: 느그리 슴빌란 다룰 쿠수스(Negeri Sembilan Darul Khusus)
- 끌란딴주: 끌란딴 다룰 나임(Kelantan Darul Naim)

정치면에서 이슬람의 위치와 역할은 이 나라에서 다른 어떤 분야보다 큰 의미를 가지고 있다. 이슬람은 말레이인들을 통합시키는 중요한 요소로 작용했으며, 이들의 정체성을 확립하는 데 공통분모의 역할을 하였다. 식민통치시기에 말레이인들의 반(反)식민 · 반외세 저항운동의 구심점이 된 것도 이슬람이었다. 독립정부 수립 이후, 말레이시아 정부가 벌인 이슬람 정책은 당연하게 이슬람의 위치와 역할을 강화하는 데 주효했다.

마하티르(M. Mahathir)가 집권한 1982년 이래 말레이시아 정부의 이슬람 정책은 국정 전반에 광범위하게 파급되었다. 국내적으로는 이슬람의 원리를 도입한 이슬람 보험제도와 이슬람 은행을 설립하고, 말레이 학생과 외국 학생들의 이슬람 교육을 전담하는 국제이슬람대학교(UII)를 설립하고 이를 적극적으로 지원하였다. 또한 각급 이슬람 종교기구와 샤리아 법정의 권위를 크게 고양(高揚)하고, 이슬람 종교 관련 국제세미나를 지속적으로 지원하였다. 국제적으로는 세계 이슬람운동에 적극적으로 참가하고 이슬람국제기구(OIC)와 이슬람개발은행의 주요 멤버로 활동하고 있다. 뿐만 아니라 보스니아 등 무슬림과 비(非)무슬림 간의 분쟁지역에도 비전투 병력을 파견하여 이슬람 국제정치문제에게 깊이 관여하고 있다.

마하티르 통치 후반기부터 말레이시아 정부의 고위 행정관리들은 이슬람 종교와 이슬람적 상징물을 공공연하게 중시하려는 경향이 높아지고 있다. 작은 규모의 예배장소인 수라우와 무살라가 관공서마다 설치되었으며, 예배시간을 알리는 아잔(azan)과 이슬람 교육방송이 국립 TV와 국립 라디오 방송을 이용하고 있다. 이슬람식의 인사와 관용구들은 의도적으로 혹은 거리낌 없이 정부 관리들이 주도하는 대중 연설에서 사용되고 있다. 이러한 추세에 따라 이슬람 종교적인 사고와 가치관이 마하티르 통치기에 과거 어느 시기보다 대중화되었다.

이슬람에 대한 마하티르 정부의 적극적인 정책적 · 재정적 지원이 말레이시아 국내에서 이슬람의 위치를 크게 격상시켰음은 의문을 가질 여지가 없다. 그러나 본질적인 문제는 정부나 정부정책에 따라 전적으로 이루어진 것이 아니라 사회 각 분야에서 일어난 다양한 이슬람운동이 중요한 역할을 했다는 점이다. 비정부 부문의 이슬람화가 이슬람운동을 말레이시아 전역으로 확산하는데 크게 기여했다. 우리나라의 농촌에서 새마을 운동의 필요성을 절감하고 있던 차에 정부 차원의 지원이 시작되자 농촌 마을마다 경쟁적으로 새마을 운동에 나섰던 것과 같다.

'타블리그(Tabligh)운동'은 말레이시아 이슬람운동의 대표적인 사례이다. 타블리그는 전달(傳達)이라는 의미의 아랍어인데, 이 나라에서 '이슬람의 가르침을 전달함'이란 뜻으로 사용되었다. 정치성도 없고 조직체를 구성하지도 않았지만, 의식 있는 무슬림들이 모여 이슬람의 가르침을 함께 공부하면서 동시에 종교적 의무를 등한시(等閑視)하는 이웃이 이슬람에 대한 의식을 깨우치도록 이끌어 내는 운동이다. 타블리그는 원래 무슬림사회의 전통적인 사상으로 '내'가 신앙적 의무를 다 하고 '게으른 이웃'이 의무 이행에 동참(同參)하도록 적극 권유할 의무를 말한다. 이 운동은 말레이시아 전역에 이슬람적인 사고와 행동을 이끈 중요한 사회정화 운동의 하나로 꼽고 있다.

믿음에 이르는 방법(길)이라는 뜻으로 아랍어에서 차용한 타리까(Tariqa)운동 또한 말레이시아의 이슬람 역사에서 불변의 진리로 전해지고 있는 수피전통을 말레이(Malay)인들의 일상적인 관습 속에서 묵시적으로 일깨워주는 일종의 사회운동이다. 타리카 운동도 말레이시아 이슬람 사회정화운동에 영향을 미쳤다. 조직화된 이슬람 운동의 하나로 알 아르캄(Al Arqam)은 말레이시아 정부에 의해 이단(異端)시 되어 논란의 대상이 되었지만, 이 사회운동도 말레이 무슬림들의 일상생활에 큰 영향을 미쳤다. 정치적 성격이 강한 무슬림 단체들은 정부의 정책 결정에 영향력을 행사할 수 있는 역량을 키워가며 자신들이 목표하는 이슬람 국가건설을 위해서 노력해 오고 있다. 특히 이슬람당(PAS)은 무슬림뿐만 아니라 비무슬림을 포함하여 말레이시아 모든 국민을 위한 이슬람국가를 건설하겠다고 공언하고 있다.

이밖에도 말레이시아무슬림청년운동(ABIM)이나 중동지역에서 이슬람대학을 졸업하고 돌아온 청년 이슬람엘리트들이 연합체(AGMUM: *Association of Graduated of Middle-East Universities in Malaysia*) 등과 같은 단체들은 다양한 국제 무슬림기구와 연계하여 국내는 물론이고 국제사회에서 이슬람 종교 활동에 참여해 왔다. ABIM같은 경우는 비무슬림뿐만 아니라 일부 무슬림들이 갖고 있는 이슬람에 대한 잘못된 편견(偏見)을 바로 잡는데 중요한 역할을 해 왔다. ABIM은 한때 마하티르의 후계자로 지목되었던 안와르 이브라힘(Anwar Ibrahim)이 오랫동안 이끌었다. 이슬람의 생활화를 고무하고 장려하는 운동에 앞장 서 온 퍼킴(Perkim)은 말레이 무슬림들의 이슬람 재교육과 중국계와 인도계 말레이시아인들의 개종(改宗)과 이슬람 교육을 전담하였으므로, 말레이시아 이슬람 발전에서 빼놓을 수 없는 중요한 단체라 할 수 있다.

말레이시아의 이슬람연구에서 유념해야 할 점은 이슬람 종교와 이 나라의 이슬람화 과정은 별개라는 점이다. 따라서 이슬람 종교가 가지는 가르침과 원리는 불변의 진리이지만, 이슬람의 도입과 이슬람화 과정은 여타의 지역과 다르기 때문에 말레이시아의 이슬람은 다양성과 독창성을 가지게 되었다는 것이다. 이 나라의 이슬람은 다종족 사회라는 특성에 따라 종교·문화·관습의 다양성을 가지게 되었으며, 종족마다 유지·발전시켜온 전통문화와 충돌하거나 융합하는 과정을 겪으면서 독창적으로 발전되어 나왔다. 오늘날 이교도인 중국계와 인도계 국민과 더불어 갈등하고 경쟁하고 화합하는 속에서 진행된 말레이 종족 중심의 이슬람화는 자연스럽게 다양성과 독창성을 지니게 되었다.

II. 이슬람의 전래와 말레이화 과정

이슬람이 말레이 반도 북동부 해안에 위치한 뜨렝가누(Trengganu) 술탄왕국에서 공식적으로 국가종교가 된 것은 14세기 초엽이었다. 한글 이전의 이두(吏讀)처럼 아랍문자를 차용하여 말레이어(語)를 표기한 자위(Jawi)문자로 기록된 비석이 이 지역에서 발견되었는데, 그 연대가 1303년 또는 1386년이라는 것이다. 그러나 당시 이슬람이 그곳에서 어느 정도 뿌리를 내리고 있었는지에 대해서는 알려지고 있지 않다. 말라카 술탄왕국이 수마트라 북동부 해안에 위치한 사무드라(Samudra)와 빠사이(Pasai)왕국으로부터 이슬람의 중추적 역할을 이어받게 된 시점은 15세기 중반쯤으로 여겨진다. 말라카에 이슬람이 전래된 시점에 관해서 이견이 있지만, 말라카 왕국의 이슬람화가 공고(鞏固)해진 시기를 15세기 후반으로 보고 있기 때문이다.

말라카 왕국은 수마트라 스리 위자야(Sri Wijaya)의 빠라메쉬와라 왕자가 쟈바 마자빠힛(Majapahit)왕국으로부터 밀려나 남동 수마트라의 리아우(Riau)와 말라카해협을 거쳐 말라카로 이주하여 1402년 왕국을 건설함으로써 말레이시아사(史)에 등장하게 되었다. 1414년 빠라메쉬와라는 이슬람으로 개종하여 자신의 이름을 술탄 무함마드 샤로 바꾸고 사무드라와 빠사이를 통치하던 술탄의 딸과 결혼하게 된다.

15세기 말 말라카 왕국은 이미 말레이 반도 인근과 인도네시아 군도에서 가장 중요한 무역왕국으로 부상하였다. 동서(東西) 접근로인 말라카해협의 전략적 위치와 왕국의 정치적 안정으로 점차 중동지역과 동양의 무역상인들이 말라카로 모여들었다. 따라서 이슬람 학문의 중심지로서의 위상도 높아지게 되었다. 말라카왕국이 이슬람연구를 주도하는 중심지가 된 까닭은 이곳 술탄들의 이슬람 학문에 대한 열의가 크게 작용하였다. 말라카 술탄들은 무슬림 학자들을 경제적으로 후원하였을 뿐만 아니라 자신들도 학문에 몰두하는 모범을 보였다. 이로서 말라카 왕국은 짧은 시일 내에 동남아 이슬람 학문의 중심지로서의 명성도 얻게 되었다.

말레이 역사(Sejarah Melayu)에 따르며 스리 마하라자(Sri Maharaja: 1424-1444)가 이슬람으로 개종하고 사이드 압두 알 아지즈에게서 이슬람을 공부했으며, 술탄 만수르(1477년 사망)는 마울라나 아부 바크르로부터 그리고 술탄 마흐무드 샤(1488-1530)와 그의 아들인 술탄 아흐마드는 마울라나 까디 사디 조한이라는 학자에게서 이슬람을 배웠다고 전해진다. 특히 술탄 마흐무드 샤는 자신의 통치기간 동안 모든 관료들에게 이슬람을 가르쳤다고 한다. 술탄들이 이슬람교의 가르침을 적극 실천하려 하였다는 것은 술탄 만수르가 자신의 아들에게 국사(國事)를 관장함에 있어 신(Allah)의 가르침대로 따를 것을 조언한 다음과 같은 내용에서 잘 나타나고 있다.

"너의 일과 하느님의 가르침이 차이가 난다면, 너는 먼저 하나님의 가르침을 따르라. 그리고 하느님의 뜻에 진실로 복종해야 한다. 그러면 하느님이 만족해하실 것이다. 내가 지금 네게 말하는 대로 하거라. 내 아들아. 그러면 너는 전능하신 하느님과 그의 사도 무함마드의 축복을 받을 것이다"

장대한 동방의 무역망도를 완성한 말라카 무역왕국은 1511년 포르투갈에 의해서 정복됨으로서 왕국사를 마감하게 된다. 말라카의 마지막 술탄인 술탄 마흐무드(Mahmud)는 빠항(Pahang)주로, 그리고 아들인 술탄 아흐마드(Ahmad)는 조호르(Johor)주로 피신하여 말라카왕국의 재건을 위해 노력하였으나 성공을 거두지 못하였다. 따라서 말라카 왕국사의 종식과 함께 수마트라 북단의 아체(Aceh)왕국이 이슬람 학문의 중심지로서의 말라카의 역할을 이어받게 되었다.

말라카 왕실에 끼친 이슬람의 영향은 왕실의 공식행사와 법률체계에서 두르러지게 나타났다. 술탄 무함마드 샤의 통치기간 중 이슬람 종교와 관련된 갖가지 왕실 공식행사가 거행되었다. 단식월(斷食月)인 라마단(Ramadan)달에 사도 무함마드가 신으로부터 꾸란(Al Qur'an)을 계시받은 날의 밤 행사와 단식월이 끝나고 벌어지는 무슬림 최대의 축제인 아이딜 휘뜨리(Aidil Fitri), 그리고 이슬람의 희생제(犧牲祭)인 아이딜 아드하(Aidil Adha) 등의 주요 이슬람 종교 행사에는 술탄은 물론이고 왕실의 모든 관리들이 자미(Jami)사원에 참석하였다는 기록이 남아있다.

말라카법전(Undang-undang Melaka)에 의하면, 말라카의 술탄들은 이슬람율법에 따라 왕국을 다스렸다고 기록하고 있다. 이 법전은 현존하는 가장 오래된 말레이법전으로 1450년 술탄 무자파 샤에 의해서 집대성되었다. 당시 술탄들은 다양한 명칭으로 불렸는데, 왕(王)이라는 의미를 가진 라쟈(Raja), 지배자라는 뜻의 양 디뻐르뚜안(Yang Di-Pertuan) 혹은 왕자(王子)를 의미하는 빵으란(Pangeran) 등이었다. 이 중 '라쟈'는 산스크리트어에서 차용한 것으로 당시까지 인도문화의 영향이 많이 남아 있었다는 증거인 셈이다. 이러한 백성들의 군왕에 대한 명칭 이외에도 대부분의 술탄들은 아랍의 정통 칼리프제에 따라 무슬림 지도자임을 나타내려 했다. 예를 들면, 말라카의 술탄들은 자신들 스스로를 '신자(信者)들의 칼리프(Khalifat Al-Mu′miniin)', '지상(地上)의 신(神)의 그림자(Zill Allah fi Al-Ard)'라는 이슬람식 경칭(敬稱)을 선호했다.

말라카법전의 특징은 이슬람 내도 이전의 말레이 종족 관습법(慣習法)인 아다트(adat)와 이슬람적 요소를 혼용(混用)하고 있다는 점이다. 이슬람적 요소는 대부분이 샤피이 법률학파의 체계를 원용(援用)한 것이다. 전반적인 구성을 볼 때 말라카 법전은 무엇보다도 통치행위와 통치권에 관한 한 이슬람적 논리가 우세하다. 공공질서와 일반인들의 법률 논쟁의 해결에 관해서는 이슬람적 관점과 관습법이 혼합되어 있고, 가족법은 기본적으로 이슬람법을 따른다. 상법은 무슬림 무역관례를 따르며, 토지에 관한 문제는 관습법을 따르는 것으로 되어 있다.

말레이 이슬람사회에 중요한 영향을 끼친 두 가지 관습법이 있었다. 빠르빠떼(Adat Perpateh)와 뜨멍공 관습법(Adat Temenggong)인데 말레이 반도의 이슬람화 이전부터 말레이인 사회에 자리 잡고 있었다. 전자는 7세기 중엽 중부 수마트라로부터 말라카에 정착한 미낭까바우(Minangkabau)족 이주자에 의해서 도입된 것으로 처벌이나 응징보다는 보상을, 그리고 개인의 책임보다는 집단책임제의 원리를 강조하는 관습법이다. 후자는 수마트라 빨렘방(Palembang)을 거쳐 말라카에 전래되었는데, 힌두영향이 강하고 가부장제(家父長制)가 우세했던 자바에서 발전하여 수마트라로 전해졌던 것이었다. 이 뜨멍공 관습법은 통치자의 권력과 지배계층과 남성의 지위를 강조한 것이 특징이다. 이 관습법은 말라카에서는 물론이고 빠항(Pahang)주와 뻬락(Perak)주의 법률체계에서도 많이 발견되고 있다. 말라카 왕국에서 이슬람법이 시행되자 종교적 가르침을 위배하는 사람들의 행위와 그들의 범죄에 대해서 처벌을 강화함으로써 뜨멍공 관습법은 자연스럽게 강화되었던 것이다.

사회면에서의 변화는 카스트제도의 종식을 가져오게 되었다. 이슬람이 가르치는 '신 앞에서 만인이 평등하다'는 개념은 기존의 힌두·불교 문화적 전통에서는 거론될 수 없는 사안이었다. 그러므로 국가종교가 되면서 이슬람은 힌두·불교문화 터전의 말레이 반도의 정치체제에 큰 영향을 미친 것은 분명한 사실이다. 그렇다고 해서 기존의 힌두·불교문화와 그 영향이 아주 사라진 것은 물론 아니었다. 이슬람이 말레이 사회에 끼친 영향이 지대했으나, 이슬람은 기존의 전통과 관습을 존중하며 절충적으로 현지 문화 속에 정착하는 방법을 택했던 것이다.

III. 외세의 내도와 이슬람 개혁운동

동남아 이슬람의 주요 중심지의 하나이자 해상 실크로드의 동방(東邦) 거점이었던 말라카 왕국은 1511년 막강한 해군력을 앞세운 포르투갈에 의해서 점령되었다. 포르투갈은 말라카의 이슬람을 기독교로 대치시키고 무슬림들의 무역망을 독점하려 하였다. 그러나 말레이들의 끈질긴 저항으로 소기의 목적에 도달하지 못한 채 1641년 말라카를 네덜란드에게 내주게 된다. 이후 영국이 이 지역의 새로운 실력자로 등장하였다. 1795년 네덜란드로부터 말라카 지배권을 획득한 영국은 1842년의 영화조약(英和條約)으로 말라카를 포함한 말레이반도의 확고한 지배자로 등장하였다. 영국은 1941년부터 1945년까지 일본에 의해서 잠시 밀려났다가 제2차 세계대전 종전과 함께 다시 말레이 반도에 재입성하였다.

18세기 말부터 20세기 중엽까지의 영국 식민통치는 과거와는 전혀 다른 사회 환경을 조장(助長)하였는데, 포르투갈이나 네덜란드 같은 이전의 두 유럽 열강에 비해서 말레이 이슬람사회에 많은 영향을 끼쳤다. 1786년 끄다(Kedah)주로부터 뻬낭(Penang)섬을 획득한 후, 영국은 말레이 술탄들의 전통적인 종교영역까지 간섭하기 시작했다. 포르투갈과 네덜란드의 경우와 비교해볼 때, 영국의 식민통치가 이슬람종교에게는 호의적이었다고는 하지만 실제로 술탄들의 지위는 말레이 정치체계에서 상징적인 위치로 하향 조정되었다.

1874년의 빵꼬르조약을 통해서 영국은 말레이인들의 종교와 관습에 관여하지 않는다는 불간섭 원칙을 천명하였다. 그러나 영국에 적대적이었던 술탄 이스마일(Sultan Ismail) 대신에 친영파인 라자 압둘라(Raja Abdullah)가 뻬락(Perak)의 술탄에 오르게 영향력을 행사하는 등 말레이 정치문제에 간섭하기 시작했다. 영국 관리들은 조언과 자문에 그치지 않고 이슬람을 포함한 말레이인들의 생활영역에서도 영향력을 행사하였다.

영국의 식민통치가 말레이인 사회에 끼친 영향은 크게 세 가지로 요약할 수 있다. 첫째, 말레이 반도에서 주석과 고무 등 전략자원의 양산을 위해서 영국 식민당국은 중국과 인도로부터 노동이민을 대거 유입시켰다. 1850년대부터 1930년대까지 대량 유입된 중국인과 인도인 노동자들은 이곳에 정착하여 원주민인 말레인인들과 함께 말레이시아를 다종족 국가로 만들었다. 1921년 조사에 따르면, 이들 이민자들의 급증으로 말레이 반도에서 말레이족 인구는 전체 주민의 절반에도 미치지 못하였다. 새로운 인구 분포로 인해서 말레이 사회는 종교적 · 문화적으로나 사회구조적으로 복합성과 다양성이 형성되었다.

둘째, 1957년 독립 이전까지 말레이인들에 대한 교육은 대체로 종교교육에 한정되었다. 교육기관 또한 도시 지역에서는 이슬람 사원, 농촌지역에서는 예배장소인 수라우(surau)나 뽄독(pondok)이라 칭하는 꾸란 암송학교에서 이루어졌다. 일반국민들의 자녀들은 국내의 각급 교육기관에서 기본적인 이슬람 교육을 받았으나, 상류계층의 자녀들은 영국식 학교에서 수학할 수 있는 특혜가 주어졌다. 이들 상류층 자녀들은 국내는 물론이고 식민종주국인 영국에서 고등교육까지 받을 수 있었다. 영국 식민정부의 교육정책은 결국 상류계급과 일반국민들의 차별화를 가져와 같은 말레이족 간에 괴리감(乖離感)을 낳았다.

셋째, 영국의 식민통치로 말레이 이슬람이 보다 직접적으로 영향을 받은 분야는 제반 법규에 관한 사항들이었다. 영국은 식민정부는 이슬람 사회의 희사금(zakat)이나 기부금(wakaf)의 모금과 사용에 관한 사항을 비롯하여, 이슬람 법정기구와 성지순례를 관장해 온 기구와 기관들을 조정하거나 정리함으로써 이슬람 종교관련 업무의 능률화를 가져왔다. 그러나 이제까지 자율적으로 시행되었던 무슬림들의 문제를 통제 · 조정함으로써 말레이인들의 일상생활에서 이슬람법의 영향을 축소하였다. 또한 법률 적용에 있어서도 영국 법령에 근거한 법정을 이슬람법정의 상위(上位)에 둠으로써 제도적인 통제장치를 분명히 하였다. 나아가서 9개 이슬람주의 수장인 술탄의 권한도 술탄의 행정을 보좌하는 종교위원회(Majlis Agama)를 통하여 식민정부 관리들이 간섭하였으므로 영국 식민통치 이전의 시기에 비해서 상대적으로 많이 제한을 받게 되었다.

1941년부터 1945년까지 말레이 반도를 식민통치한 일본은 말레이인들을 우대하는 이른바 종족 차별화 정책을 시행하였다. 반영(反英)감정을 조성하여 전쟁을 자신들에게 유리하게 이끌기 위해서 말레이인과 인도인에 호의적인 태도를 보인 반면에 중일(中日)전쟁에 따른 대(對)중국 및 중국인에 대한 반감으로 말레이인과 중국인 간의 갈등을 조장하고 말레이인들을 두둔함으로써 두 종족이 상호 적대감을 갖게 하였다.

20세기 초 유럽 열강의 식민지배에 대한 항거와 자성(自省)으로 시작된 중동 지역의 범이슬람주의와 이슬람개혁운동의 여파로 말레이 이슬람 사회에도 종교정화의 새로운 바람이 불게 되었다. 이러한 움직임은 당시 메카와 메디나(Medina)를 성지순례하였거나 이집트 카이로의 알 아즈하르(Al Azhar) 이슬람대학교에서 수학한 말레이인 무슬림 엘리트들에 의해서 말레이 이슬람 개혁운동으로 이어졌다. 그러나 말레이 사회에 뿌리를 깊게 내린 전제봉건체제는 이슬람 개혁사상이 민중사회로 파급되는 것을 부정적으로 받아들였다.

또한 이슬람의 범인류적 사상과 아랍민족주의가 변질되고 영국과 일본의 식민정책으로 인해서 말레이인들의 위기감이 말레이 종족 중심의 민족주의(民族主義) 의식을 고양하는 결과를 낳았다. 이로 인해서 1930년대까지 이슬람 개혁운동의 주역들이었던 아랍과 인도계 무슬림들은 말레이 무슬림들에 의해서 이방인(異邦人)으로 간주되었다. 이로 인해서 아랍이나 인도계 무슬림들과 차별화하여 말레이 이슬람문제를 해결하려는 단체들이 결성되었다. 1925년에 싱가포르말레이연합회(KMS: Kesautan Malayu Singapura)를 시작으로 1937년에는 멀라유청년연합(KMM: Keastuan Melayu Muda)이 생겨났다. 이와 더불어 이슬람 개혁사상을 말레이 사회에 전파하였던 아랍계와 인도계 무슬림들은 각각 인도계혈통(DDK: Darah Keturunan Keling)과 아랍계혈통(DKA: Darah Keturunan Arab)이라는 명칭으로 말레이 무슬림사회에서 사회적 대우가 격하되었다.

말레이인들의 비말레이계 무슬림에 대한 비우호적 감정은 1939년과 1940년에 각각 쿠알라룸푸르와 싱가포르에서 개최된 말레이 종족문제에 관한 국제학술회의를 통해서 크게 부각되었다. 말레이계 대(對) 비말레이계의 차별화를 고착시키기 위하여 아랍계와 인도계 등 비말레이계 무슬림들이 아들의 이름 뒤에 붙이는 'Ibni(누구의 아들)' 대신에 말레이계 무슬림들은 'Ibn(누구의 아이)'를 사용하기로 결정하였던 것이다.

영국과 일본의 식민통치시기에 전개된 이슬람 개혁운동은 말레이인들에게 민족주의 의식과 함께 위기의식을 불어넣었다. 이로 인해서 이들 말레이인들의 민족주의는 이슬람 원리보다 종족 차별화에 역점을 둔 말레이종족 민족주의로 변질되었다. 이들은 독립투쟁을 전개하면서도 말레이 무슬림이 아닌 말레이인을 위한 투쟁으로 개혁운동의 성격을 발전시켜 나갔던 것이다.

1946년 영국이 전격적으로 말라야연합(*the Federation of Malaya*)을 제안하자 이에 대항하여 '멀라유 만세(Hidup Melayu)'라는 기치(旗幟)를 들고 통일말레이국민조직(UMNO: *United Malays National Organisation*)이 탄생하였다. 움노(UMNO)의 결성은 당시의 시대적 상황이 잘 반영된 결정체라고 말할 수 있다. 따라서 당(움노)의 기본적 노선은 이슬람에 근거하기보다는 종족민족주의에 기반을 두고 말레이인들의 교육·경제·사회·문화와 정치분야에서 지위향상을 추구하였다. 당의 주도권을 민족주의자들이 장악하고 있었음으로, 이슬람사회의 최고 엘리트들인 울라마(ulama)들이 당내(黨內) 주류를 이루고 있던 조직이었지만 이들의 역할이 지극히 제한되었다. 그러므로 울라마들조차도 이슬람에 관한 사항을 의도대로 관철시킬 수가 없었다. 이러한 당내의 분위기는 움노의 최고지도자였던 온 빈 자아파(Onn bin Ja´afar)가 비말레이계에게도 당을 개방하겠다는 제안을 내 놓았을 때, 말레이계 당원들의 거센 항의를 받았다는 사실에서 잘 알 수 있다.

1948년 암노는 아부바까르(Sheikh Abubakar al-Baqir)를 전면에 내세우고 당내 울라마들과 정통이슬람교육을 받은 지도자들은 '말레이종족의 독립과 이슬람 원리에 기초한 무슬림사회건설과 이슬람국가로서의 말라야'를 목표로 하여 '무슬림당' 또는 히즈불 무슬리민 (Hizbul Muslimin)이라는 조직을 결성하였다. 그러나 이들은 영국의 영향 하에 있던 정부에 의해서 모두 체포되고 조직도 해산 당하였다. 이들이 내세웠던 조직 결성의 이념은 1951년 움노의 비종교적 민족주의 성향에 반대하는 울라마의 일부 지도자들이 탈당한 후 독자적으로 창당한 말레이이슬람당(PAS: Pertubuhan Islam Setanah Melayu)에 의해서 이어지게 되었다. 독립이라는 보다 현실적이고 급박한 현안과 이를 통한 말레이계 국민 전체를 위한 이익제고가 이슬람 종교적 목적에 우선될 수밖에 없었던 것이 당시의 상황이었다.

IV. 말레이시아 이슬람 사회의 발전

1. 독립 초기의 이슬람정책

움노(UMNO)의 설립 목적과 정강(政綱)과 주요 구성인사들의 면면을 볼 때 1957년 8월 31일 말라야연방(*the Federation of Malaya*)으로 독립을 성취한 이후에도 이슬람은 중요한 역할을 하지 못할 것으로 예견되었다. 정부의 관심은 현대국가 건설에 관한 현안문제들로 우선순위가 정해졌다. 그러므로 이슬람 원리에 관심을 쏟거나 혹은 이슬람을 기초로 한 사회와 경제발전 또는 이슬람 조직에 관한 정부의 정책적 지원 등에 관한 논의는 뒷전으로 밀려날 수밖에 없었다. 움노는 독립에 관한 논의가 진행되는 과정에서 영국이 제안한 다종족국가 구성을 수용함에 따라 이슬람의 원리나 기타 종교에 관한 사항들은 조용히 빠지게 되었다.

이러한 상황은 헌법제정 과정에서도 잘 나타나고 있다. 레이드(Reid) 경의 주재 하에 진행된 헌법위원회는 처음부터 이슬람이 연방국가의 국교(國敎)가 되는 것을 추천하지도 않았다. 다만 헌법위원회 산하의 운영위원회에서 제안된 "이슬람은 연방의 종교이다. 그러나 다른 종교들도 실천될 수 있다"는 조항이 논의과정에서 추가되었다. 130명으로 구성된 운영위원회의 절대 다수를 차지하고 있던 말레이 무슬림인 움노(UMNO)의 위원들도 이슬람보다는 민족주의적 성향이 더 강하였다.

이슬람 문제는 원칙적으로 각 주의 술탄들의 결정에 따르지만, 헌법은 이들이 결정한 이슬람법을 국회가 번복할 수 있도록 하였다. 술탄들에 대한 '조건 없는 특별한 권리와 특권'도 꾸란과 순나(Sunnah)에 정의되어 있는 '법과 정의의 범위 내에서'라고 규정함으로서 이들의 특권에도 분명한 한계점을 그었던 것이다. 그러므로 이슬람이 중요한 국가의 기본정책으로 간주되기는 하였지만, 실질적으로는 국가나 정부차원의 중요한 역할을 담당하지는 못하였다.

1962년 당시 말레이 최고 법조인의 한 사람이었던 수피안 하심(Tun Mohamed Suffian Hashim)은 헌법상 이슬람의 적용범위를 국왕 탄신일 · 헌법이 정한 고위관리 임명식 · 독립기념일과 기타 중요한 정부급 공공행사를 이슬람 종교의식에 따라 행할 수 있도록 하는 형식적인 의미로 해석하였다. 같은 해 초대 수상인 압둘 라만(Tunku Abdul Rahman)은 수피안 하심의 견해에 대하여 “이 나라는 일반적으로 이해되듯이 이슬람국가가 아니며, 우리는 단지 이슬람을 국가의 공식적인 종교로 규정하고 있다”고 밝혔다. 당시 정부가 우선적으로 내세웠던 것은 종족문제의 안정이었으며, 이슬람 종교관련 사항은 정부 내에 이슬람 행정기구 제도화나 이슬람 사원 건설과 같은 상징성으로 한정되었다. 결국 정부차원에서 보면 이슬람 종교로 국가적 난제를 해결하기는 어렵다고 판단했던 것이다.

라만 정부가 1962년에 발표한 말레이시아연방(*the Federation of Malaysia*) 결성 계획은 필리핀과 인도네시아로부터 심각한 외교적 마찰을 불러일으켰는데, 이 사건 또한 이슬람의 정치적 역할을 축소하는 계기로 작용하였다. 1962년 1월 사바(Sabah)에 대한 영유권 문제로 라만 정부는 필리핀과의 대립하였다. 수카르노의 인도네시아 정부가 벌인 대결정책(Konfrontasi)은 이슬람이 정치적 논쟁의 대상이 되지 못함을 알리는 국제적 사건이었다. 라만 수상이 사바주를 말레이시아연방에 편입시키자 필리핀정부는 술루(Sulu) 술탄으로부터 사바를 양도 받았으므로 필리핀령이 분명하다며 연방안에 반대하였고, 인도네시아는 1962년 12월에 브루나이에서 발생한 브루나이인민당(PRB) 폭동 후에 말레이시아연방안은 이 지역 내에 민족주의를 선동하는 신식민주의적 음모라고 강력하게 비난하였다.

60년대의 종족갈등은 이슬람 종교의 위상에 대한 정치적 논쟁을 훨씬 능가하였다. 1962년 말레이시아연방에 가입하고 국민행동당(PAP: *People's Action Party*)을 이끌던 싱가포르의 리콴유(李光耀)는 말레이인이 말레이반도의 토착민이 아닐 수도 있다며 말레이인들을 자극하는 발언을 주저하지 않았다. 그는 1964년 연방의회에서 국왕이 발표한 말레이인들의 사회 · 경제적 향상을 위한 정부계획안에 포함된 ‘말레이인의 특권’을 비난하면서 연방정부가 ‘말레이시아인을 위한 말레이시아(Malaysian Malaysia)’가 아닌 ‘말레이인을 위한 말레이시아(Malayan Malaysia)’ 정책을 추구하고 있다고 주장하였다. 싱가포르는 결국 1965년에 이르러 말레이시아연방에서 탈퇴하여 독립국가의 길을 걷게 되었다.

싱가포르의 분리독립 이후, 말레이인들은 자신들이 처한 위치에 대한 재평가를 통해서 원주민(Bumiputra)으로서의 동질성 강화에 힘쓰게 되었다. 이에 따라 부미뿌뜨라(원주민)에 관한 문제들이 대대적으로 논의되기 시작했다. 부미뿌뜨라들의 경제적 빈곤과 후진성에 대한 책임이 결국 수상인 라만에게 돌아가고, 이는 싱가포르의 연방탈퇴에 대하여 수상의 미온적인 처리방식에 불만이 터져 나왔다. 이들의 불만은 곧 움노의 균열(龜裂)로 이어졌다.

더욱이 움노에 참여하고 있던 중국계들은 움노가 연립정부를 이끌어가면서 말레이중국인협회(MCA)를 중심으로 한 자신들의 이익을 제대로 반영해 주지 못하고 있다고 불만을 나타내고 있었다. 이에 따라 움노에 참여하기를 거부한 중국계 국민들을 대변하는 민주행동당(DAP) · 말레이시아국민운동(GRM: Gerakan Rakyat Malaysia) · 국민진보당(PPP: *Peoples's Progressive Party*) 등 야당세력들이 속속 등장하였다. 이런 와중에서 선거 운동원으로 참여한 중국계 노동자가 경찰의 총격에 의해서 사망하는 사건이 발생하였다. 노동당(Parti Buruh)은 즉각 10,000명이 넘는 장례행렬을 이끌고 반정부 분위기를 유도하였다.

이러한 격앙된 분위기 속에서 1969년 5월 13일 말레이계와 중국계 사이에 폭동이 일어나 심각한 유혈사태로 번지게 되었다. 그러나 이 유혈사태로 교육 · 문화 · 언어 · 말레이계 국민의 특권 등 민감한 사안들에 대해서 신중한 태도로 일관해 온 연방정부의 정책이 말레이계가 주류를 이루는 원주민(부미뿌뜨라) 우대정책으로 급선회하게 되었다. 부미뿌뜨라 정책이 시행된 이후에 나타난 정부의 이슬람 정책은 이제 더 이상 상징성에 머물지 않고 비록 제한적이기는 하나 보다 구체적으로 대부분이 무슬림인 원주민을 우대하는 정책으로 전환되었다. 이로써 말레이계 국민들은 연방정부의 이슬람 정책이 원주민들에게 유리하게 진행되고 있음을 실감하게 되었다.

2. 5·13 사태 이후 이슬람정책의 변화

1970년 8월 31일 말레이시아 연방정부가 발표한 루꾸느가라(Rukunegara)는 신에 대한 믿음·국왕과 국가에 대한 충성심·헌법 준수·법치주의(法治主義)·선행(善行)과 도덕성이라는 다섯 가지 국가이념으로 1969년 5월 13일에 발생한 종족폭동의 산물이었다. 이로써 말레이인들의 특별한 지위를 계속해서 인정하고 국민 개개인의 신앙과 실천, 관습과 문화 등의 자유가 인정된 자유사회임을 천명하고 종족 간의 화합을 강조하였다. 그러나 유혈사태에도 불구하고 정부는 말레이인의 종족적 동질성에 국한하지 않고 이슬람이라는 종교적 동질성을 동시에 강조하는 정책을 펴나갔다. 따라서 말레이인들은 사회적·경제적인 면에서 힘을 발휘하게 되었고, 이슬람은 말레이인들의 정신적 결집력을 강화시키는 촉매제(觸媒劑) 역할을 하였다.

경제사회제도의 재편성은 1969년 6월에 발표된 신경제정책(NEP: *New Economic Policy*)을 근거로 모든 말레이시아인들의 빈곤 퇴치와 경제적 기능과 도농(都農) 간 종족별 군거(群居)에 따른 소득격차를 줄이고, 궁극적으로는 이를 해소하기 위해서 말레이시아 사회 전반에 대한 구조조정을 목표로 추진되었다. 그러나 정책시행 후 빈곤퇴치 등 부(富)의 재분배 문제는 눈에 띠게 성공을 거두었으나, 말레이인들의 적극적인 경제활동 참여로 인한 그들의 부의 증가가 중국계들에게는 자신들이 희생한 대가라는 피해의식을 낳게 하였다. 또한 말레이인들의 경제활동에 대한 참여의 기회가 일부에게 집중됨으로써 말레이인들 사이에 새로운 경제적 불균형 현상도 나타났다.

정부의 이슬람정책은 정치구조의 변화에도 직접적인 영향을 미쳤다. 1969년 총선패배의 충격으로 강력한 중앙집권화의 필요성을 느낀 움노는 일부 군소정당을 제외한 주요 정당들을 연합하여 국민전선(Barisan Nasional) 체제를 구축한 것이다. 국민전선은 종족 간의 화합을 목적으로 여야(與野) 정당을 연합여당(聯合與黨) 체제로 재편한 것이다. 이러한 거대 연합여당 체제는 압둘 라작(Tun Abdul Razak) 수상과 후세인 온(Datuk Hussein Onn) 수상을 거치는 과정에서 움노의 지위는 강화되고 주도권은 더욱 공고해 졌다.

후세인 온 수상이 건강악화로 정치일선에서 물러나자 경쟁자였던 라잘레이 함자(Razaleigh Hamza)를 물리치고 정권을 장악한 마하티르(M. Mahathir) 수상은 말레이시아 정치전반에 새로운 변화를 일으켰다. 이슬람 사원 건립을 장려하고 건축비용을 지원하였으며, 정부 주도 하에 연례 꾸란 낭송대회를 개최하고, 말레이계 장관들에게 무슬림임을 상징하는 모자인 송꼭(songkok) 착용을 의무화하는 등 과거의 상징적인 이슬람정책으로부터 적극적이고 가시적인 정부주도의 이슬람정책으로 바뀐 것이었다. 이 정책은 마하티르 수상 자신이 전면에서 이끌어 나갔다.

마하티르 정부의 이슬람화정책은 일곱 가지로 요약되었다.

첫째, 1983년 이슬람은행과 국제이슬람대학교를 설립하여 이슬람이 종교적 이상으로 추구하는 형제애(*brotherhood*)를 바탕으로 하는 국제이슬람 사회에서의 말레이시아 국가위상을 강화하고,

둘째, 할랄(halal) 의식을 행하지 않고 도살한 쇠고기 수입을 금지하여 이슬람국가의 이미지를 강화했으며,

셋째, 라디오와 텔레비전 프로그램에 이슬람 내용을 강화하고,

넷째, 초등학교 과정에서부터 자위(Jawi)어 교과목을 도입하여 이슬람 역사의식을 강조하였으며,

다섯째, 국공립학교의 경우 초등학교부터 단식월 라마단 달에는 정부가 제공하는 급식을 일시중지하여 일찍부터 무슬림의 의무에 동참하게 했으며,

여섯째, 모든 관공서에서 흡연을 금지시켜서 무슬림의 의무를 강화하는 동시에 시민사회에 모범이 되게 했으며,

일곱째, 이슬람 종교에 관계되는 형법과 각종 범죄에 대한 처벌규정을

강화하여 사회정화를 주도하였다.

정부는 또한 각종 종교 활동을 후원하고 이슬람 종교행사를 주관하기 시작했다. 무슬림들의 종교축일은 국가적인 행사로 격상되었고 정치인들은 자주 이슬람에 관한 문제들을 강조하기 시작하였다. 이슬람 사원과 예배실 건설에 대하여 정부 보조금 지원을 체계화하였다. 교육 분야에서는 국립학교의 정규 학과목에 이슬람 강좌를 개설하고 무슬림 학생들에게 필수과목으로 이수하도록 하였다. 대외적으로는 전 세계 무슬림들이 참가하는 국제토론행사와 세미나 등 이슬람 학술행사를 정부가 나서서 적극적으로 지원하였으며, 이슬람국가 혹은 무슬림들에 관한 현안 문제들에 대해서 적극이고 확고한 말레이시아 정부의 주장을 펴기 시작하였다.

마하티르가 집권한 80년대 이후 말레이시아에서 이슬람의 영향력이 현시화(顯示化)되기 시작하였다. 마하티르 정부가 적극적인 이슬람정책을 펴게 된 배경에는 국제적인 정치경제상황의 변화와 이에 따른 국내 이슬람계 정당들의 부상에 고무(鼓舞) 되었기 때문이었다. 70년대 초부터 시작된 정통이슬람주의의 태동(胎動)과 세계적인 원유파동과 중동지역의 부각(浮刻) 그리고 이란의 이슬람혁명 등이 그것이었다. 특히 '이슬람 국가건설'이라는 아랍 이슬람원리주의자들의 주장은 말레이 이슬람 사회의 적극성과 선명성을 자극하였다. 이에 따라 비이슬람 교도들의 이슬람 개종을 위한 적극적인 선교활동과 함께 말레이 무슬림들에게도 신실(信實)한 신앙생활을 요구하고 이제까지의 잘못된 이슬람 관행들을 바로잡는 종교정화운동에 참여하도록 하였다.

말레이 이슬람 사회의 종교정화운동은 곧 다으와(Da'wah)운동으로 구체화되었다. '다으와'는 신의 부름 또는 신의 이름으로 행하는 선교활동이라는 의미의 아랍어인데, 동남아 무슬림 사회에서는 일반적으로 '이슬람의 가르침을 널리 알리는 운동'으로 해석하고 있다. 이러한 의미에 근거하여 다으와는 이슬람 부흥운동과 같은 의미로 사용되고 있다. 로마자 표기로는 다으와이며 영문 혹은 말레이어로 표기할 때는 다와(Dawah) 혹은 다끄와(Dakwah)로 표기되기도 한다.

다으와 운동의 영향으로 정계(政界)와 말레이 무슬림사회에 이슬람원리와 신실한 무슬림들의 신앙심을 강조하는 정당과 단체들이 속속 등장하게 되었다. 대표적인 단체와 정당으로 아빔(ABIM)과 이슬람당(PAS)이 등장했으며, 종교정화운동으로 알 아르캄(Al Arqam)운동과 타블리그(Tabligh)운동이 활발하게 전개되었다. 이들은 '다으와 운동'을 전개함에 있어서 서로 다른 형태와 주장을 하고 있지만, 이슬람정책과 이슬람화 과정에서 이들이 끼친 영향은 매우 크다. 완전한 이슬람식의 생활을 추구하자는 알-아르캄 운동, 이슬람국가 건설을 목표로 하고 있는 이슬람당, 이슬람이 정부정책의 근간임을 보여주고 이를 토대로 국가를 건설해야 한다는 아빔 등의 주장은 요로(要路)를 통하여 마하티르 정부에 전달되었다.

3. 주요 이슬람부흥운동 주관 단체와 활동

아빔(ABIM: Angkatan Belia Islam Malaysia)은 1969년에 발족되었으나 정부로부터 공식단체로 인정받은 것은 1971년이었다. 초창기 멤버들은 대학에서 활동적이던 학생들이 주류를 이루었는데, 주로 국립말라야대학(UM: Universiti Malaya)의 국문과 학생들이었다. 아빔은 이슬람을 보호하고 이슬람의 가르침을 전파하는데 목적을 두었다. 특히 종교(Al-Din)로서의 이슬람이 가지는 포용성과 인본주의(人本主義) 사상을 널리 알리고, 이슬람 국가건설을 통해서 제반 사회문제들을 해결할 수 있다는 점을 강조하였다.

아빔이 크게 부각된 것은 1974년 말레이 이슬람사회를 대변하던 이슬람당(PAS)이 연립여당인 국민전선(BN)에 합류하면서부터이다. 말레이시아 이슬람사회와 가난한 무슬림들의 이익을 대변하던 야당으로서 PAS의 공백을 ABIM이 메우게 되었던 것이다. 같은 해 아빔 회장 안와르 이브라힘(Anwar Ibrahim)이 구속되지만, 아빔은 이 사건을 통해서 일반대중과 해외 이슬람사회로부터 열렬한 지지를 받게 되었다. 1975년 ABIM은 이슬람이야말로 말레이시아 사회의 부정부패를 해결할 수 있는 가장 분명한 방안이라는 점을 주장하게 되었다.

아빔의 이슬람주의와 정부 견제세력으로서의 역할은 이들이 발간하는 리살라(Risalah)에 잘 나타나 있다. 아빔은 메시지라는 의미의 홍보지(弘報誌) 리살라를 통해서 정부는 부패와 부정의 온상으로 권력 남용과 노동자 착취를 일삼고 있으며, 이로 인해서 이슬람의 정의에 모순되는 풍조가 엘리트사회에 만연되고 있다고 비난하였다. 나아가서 국내안전법(ISA: *Internal Security Act*)은 인간의 정의와 평등의 원리에 위배되는 것으로 헌법에서 삭제되어야 한다고 주장하였다. 국내안전법은 과거 공산게릴라들이 파괴활동을 일삼던 독립 직후에 체포영장 없이 혐의자를 체포 구금할 수 있는 법적 근거로 오용(誤用)될 소지가 많았다. 이들은 또한 정부의 비(非)종교적이며 민주주의적 방식으로는 현안이 산적된 다종족 국가 말레이시아의 국내문제를 해결할 수 없으며, 오직 정의에 기초한 '이슬람 방식'이 유일한 해결책이라고 주장하였다.

알 아르캄(Al Arqam)은 1969년 아샤리 무함마드(Asha'ari Muhammad)에 의해 창설되었다. 알 아르캄은 이슬람의 철저한 원리주의적 노선을 주장함으로써 말레이시아에서 이슬람의 존재를 크게 부각시킨 단체였다. 이들은 의복에서부터 다른 무슬림들과 차이를 두었다. 알 아르캄의 남자들은 머리에 터번을 두르고 초록과 검정색으로 발까지 내려오는 긴 의복을 입었으며, 여자들은 눈을 제외한 온 몸을 가렸다. 알 아르캄의 아이들은 말레이 전통 의복보다는 아랍식에 가까운 복식(服飾)을 하였다. 또한 집단생활을 원칙으로 함으로써 자신들의 거주지에 학교를 설립하여 자체 교육과정을 실시하고 이슬람 원칙에 근거하는 각종운동과 건전한 사회활동을 하였다.

알 아르캄이 운영하는 경제단체들은 철저히 이슬람원리에 근거하여 운영되었다. 이들은 비무슬림들의 상품이나 물건을 사용하지 않고 자급자족하는 형태를 취하였다. 특히 1980년대에 들어오자 말레이시아의 말레이인 사회에서 이슬람에서 금지하는 하람(haram)과 이슬람에서 허용하는 할랄(halal) 표시를 모든 식품에 명시하라는 요구가 높아졌다. 이로 인해서 알 아르캄 단체에서 생산하는 제품판매가 급신장하게 되고, 다방면으로 상업분야를 확대하는 계기가 되었다. 이들은 전통 말레이 사회의 관습 중 비이슬람적인 부분을 버리고 철저하게 이슬람 원칙을 고수하였다.

자마앗 타블리그(Jamaat Tabligh)운동은 1925년 인도의 델리에서 시작되었는데, 1950년대 초엽에 말레이시아에 소개되었다. 기본적으로 이 운동은 선교자들이 장소를 이동하며 개인별 혹은 대중과의 접촉을 통해서 이슬람의 가르침을 전하고 무슬림들의 정신을 새롭게 하였다. 타블리그 운동은 전적으로 지원자들에게 의존하며, 지원자 자신들의 비용으로 국내 혹은 국외까지 가능한 모든 곳을 여행하며 선교하였다. 이러한 예는 예언자 무함마드(Muhammad) 생존 시 아랍 세계에서 이슬람이 부족에서 부족으로 전파된 방법을 따르는 것이라고 전해진다.

타블리크 운동은 기본적으로 비정치적이며, 이슬람 사상을 전달하는 데 있어서 일면 수피운동(*Sufism*)과 흡사하다고 볼 수 있다. 말레이시아의 경우에 수도 쿠알라룸푸르에 있는 마스지드 인디아(Masjid India)가 가장 잘 알려진 타블리그 센터의 역할을 하고 있는데, 토요일에 행하여지는 정규 모임에는 일반 대중은 물론이고 많은 지식인들과 종교전문가 그리고 공무원들도 참여하고 있다.

1960년 초대 수상 압둘 라만이 설립한 퍼킴(Perkim: Pertubuhan Kebajikan Islam SeMalaysia)은 이슬람의 가르침을 전파하고 사회복지활동을 하는 단체이다. 기본적인 취지는 아빔이나 알 아르캄과 유사하지만, 무슬림의 재교육과 개종자들에 대한 이슬람교육 그리고 이들의 복지증진에 역점을 두고 있다. 다른 단체와는 달리 퍼킴의 활동은 정부에 의해 후원하고 있는데, 말레이시아 정부가 이슬람종교의 정책수행을 대내외에 과시하는 채널로 활용되고 있다.

다으와 운동을 지원하는 정부 부처들로는 교육부와 복지부가 있다. 교육부는 이슬람사무소(Balai Islam)와 다끄와 연구소(Institut dakwah) 같은 이슬람 교육기관들을 관장하고 있으며, 아시아-태평양지역의 무슬림학생들을 대상으로 이슬람 교육을 시키고, 종교교사와 선교자들을 감독하는 기능을 가지고 있다. 복지부는 주로 개종자들을 위해서 다양한 복지시설과 종교 관련 서비스를 제공하고 있다. 여기에는 경제적 보조 이외에도 의료 및 법률 혜택과 무슬림 가정에 고아 입양을 알선해 주고 있다.

이 밖에도 세 언어로 된 신문을 발행하고 있는데, 『Suara Perkim』(퍼킴의 소리: 말레이어), 『Nur Islam』(이슬람의 빛: 중국어) 그리고 『*Islamic Herald*』(이슬람 헤럴드: 영어) 등이다. 이외에도 비무슬림들의 개종에 퍼킴의 활동이 두드러지게 나타나고 있는데, 60년대 이래로 80년대 말까지 말레이시아에서 무슬림으로 개종한 사람은 16만명에 달했다. 이들의 대부분이 사바(Sabah)와 사라와크(Sarawak)주에 편중되어 있는데, 사바주에서의 성과가 두드러졌다. 말레이 반도지역에서도 개종한 사람들의 숫자도 늘었는데, 1977년의 통계는 이들 개종자의 70퍼센트가 중국계이며, 그 다음을 인도계가 잇고 있다.

4. 이슬람부흥운동의 영향

말레이시아의 이슬람 부흥운동 이후 나타난 사회현상 중 가장 괄목할 만한 것은 말레이인들이 이슬람과 자신들의 종족성을 동일시하려는 경향이 크게 높아지고 있다는 점이다. 따라서 이슬람은 말레이인들의 종교이며, 모든 말레이인은 무슬림이라는 헌법상의 문구는 보다 구체적이고 포괄적으로 해석되어 '이슬람을 채택함은 말레이인화의 상징'이라는 것이다. 또한 '무슬림이 된다는 것은 말레이인이 된다는 것'과 분리될 수 없기 때문에 말레이인과 무슬림은 같은 의미로 확대 해석되었다.

이슬람 부흥운동에 의한 말레이시아의 이슬람화가 비 말레이계나 타

종교를 신봉하는 사회 구성원들에게 끼친 영향은 두 가지로 요약된다. 첫째, 비무슬림들에 대한 긍정적인 영향은 정부가 비무슬림들의 종교적 자유와 비무슬림들의 법률적 지위를 재확인해 주었다는 점이다. 둘째, 이슬람화 과정에서 종족과 종교적 동질성에 대한 인식이 강조되자 종교가 특정 종족의 결속에 주요한 역할을 하게 되었다. 따라서 비무슬림들은 말레이 무슬림들에 대한 자신들의 종족성과 자신들이 신봉하는 종교적 동질성에 대한 새로운 인식을 하게 되었다.

이로 인해서 다양한 종교 의례와 축제가 부활되어 종교별 독창성이 강조되기 시작하였다. 석가탄신일을 기념하는 왜삭(Wesak) 같은 불교 축제는 60년대까지 별로 알려지지 않았으나, 80년대 이후부터 일반 대중의 관심을 끄는 큰 종교행사로 발전되었다. 타이푸삼(Thaipusam)과 같은 힌두 축제 또한 말레이시아 사회에서 인기가 없었으나, 이 또한 90년대에 들어서면서 많은 대중들의 호응을 받게 되었다. 이러한 비무슬림들의 문화적·종교적 르네상스를 말레이계 국민들의 종교적 민족주의에 대한 대응으로 보는 시각도 있다. 비무슬림들은 동질성을 강화하려는 시도를 통해서 자신들의 종교적 상징과 의식 또는 축제를 부활시키고 있다고 보는 것이다.

말레이시아 정부가 이슬람 정책을 적극적으로 추진해 나오는 과정에서 많은 가시적인 성과를 거두었다. 그러나 이와 함께 말레이계와 비말레이계 국민 간에 갈등의 소지를 제공해 왔다는 사실도 숨길 수 없다. 가장 중요한 문제는 말레이계 국민을 위한 이슬람화가 말레이시아 국민 전체를 위한 종교의 자유를 위협할 수 있다는 점이다. 이슬람이 계속해서 팽창하면 비무슬림들이 종교의 자유를 보장받을 수 있을까 하는 우려가 팽배(彭排)하고 있다. 이러한 우려는 말레이시아의 정치체제가 종교적인 색깔을 강하게 가지고 있으면서도 비이슬람국가인 까닭에 '이슬람국가'를 지향하는 것이 아닌가 하는 두려움이 비무슬림들 사이에서 점증(漸增)하고 있다.

이슬람의 종교 원리상 어떠한 종족주의나 분리주의를 허용치 않음에도 불구하고 비무슬림들은 말레이시아 연방정부가 지속적으로 이슬람과 말레이계 국민 그리고 이들을 무슬림으로 결속시키고 있다고 판단하고 있다. 이들 중 특히 중국계들은 이슬람이 비무슬림들에게 말레이계 국민들의 종교로, 그리고 이슬람화는 말레이인들의 정치적 · 문화적 · 사회적 지배를 위한 수순(手順)이 아닌가하는 우려를 감추지 못하고 있다. 이로 인해서, 비무슬림이 이슬람으로 개종한다는 것은 신앙의 대상인 종교를 바꾸는 것뿐만이 아니라 종족의 특성마저도 말레이계 쪽으로 바꾼다는 의미로 확대 해석하고 있는 실정이다. 따라서 이 나라에서는 무슬림으로 개종하는 것을 '이슬람으로 들어감(masuk Islam)' 또는 '말레이 세계로 들어감(masuk Melayu)'으로 표현하고 있다.

말레이시아의 비무슬림들이 민감하게 반응하는 문제의 하나가 종교 건축물과 묘지 신축에 대한 행정 당국의 과민한 제재(制裁)이다. 이들은 비무슬림의 예배 장소를 통제하는 어떠한 조처도 무슬림과 비무슬림 간의 긴장과 갈등을 증폭시킬 뿐이라고 주장하고 있다. 불교 · 기독교 · 힌두교 · 시크교자문위원회(MCCBCHS)는 비무슬림들의 종교 건축물 신축 등에 관한 불만은 정당한 절차과정을 거치지 않고 무분별하게 건물을 준공하려 하기 때문이라며 비교적 온건한 입장을 내놓고 있다. 그러나 말레이시아에서 종교 건축물 건설과 관련하여 무슬림과 비무슬림 간의 심각한 갈등은 계속해서 중요한 문제로 대두되고 있다. 말레이시아 연방정부는 종교 인구 수에 비례하는 예배 장소 신축을 대안으로 내놓고 있지만, 실제로 종교 인구에 대비하여 비무슬림들에게 정부가 제재 없이 건축허가를 내줄지는 의문이다.

말레이시아의 비무슬림들을 불안하게 하는 또 다른 요인은 교육에 관한 사항이었다. 각 급 학교에서는 무슬림 학생들을 위한 이슬람 종교 관련 교과목이 포함되어 있으나, 비무슬림들을 위한 종교교육은 포함되어 있지 않았다. 말레이시아 교육당국은 1997년 여러 문명에 대한 시각을 넓히고 종교사회에 대한 이해를 진작시킬 목적으로 모든 국공립 고등교육기관에 '이슬람과 아시아 문명'이란 과목을 신설하였다. 그러나 이 교과목은 이슬람 문명을 주로 다루면서 이슬람의 종교적인 내용을 중점 강조하고 있어서 본래의 취지와는 거리가 있는 것으로 보인다.

대중매체를 통한 이슬람 종교교육도 비무슬림들이 우려하는 대상이다. 특히 정부가 관장하고 있는 텔레비전 프로그램 편성에서 이슬람 프로그램은 활성화되고 있으나, 타종교에 관한 프로그램은 제약을 받고 방송시간도 차별적이라고 지적한다. 그러나 보다 실질적인 문제는 대중매체를 통한 무차별한 서양문화의 침투를 많은 말레이시아 종교인과 지식인들이 우려하고 있다.

V. 변화하는 말레이시아 이슬람사회

일찍부터 인도와 아랍의 무슬림들과 접촉을 통해서 말레이 반도에 이슬람이 소개되었다. 수마트라와 말레이 반도 사이에 놓인 말라카 해협이 동서를 잇는 국제수로 역할을 했기 때문이다. 말라카 해협을 오가며 부는 계절풍은 무역풍이 되어 이 지역을 동방의 국제무역 중심지로 만들었기 때문에 중동의 이슬람 세계와의 접촉은 매우 자연스러운 일이었다. 15세기에 이르러 말라카 왕국의 술탄이 이슬람으로 개종하면서부터 이슬람은 국가종교로 격상되었다. 말레이시아 역사에서 말라카 왕국이 높게 평가받고 있는 이유는 말레이반도가 단일 왕국의 통치권 아래 통일되었다는 점과 이슬람 학문의 중심지로서 말레이 반도와 태국과 인도네시아 등 인근 지역으로 이슬람을 전파하는 중요한 역할을 하였기 때문이다.

이슬람의 영향으로 말라카 왕국은 술탄체제를 갖게 되었으며, 오늘날 말레이시아연방 정치체제의 근간이 되어 의회민주제도와 함께 술탄체제가 유지 · 발전되고 있다. 이처럼 말라카왕국 이래 오늘날 말레이시아 정치체제의 기본적 틀을 형성하게 한 이슬람은 식민통치 시대와 독립투쟁

시기, 그리고 독립 이후의 정치적 변혁기를 거치면서 말레이인들의 정체성을 강화하는 주된 요소의 하나로 작용해 왔다. 나아가서 이슬람은 말레이인들의 가치관과 의식구조와 세계관 형성에도 중요한 역할을 하였다. 그러므로 이슬람은 말레이인들의 삶 전체에 깊이 뿌리를 내리고 있어서, 이들의 관습 · 의복 · 의식 · 문학 · 예술 · 교육 등 모든 분야에서 지속적으로 지대한 영향을 미치고 있음을 볼 수 있다.

말레이시아는 다종족 · 다종교 · 다문화 국가이다. 따라서 이슬람의 토양 위에 복잡한 종족문화가 형성되고 발전되어 나왔다. 말레이시아가 이슬람을 국가종교로 규정하고 있기는 하지만, 이슬람에서 금기하는 음주 · 도박 · 돼지고기 섭취 등을 모든 말레이시아 국민들에게 금지하고 있지는 않다. 말레이 말레이시아인들은 무슬림들로서 이러한 금기 사항을 위반할 경우 이슬람법에 의거하여 처벌을 받지만, 대부분의 중국계 말레이시아인들은 돼지고기를 즐기고 술을 마시며 도박을 좋아한다. 인도계 말레이시아인들 또한 대개 습관적으로 음주를 한다.

이러한 사회적 분위기는 말레이시아가 무슬림인 말레이계 국민만을 위한 국가가 아니라는 사실을 말해 준다. 언제 어디서나 술을 구입할 수가 있으며, 음식 또한 무슬림들에게 허용된 할랄음식과 금지된 하람음식이 같이 판매되고 있다. 또한 라마단 달의 단식이 끝난 후 이슬람 최대의 축일(祝日)인 하리 라야(Hari Raya)에 아이들에게 돈을 주는 풍습은 말레이시아 이슬람사회가 가지는 대표적인 특징 중의 하나이다. 중국인들이 새해 첫날 자녀들에게 빨간 봉투에 돈을 넣어 주는 풍습에 영향을 받아서 이슬람의 상징 색깔인 초록색의 봉투에 돈을 넣어 주는 것이다. 이러한 사례는 말레이시아의 독특한 사회구조가 역(逆)으로 이슬람에 영향을 끼친 특성이자 점차 종족 간의 융화현상을 보여주는 것이라 할 수 있다.

말레이시아에서 급속한 이슬람의 발전은 기존의 문화와 사회구조와 정치체제가 외부로부터 전래된 이슬람을 인정해 주었기 때문이었다. 아랍으로부터 인도를 거쳐 전해진 이슬람을 받아들인 말레이 사회가 기존의 문화와 전통과 관습을 포기하지 않고 이슬람과 아랍문화를 포용했다는 것을 의미한다. 이 나라에서 이슬람으로 인한 종족적 · 종교적 양극화 현상은 부정적인 면과 긍정적인 면을 동시에 지니고 있다고 볼 수 있다. 이슬람은 말레이인들의 문화적 동질성 형성에 절대적으로 기여하였다. 이로 인해서 말레이 무슬림과 타종족 간의 구분과 문화적 괴리(乖離)가 두드러지게 나타나게 되었다. 그러나 종교와 종족에 따른 동질성이 타종족의 가치관과 전통 · 관습을 인정하고 문화적 포용력을 동반할 수 있다면, 이는 보다 조화로운 다문화 사회로 향하는 첩경(捷徑)이 될 수 있을 것이다.

말레이시아 연방정부의 이슬람정책은 실용주의 노선을 추구하여 왔다고 평가 받고 있다. 이는 정부가 꾸란과 순나를 기초로 하는 이슬람 국가 건설을 추구하지 않았으며, 또한 적극적으로 이슬람 방식의 생활문화를 강제하지 않았다는 사실이다. 독립 이래 정부를 주도하고 있는 움노(UMNO)당도 초대 라만 수상 이래 말레이시아와 같은 다종교 · 다문화 사회에서는 이슬람의 원리와 이슬람법이 실행되기 어렵다는 입장을 견지(堅持)해 왔다. 정치학자들 중에는 마하티르(M. Mahathir) 치하의 말레이시아는 실질적으로 이슬람 신앙의 원리와 가치관을 바탕으로 운영된 부분이 적지 않았다고 주장하고 있다. 그러나 이슬람 온건노선을 분명히 하고 있는 압둘라 바다위(Abdullah Badawi) 수상은 말레이계 국민과 이슬람의 위치와 중요성을 존중하되, 다종족 · 다문화국가임을 충분히 고려하여 말레이시아를 이슬람화 정책을 바탕으로 한 세속국가로 이끌어 갈 것이 분명하다. 세계화와 국제화라는 지구촌의 큰 흐름에 이 나라도 예외가 될 수 없기 때문이다.

제11장

미얀마의 무슬림 사회

I. 개 요

상좌불교 문명세계를 구축해온 미얀마에서 이슬람은 해양부 동남아에 비해서 그다지 종교적 위상이 높지 않다. 이는 이슬람의 전파 경로가 동서양의 교역로로서 이용되었던 해상을 통하여 이루어졌기 때문이다. 게다가 13세기 이후 본격화된 해상교역은 주로 도서부 동남아의 산물(產物)이 중심이 되었기 때문에, 이슬람의 중심인 중동을 포함한 외부 상인들의 관심은 자연히 해양부 동남아에 집중될 수밖에 없었다.

9세기 경부터 작은 숫자의 무슬림들이 미얀마에 정착하기 시작했다고 하지만, 이들이 본격적으로 이슬람 공동체를 형성하기 시작한 것은 해상무역이 본격적으로 시작된 13세기 이후의 일이다. 여기에 19세기에 접어들면서 유럽 식민통치가 시작되고, 이에 인도인들이 대거 이주하면서 힌두교도와 무슬림이 미얀마에 정착하기 시작하였다. 1931년 영국의 식민정부가 실시한 인구조사에 의하면, 미얀마의 토착 무슬림이 17만 명에 불과하지만, 영국의 식민통치 이후 인도에서 이주해온 무슬림은 41만 명이 넘는다. 미얀마의 무슬림은 식민통치시대를 거치면서 인도인의 미얀마 이주로 급격하게 증가하였음을 알 수 있다.

미얀마 무슬림에 대한 연구에는 영국의 식민통치 이전부터 미얀마에 정착한 토착 무슬림(*Burman Moslem*)과 식민통치시대에 대거 유입된 인도 무슬림(*Indian Moslem*)에 대한 구별이 필수적이다. 미얀마연방 정부가 1983년에 실시한 인구조사에 의하면, 전체 인구의 89.4퍼센트가 상좌불교도이며, 무슬림은 3.9퍼센트에 지나지 않는다. 이들 대부분은 양공을 중심으로 한 대도시나 방글라데시에 인접해 있는 미얀마의 서북부 지역의 여카잉주에 집중적으로 거주하고 있다. 상좌불교 사회의 압도적인 분위기 탓도 있겠지만, 무슬림들의 사회적 활동은 두드러지지 않아서 미얀마에 무슬림이 있느냐고 반문(反問)하는 사람도 있다.

그러나 1988년 민주화 사태 이후 미얀마 군사정부가 경제개방정책을 표방하고 있고, 1997년에는 아세안에도 가입함에 따라 수도 양공에서는 과거와는 달리 타종교에 대한 시각이 많이 달라졌다. 이슬람 사원 주변에 몰려드는 무슬림을 위하여 경찰이 교통통제를 위해서 동원되고 있는데, 이는 미얀마 군사정부가 대외적인 이미지 제고를 위하여 종교적 자유를 보장하고 있다는 인상을 이 나라를 방문하는 외국인에게 전하기 위한 정치적 제스처로 보인다. 그러나 미얀마 서북부 여카잉주(州)에서 벌어지고 있는 무슬림 로힝자에 대한 정부군의 공세는 수도 양공의 사정과 확연하게 비교되고 있다. 1978년부터 시작된 로힝자족의 수난은 지금까지 국제적 관심을 집중시키는 종족분쟁의 대표적인 예로 등장한다. 미얀마의 군사정부는 정교분리의 원칙을 표방하면서도, 종족분쟁 등 정치적 해결이 필요한 부분에서는 종교적 대립을 교묘하게 이용하고 있는 것으로 보인다.

영국의 식민통치시대부터 전파된 기독교의 경우, 주로 소수종족을 중심으로 선교가 이루어져 불교 다음으로 많은 신도수를 갖고 있고, 수도 양공이나 대도시에는 교회가 많이 눈에 띈다. 이처럼 일상사회 속에서 미얀마의 불교도와 기독교도 사이에는 이렇다 할 사회적 갈등은 없다고 보는 것이다. 하지만 까렌족의 반정부단체인 까렌민족연합(KNU: *Karen National Union*)과의 분쟁을 해결하는데 군사정부는 KNU 내부의 불교도와 기독교도의 갈등을 조장하여 새로운 종교적 갈등을 제공한 것으로 보인다. 여카잉 무슬림(Rakhine Muslim) 로힝자에 대한 양공 군사정부의 대대적인 탄압도 바로 불교와 이슬람의 종교적 감정대립을 이용했다는 것이 이 나라 정치발전에 관심을 가지고 있는 해외 전문가들의 일반적인 견해이다. 이렇듯 소수집단에 대한 미얀마 군사정부의 정책은 방임(放任)과 통제(統制)라는 이중적 성격을 띠고 있다. 미얀마에 거주하고 있는 무슬림들의 문제도 이러한 경우에서 결코 예외가 되지 않는다.

II. 왕조시대의 무슬림 정착과정

미얀마의 왕조사에 등장하는 최초의 무슬림의 이름은 아마도 압둘라(Sheikh Abdulla Law)일 것이다. 그는 인도 비자야나가르(Vijayanagar) 왕국이 수반나부미(Suvanna Bhumi, 황금의 땅, 현재의 버고를 중심으로 하는 몽족의 거주 지역)를 정복하기 위하여 파견한 군대의 지휘관이었다. 이름에서 그는 무슬림임이 드러난다. 그러나 이것은 역사적 사실로 받아들이기에는 무리가 많다. 그가 미얀마에 온 것이 서기 570년경이라면, 그 당시에 인도에는 이슬람이 아직 들어오지 않았기 때문에 무슬림이 있을 수 없다는 것이다.

미얀마에 버강(Bagan)왕조가 성립되고 아노여타(Anawrahta, 재위 1044-1077)왕의 통치기인 1055년에 두 명의 무슬림 이름이 미얀마의 왕조사에 등장한다. 그들은 목뜨마(Mouktama, Martaban)만에서 난파되어 표류하다 구사일생한 아랍상인인 뱌따(Byatta)와 뱌퉈(Byathwi)인데, 형제간이다. 이들 형제는 당시 떠통(Thaton)의 몽족 왕인 마누하(Manuha)의 근위병으로 임명되어 지내다가, 변덕스러운 왕의 명령으로 뱌퉈가 살해당하는 광경을 목격한 뱌따는 상부 미얀마로 도망가 거기서 아노여타의 근위병이 되었다. 두 형제 모두 현지 여성과 결혼하여 자녀들을 두었는데, 특히 버마족 왕가를 섬긴 뱌따의 두 아들(쉐뼁지Shwepyingyi와 쉐뼁응에 Shwepyinnge)도 아노여타 왕의 시종무관이 되었다.

아노여타가 동북부지역에 있던 난짜오(Nanchao)를 공격하기 위하여 원정을 갔다 돌아오는 도중에 어떤 지역에 이르러 파고다를 짓게 하였다. 그러나 뱌따의 두 아들이 벽돌을 나르는데 게으름 피우는 것을 보고 그 자리에서 처형하였다. 그 후 이들은 '낫'(nat, 精靈)이 되었고, 매년 그 지방 사람들은 이들을 위해 의례를 베풀고 있다. 미얀마의 정령숭배(*animism*)에서 섬겨지는 이른바 낫은 대개 역사적인 실제 인물로 알려져 있다. 이들은 거의 모두가 누명이나 모함에 의하여 억울하게 죽거나 잔인하게 살해되었던 전설을 지니고 있다. 실제로 그 내용 자체는 과장된 부분이 많아 믿기 어려운 대목도 많지만, 여하튼 미얀마인들은 '낫'의 이러한 측면을 강하게 믿고 있다.

주목해야 할 한 가지는 낫과 관련된 사람들은 절대로 돼지고기를 먹지 않았다는 사실이다. 뱌따가 아랍 상인이며 그가 무슬림이라는 사실이 틀림없으므로, 무슬림의 입장에서는 뱌따의 두 아들은 최초의 순교자에 해당될 수 있을 것이다. 이들 두 아들이 파고다의 건설 현장에서 태만했다는 사실은 무슬림인 자신들이 이교도의 건축물을 스스로 지을 수 없다는 종교적 신념의 발로(發露)였다고도 볼 수 있다. 또 다른 하나는 아노여타는 측근의 근위병으로 무슬림을 포함하는 인도인들을 처음으로 고용한 왕으로 기록된다. 이들은 매우 용맹한 것으로 알려져 미얀마의 왕조사에서 무슬림 용병의 활약상은 빼놓을 수 없는 중요한 부분으로 남아 있다.

11세기 이후로는 여카잉 주의 해안지역과 하부지역(에야워디 강의 델타부, 버고 지역, 떠닝다이 해안)은 교역을 위하여 왕래하는 무슬림 상인들에게 제법 알려진 곳이 되었다. 때로는 이 지역에 그들의 임시 거주지가 세워지기도 하였다. 그러나 13세기 이전까지는 여전히 무슬림 상인들은 교역을 하기 위하여 이곳을 찾기보다는 풍랑을 만나거나 난파로 인하여 해난 사고를 당했거나, 항해의 피로를 씻거나 폭풍우를 피해 잠깐 머무는 정도에 불과했다. 당시의 미얀마 역사 속에서는 무슬림의 활약에도 불구하고 그다지 강한 공동체를 형성하거나 정치 세력화된 모습은 찾아볼 수 없다.

아노여타의 사후, 왕위에 오른 솔루(Sawlu, 재위 기간 1077-1084)는 인도 출신 무슬림이었던 왕사(王師)의 아들 라흐만 칸(Rahman Khan)과는 어릴 때부터 형제처럼 지냈다. 솔루가 왕위에 즉위하고 나서 라흐만 칸을 웃사(Ussa, 지금의 버고)의 영주로 임명하였지만, 그는 그곳에서 반란을 일으켜 솔루를 붙잡아 처형하고, 버강 왕조의 왕도인 버강을 점령하였다. 그러나 솔루의 이복형제인 짠짓따(Kyanzittha, 재위 기간 1084-1112)가 라흐만의 반란을 진압하였다. 비록 실패로 끝나긴 했지만, 라흐만은 불교 왕국인 미얀마에서 처음으로 모반(謀叛)을 일으킨 무슬림이었다. 어쨌든 짠짓따의 시대에는 그리 큰 위세를 지니지 못한 무슬림 정착지가 몇 군데 생겨났다.

13세기에 들어서면서 중국은 정치적으로 큰 변화를 겪게 되었는데, 몽골족에 의한 원(元)왕조가 성립된 것이었다. 원의 세력이 미얀마에도 미치게 됨으로써 버강 왕조는 서서히 멸망의 위기를 맞이하게 되었다. 너야띠하버디(Narathihapati, 재위 기간 1254-1287) 왕의 시대(1283년-1287년)에 쿠블라이 칸(Khublai Khan)의 명에 의하여 당시 운남 지역의 군대가 미얀마를 침공하였다. 이 군대는 대부분 타르타르(Tartar)인으로 구성되었으며 무슬림이었다. 하지만 정치적으로 버강 왕조가 멸망하여 상부 미얀마는 혼란에 빠졌음에도 불구하고, 종교·사회적으로 정복자의 종교인 이슬람의 흔적은 미얀마에 그리 크게 남지 않았다. 게다가 타르타르인들은 버강 멸망 이후에 계속 주둔하지 않고 철수하였기 때문에 미얀마에 이슬람이 절대적인 영향을 끼칠 수도 있었던 기회를 상실한 셈이 되었다.

미얀마 무슬림의 정착은 소규모이긴 하지만, 상부지역보다는 해상교역이 용이한 여카잉, 버떼잉(Bathein, Bassein), 버고, 목뜨마 만, 떠닝다이(Tanintharyi, Tenasserim) 같은 하부지역에서 주로 이루어졌다. 오늘날에도 이 지역에는 무슬림이 거주하고 있다. 이러한 사실은 15세기에서 17세기까지 이 지역을 빈번히 드나들던 유럽인들에 의해서 알려지기 시작하였다. 특히 15세기에 이르러 동남아의 주요 항구도시로 알려진 떠닝다이에는 상당한 수의 무슬림이 거주하고 있었다고 한다.

미얀마의 중앙 평원지역을 관통하는 에야워디(Ayeyarwady)강의 하구에 위치한 버떼잉도 16세기 후반부터 상류에서 벌목한 티크 목재의 집산지로 알려지면서 무슬림 상인들의 선박의 기항지가 되었다. 미얀마의 티크는 품질이 뛰어나 선박 제작이나 수리에 필요한 자재로서 잘 알려져 땅르잉(Thanlyin, Syriam, 오늘날 양공의 남쪽 해안지역)은 조선업으로 각광(脚光)을 받았다. 15세기에서 19세기까지 미얀마의 조선업(주로 선박 수리)은 매우 번창하였다.

여카잉 지역의 싯뜨웨(Sittwe, Akyab)도 미얀마 상부지역과 중국 운남성에서 넘어오는 산물의 집산지로서 예로부터 유명하였는데, 특히 인도 벵갈만 주변 지역과의 교역 중심지가 되었다. 당연히 이 지역은 오늘날에도 무슬림 상인들이 많이 정착하고 있는 곳이다. 여카잉 지역은 13세기 초부터 이슬람화된 벵갈지역이 인접해 있어 문화적으로나 정치적으로 이슬람 문명의 영향을 짙게 받았다. 15세기 이후부터는 여카잉 왕국의 불교도 왕들은 왕의 칭호에 미얀마 전통 칭호 이외에도 무슬림식 칭호를 함께 사용해왔다는 사실 하나만으로도 벵갈 지역과의 관계를 증명해준다. 여카잉의 역사를 논할 때, 이슬람의 영향을 반드시 고려해야 하는 것은 이 때문이다. 실제로 무슬림들이 미얀마에 진입하는데 여카잉 지역이 상당한 교두보 역할을 해왔던 것은 틀림없는 사실이다.

여카잉 지역에 무슬림 이주의 절정기는 인도 무굴제국의 왕이었던 샤자한(Shah Jahan)의 사후, 왕위 계승을 둘러싼 분쟁에서 패한 둘째 아들 샤슈자(Shah Shuja)가 1660년에 여카잉 왕국으로 피신해옴에 따라 그의 가신(家臣)들과 지지 세력들이 대거 이주해 왔던 시기가 될 것이다. 1785년에는 버마족이 여카잉을 정복하여 미얀마에 합병시켰다. 이 시기를 기점으로 여카잉 지역의 일부 무슬림들이 내륙으로 진출하는 계기가 되었다. 내륙으로 들어갔다고 해도 당시의 왕도를 중심으로 하는 몇몇 대도시에 국한되었다. 가령, 상부 미얀마의 쉐보(Shwebo) 근처 메두(Myedu)라는 곳에 무슬림 집단거주지가 있다. 1931년 인구조사에서는 이곳의 무슬림의 인구가 5,160명인 것으로 집계되어 있다. 메두 거주 무슬림의 이주 배경에는 여러 가지 설이 있지만, 아마도 버마족 왕조의 군대에 편입되어 여카잉 지역에서 여기로 강제 이주 당한 것으로 추측하고 있다.

이곳은 버마족 왕조의 중심부에 해당하는 곳으로 도저히 무슬림들이 거주할 수 있는 지리적 공간이 아닌데도 불구하고 무슬림이 집단으로 거주했다는 사실은 18세기 말 버마족 왕조가 무슬림들을 용병으로 사용하기 위하여 강제 이주시켰음을 확인해 주는 것이다. 오늘날 여카잉 거주 무슬림은 스스로 로힝자라고 부른다. 이 용어는 여카잉의 주도(州都)인 싯뜨웨 거주 무슬림보다는 마유(Mayu) 강 상류 지역에 정착해 있는 무슬림들을 가리킨다. 당연히 이들은 상좌불교적인 문화 속에서 생활하는 싯뜨웨 거주 무슬림보다 이슬람적 전통을 더욱 강하게 간직하고 있다.

17세기 말경에 이르러 포르투갈 · 영국 · 프랑스 등 유럽인들이 미얀마의 해안지역에 본격적으로 진출함으로써 인도를 비롯한 아랍 상인들은 점차로 자취를 감추게 된다. 이에 따라 미얀마 왕조시대의 근위병이나 용병 등 정치 분야와 군사 분야에서 맹위를 떨쳤던 무슬림들의 활약상은 서서히 미얀마인의 기억 속에서 사라지게 된다. 유럽인의 진출은 무슬림들의 지위를 상대적으로 약화시키는 계기가 되었다고 볼 수 있다.

무슬림 공동체에는 새로운 무슬림의 유입이 감소하였지만, 정착한 무슬림들이 현지 여성과 결혼하여 자녀를 두게 됨에 따라 자연히 인구수가 조금씩 늘어났다. 18세기 후반까지도 무슬림이 빈번히 들어오던 해안지역의 관리들은 이들 무슬림과 현지 여성의 결혼을 장려했다고 한다. 그러나 무슬림 상인이 본국으로 귀환할 경우, 그들의 처와 자녀들은 미얀마에 남게 하였다. 가정을 가지게 된 무슬림들은 자연히 본국으로 돌아가지 않고 그대로 미얀마에 정착하게 되었고, 그들과 혼인한 미얀마 여성들은 대부분이 무슬림으로 개종하게 되었다. 이들이 바로 왕조시대부터 '껄라, 버띠'(Kala, Pathi)라고 불리던 토착 무슬림이다. 미얀마인들은 껄라라는 용어를 단지 무슬림만을 지칭하는데 사용하지 않고, 현대적 용법으로 인도계 외국인을 총칭하는 말로도 광범위하게 사용한다. 그러나 힌두교도와 무슬림을 구별하기 위하여 각각 '힌두껄라'와 '버띠껄라'로도 사용된다. 또한 무슬림들의 거주지를 '껄러당'이라고 하며, 이들을 통제하는 관리를 '껄러웡'이라고 불렀다. 껄라와 버띠는 영국의 식민지지배와 더불어 미얀마로 이주한 인도 무슬림과는 정체성이 다르다.

해양부 동남아와는 달리 미얀마에서는 원주민(불교도나 정령숭배자를 포함)이 이슬람으로 개종했다는 사실이 거의 없는 걸 보아, 무슬림의 인구수는 혼인에 따른 자녀 출생이나 이주에만 의존해야 했다. 토착 무슬림 공동체는 주로 현지 여성과의 혼인에 의하여 형성되었다는 점이 이들 스스로 외국인이라기보다는 토착 원주민으로 여기는 결정적인 이유가 되었다. 그래서 일상생활에 있어서는 상좌불교도의 평범한 미얀마인들과 거의 구별 되지 않는다. 그러나 불행히도 이들의 생각과는 달리 여전히 미얀마인들은 토착 무슬림들을 외국인으로 보는 경향이 강하다. 아마도 이것은 인도 무슬림이 식민지 시대를 통하여 대거 이주해와 현지인과의 끊임없는 경제적 마찰을 일으켰다는 역사적 사실과 결코 무관하지 않을 것이다.

III. 영국 식민지배와 인도 무슬림의 이주

세 차례에 걸친 미얀마와 영국 간의 식민지 전쟁의 결과, 1885년 영국은 미얀마의 전역을 장악하고 본격적인 식민지 지배에 들어갔다. 미얀마는 영령인도(*British India*)의 일 개 주(州)로 편입되어, 영국에 의한 제국주의식 경제수탈의 장소로 변하기 시작하였다. 가장 먼저 영국 식민지정부가 중점을 둔 것은 엄청난 경작지를 통한 벼농사였다. 미얀마의 중앙평원지역을 관통하는 에야워디 강의 하구에는 기름진 토지가 광활하게 펼쳐져 있다. 이밖에도 당시에는 경작 가능한 토지가 얼마든지 존재하였다. 1845년 벼가 재배된 경작지의 면적은 354,000에이커였는데, 1930년에는 12,370,000에이커로 무려 35배가 증가되었다. 1930년대의 세계 대공황 이전까지 영국 식민통치 하의 미얀마의 쌀 수출량이 세계 1위였다는 사실을 염두에 둔다면, 벼 재배의 규모를 미뤄 짐작할 수 있다.

대규모 벼 재배에는 당연하게 많은 자본과 노동력이 투입되어야 했다. 그러나 당시 상부지역에서 유입되는 토착민의 노동력으로는 도저히 수요(需要)를 메울 수 없었다. 이로 인해서 영국 식민당국에 의한 인도인의 미얀마 이주가 시작되었다. 1874년 벵갈 지방에서 처음으로 7,000명의 농업노동자를 모집하였고, 1883년 한 해 동안만 83,000명이 넘는 인도 노동자가 농업노동자로 미얀마에 입국하였다. 인도인의 미얀마 이주가 절정에 달했던 시기는 1911년부터 1931년까지 20년 간이었는데, 1910년부터 1911년까지 한 해 동안 269,000명이 미얀마로 이주하였고 248,000명이 인도로 귀국하였다. 절정기는 1921년부터 1922년 기간이었다. 이때는 332,000명이 이주하고 304,000명이 귀국하였다. 그 후로 이주 규모는 점차 감소하고 귀국 숫자는 증가했는데, 1931년부터 1932년 기간의 경우는 309,000명이 이주하고 367,000명이 귀국하였다. 농업노동자로 미얀마로 이주한 사람들은 대부분이 인도인들이었다.

인도인 농업노동자 이주민은 모두 영구 정착을 위하여 미얀마로 건너온 것은 아니었다. 대개 곡물 수확기에 맞추어 이주하였다가 몇 년 후 돈을 벌면 돌아가곤 했다. 그래서 일정한 숫자의 귀국자가 있어서 심각한 인구문제는 발생하지 않았다. 영령인도가 미얀마를 인도의 행정구역에 편입시킨 기간은 1826년에서 1937년까지인데, 이 기간 동안 양국 간의 인구 이동은 매우 자유로웠다. 20세기에 들어선 후 인도인의 미얀마 이주자는 매년 25만 명 내지 30만 명 정도였으며, 이와 비슷한 수준의 인도인이 본국으로 되돌아갔다. 미얀마로 이주가 절정에 달한 해는 1927년이었는데, 한 해 동안 48만 명이 이주하였다. 당시 미얀마에는 약 100만 명의 인도 이주민이 거주하였다고 한다.

영령인도 당국의 입장에서 보면, 미얀마는 영토에 비해 인구가 매우 희박하여 손이 많이 가는 미작(米作)농업을 효율적으로 행할 수 없었으나, 인도는 저임금으로 대량의 노동력을 제공해줄 수 있었다. 더구나 지리상으로 인접한 곳이어서 인도와 미얀마를 행정적으로 연계시킬 필요성을 가지고 있었다. 그래서 영국은 미얀마를 인도 총독의 관할 하에 인도의 일 개 주로 그 지위를 격하시켰던 것이다. 이러한 정책은 1930년대 세계 대공황을 거치면서 미얀마인과 인도인 간에 분쟁의 원인이 되었다.

이처럼 인도의 무슬림들은 미얀마에 노동력을 제공하기 위해서 이주해왔다. 그래서 수백 년 동안 무슬림 상인이나 용병(傭兵)의 후손들로 이루어진 미얀마의 무슬림 사회는 서서히 그러나 엄청난 구조적인 변화를 겪게 되었다. 1921년 1,100만을 약간 상회하던 미얀마 원주민들의 숫자에 비하여 인도 이주민은 100만 명을 넘어섰고, 그 중에 절반 가량이 무슬림들이었다. 1931년의 경우, 미얀마 총인구는 1,460만 명 가량이었는데, 그 중 미얀마에 정착한 무슬림은 [도표 1]에서 볼 수 있듯이 584,839명이었다. 총 인구 대비 약 4퍼센트에 달하는 수치였다. 약 60만 명에 해당하는 무슬림 중에서도 실제로 인도에서 이주해온 무슬림이 68퍼센트를 차지하고 있어서 순수한 미얀마 토착 무슬림은 17만 명에 불과했다.

[도표 1] 1931년 출신국별 미얀마 무슬림

국적 별	인구 수			구성 비율(%)	
	남성	여성	합계	1921년	1931년
인도 무슬림 (국내 출생)	116,240	107,521	223,761	39.5	38.3
인도 무슬림 (국외 출생)	155,274	17,559	172,833	32.6	29.6
토착 무슬림	87,092	89,022	176,114	24.9	30.1
중국인	945	529	1,474	0.3	0.3
버마족	392	2,163	2,555	1.7	0.4
말레이족	3,282	3,040	6,322	0.9	1.1
기타	559	1,181	1,780	-	0.3
합계	363,824	221,015	584,839	100.0	100.0

자료: Bennison(1933: 213)

미얀마의 무슬림들은 다양한 출신으로 구성되는데, 특히 인도 무슬림과 미얀마(토착) 무슬림과의 관계는 대단히 미묘하였다. 토착 무슬림들은 이미 상당 부분 불교문화에 익숙해 있었고 미얀마어를 구사하며, 일상생활에 있어서 상좌불교도와 크게 구별되지 않았지만, 인도 무슬림들은 미얀마의 분위기와는 전혀 다른 이슬람 문화를 지니고 있었기 때문이다. 게다가 인도 무슬림들은 평범한 미얀마인들과 유사한 생활을 하고 있던 토착 무슬림과는 상당히 다른 생활양식을 보여주었다.

인도 무슬림은 비단 농업노동자만 온 것이 아니었다. 다양한 직업을 가진 무슬림 노동자들이 도래하여 주로 미얀마의 대도시에서 거주하며 살았다. 양공이나 주요 도시의 무역업자나 상점주인은 대부분 인도 무슬림들이 장악하였다. 중국인들도 적지 않은 숫자가 미얀마에 들어와서 같은 분야에서 활약했지만, 다른 동남아 국가들과 비교해볼 때 미얀마의 화교는 인구 숫자나 영향력 면에서 인도인들에 상대가 되지 못하였다.

이들 인도 이주민들은 직업별(카스트)로 독자적인 공동체를 형성하고 있는 것이 일반적인 모습이었다. 영국 식민지 하에서 정치와 경제 분야의 중심이 되어버린 양공은 이들 인도 이주민의 유입에 따라 급속도로 변하기 시작하였다. 1891년 이후로 양공의 새로운 거주자들은 거의 인도인들이었다. 1911년부터 양공에 거주하는 인도인들의 비율이 56퍼센트에 달하여 1940년대 초까지 이 수치는 유지되었다. 힌두교도와 무슬림의 비율도 6:4의 수준으로 나누어져 있었다.

미얀마 원주민과 인도 이주민 사이에 긴장과 갈등은 세계 제1차 대전 이후 경제 분야에서부터 불거져 나오기 시작했다. 인도인들은 초창기에는 힘든 노동일을 하였고 생활수준도 매우 낮았기 때문에 대체로 미얀마인(특히 버마족)들은 그들을 무시하는 등 심각하게 대립하지 않았다. 그러나 시간이 지남에 따라 버마족들은 인도인들에게 고리대금(高利貸金)을 변제(辨濟)하지 못해서 토지의 소유권을 빼앗기게 되었다. 인도 이주자 중 고리대금업을 생업으로 하는 쳇뜨야(Chettyar)라는 남부 인도 따밀 지역의 카스트 집단이 식민지 경제 개발에 필요한 자본을 공급하였는데, 이들은 원금에 대한 높은 이자를 붙였다. 고리(高利)는 원금을 제 때 회수하지 못할 것에 대비한 것이었으나 점차 이로 인해서 악명(惡名)이 따르게 되었다. 세계 공황으로 인하여 하부 미얀마의 경제가 침체를 거듭하자 제때에 원금 상환을 하지 못한 미얀마인들은 그들 소유의 토지를 쳇뜨야에게 차압(差押)당하게 되었다. 이와 함께 식민지 정부로부터도 다양한 형태의 간섭과 견제를 받게 되자, 미얀마인들은 점차 인도인에 대한 불만이 고조되기 시작하였다.

토지를 빼앗긴 미얀마인들이 생계를 위하여 대도시로 몰려들게 되었다. 이들은 일거리가 남아 있는 항구를 찾아가 항구의 노동자 쿨리(*Coolie*)의 자리를 둘러싸고 인도인 항구 노동자들과 경쟁하게 되었다. 원래 싱가포르 항구 등지에서 막일을 하던 중국인 노동자를 지칭하였던 쿨리(苦力)는 보통명사화하여 중국인 노동자들이 있는 곳에서는 어디에서나 사용되었고, 점차 종족에 관계없이 험한 일을 하는 일용직 노동자들을 지칭하게 되었다. 1920년대부터 생겨나기 시작한 미얀마의 민족주의 운동은 항구의 작은 일을 놓고 인도인 쿨리들과 경쟁하면서 자극제 역할을 하였다. 이러한 격한 감정은 1930년대에 들어서면서 세계 대공황의 여파로 경제적 궁핍이 가속되면서 일시에 폭발하게 되었다.

1938년에 발생한 폭동은 인도 무슬림을 겨냥한 것이었으나 경제적 요인이 직결된 것은 아니었다. 인도 무슬림의 이교도(異教徒)와의 결혼 관습에서 오는 버마족의 문화적 전통 파괴에 대한 우려에서 촉발되었다. 미얀마 민족주의자들은 이것을 반(反)무슬림운동에 이용하였다. 인도 무슬림과 결혼한 미얀마 불교도 여성들은 이슬람으로 개종해야 했는데, 이 점이 미얀마인들에게는 전통적인 미얀마의 불교문화에 대한 중대한 도전이라고 생각되었다. 인도 무슬림과 미얀마 여성 간의 혼합 결혼으로 자녀들이 출생하자 이들을 제바디(Zerbadee)라고 불렀는데, 경멸(輕蔑)하는 의미가 포함되어 있다.

이교도 간의 결혼 풍속이 무슬림들이 많이 거주했던 도시 지역에서 꽤 확산되었다. 그래서 제바디로 불리는 사람들도 늘어났다. 예를 들어 1921년에서 1931년까지 10년 동안 제바디는 94,316명에서 122,705명으로 늘어났는데, 이는 당시 미얀마 무슬림 총인구의 30퍼센트에 해당하는 수치였다. 이렇게 무슬림의 인구가 급속도로 증가한 이유는 혼합 결혼에 의해서 태어난 자녀도 무슬림이 되었기 때문이었다. 이에 반해서 힌두교도가 불교도 여성과 결혼에서 출생한 자녀는 대부분 불교도가 된 것과는 매우 대조적이다.

제바디는 언어 사용이나 의복 착용에 있어서 미얀마인과 유사하게 생활하였으므로 스스로를 미얀마인이라고 여겼다. 그러나 이들은 무슬림이라는 사실로 인하여 미얀마의 전통적인 사회분위기와 전혀 다른 이슬람의 전통을 따라야만 했다. 그래서 당시 미얀마 민족주의자들의 눈에는 제바디는 자신들과 동질의 민족으로 보이지 않았던 것이다. 제바디들은 미얀마 토착민 공동체의 구성원으로 받아들여지지 않았으므로 할 수 없이 인도 무슬림 공동체의 일원이 되지 않을 수 없었다. 이처럼 복잡한 불교도와 무슬림 간의 집단적인 악감정(惡感情)은 두 집단의 긴장을 고조시켰다. 1938년 불교도가 일으킨 무슬림에 대한 폭동은 이처럼 팽팽한 긴장 관계가 폭발한 것이였다. 이 폭동은 영국의 식민지 지배 이후 미얀마의 상좌불교 사회가 겪은 토착민의 저항으로 외래문화의 유입에 적극적인 반응이었다.

영국 식민정부는 폭동의 조사위원회를 설치하여 그 진상을 규명하였다. 조사위원회의 보고서에는 인도인의 이주가 계속될 경우, 미얀마의 사회적 · 경제적 타격이 엄청나서 미얀마인들은 이를 두려워한다고 적고 있다. 따라서 인도인들의 입국을 제한하는 조치가 있어야 하고, 양 집단 간 불화의 가장 근본적인 원인이 되었던 혼합결혼에 관하여 식민정부의 진지한 검토가 있어야 한다고 덧붙였다. 이에 따라 양 당사자는 1941년 인도인의 미얀마 이주를 제한하는 협정을 체결하였다. 그러나 그 협정이 발효되기 이전에 미얀마는 일본의 침략을 받게 되었다.

인도에서 이주해 온 무슬림들은 공동체를 형성하여 생활하였다. 그 공동체 안에는 이슬람 사원을 비롯하여 종교 학교와 게스트하우스 등 모든 종교적 활동을 할 수 있는 시설을 갖추고 있었다. 이러한 이슬람공동체를 위한 시설들은 무슬림의 일체감과 연대의식을 강화하는 역할을 하였다. 20세기 초부터는 인도인 무슬림들의 크고 작은 출신지역별 종파별 협회가 결성되기 시작했다. 무슬림 협회의 결성은 비록 상당히 세분화되고 복잡한 양상으로 전개되었지만, 무슬림들의 정체성을 유지하고 불교도와의 대립 관계를 대처하는데 중요한 요소로 작용하였다.

인도인들의 집단조직화에 영향을 받은 토착 미얀마 무슬림들은 1909년 양공(Yangon)에서 비슷한 성격의 조직인 버마무슬림사회(EMS: *Burma Moslem Society*)를 결성하였다. 이 기구는 토착 무슬림의 사회적 지위에 대한 불교도 미얀마인들의 인식을 바로 잡기 위하여 노력하였다. BMS는 1929년에 토착 무슬림의 범주를 정하였다. 즉, 이슬람으로 개종한 순수한 미얀마인, 혼합 결혼에 의한 자녀, 부모가 인도 무슬림이지만 미얀마에서 출생한 자, 인도 무슬림이지만 미얀마에 영주하고 있는 자 등 네 가지였다. 이를 바탕으로 인도로부터 생계를 위해서 한시적으로 이주해 온 인도 무슬림들과는 분명히 구별된다는 점을 알리고자 하였다. 그러나 1930년대 이후로 불어 닥치기 시작한 미얀마 민족주의는 이슬람은 미얀마 토착적인 것이 아니며, 따라서 무슬림은 외국인일 수밖에 없다는 관점을 주입시켰다.

19세기 후반에 이른바 빤데(Panthay)라고 불리는 중국 무슬림들이 운남성(雲南省) 지역에서 중국과 국경이 맞닿은 미얀마 동북부 지역으로 넘어오기 시작했다. 주로 중국과 미얀마의 접경지대에서 대상(隊商)을 하던 이들은 1856년 운남지역에 무슬림 술탄왕국을 세웠다. 그러나 이 작은 왕국이 1873년 멸망하면서 일부가 샨(Shan) 주로 들어와 정착하게 되었다. 1950년부터 이들의 이주는 중국 정부의 철저한 국경 봉쇄에 따라 완전히 끊기게 되었다. 미얀마에서 이들의 최대 거주지는 라시(Lashi) 근처에 있는데, 양공과 만들래 등 대도시로 진출하기도 하였다.

빤데의 인구에 대한 정확한 통계 수치는 없지만, 대체로 15만 명 내지 20만 명 정도가 미얀마에 거주한다고 믿어지고 있다. 이들은 자신들의 정체성을 대표할 만한 전국적인 조직이나 독립적인 기구를 가지고 있지 않았다. 게다가 종교적 신앙을 지속시킬만한 지도자가 없어서 결속력이 거의 없는 집단으로 보인다. 시간에 따라 이들의 공동체 의식이 약화되는 중요한 이유는 인도 무슬림과 달리 중국 무슬림은 불교도 토착민 여성과 결혼하면 그 자녀들은 대개 불교도가 된다는 사실이다. 즉 주변의 압도적인 불교문화에 쉽게 동화되어 이슬람의 종교적 전통을 포기한다는 의미인 것이다.

미얀마로 이주하여 정착한 무슬림들은 영국의 식민통치기를 거치면서 엄청난 변화를 겪었다. 특히, 식민지의 경제구조 변화에 따른 인도인의 대규모 이주로 무슬림 인구가 급격하게 증가하였고, 이에 전통적인 상좌불교 사회인 토착 사회와 갈등이 생기고 두 종교집단 간에 긴장이 발생하였다. 문제는 식민통치기 이전부터 미얀마에 정착하여 토착 미얀마 사회와 갈등 없이 살아온 기존의 미얀마 무슬림들에 대한 시각이 달라졌다는 점이다. 이들은 식민통치 시대에 이주해온 인도 무슬림과 동일한 냉대(冷待)를 받게 되었던 것이다. 이슬람의 전통을 강조하는 인도 무슬림들의 정체성은 매우 강했다. 따라서 주변 사회와의 조화를 꾀하던 토착 무슬림은 새로운 사회적 기류의 변화에 적응하지 않으면 안 되었다.

IV. 독립 이후의 무슬림 사회와 로힝자족의 수난

미얀마는 제2차 세계대전 이후 1948년 1월 4일 영국으로부터 독립하였다. 버마족 중심의 아웅산(Aung San)장군이 이끄는 반파시스트인민자유연맹(AFPFL: *Anti-Fascist People's Freedom League*)이 영국과 독립협상을 벌이고 있던 시점에서 미얀마의 인도인 공동체는 분열 조짐을 보였다. 특히 인도 무슬림들은 인도와의 직접적인 유대관계를 단절하는 등 독립 이후에 전개될 새로운 정치변동에 대비하고 있었다. 일부 무슬림 지도자들은 일본의 침략 이전에 인도로 귀국했다가 미얀마로 되돌아오지 않는 경우도 있었다. 이러한 변화는 이제까지 무슬림 공동체가 행하였던 정치적·경제적 활동의 종언(終焉)을 의미하는 것이었다. 이에 따라, 무슬림이거나 힌두교도를 막론하고 상당수의 인도인들이 본국으로 되돌아갔다.

이러한 정치적 환경의 변화는 미얀마 무슬림의 사회에 대체로 두 가지 방향을 제시하게 되었다. 하나는 다수 집단인 버마족 중심으로 재편될 미얀마연방 체제 하에서 소수 집단인 무슬림들로써 자신들의 권익을 보호해야 한다는 목적에서 적극적으로 정치활동을 펴나가야 한다는 주장이었다. 이러한 주장은 1945년 양공에서 결성된 미얀마무슬림단체협의회(GCBMA: *General Council of Burman Moslem Association*)가 그 중심이 되었다. 이들은 주로 영국과 미얀마의 독립 협상을 주도하고 있던 AFPFL 지도부에 무슬림들의 정치적인 자치공동체를 허용해달라고 요구하였다.

그러나 이러한 요구는 예상대로 단호히 거절되었다.

AFPFL은 무슬림들을 정치적 단위나 행정 단위의 소수 집단으로 인정하지 않았다. 다만 이들은 1947년 미얀마연방 헌법 제11조 미얀마 국민의 규정에 따라 개별적으로 국적이 허용되었다. 1947년의 국적 규정은 식민지 시대에 이주해 온 인도인이나 중국인이 미얀마의 국적을 취득할 수 있는 기회를 열어 놓았다. 즉, 부모 중 어느 한 쪽이 미얀마의 시민이면, 그 자녀는 미얀마 국적을 취득할 수 있게 하였다. 따라서 GCMBA가 추진하였던 무슬림 집단의 정치적 독자성 인정은 사라지게 되었다.

다른 하나는 일부 무슬림들이 AFPFL의 정책에 적극적으로 협력하기 위해서 미얀마무슬림회의(BMC: *Burma Moslem Congress*)를 결성한 것이었다. 이들은 독립적인 정치적 단위로서 무슬림을 인정받기보다는 제도권의 중심부와 직접적인 협력관계를 통하여 미얀마 무슬림이 겪고 있는 현실적인 문제를 하나씩 타개하고자 하였다. 그러나 1948년 우 누(U Nu) 총리는 BMC가 종교 단체의 성격을 띠고 있기 때문에 그 활동 내용이 AFPFL의 정치적 목적과 부합되지 않는다는 이유로 AFPFL 가입을 거부하였다. BMC가 정치적 활동만 할 것인가 아니면 종교적 활동을 병행할 것인가 하는 문제는 곧 격한 논쟁거리로 비화되었다. BMC는 결국 이 문제로 분열되고 말았다. 1960년에는 새로운 무슬림 단체인 미얀마무슬림기구(BMO: *Burma Moslem Organization*)가 자신들의 정치적 권익을 보호하기 위해서 조직되었다. 그러나 1962년 네 윈(Ne Win)의 군부 쿠데타로 모든 사회적 조직과 단체들이 해산되어 BMO도 같은 운명을 맞게 되었다.

미얀마 무슬림들의 운명은 미얀마의 군사정권이 강화됨에 따라 악화일로를 걷게 되었다. 1978년부터 1979년에 걸친 여카잉 무슬림의 난민사태와 1982년에 공포된 미얀마시민법이 이들의 사기를 더욱 떨어뜨렸다. 1982년 개정된 미얀마시민법은 1947년 헌법 제11조와는 매우 상이하게 '완전한 국민'은 영국이 미얀마에 식민지 지배를 하기 시작한 1823년 이전에 자신들의 조상이 미얀마에 거주했다는 사실을 증명할 수 있어야 했다. 이 법이 만들어진 취지에 따르면, 식민통치 시대에 이주해 온 인도인이나 중국인과 그들의 후예들은 모두 국적을 취득할 수 없고, 단순히 외국인으로서 거주권을 인정받게 되는 것이었다.

미얀마 군사정부의 이 같은 정책은 결국 무슬림을 포함한 동양계 외래인은 모두 미얀마의 전통적인 사회의 구성원으로 동화시키겠다는 것이었다. 이에 대하여, 1980년대 이후의 미얀마 무슬림 청년층의 변화에 주목할 필요가 있다. 이들은 물론 이슬람적 전통을 지키려는 분위기도 있지만, 부모 세대의 이슬람적 전통을 고수하려는 일변도에서 탈피하여 보편적인 미얀마 사회의 가치관을 수용하려는 자세도 엿볼 수 있다. 동남아의 다른 이슬람 국가에서 흔히 볼 수 있는 이슬람부흥운동은 미얀마에서는 찾아보기가 어렵게 될 것이 분명하다. 변화하는 미얀마 사회의 주도적인 분위기에 이슬람세(勢)는 빠른 속도로 약화되고 있는 것이다.

영국의 식민지배 하에 들어간 19세기 후반부터 수도 양공의 힌두교도와 무슬림의 비율은 단연 힌두교도가 우세하였다. 그러나 독립 이후 대부분의 힌두교도들은 인도로 귀국하거나 불교도로 개종(改宗)하여 1953년에는 그 비율이 각각 50퍼센트가 되었다. 그 후 1970년대와 1980년대를 거치면서 정부 정책이 영향을 미쳐서 힌두교도의 수는 확연하게 줄어들었으나, 무슬림들의 숫자는 독립 이전과 거의 변함이 없었다. 이러한 사실은 미얀마에 뿌리내린 무슬림들이 여전히 존재함을 나타내는 것이다.

양공 시내 중심가에 자리 잡고 있는 술레 파고다의 정문 왼쪽으로는 미얀마의 이슬람을 상징하는 이슬람 사원들이 자리 잡고 있다. 이 지역은 화교와 무슬림이 어우러져 거주하고 있는 곳인데, 외양(外樣)으로 무슬림들을 찾아내기는 쉽지 않다. 급변하는 현대 사회에서 이들은 외부로 드러내고 행하는 종교활동보다 내면적인 신앙세계를 추구하고 있는 것으로 보인다. 미얀마의 무슬림들은 사회 구성원으로써 절대 다수인 불교도와의 관계에 있어서 매우 신중한 태도를 보이고 있다. 이슬람의 순수한 전통을 지킬 것인가 아니면 불교사회와의 조화를 우선하여 배타적인 이슬람 전통을 자제할 것인가 하는 선택의 문제가 그들 앞에 놓여 있는 셈이다.

로힝자족이 주류를 이루는 미얀마 무슬림들은 그들의 오랜 터전인 여카잉 지역에서 탈출과 귀환을 반복하고 있다. 로힝자족은 이슬람교도이자 미얀마의 소수종족이다. 이들은 상좌불교도이며 언어계통상으로 미얀마어 방언을 사용하는 여카잉족이 다수인 여카잉 주의 북부지역에 집중적으로 거주하고 있다. 여카잉족은 대체로 18세기 말까지 험준한 여카잉 산맥이 가로막는 지형적 이점으로 인하여 독자적인 왕국을 유지하였다. 이들의 기원에 대해서는 아직 정확하게 밝혀지지 않고 있으나, 그들의 언어가 미얀마어와 유사하고 불교도인 점을 고려한다면, 비록 인도인의 혈통이 섞인 흔적이 강하지만 버마족의 일부가 이곳으로 건너간 것으로 추정할 수 있다.

'로힝자'라는 용어는 '사랑하는 사람'이란 뜻으로 여카잉 주에 거주하고 있는 무슬림을 일컫는 말이다. 미얀마어로는 '유와하웅가자(ywa-haung-ga-kya)'라 하여 '옛 마을의 호랑이'란 의미다. 이는 여카잉 지역에 정착한 용감한 무슬림 전사들에게 붙여진 이름이기도 하다. 로힝자는 여카잉 북부 도시인 부디다웅 상부지역과 마유강 상류지역에 살고 있는 무슬림을 지칭하는데에도 사용되고 있다.

오늘날의 로힝자족은 9세기 경 여카잉주의 북부지역에 정착한 무슬림들의 후예들이다. 그 후 같은 지역으로 이주해 온 벵갈인이나 페르시아인 혹은 일부 무갈인 등이 섞여 있긴 하지만, 15세기에서 17세기에 걸쳐 번성했던 여카잉 왕국의 왕들이 불교명과 함께 이슬람식 이름을 사용한 것으로 보아 오랜 정착기간을 가진 집단으로 여타의 소수종족과는 분명히 구분되는 집단이라고 주장한다. 이들의 주장은 1950년대 우 누(U Nu) 정부에 의해 채택되었지만, 1962년 쿠데타로 집권한 네 윈(Ne Win)의 군사정권 하에서는 채택되지 않았다.

1980년대 이후의 군사정부도 여카잉주에 거주하는 무슬림들을 모두 불법 이주자로 규정하여 소수민족으로서 인정하지 않고 있다. 1992년 2

월 21일 미얀마 외무부장관 우 옹쪼(U Ohn Gyaw)는 한 기자회견에서 로힝자족 지위와 관련하여, "오늘날 미얀마에는 135개 종족이 거주하고 있지만, 이른바 로힝자족은 그 속에 포함되어 있지 않다. 역사적으로도 미얀마 땅에는 로힝자족은 존재하지 않았다. 1824년 제1차 영국-미얀마 전쟁이 발발했을 때, 인접 국가로부터 무슬림들이 미얀마의 여카잉 주로 불법 이주해 왔다. 그들은 불법 이주자들이기 때문에 당연하게 영주권을 가질 수 없다" 고 말하고 있다.

여카잉 주에 거주해 온 무슬림들의 대부분은 19세기 말에서 20세기 초에 걸쳐서 영국 식민정부가 여카잉 지역의 농업개발을 위하여 노동이민을 권장함에 따라 오늘날의 방글라데시로부터 대거 미얀마로 이주해온 것으로 보인다. 또 다른 추정은 1971년 동(東)파키스탄이 서(西)파키스탄과의 분쟁으로 방글라데시로 변경될 때, 혼란기를 틈타 상당수의 무슬림들이 미얀마로 들어왔던 것으로 보인다.

제2차 세계대전 당시, 일본군 점령 하의 미얀마에서 로힝자족은 영국군 측에서 싸웠다. 이에 대한 보상으로 여카잉 지역에서 무슬림들의 자치주를 설치해 주겠다는 약속을 받았지만 실현되지 않았다. 1942년과 1948년에 발생했던 이 지역의 폭동으로 수천 명의 사상자가 발생하자 상당수의 로힝자족이 인도로 피신한 적이 있었다. 이때 로힝자족은 군대를 결성하고 당시의 동파키스탄 정부에 여카잉 주의 합병을 요청한 바 있었다. 이러한 일련의 사건은 미얀마 군부로 하여금 로힝자족은 미얀마의 국민통합을 저해하는 장애 요소로 인식하게 만들었다.

1962년에 들어선 미얀마 군부정부는 로힝자족을 미얀마 국민으로 인정하지 않음으로써 갈등이 시작되었다. 미얀마 군부의 로힝자족에 대한 제재(制裁) 조처로 군인이나 공무원의 지위를 가지지 못하게 하였으며, 이미 국가 공무원의 신분을 가지고 있는 경우에는 가족의 거주지와 떨어진 타 지역으로 전출시키는 방법을 썼다. 이들에 대한 미얀마 군부의 제재 조치는 1970년대에 들어서면서 본격화되었다. 1974년에는 비상이민법이 만들어지고, 1977년에는 나가밍 프로그램(*Operation Naga Min*)이 실행되었다. 그 결과, 많은 수의 로힝자족들이 체포되거나 구금되거나 혹은 폭행을 당하는 사태가 벌어졌다. 이를 피해서 1978년까지 약 20만 명의 로힝자족이 방글라데시로 피난한 것으로 나타났다.

여카잉 주 거주 로힝자족에 대한 탄압은 1988년 이후 미얀마의 민주화운동을 제압한 새로운 군사정권의 국가법질서회복평의회(SLORC)에 의해서 대대적으로 자행되었다. 미얀마 군대에 의한 학살·고문·강간 등의 폭압으로 인하여 1992년 한 해 동안 방글라데시 국경지역에는 약 25만 명에 이르는 로힝자족 난민이 발생하였다. 그러나 미얀마 군부는 여카잉 지역에서 발생한 로힝자족 학대에 관한 사실을 부정하고 있다. 그들은 불법입국자인 로힝자족들이 임시 노동을 위하여 미얀마로 입국했으며, 대규모 난민 사태는 방글라데시로 귀국하는 과정이 과장되었다고 주장하였다. 이들은 1992년 미얀마를 떠난 로힝자족이 4만 명에 불과하다고 발표했지만, 방글라데시 정부는 난민이 25만 명에 이른다고 공식 집계하였다.

로힝자족을 탄압하는 미얀마 군부의 의도는 이슬람 원리주의자들의 반군조직을 와해시키려는데 있다. 이들이 여카잉 주민을 선동하고 불안한 정국을 유도함으로써 미얀마를 혼란에 빠뜨리게 한다고 군사정부는 확신하고 있다. 미얀마 내에서 활동 중인 다른 소수민족의 반군조직과는 달리 로힝자족의 반정부 군사조직에 대해서는 잘 알려지지 않고 있는데, 이는 외부 세계가 이 지역에 대한 접근이 용이하지 않기 때문인 것으로 풀이되고 있다.

1990년대 이후 미얀마와 방글라데시 국경지역에서 활동하고 있는 로힝자 족 반군조직은 3-4개가 있는 것으로 알려지고 있다. 그 중에서 1982년 결성되어 양공대학교 의과대학 출신인 모하메드 유누스 (Mohammed Yunus)가 이끄는 로힝자단결기구 (RSO: *Rohingya Solidarity Organization*)와 1987년 RSO에서 이탈하여 누룰 이슬람(Nurul Islam)의 주도 하에 새롭게 결성된 여카잉로힝자이슬람전선(ARIF: *Arakan Rohingya Islamic*

Front)이 주로 방글라데시 국경지역에서 활동하고 있다. ARIF에 비하여 RSO는 다소 급진적이고 과격한 이슬람 원리주의적 군사조직의 성격을 띠고 있다. 두 조직은 미얀마 군부의 총공세가 재개된 1996년에 로힝자민족동맹(RNA: *Rohingya National Alliance*)이라는 조직으로 연대를 시도하였다. 그러나 두 조직은 공히 로힝자족의 전폭적인 후원과 지지를 얻지 못하고 있는 것으로 알려져 있다.

린트너(Bertil Lintner)의 조사에 의하면, 1994년에 두 조직에 가담하고 있는 반군의 수는 겨우 150명 가량에 불과하다고 추정하고 있다. 실제로 이들 반군조직을 후원하고 있는 단체는 국제적인 이슬람 기구들과 1962년 군부 쿠데타 이후 해외로 망명을 떠났던 로힝자족들이다. 수적인 열세에도 불구하고, 콕스바자(Cox's Bazar)를 중심으로 이들 반(反)미얀마 무장단체가 방글라데시 국경지역에서 행한 미미한 반정부 사보타지 활동은 전적으로 외부의 지원에 의한 것이다.

그러나 1992년 4월 미얀마와 방글라데시 양국 간에 로힝자족 난민문제 해결을 위한 양해각서를 교환하였고, 1993년 11월에는 미얀마와 유엔난민고등판무관(UNHCR) 간에 난민귀환의 안전보장에 관한 협정이 타결되었다. 이에 따라, 총 5만 명의 난민이 미얀마로 귀환을 완료하였다. 로힝자족의 반군조직도 방글라데시 정부의 노력으로 그 활동이 일시적으로 소강 국면으로 접어드는 것처럼 보였다. 그러나 1996년에 또 다시 대규모의 난민이 발생하여 또 다시 방글라데시로 넘어오기 시작하였다. 미얀마 군사정부에 의한 강제노동과 다양한 형태의 학대, 그리고 거주 이전의 엄격한 제한 등이 주요 원인이었다.

미얀마 군사정부의 로힝자족에 대한 지속적인 차별 정책의 배경에는 군사정부를 혐오하는 국민들의 관심을 로힝자족의 문제에 집중케 하려는 의도가 있는 것으로 보인다. 이로써 미얀마 군부가 안고 있는 국내외적 정치적 부담을 축소하려는 것이 분명하다. 영국의 식민통치 시대에 발생하여 오늘날까지 잔존(殘存)하고 있는 반(反)인도 · 반(反)인도인 감정을 무슬림 로힝자족 탄압에 연결하려는 의도라는 것이다. 이를 통해서, 대부분이 상좌불교도인 여카잉 지역 주민들의 종교적 반감을 이용하여 군부에 대한 불만을 희석시킨다는 것이다.

이러한 미얀마 신군부 정권의 의도는 적어도 여카잉 주에서는 상당한 효과를 나타낸 것으로 보도되었다. UNHCR의 조사에 의하면, 난민 로힝자족의 미얀마 귀환 희망자는 겨우 27퍼센트에 지나지 않는다는 것이다. 이 조사는 1994년 미얀마와 방글라데시의 양해각서가 체결되고, UNHCR이 귀환에 대한 안전보장을 약속했음에도 불구하고 나온 결과였다. 여기에는 무슬림에 대한 여카잉 불교도들의 전방위적인 차별과 이들에 의한 모멸감이 크게 작용한 것으로 보인다.

제12장

필리핀의 이슬람

I. 개 요

필리핀 남부의 민다나오(Mindanao)와 술루(Sulu)열도(列島)를 중심으로 군집되어 있는 최소 700만 명 이상의 필리핀 무슬림들은 가톨릭이 지배종교인 이 나라의 종교적·문화적 소수종족이다. 또한 일반적으로 알려진 것과는 달리 모로(Moro)는 다종족 사회인 필리핀에서 하나의 소수종족이 아니라 인구 85퍼센트 이상의 가톨릭교도들에 대항하는 민다나오와 술루지역 13개의 다양한 문화적·언어적 집단으로 구성된 필리핀 무슬림들을 지칭한다. 모로는 필리핀 사회에서 종교적 차원의 소수 종족이다.

민다나오와 술루 지역은 원래 필리핀에 속하지 않는 독립된 이슬람 왕국이었다. 현재의 민다나오섬 남부와 술루 열도의 중심부인 홀로(Jolo)섬에는 술탄들의 지배를 받았던 두 개의 왕국이 자리 잡고 있었다. 스페인의 통치가 시작된 16세기 중엽 이후 가톨릭으로의 개종을 강요하는 식민통치에 끊임없이 대항한 필리핀 남부 무슬림들은 각기 다른 문화와 언어를 가진 이질적인 종족들임에도 불구하고, 이슬람이라는 종교적 일체감을 중심으로 공동체적 의식을 갖게 되었다. 스페인의 종교적 탄압에 대항하는 이슬람 공동체가 형성된 것이다.

술루 술탄왕국(*the Sultanate of Sulu*)은 다종족으로 구성된 이슬람 왕국이었다. 1450년부터 1915년까지 지속된 이 술탄왕국은 술루열도와 잠보앙가(Zarnboanga)반도, 팔라완(Palawan)과 오늘날의 사바(Sabah)지역인 북(北) 보르네오(Borneo)를 지배하였다. 이 왕국은 거의 5세기 동안 지속되었는데, 마지막 술탄은 자말 2세(Jamal ul Kiram Ⅱ)였다.

필리핀 무슬림들이 분리주의운동을 시작한 것은 1971년 마르코스(Ferdinando Marcos)의 권위주의 체제 때부터이다. 필리핀 남부에서는 미주아리(Nur Misuari)가 이끄는 모로민족해방전선 (MNLF: *the Moro National Liberation Front*)과 정부군 사이에 치열하고도 긴 피의 보복이 25년 간 전개되었다.

마르코스 정부도 1976년 12월 23일에 이슬람국제기구(OIC)의 후원 아래 트리폴리 협약(*Tripoli Agreement*)을 통해 정치적 해결을 시도했으나 성공하지 못하였다. 필리핀 무슬림들의 분리독립운동에 대한 평화적 해결은 1986년 필리핀 2월 민중혁명 이후 민주화가 진전되면서 1989년 아퀴노 정부가 무슬림민다나오자치지역(ARMM: *Autonomous Regions of Moslem Mindanao*)을 허용함으로서 평화적 분위기가 마련되었다. 1996년 9월 2일 마닐라의 대통령궁에서 라모스 대통령과 MNLF의 미주아리 의장은 내전을 종식시키고 민다나오 지역의 경제회복을 위해서 '평화와 개발을 위한 필리핀남부평의회'(SPCPD: *the Southern Philippine Council for Peace and Development*)구성에 대한 협정을 체결하였다.

1996년의 평화협정에 따라 미주아리가 이끄는 MNLF가 참여하여 자치정부를 맡고 있고, 그 동안 알력이 대단했던 하쉼(Salamat Hashim)의 모로이슬람해방전선(MILF: *Moro Islmic Liberation Front*)과도 이견을 좁혀 가는 듯 했다. 이로써 모로의 장래가 희망적으로 보였다. 그러나 지도자 개인적인 자질 문제와 집단 내에서의 미묘한 역관계(力關係) 그리고 대정부 교섭 과정에서 주요 세력 간의 암투(暗鬪)와 물밑 경쟁이 계속 불거져 나오고 있어서 최종 목적지까지 도달하는 데는 아직도 시간이 필요한 듯하다.

II. 이슬람의 필리핀군도 전파

동남아에 이슬람이 처음 전래된 것은 이슬람의 성립(AD 610)부터 6백여 년 지난 13C초엽으로 알려지고 있다. 중동의 이슬람 전파가 무력을 수반하였으나 동남아로의 전파는 주로 인도(印度)를 경유하는 이슬람 무역상에 의해서 이루어졌다. 이들 무역상들은 통상확대에 있어서 편의상 현지의 제후들과 접촉하였고, 차츰 이들을 이슬람으로 개종시켰다. 당시 이슬람세계는 세계문명의 중심지였으며 토착 제후들도 이러한 첨단 문화를 수용하기 위해서 이슬람에 개종하는 편이 좋다고 생각하였다. 이러한 무력을 수반하지 않은 개종이 동남아권 이슬람의 온화성과 다양성을 형성하였다.

9세기말에 이르러 아랍 무역 상인들은 필리핀군도와 교역을 진행하고 있었다. 12세기에 아랍상인들의 중국과 동남아를 연계하는 해상무역로는 중국 상인들에 의해 크게 위축되었다. 다양한 상품과 강력한 군사력을 배경으로 한 중국 상인들에 의해 기존의 아랍 상인들에 의한 동남아 무역 독점은 종지부를 찍었다. 1433년 명조(明祖)가 대외 모험을 중지하고 해외무역도 약화시키자 아랍인들은 다시금 인도양과 동남아를 중심으로 한 기존의 무역망을 활성화하였다. 이들은 16세기 서구인들이 이 지역으로 세력을 확대하자 다시 약화되었다. 이슬람 전파에 앞장섰던 사람들은 주로 아랍인 무역상인들이었으며 점차 이슬람 종교교리를 전수하는 종교교사들이 가세하게 되었다.

술루 이슬람술탄왕국의 역사에 의하면 13세기에 술루에 도착해 처음으로 이슬람을 소개한 사람은 뚜안 마샤이카(Tuan Mashaika)였다. 그 후 그의 자손들은 술루 무슬림 공동체의 핵심을 구성하였다고 했다. 뚜안(tuan)은 오늘날까지 말레이 문화권에서 사용하고 있는 윗사람에 대한 경칭(敬稱)으로 쓰이고 있다. 사료(史料)는 1380년 아라비아 학자인 마흐둠(Karim al-Makhdum)이 말라카(*Malacca*)로부터 오늘날의 술루(Sulu) 지방에 도달하여 이슬람과 교리를 전파하였다고 쓰고 있다. 그는 이슬람의 성지 메카에서도 잘 알려진 학자였는데, 말라카와 술루 사람들을 이슬람으로 개종시켰다고 했다. 그는 1450년에 최초로 이슬람 사원을 시무눌(Simunul)섬에 건축하였는데, 이 사원은 오늘날까지도 남아있다. 그의 종교적 활동은 뚜안 마샤이카의 후손들에 의해 설립된 초기 이슬람 공동체(ummah Islam)가 성장하는 계기가 되었다.

15세기 초 수마트라 출신의 한 왕자인 라자 바긴다(Rajah Baginda)가 술루에 도착하여 원주민들에게 이슬랍을 전파하였다. 외국 왕자 자격으로 여행한 바긴다는 이슬람화 과정에 정치적 요인을 소개하였고, 필리핀에 최초로 화약과 코끼리를 소개하였다. 라자(rajah)는 산스크리트어에서 왕(王)을 뜻하므로 당시는 토착문화 위에 인도문화가 먼저 이곳에 내도했음을 알려주고 있다. 바긴다가 자치적으로 통치했다는 증거가 있다. 바긴다는 자신의 딸인 빠라미술(Paramisul)공주를 아부 바끄르(Abu Bakr)와 혼인케 하였다. 그리고 사위로 하여감 자신의 후계자가 되게 했다. 아부 바끄르는 정치제도로써 술탄의 지위를 소개하고 정치력을 강화하였고, 그 자신이 샤리프 하쉼(Sharif ul-Hashim)이란 이름으로 술루의 초대 술탄이 되었다.

아부 바끄르(Abu Bakr)는 1450년 수마트라의 빨렘방(Palembang)으로부터 보르네오(Borneo)를 경유하여 술루에 도착하였다. 그는 곧 이슬람법을 적용하는 재판관인 카디(Qadi)가 되었다. 아부 바끄르는 30년 통치기간 중에 많은 이슬람사원과 종교학교를 세웠다. 그는 단일화된 술탄이었을 뿐만 아니라 이슬람 공동체를 강하게 만들었다.

그 후 이슬람 추종자들이 필리핀지역으로 세력을 확대하며 필리핀 남부지역을 중심으로 영향력을 확산시켜 나갔다. 16세기에 술루 군도는 '다르 울 이슬람(dar ul-Islam)'이라하여 이슬람법이 엄격하게 지배하는 지역이었다. 술루 열도(列島)로부터 민다나오(Mindanao)로 이슬람을 확대한 인물은 샤리프 까붕수완(Sharif Kabungsuwan)이라는 외지로부터 내도한 인물이었다. 그는 16세기 초에 마귄다나오(Maguindanao)지역에 도착했다고 했다. 그는 많은 원주민들을 이슬람교도로 개종시켰으며, 현지의 유력 가문과 통혼(通婚) 정책을 통하여 세력을 확대했다. 샤리프 까붕수완은 그 후 이슬람 술탄 마귄다나오 왕국을 건설하여 초대 술탄이 되었다.

필리핀에서 이슬람 팽창은 스페인의 식민통치 이전에 동남아 여러 지역과 교역관계에 있던 아랍 상인들과 이슬람 종교 교사들에 의해서 이루어졌다. 그 이후 이슬람은 크게 확산되어 술루 군도와 민다나오로부터 비사야스(Visayas)와 루손(Luzon) 지역으로까지 확산되었다. 한때 마닐라(Manila)의 중심지인 톤도(Tondo)지역에도 술탄왕국이 건설되었다. 오늘날까지 이곳에는 라쟈 술라이만(Rajah Sulaiman) 궁전(宮殿)의 터가 남아있다. 그러므로 만약 스페인에 의한 필리핀의 유럽 가톨릭의 전파가 지연되었다면, 필리핀은 이슬람 왕국이 되었을 가능성이 충분하다.

필리핀 정복자 레가스피(Miguel Lopez de Legaspi)가 1565년 비사야스 군도의 중앙부에 위치한 세부(Cebu)에 상륙하여 가톨릭을 전파하기 시작할 때 이슬람은 이미 필리핀 북부 루존의 대부분 지역에까지 전파되어 있었다. 스페인 군대가 도착하여 비사야스군을 합하여 총 6백 명에 이르자 스페인은 이슬람 전파를 차단할 목적으로 이슬람 지역으로 진격해 들어갔다. 1571년 6월 8일 스페인군이 필리핀 비사야스군과 연합하여 마닐라 톤도 해안에서 맹렬한 전투를 벌였다. 이 전투에서 절대 우세한 화력(火力)을 앞세운 연합군이 무슬림 군대를 괴멸시켰다.

스페인이 톤도 전투에서 승리하였으나, 그 이후에도 스페인과 필리핀 무슬림 간에 300년 동안 수십 차례의 크고 작은 전투가 지속되었다. 이 지리한 양측의 전투를 300년 전쟁이라고 부른다. 16세기 중엽부터 스페인인들이 대거 필리핀에 도래하기 시작하자 이슬람세력은 다시 남부지역으로 이동하였다. 이들은 그 후 스페인 지배시기 내내 민다나오를 중심으로 한 필리핀 군도의 남부 지역에서 독립적인 공동체 문화를 유지하였다. 오늘날 필리핀 남부지역에 강하게 남아있는 이슬람 문화는 바로 이와 같은 역사적 배경 때문이다.

III. 필리핀 이슬람 문화의 특징

스페인 사람들이 처음으로 민다나오에 도착했을 때 민다나오는 이슬람법에 따라 다스려지는 여러 개의 군소 왕국들이었다. 이들 왕국은 술탄(Sultan)이라는 통치자를 중심으로 해서 구성되었다. 술루(Sulu) · 마귄다나오(MaguÌndanao) · 라나오(Lanao)에는 술탄에 충성을 바치는 다뚜(Datu)라 불리는 통치자가 있었다. 다뚜는 말레이 이슬람 문화권에서 통치자와 제후를 지칭하는 경칭(敬稱)인데, 당시 필리핀 남부 지역이 말라카 해협으로부터 쟈바해와 보르네오를 거쳐 술루해로 연결된 이슬람 문화권이었음을 알 수 있다. 이 칭호는 오늘날까지 말레이시아를 중심으로 말레이 문화권에 남아 있다.

이들 이슬람 지역에는 다뚜 이외에도 이슬람 종교지도자와 이슬람 성지 메카로 성지순례를 다녀와서 하지(Haji)라고 불리는 계층이 있었는데, 그들 모두 이슬람사회에서는 막강한 영향력을 행사하였다. 특히 하지는 이슬람력(曆)으로 성지순례를 행하는 달(月)을 말하지만, 성지순례 자체도 하지라 칭하고 성지순례를 다녀온 사람들도 하지라 부르며 존경을 나타내었다. 필리핀 남부 이슬람 사회의 통치권은 그들의 후손들에게 이어졌는데, 대개 장남이 상속하는 것이 관례화되어 있었다. 그러나 오늘날 술탄제도는 민다나오와 술루에서 사라진 지 오래 되었다.

필리핀 무슬림들의 복식(服飾)은 매우 엄격하였는데, 초기 이슬람 사회의 전통이 오늘날까지 많이 유지되고 있다. 여성들은 목까지 올라오는 긴팔 블라우스를 착용하며 검은색이나 갈색의 사롱(sarong)이라고 불리는 스커트를 입는다. 사롱은 면으로 된 직물인데 부유층은 가끔 실크로 된 직물을 사용하기도 한다. 머리는 대개 질밥(jilbab)이라고 하는 천으로

감싸는데, 소녀들은 가볍고 산뜻한 색깔의 질밥을 선호하고 중년 이상의 여성들은 흰색이나 검정색 또는 짙은 갈색의 질밥을 착용한다. 그러나 젊은 여성일수록 집에서 머물도록 규제를 받기 때문에 길거리에서는 자주 볼 수 없다. 남자들은 대개 몸에 꽉 맞는 긴팔 재킷이나 바지 혹은 헐렁한 바지를 착용하며 밝은 색의 장식용 허리띠를 몸에 두른다. 또한 남자들은 머리에 페즈나 터반이라고 불리는 모자를 쓰는데, 지위가 높은 남자들은 빨간 색의 페즈를 머리에 쓰며 일반인들은 터반을 머리에 착용한다.

필리핀 무슬림 지역은 전형적인 농촌지역으로 도시화가 상대적으로 더디다. 주민들도 교통로와 해변을 따라 발달된 작은 도시 중심으로 거주하고 있다. 이 지역은 필리핀의 다른 지역에 비해 발전이 안 된 곳이다. 대부분의 편의시설과 서비스 부문이 도시에 집중되어 있기 때문에 농촌의 대부분 지역이 이러한 문화적 혜택으로부터 소외되어 있는 실정이다. 필리핀 무슬림들은 대부분이 어업이나 농업에 종사하고 일부 무역업에 종사하는 사람도 있다. 도시지역에 거주하는 소수의 무슬림 모로인들은 대부분 전문직에 종사하거나 정부기관에 근무하고 있다.

절대 다수가 무슬림인 술루군도 지역 주민의 대부분은 따우숙(Tausug) 종족이거나 사말(Samal)종족 혹은 바자우(Bajau) 족이었다. 이들은 바닷가 거주자들로 생업은 주로 어업과 해상교역이며, 이들 중 일부는 보트나 수상가옥에 거주한다. 주민들의 절대 다수가 무슬림들이며, 일찍이 인도네시아의 칼리만딴이나 쟈바, 나아가서 수마트라의 여러 지역과 폭넓은 교역을 실시하였다. 약 500년 동안 강력한 이슬람 왕국을 유지해 온 이들은 당연하게 스페인 통치에 격렬하게 저항하였다. 술루의 술탄은 칼리만딴 북부의 브루나이(Brunei) 이슬람 술탄 왕국을 도와준 대가로 양여(讓與)받은 사바(Sabah) 지방을 자기들의 영토라고 소유권을 주장하기도 하였다. 사바 영유권 문제는 오늘날까지 말레이시아와 필리핀 간에 해결되지 않고 남아 있다.

홀로(Jolo)는 열도를 이루고 있는 술루 군도에서 가장 중요한 항구이자, 진주 조개잡이 산업의 중심지이다. 이 지역의 마라나오(Maranao)족은 전통적으로 신앙심이 깊은 무슬림 집단으로 알려져 왔는데, 특히 예술 분야에 뛰어난 재능이 있다. 마귄다나오족은 쌀농사를 하면서 계곡지역에 살았으나, 해안에 가깝게 살던 일부 사람들은 어부와 상인이 되었다. 이들은 방석, 바구니와 같은 공예품을 생산하고 음악을 즐기는 종족이다.

따우숙족이 술루군도의 주도 집단으로 필리핀에서 제일 먼저 이슬람을 받아들인 종족이다. 이들은 용감한 선원으로, 용맹스러운 전사로, 솜씨 있는 장사꾼으로 알려져 있다. 따우숙족은 풍부한 문화적 유산을 가지고 있고, 그들의 문화적 유산은 전통적인 의상 · 무기 · 보석 · 노래 · 건축 등에 잘 나타나 있다. 따우숙 사람들은 아직까지도 결혼에 관해서 만큼은 과거의 전통을 고수하고 있다. 즉 배우자의 선택은 부모 몫이다. 자식들은 부모가 선택한 사람과 좋든 싫든 간에 결혼해야 한다. 이때 신랑의 부모 측에서 신부 부모 측에 가축 · 곡식 · 보석류 · 토지 혹은 현금을 선사하는데 이는 결혼 지참금에 해당된다.

따우숙 사람들은 신의(信義)를 매우 중요시한다. 그래서 오늘날까지도 '피(血)로써 맹세'하는 의식이 행해지고 있다. 또한 이들은 매우 거칠고 용맹스럽지만, 일단 신의를 바탕으로 친구임을 서로 맹세하게 되면 그 관계는 영원히 지속된다. 따우숙 사람들은 사람이 죽으면 그 시신을 잘 씻은 후 영혼의 물리적인 고통을 덜어주기 위한 목적으로 시신 앞에서 쿠란을 낭송한다.

따위 따위(Tawi-Tawi) 주민의 절대 다수가 무슬림들이고 사말 종족으로 이루어져 있다. 사말족들은 평화를 사랑하고, 수상가옥에 살면서 지역사회를 이루고 살았다. 그들의 주된 생계수단은 어업이나 방석 만들기와 보트 만들기이다. 이 지역의 소수 종족인 바자우(Bajau)족은 바다의 집시로 알려져 있다. 이들은 작은 배 위에 살면서 이리저리 떠돌아다닌다. 따라서 그들의 마을은 집으로 이루어진 것이 아니고 보트 떼로 이루어진다. 이들은 살기는 물 위에 사나 죽은 후에는 땅에 매장된다. 또 다른 소수 종족인 쟈마 마푼(Jama Mapun)은 이슬람교를 실천하는 농부와 어부들이다. 그들은 농장 가운데 '신령의 집'을 짓고, 이곳을 중심으로 씨앗을 뿌리고 수확한다.

IV. 모로인들의 분포와 분리주의 운동의 배경

1. 모로인들의 지리적 배경

일반적으로 모로(Moro)인들은 필리핀 남부의 민다나오(Mindanao)와 술루(Sulu) 열도(列島)와 술루해(海) 군도를 중심으로 넓게 분포되어 있는 이슬람교도들을 일컫는 총칭으로 여겨져 왔다. 민다나오는 마귄다나오에서 유래되었다. 이 지역은 민다나오섬과 술루군도의 369개의 작은 섬을 포함하며, 면적은 96,438km²이고 필리핀 전체면적의 33퍼센트를 차지하며 73개 주 중에서 22개 주가 이 지역에 속해있다. 22개 주 중에서 무슬림들의 다수 거주지역은 술루 · 따위- 따위 · 남(南) 라나오(Lanao del Sur) · 마귄다나오(Maguindanao) · 바실란(Basilan) 등 5개 주 뿐이다.

민다나오 식민지화의 결과로서 모로의 사회적 · 인구적 지위가 민다나오의 주요 종족에서 소수 종족으로 변화되었다. 필리핀 최남단 지역인 남부 민다나오와 술루군도 및 팔라완(Palawan) 일대에 집중적으로 거주하고 있는 모로는 2006년을 기준으로 전체 필리핀 인구(7,650만 명)의 약 5퍼센트를 차지하는 414만 명 수준으로 추산된다. 그러나 많은 무슬림들은 이 숫자가 지나치게 하향적으로 추산되었으며, 실제 규모는 약 7백만 명에 이를 것이라고 주장하고 있다.

모로는 13개의 다양한 문화적 · 언어적 종족들로 구성되어 있다. 팔라완을 중심으로 거주하고 있는 팔라완 집단과 술루군도 일대에 분포해 있는 술루집단, 그리고 민다나오 남서부에 집중해 있는 민다나오 집단 등이다. 팔라완 집단에는 팔라완 · 몰복(Molbog) · 쟈마 마푼(Jama Mapun)의 세 종족이 속하며, 술루 집단에는 따우숙 · 사말 · 바쟈우의 세 종족이 속해있다. 민다나오 집단으로는 마라나오(Maranao) · 이라눈(Ilanun) · 마귄다나오 · 꼴리부간(Kolibugan) · 야칸(Yakan) · 까라가(Karaga) · 상길(Sangil) 등 일곱 종족들로 구성되어 있다.

제2차 세계대전 이후 모로 사람들의 땅으로 알려진 남부 민다나오와 술루군도에서 일어난 가장 큰 변화는 기독교도들의 집단 이주였다. 이로 인해서 이 지역에서 모로인들의 인구구성 비율이 크게 떨어지게 되었다. 필리핀은 루손과 바사야스 지방의 급격한 인구증가에 따른 사회 경제적 압력과 후크(Huks) 농민반란 등의 정치적 불안이 지속되자, 이의 해소를 위한 정책 중의 하나로 후크 가담 농업노동자들의 이주를 장려하였다. 후크단은 과거 일본 식민통치시기에 식민정부와 지주계급에 대하여 항거했던 좌익단체였다. 이 조직은 강화되었고 그 활동은 엄청나게 확대되었지만, 결국 막사이사이(Magsaysay) 대통령 집권기에 해체되었다.

기독교도들의 이주는 이미 미국 식민통치시대부터 이루어지고 있었다. 그러나 1950년대의 10년 동안에 모로지역의 모로인 거주 비율을 32퍼센트에서 23퍼센트로 하락시킬 정도로 집중적으로 이루어졌다. 특히 1970년대 모로의 분포는 21퍼센트로 떨어졌다. 1977년의 경우 모로인들의 우세 지역은 10개 주 정도에 그쳤다. 이와 같이 기독교도들의 대량 이주는 이슬람을 바탕으로 하는 모로와의 직접적인 문화적 충돌을 가져왔고, 경제문제를 둘러싼 갈등을 심화시키는 계기가 되었다.

2. 모로 분리주의운동의 배경

영어로 무어인(*Moors*)을 지칭하는 모로라는 명칭은 원래 이베리아 반도와 교역하던 이슬람교도 모로코인을 가리키는 말이었다. 그런데 스페인인들이 모로코 사람들과 피부색이 비슷한 필리핀의 무슬림을 처음부터 모로라고 칭하게 되었고, 이 호칭은 필리핀 남부의 무슬림을 지칭하는 고유명사로 고착되었다. 그런데 이 명칭에는 무슬림을 멸시하는 뜻이 담겨 있다. 그러나 필리핀 무슬림들은 모로라는 호칭과 자신들의 전통문화(모로 문화)에 대단한 자부심을 가지고 있다. 스페인이 필리핀에 진출할 당시 모로 사람들은 마닐라 등 루손섬의 중부와 북부에 주로 거주하였다. 그러나 스페인의 침략이 시작되면서 이들은 남부의 민다나오와 술루군도 등으로 이주하게 되었다.

다양한 문화적 배경을 가진 종족들로 구성된 모로사람들을 하나의 종족 공동체로 결속시키는 요소가 바로 이슬람이었다. 이슬람은 복종이란 의미이며, 무슬림이란 알라의 의지에 복종하는 사람이란 뜻을 지닌다. 무슬림에게는 알라와 그의 예언자들에 대한 절대적인 신앙과 복종이 요구되며, 모든 일상사와 사회생활은 이슬람율법에 따라야 함이 당연하다는 것이다. 따라서 정치적 쟁점이 종교 교리와 상충될 때, 이슬람은 강력한 호소력을 지니며 공동체의 구성원을 동원하는 정치적 이데올로기로 작용할 수 있다. 이런 점에서, 기독교가 지배적인 필리핀 사회에서 이슬람은 모로사람들이 중심이 된 무슬림들을 결속시키는 핵심적 요인으로 작용했다. 또한 해외 무슬림들과 모로사람들의 형제적 유대를 강화하는 확실한 연결고리가 되었다.

16세기 중반 필리핀을 점령한 스페인은 민다나오와 술루군도에 대한 공격의 목표를 모로의 스페인화와 기독교화에 두었다. 그러나 스페인은 300여년에 걸쳐 모로인들의 정복을 시도하였으나 성공하지 못하였다. 모로사람들이 많은 희생을 치르면서 전쟁을 수행했던 것은 이슬람교와 무슬림 사회를 수호하기 위한 성전(聖戰)으로 인식하였기 때문이었다. 모로전쟁은 스페인에 대항한 모로인들의 항쟁(抗爭)으로만 볼 수 없다. 스페인은 가톨릭으로 개종한 필리핀인 군대를 모로 소탕작전에 투입하여 16세기말부터 약 300년 간 남부 모로지역과 모로인들에 대한 정복을 시도하였으나 끝내 성공하지 못하였다. 그 결과 필리핀 여러 지역에서 정부와 모로인 사이에 분쟁이 끊이지 않게 되었다.

미국의 식민통치 시기(1898-1946)에서도 모로의 기독교화와 필리핀 내로 흡수시키려는 통합정책이 추진되었다. 미국도 모로인들의 사회적·문화적 양식을 위협하고 파괴시켰으므로 당연하게 모로의 저항운동을 야기하였다. 스페인과 미국의 통합정책은 모로인들에게는 종교와 삶의 양식을 파괴하려는 동화정책(同化政策)에 불과하였다. 이같이 기독교에 대한 오랜 저항운동 과정에서 이슬람교는 서구적 침입에 대응하는 저항운동의 동원 이데올로기가 되었으며, 필리핀 무슬림들의 공동체 의식도 강화되었다. 그러므로 모로인들의 일체감과 공동체 의식은 스페인과 미국의 식민통치에 대한 저항운동의 역사적 산물인 셈이었다.

1898년 미국은 스페인 식민지인 쿠바와 필리핀 독립운동을 지원한다고 하는 명목 하에 스페인과 전쟁을 벌였다. 이 전쟁에서 승리한 미국은 쿠바와 필리핀을 식민지로 삼았다. 미국은 모로에 대한 동화정책을 실시하여 모로인들의 거주지에 많은 기독교인을 이주시켰다. 이와 같은 정책은 모로에 대한 필리핀인들의 우월함을 조장함과 동시에 모로에 대한 차별을 심화시키는 역할을 하였다. 미국이 통치하던 1930년대부터 모로인들 사이에는 필리핀으로부터 독립하여 독자적인 국가를 수립하자는 요구가 제기되었으며, 이러한 움직임은 1960년대부터 본격화되었다. 이는 1950년대 이후 정부가 민다나오섬의 모로 거주지로 가톨릭교도인 필리핀인들을 대량 이주시켰기 때문이었다.

마닐라 정부가 가톨릭교도 필리핀인들을 민다나오 지역으로 이주시킨 배경에는 루손 지역의 토지문제가 달려 있었다. 필리핀은 1946년에 미국으로부터 독립했으나, 필리핀의 중부와 북부 지역에서는 스페인 식민통치시대부터 내려온 대토지소유제(大土地所有制)가 그대로 유지되고 있었다. 극히 일부인 기득권층이 방대한 토지를 소유하고 지역 내에 거주하는 무토지 소유자를 소작농으로 착취해 온 제도였다. 그러므로 독립 후 소작농의 지위가 나아지지 않자 농민들의 불만은 점증(漸增)하게 되었고,

이러한 불만을 이용한 공산주의 게릴라 조직인 후크단의 세력이 점차 커져갔다. 이에 정부는 여러 차례의 농지개혁을 시도하였으나, 대지주 계급이 지배하는 의회의 반대로 번번이 좌절되었다. 이와 같이 대지주제로 인한 루손섬의 사회문제를 해결하기 위해 농민들을 민다나오섬으로 이주시킨 것이다.

모로 사회에서는 전통적으로 공동체적 토지소유제도가 유지되고 있었다. 그러나 필리핀인의 이주와 함께 근대적 소유권이 도입되면서 모로인과 이주자 사이에는 토지 이용을 둘러싼 분쟁이 일어나게 되었다. 이러한 갈등은 모로의 독립운동으로 비화되어, 1968년 민다나오섬과 술루군도에 거주하는 모로인들이 분리독립운동을 벌이기 시작하였다. 이에 따라 이슬람을 신봉하는 모로인들과 가톨릭을 신봉하는 이주민 무장조직 사이에 무력충돌이 발생하기 시작하였다. 1971년 필리핀 정부군의 모로인 대량 학살을 계기로 모로인과 가톨릭 무장세력 간의 충돌은 모로 공동체 사회와 필리핀 정부 간의 분쟁으로 비화되었다. 모로는 모로민족해방전선(MNLF)을 결성하여 무장 투쟁을 전개하였고, 마닐라 정부가 정규군을 투입하였으므로 곧 본격적인 내전(內戰)으로 치닫게 되었다.

내전으로 발전한 모로인들의 분리독립운동은 수백만 명의 난민을 양산하였다. 이들 난민 중 일부는 술루해를 거쳐 사바(Sabah) 지역으로 흘러 들어갔다. 또한 사우디아라비아와 리비아 등 중동의 이슬람 국가들이 모로민족해방전선을 지원함에 따라 모로 분리독립운동은 필리핀 내전으로부터 국제문제로 비화되었다. 그리하여 1976년 남부 13개주의 자치를 인정하는 트리폴리(Tripoli) 협정이 체결되었고, 1986년에는 양측 사이에 휴전협정이 체결되었다. 그러나 광범위한 자치제 실시에 대한 이견으로 2000년대에 들어선 이후에도 모로 문제는 완전한 해결책을 찾지 못하고 있다.

V. 이슬람 무장세력의 투쟁과 대 필리핀정부 평화협상

1. 모로인 무장 투쟁세력의 형성

필리핀 전통 무슬림 사회의 지도자이자 엘리트였던 술탄과 다뚜들은 더 이상 실력자가 될 수 없었다. 대부분의 공적 지위가 가톨릭 교인들에게 돌아갔으므로, 필리핀에서 무슬림들이 가질 수 있는 사회참여와 직업 선택의 기회가 현저하게 줄어들었다. 이로서 필리핀 정부에 대한 모로 전통 지식인들의 불만이 쌓이고 저항의식이 깊어갔다. 민다나오 지역이나 극소수이긴 하지만 마닐라에서 혹은 이집트의 알 아즈하르(Al Azhar)대학 등에서 교육을 받은 지식인들은 모로사회의 참담한 실정에 대하여 강한 불만을 지니고 있었고, 전통 지식인들이 본연의 임무를 게을리하고 있다고 비판하였다.

모로사회에서 1968년 3월에 발생한 하비다 학살사건(*Jabidah Massare*)과 1971년 총선을 계기로 조직적인 저항운동이 시작되었다. 하비다 학살사건은 당시 사바섬을 둘러싸고 말레이시아와 영토분쟁을 벌이고 있던 필리핀 정부가 사바에 대한 비밀작전 수행을 위해서 동원하였던 28명의 모로군인들을 마닐라만(灣) 인근의 꼬레히도르(Corregidor)섬에서 학살한 사건이었다. 이 학살사건으로 수많은 모로인들이 극렬하게 저항하였으며 시위와 데모가 계속되었다. 이들 무슬림 모로군인들은 사바의 이슬람교도(무슬림)를 습격하라는 상부의 명령에 대하여 '무슬림이 같은 무슬림 형제를 죽일 수 없다'며 이를 거부하였고, 명령불복종에 대한 엄한 군률(軍律)을 적용하여 처형한 사건이었다. 이 학살사건으로 해외의 무슬림 연합과 이슬람 국가가 나서서 하비다 학살에 대한 강력한 항의가 잇따랐다.

하비다 사건 직후인 1968년 5월 꼬따바또 지역의 다뚜인 마딸람(Datu Udtog Matalam)은 민다나오와 술루지역에 이슬람국가 설립을 표방하고 민다나오무슬림독립운동(MIM)을 선언하였는데, MIM은 즉각적으로 모든 모로인들에게 독립에 대한 열망을 불러일으켰다. 1969년에는 미주아리와 알론토(Abul Khayr Alonto) 그리고 하쉼(Salamat Hashim) 등 무슬림 지도자들이 중심이 되어 무장투쟁을 목표로 하는 모로민족해방전선(MNLF)을 결성하였다. 같은 해 MIM의 재정 지원으로 마귄다나오족·마라나오족·술루족을 대표한 청년 그룹 100여 명이 무장세력을 이끌 전문적인 군사훈련을 받기위해서 사바(Sabah)로 갔으며, 이들은 고도의 훈련을 마치고 이듬해인 1970년에 귀국하였다.

무장세력을 이끌 청년 그룹이 도착하자 MNLF는 모로 분리독립운동의 주요 세력으로 부상하였다. MNLF는 1972년 마르코스의 계엄령 선포 이후 본격적으로 무장 항쟁에 나섰다. MNLF는 강력한 명령계통에 따른 위계질서를 가진 통합된 군사조직은 아니었으나, 마르코스 체제에 대항하는 다양한 모로인 저항세력들의 연합체 성격을 가지게 되었다. MNLF를 움직이는 중앙위원회는 각 지역의 모로 투쟁세력을 대표하는 지도자들로 구성되었다. 이 중앙위원회가 MNLF의 전략적 노선의 채택과 해외 지원세력의 연락업무를 담당하였으며, 실질적인 전략과 전술은 각 지역의 투쟁조직에서 수립되었다. 따라서 MNLF의 효과적인 전투력과 투쟁능력은 각 지역과 집단을 대표하는 지도자들의 원활한 협력 없이는 불가능하였다.

모로인들이 중심이 되어 독립투쟁을 전개하고 있던 와중에서 기독교 정치인들의 사설군대인 일라가스(Ilagas)가 1971년 6월에 북 꼬따바또의 마닐리(Manili)라는 작은 마을에 있는 이슬람 어린이를 포함한 65명의 무슬림을 집단학살하는 사건이 발생하였다. 이 사건을 계기로 모로인들은 북 꼬따바또와 북 라나오주에서 기독교 정치인들과 보안대 지휘관들이 결탁하여 모로를 탄압하고 위협하는 것으로 의심하기 시작하였다.

1971년 7월 모로 지도자들이 모로 탄압에 대응책을 논의하기 위해서 회합을 가지고 선언문을 채택하였다. 선언문의 상징적 의미는 모로 내 경쟁관계의 지도자들이 이견을 극복하고 모로사회를 위해 서로 협력할 것과 더 이상 필리핀 내에서 모로가 박해받는 일이 있어서는 안 된다는 점에 동의한 것이다. 그러나 선언문 채택 이후에도 모로인들과 기독교도들 간에 소규모 접전과 분쟁은 계속되었다. 선언문에 서명한 모로 지도자들은 그 후 각자의 소집단의 이익을 추구하기 위한 구체적 항쟁 방법에 대해서 이견과 갈등이 노출되기 시작하였다. 결국 이들 지도자들은 본격화된 모로 분리독립운동의 전개 과정에서 여러 파벌로 분열되었다.

민다나오 분쟁은 1971년 11월 총선 시기에 그 절정을 이루었다. 기독교들과 무슬림이 혼재해 있는 꼬따바또와 라나오 주에서 무슬림 유권자들의 투표참여는 기독교 정치인들의 당선에 결정적인 영향을 미치는 변수였다. 기독교 후보들은 자신들의 사설군대인 일리가스를 동원하여 모로 소탕작전을 전개하기 시작하였다. 이런 상황에서 실시된 선거 결과로 민다나오 지역의 정치권력이 무슬림으로부터 기독교들에게로 이전되었다.

필리핀 무슬림들은 자신들의 유일한 생존전략은 분리독립을 쟁취하기 위해서는 무장투쟁 이외에는 어떤 방법도 없다는 사실을 새롭게 인식하였다. 그러므로 분리독립을 추구하지 않는다는 것은 이슬람과 이슬람 율법에 기초한 무슬림들의 사회질서와 자신들의 경제적 기반과 정치적 권리를 박탈당하게 된다고 생각하게 되었다. 따라서 모로 사회는 자신들의 삶의 양식과 생존을 파괴하는 공동의 적에 대항하여 분리독립을 전개할 응집력과 저항이데올로기와 이를 추진할 수 있는 지도력을 갖추기 시작하였다.

1970년 루크만(Lukman)은 사바에서 군사훈련을 마치고 귀국한 청년 지도자들과 MNLF를 중심으로 모든 모로 투쟁세력을 총망라하여 모로국가해방기구(BMLO: *Bangsa Moro Liberation Organization*)를 조직하였다. BMLO는 곧 '이슬람'을 강조하기 위하여 모로이슬람해방기구(BMILO: *Bangsa Moro Islamic Liberation Organization*)로 조직 명칭을 변경하고 이슬람 세계의 지원을 요청하였다. 1971년 루크만과 모로 고위지도자들은 리비아를 방문하여 카다피로부터 모로 해방운동을 위해 모든 형태의 지원을 아끼지 않겠다는 약속을 받아 내기에 이르렀다. 1972년에는 이집트·인도네시아·말레이시아·파키스탄·싱가포르·이란·이라크·사우디아라비아 등으로부터 온정적(溫情的)인 메시지를 받게 되었다. 곧 이어 이슬람국제기구로부터 필리핀 정부와 마르코스 대통령에게 필리핀 무슬림의 생명과 재산을 보호할 것을 요구하는 국제적인 기구로부터도 동조를 얻게 되었다. 이로써 모로 분리독립운동은 통합된 조직과 국제적 지원을 확보함으로써 분리독립을 위한 반정부 활동에 본격적으로 나설 수 있었다.

1972년 마르코스 대통령의 계엄령 선포와 함께 모로 무장 투쟁의 주도권은 보수적인 전통 무슬림 지식인들로부터 보다 급진적인 신진 세력의 손으로 넘어갔다. 분리주의 운동에 소극적인 자세로 일관해온 전통 지식인들을 불신(不信)하고 급진적 분리운동을 추구하는 MNLF가 무장투쟁의 전면에 나선 것이다. MNLF의 지도자인 미주아리와 그의 동료들은 마르코스가 계엄령을 선포한 그해 리비아를 방문하여 카다피로부터 전폭적인 지원을 약속 받았다. 카다피는 루크만과 같은 전통 지식인들보다 급진적이고 투쟁적인 신진그룹들이 보다 효율적으로 투쟁을 이끌 수 있다고 판단했던 것이다. 따라서 MNLF는 필리핀 무슬림을 대표하는 최고의 기구가 되었고, MNLF 산하의 무장조직인 방사모로군(軍)(BMA: *Bangsa Moro Army*)이 실질적으로 무장 투쟁을 주도하게 되었다. BMA는 모로인들이 세운 독립국가의 국민군대라는 의미를 가지고 있었다.

2. 트리폴리 협약과 MNLF의 분열

1972년 9월 마르코스는 필리핀 전역에 계엄령을 선포하고 대규모의 정부군을 투입하였음에도 불구하고, 민다나오와 술루 지역에서 초기에 모로 무장세력을 진압하지 못하였다. 계엄령과 함께 미주아리를 포함한

MNLF지도자들에 대한 수배령이 내려졌다. 그러나 마르코스의 의도와는 달리 계엄령 선포는 분리독립운동을 억제하는 효과보다는 오히려 무력투쟁을 더욱 자극하여 확산시키는 결과를 초래하였다. 정부군과 이슬람 무장투쟁 세력 간의 전투가 지속되고 양측의 피해가 증가하면서 무력충돌이 장기화될 조짐을 보이기 시작했다.

MNLF의 무장 독립투쟁능력은 정확성과 다양한 전술을 보여 필리핀 정부군을 긴장시켰다. 뿐만 아니라 모로 무장세력들의 지속적인 반(反)정부 · 반(反)마르코스 투쟁은 국제 조직망을 통해서 이슬람 국가들의 성원(聲援)을 이끌어내게 되었다. 마르코스 정부는 곧 많은 이슬람 국가들로부터 강력한 항의와 압력에 직면하게 되었다. 이에 따라 마르코스는 모로 지역에 대한 정치적 해결을 시도하게 되었다. 1973년 3월 리비아의 벵가지에서 열린 제4차 이슬람국가외무장관회의 (ICFM: *Islamic Conference of Foreign Ministers*)는 필리핀 무슬림(모로)들에 대한 탄압과 대량학살에 대하여 심각한 우려를 표명하는 동시에 필리핀 정부가 이들에 대한 보호책 강구를 요구하는 결의안을 채택하였다. 이 결의안은 리비아 · 사우디아라비아 · 세네갈 · 소말리아 등 4개국 외무장관으로 구성된 ICFM의 대표가 필리핀 정부와 모로 문제를 논의하기 위해서 마닐라를 방문한다는 것과 이슬람국가들이 필리핀 무슬림을 돕기 위한 국제적인 모금운동을 벌인다는 내용을 포함하고 있었다.

필리핀에 계엄령이 선포된 후 일 년이 지난 1973년 8월 ICFM의 대표들이 필리핀을 방문하였다. 이들은 마르코스 정부와 회담을 가지는 한편, 민다나오와 필리핀 남부 다른 이슬람 지역도 방문하여 필리핀 무슬림들의 실정을 어느 정도 파악하는 성과를 올렸다. 이를 토대로 필리핀 무슬림 공동체가 자신들의 종교적 · 사회적 · 문화적 전통을 보존하는데 필리핀 정부가 협조한다는 마르코스 대통령의 약속을 받아내었다.

1974년 7월 21일부터 25일까지 말레이시아 쿠알라룸푸르에서 열린 제5차 ICFM은 1973년 벵가지 결의안에 따라 필리핀을 방문한 대표들의 보고서를 통해서 새로운 결의안을 채택하였다. 이 결의안을 통해서 ICFM은 필리핀 무슬림들의 상황에 대한 심각성을 확인하고, 필리핀 정부에 대하여 모로에 대한 학살을 중지하고 이슬람사원과 무슬림들의 재산에 관한 파괴와 약탈행위를 중단할 것을 촉구하였다. 또한 이 결의안은 필리핀 정부가 제안한 사회적 · 경제적 지원을 통한 모로 문제 해결방안은 효과적이지 못하다고 반박하면서, 마닐라 정부가 MNLF 지도자들과 그들의 자주권을 인정함으로써 모로 문제를 해결할 수 있다고 제의하였다.

ICFM의 사무총장인 모함메드 알 토하미(Mohammed al-Tohamy)는 필리핀 정부와 교섭하여 1975년 1월 18일부터 29일까지 사우디아라비아의 젯다(Jeddah) 에서 마르코스 정부 대표와 MNLF 대표 간의 협상을 주선하였다. 협상에 임하기 전에 MNLF 측은 협상의 전제 조건으로 마닐라 정부가 민다나오 · 바실란 · 술루 · 팔라완(Palawan) 등 4개 광역지역의 자치정부 설립을 인정하고 그 독자성을 보장해 줄 것을 요구하였다. 이러한 MNLF 측의 전제 조건으로 양 측의 젯다 협상이 무산될 뻔 했으나, MNLF 측에서 전제 조건을 철회함으로써 협상이 열리게 되었다.

미주아리가 이끄는 MNLF 측은 자신들이 주장한 4개 지역의 자치정부 문제는 그 지역 내부 문제에 대해서만 통치권을 행사한다는 새로운 제안을 내놓았다. 그러나 그들은 국제이슬람 국가들이 모로 지역의 경제 · 사회 · 문화발전을 위해서 제공하는 원조를 받아들일 수 있는 권한을 요구하였다. MNLF 측은 이제까지 무조건적인 분리와 독립을 주장하던 입장에서 모로 지역의 자치권 확보에 역점을 두는 탄력적인 전략으로 선회한 것이었다.

젯다협상 이후 ICFM은 MNLF의 요구 사항에 모로지역에 이슬람의 법제도와 교육제도를 확립할 것과 모로인들의 일상생활과 관련된 법과 규정은 모로 자치정부의 통제 하에 둘 것을 제안하는 내용을 추가하여 필리핀 정부 측에 전달하였다. MNLF는 이러한 ICFM의 제안을 수락하고 다음 협상에 논의할 의제로 받아들였으나, 필리핀 정부는 이를 수락하지 않았다. 그 대신 필리핀 정부는 MNLF가 모로 지역에서 정부에 대항하여 싸우는 모든 무장집단들을 대표하는가 하는 근본적인 문제에 의문을 제기함으로써 ICFM과 MNLF의 제안을 우회적으로 거부하였다. 이에 대해서 ICFM은 필리핀 정부와 MNLF 간의 협상을 전제로 필리핀 정부 측에 MNLF에 대한 무력사용의 중지를 촉구하였다.

필리핀 정부와 모로 분리독립 세력 간의 협상은 점차로 정부 측에 유리하게 전개되었다. 그 이유는 정부 측에서 모로 지역에 대한 개발계획을 잇달아 발표하고, 모로인들을 관직에 임용하는 등 모로 지역에 대한 정책적 배려 때문이었다. 1976년 이멜다 마르코스가 리비아를 방문하여 모로 문제 해결을 위한 카다피의 협조를 요청하였다. 이에 따라 필리핀 정부와 MNLF 측은 리비아의 트리폴리에서 협상에 재개하였다. 그 결과 이슬람 회의기구의 중재 아래 필리핀 정부와 MNLF와의 협상은 1976년 12월 23일에 트리폴리 협약으로 마무리되었다.

이슬람국제기구(OIC)의 중재로 시작된 필리핀 정부와 MNLF의 지리한 협상은 1976년 12월 23일에 트리폴리 협약으로 마무리되었다. 협약의 주요 내용은 민다나오 · 술루 · 팔라완 지역의 총 13개 주에 무슬림 자치기구를 설정한다는 것과, MNLF와 마닐라 정부군 간의 휴전이었다. MNLF는 1973년 자신들이 일방적으로 선포하였던 민다나오 · 팔라완 · 술루 군도의 총 20개 주를 포함하는 당초의 모로국(*Bangsa Moro Nation*) 건설에서 그 범위가 많이 축소되었다. 1977년 1월부터 휴전이 발효되었으나, 같은 해 2월 마르코스가 협약 내용에 따라 자치기구 설정을 위하여 13개 주에 대하여 주민투표를 실시한다고 발표함으로서 MNLF의 강력한 반발에 부딪치게 되었다.

마르코스는 모로 자치지구 대상인 서부 민다나오와 술루 군도를 묶어 제9지역으로 하고, 중부 민다나오를 제12지역으로 구분하여 자치지구 설정에 관해 주민투표를 실시하려 하였다. 제9지역과 제12지역에는 트리폴리 협약에 명시된 13개 주 중에서 기독교들이 다수를 차지하는 남 다바오

(Davao del sur)주와 남 꼬따바또(Cotabato del sur)주와 팔라완(Palawan)주가 빠져 있었다. MNLF는 이 주민투표를 거부하였으나, 승리를 확신한 마르코스는 1977년 4월 주민투표를 예정대로 강행하였다. 모로 자치 기구는 제9지역과 제12지역으로 분리되었으며, 3개 주는 자치지구에서 제외되었다. 이로써 트리폴리 협약과 자치지구 구성은 MNLF의 내부 분열을 촉진하는 계기가 되었다.

필리핀 모로 무슬림들이 구상한 모로 자치지구 설정이 마르코스의 주민투표에 의해서 좌절(挫折)되자 이제까지 MNLF를 이끌어 온 미주아리의 지도력에 대한 불신이 팽배해졌고, MNLF의 지도노선에 대한 도전 세력이 등장하였다. 1977년 12월 MNLF의 중앙위원회의 하심 살라멧(Hashim Salamet)이 미주아리의 독단적인 리더십과 공산주의 이데올로기 동조 성향과 부정부패를 탄핵하고 나섰다. 미주아리와 살라멧의 극단적인 갈등은 MNLF을 분열시켰고, MNLF에 대한 아랍국가들의 지원도 혼란케 만들었다. 이집트는 살라멧 지지를 선언하였고, 리비아는 지속적인 미주아리 지원을 약속하였다.

1977년 말부터 MNLF 지도부의 투쟁 노선과 이념을 둘러 싼 갈등이 표면화되었다. 마르코스는 미주아리가 신인민군(NPA: *New People's Army*)과 연대하고 있다고 공언하였는데, 이것이 1977년의 MNLF 지도부 내 분열을 가져온 중대한 요인이 되었다. 1984년 살라멧은 독자적으로 보다 이슬람 지향적인 보수 노선을 추구하는 모로이슬람해방전선(MILF)을 결성하였다. 1982년 MNLF를 이탈한 푼다또(Dimas Pundat)도 이슬람 강령을 강조하는 보수노선 지향적인 MNLF개혁그룹(*MNLF-Reformist Group*)을 결성하고 MNLF로부터 이탈하였다. 이로 인해서 공동의 목표를 세웠던 모로 분리독립운동은 끊임없는 갈등과 파벌주의로 점차 약화되었다.

마르코스 이후에는 이들 모로 무장세력 중 가장 과격한 분리주의운동을 전개해 온 MNLF가 필리핀 정부의 주요 협상 대상자가 되었다. 한동안 루크만을 중심으로 이슬람 전통사회의 엘리트 조직이었던 모로국가

해방기구 (BMLO: *Bangsa Moro Liberation Organiation*)을 재건하려는 노력이 있었다. MNLF 내부 분열을 방지하고 새로운 통합을 위한 노력은 국제 이슬람사회에서도 전개되었다. 세계무슬림연맹(MWL: *Moslem World League*) 주도로 1983년까지 몇 차례 통합시도가 있었으나 모두 실패로 끝나고 말았다. MNLF의 분열은 곧 모로 사회의 분열로 이어졌다. 모로 분리독립운동의 역량 또한 분산되었다. 따라서 MNLF의 통제를 벗어난 여러 개의 군소 무장조직이 생겨났으며, 다양한 목적으로 무질서한 폭력과 산발적인 전투가 이어졌다. 이로써 모로 분리독립운동은 그 역량이 현저하게 약화될 수밖에 없었다.

3. 마닐라 정부와 MNLF 간의 공존을 위한 갈등

자치지구 설정을 통한 마르코스의 정치적 승리와 모로 투쟁 세력의 분열에도 불구하고 모로 지역의 안정과 질서회복은 이루어지지 않았다. 또한 자치지구의 설정이 이중구조사회(*Plural Society*)를 형성하고 있는 필리핀 사회에서 모로인들의 일체감을 제고하지도 못했다. 민다나오와 술루 군도 지역은 각급 정부조직과 정부군이 한편을 이루어 다양한 모로 무장 투쟁세력들이 또 다른 한편을 만들어 갈등하고 투쟁하는 혼란과 무질서 속에 빠져들게 되었다. 그러나 1986년 2월 필리핀 국민들의 열화와 같은 민주화 요구로 마르코스 권위주의 체제가 붕괴되고 아끼노(Corazon Aquino) 정권이 수립되면서 민주적인 정치체제 하에서 모로 문제 해결에 새로운 전기가 마련되었다.

아끼노 대통령은 국민 화해정책의 일환으로 1986년 9월 미주아리의 고향인 홀로(Jolo)를 방문하고, MNLF를 대표하는 미주아리를 만나서 정부와 MNLF 간의 협상을 재개한다는데 합의하였다. 이 협상에 MILF와 MNLF-개혁그룹은 초청되지 않았다. 아끼노 대통령은 분리독립운동의 주류를 형성하고 있는 MNLF를 협상 파트너로 삼고 모로 문제 해결을 시도하려 한 것이었다. 이 협상에서 평화유지에는 합의했으나, 모로 지역의 자치지구 범위를 둘러싸고 양측은 현격한 의견 차이로 합의에 이르지 못하였다. 정부는 마르코스 당시의 제9지역과 제12지역의 10개 주에서의 자치지구 실시를 주장하였고, MNLF는 트리폴리 협약에 명시된 13개 주의 자치지구 실시를 주장하였던 것이다.

1989년 8월 1일에 법률 제6734호로 무슬림민다나오자치지역기본법(*Organic Act for the Autonomous Region in Moslem Mindanao*)을 공표하고, 이를 근거로 하여 자치지역을 설치코자 하였다. 이에 따라 1989년 11월 19일에 13개 주에서 자치지역 설정에 대한 찬반(贊反)을 묻는 주민투표가 실시되었는데, 민다나오의 총22개 주에서 오직 4개 주만이 자치지역을 설정하는데 찬성하였다. 자치지역 귀속을 지지한 4개의 주는 남 라나오 · 마귄다나오 · 술루 · 따위- 따위 등이었다. 이들 4개 주는 자치지역을 반대하는 훨씬 많은 주에 의하여 따돌림을 당하게 되어, 예상치 못했던 심각한 새로운 문제에 봉착하게 되었다. 마닐라 중앙정부에서는 주민투표 결과를 놓고 대부분의 지역 주민들이 만족할만한 결과가 나왔다며 대내외적 홍보에 열을 올렸다.

자치지역에 관한 법률은 자치지역 정부에 이렇다 할 실권(實權)을 이양하고 있지 않았다. 부분적으로 이양된 권한에도 국가정책과 중앙정부의 시책에 합당해야 한다는 단서 조항을 달고 있어서 실질적인 자치는 근본적으로 제한하였다. 자치 지역이 재정권을 갖지 못하고 대부분의 징세권이 중앙정부에 있고(자치지역에 관한 법률 제10조), 대부분의 주요 공무원도 중앙정부에 의해서 임명되고 경찰권도 보유하지 못하고 있다(제14조). 주요 자연자원 또한 자치지역이 아닌 중앙정부에 속하도록(제11조) 되어 있었다.

실질적인 권한이 이양되지 않았기 때문에 자치지역법은 관료주의적 비효율성과 부당한 정치관행을 조장할 가능성을 내포하고 있었다. 행정단위 간의 책임 소재도 명확하지 않았고 자치지역을 구성하는 최소단위

지자체 정부가 차상위의 자치지역 정부를 우회하여 중앙정부와 직접적인 교섭에 나서게 하였다. 구성 지자체가 행사하고 있는 기존 권한에 대해서는 자치지역 정부가 간섭할 수 없고, 자치지역 정부가 부여 받은 권한마저도 가능하면 향후 기초 지자체에 이양하라고 자치지역에 관한 법률 제13조 3항은 권고하고 있다. 그러므로 자치지역 정부는 일반 자치주와 별로 다른 것이 없는 극히 제한적인 자치권만을 위임받게 된 것이었다. 이 같은 중앙정부의 조치와 함께 아끼노 대통령은 민주화 정책의 일환으로 모로 분리독립 운동세력에 대한 무력진압을 중지시켰다. 이에 따라 무력충돌이 크게 감소되었고, 급진적인 분리독립투쟁 세력도 그 위세가 크게 약화되는 추세를 보였다.

1996년 9월 2일 마닐라정부와 MNLF는 1972년부터 지난 24년 동안 치열하게 전개되어 왔던 내전상태를 종결하는 평화협정에 조인하였다. 민다나오와 술루군도를 중심으로 하는 남부 필리핀의 이슬람지역에서 MNLF는 지난 20여 년 간 기독교 정부의 억압통치에 저항하여 무장독립운동을 전개해 나왔다. 그 와중에서 '피의 보복'이 반복되면서 최소한 12만 명 이상의 사상자가 발생하였고, 남부 필리핀 지역은 황폐화되었다.

1995년 12월 1일 자카르타에서 마닐라정부 대표 얀(Manuel Yan)과 MNLF의 미주아리 간에 제3차 협상에서 양측은 평화협정을 성사시킬 수 있는 중대한 합의를 이룩하였다. 이 협상에서 양측은 민다나오 지역에서 자치정부 · 이슬람 법원 · 이슬람식 학교교육 등을 허용하고, 이 지역에 대한 적극적인 중앙정부의 예산지원에 합의하였다. 그러나 완전한 평화협정을 이루기 위해서는 자치지역의 범위를 정하는 가장 큰 난제가 남아 있었다. 미주아리의 MNLF는 당연하게 모로 자치지역을 1976년의 트리폴리 협약에 따라 민다나오를 비롯한 13개주 전 지역의 완전한 자치를 요구했으며, 정부 측은 무슬림민다나오자치지역에 포함된 4개 주 이외에는 헌법에 규정된 주민투표를 거치지 않고서는 새로운 자치지역으로 포함시킬 수 없다는 입장을 견지하였다.

이 협상과 관련하여 필리핀 정부가 해결하지 못한 또 다른 중대한 문제가 있었는데, 그것은 MNLF가 가장 영향력 있는 세력임이 분명하지만 필리핀 남부지역의 모든 무슬림 무장세력들을 대표하고 있지 못하다는 점이었다. 일반적으로 1984년에 MNLF로부터 이탈한 강경 무장세력인 MILF를 소규모 조직으로 간주해 왔으나, MNLF보다 오히려 강력한 세력기반을 갖추고 잘 무장된 세력으로 성장해 있다는 것이다. 종족 기반에서도 MNLF는 약 120만 명의 따우숙족에 기반하고 있으나, MILF는 그보다 많은 약 160만 명에 달하는 마귄다나오(Maguindanao)족을 기반으로 하고 있다. 또한 MNLF는 주로 술루군도에서 지원을 받고 있으나, MILF의 지원원(支援源)은 민다나오 전체에 광범위하게 흩어져 있었다. MNLF는 모로인들의 자치회복이라는 세속화된 목표를 추구하나, MILF는 이슬람 국가건설이라는 보다 근원적인 목표를 지향하고 있어서 이들을 지지하고 지원하는 세력들이 대체로 명확하게 구분되고 있다는 것이다.

4. 평화협정의 내용과 정착과정

1994년 12월에 양측의 휴전협정이 깨지기 시작하였다. 1995년 4월 4일에 남(南)잠보앙가(Zamboanga del sur)주(州)의 이필(Ipil)시(市)에서 지난 70년대부터 시작된 무슬림들의 무장투쟁 중 최악의 테러가 발생하였다. 주로 기독교도들이 거주하고 있는 이필시에 중무장한 200여 명의 이슬람 무장세력이 기습하여 경찰서와 군사령부를 공격하고 은행을 약탈하였으며, 상업지역에 방화한 사건이 일어났다. 이 공격으로 52명이 사망하였으며, 수많은 부상자가 발생하였다. 더구나 납치된 주민 30여 명은 처형당한 채 발견되었다.

기독교도가 다수를 차지하고 있는 일부 민다나오 지역을 현지 주민들의 의사를 묻는 주민투표를 거치지 않고 무슬림민다나오자치지역(ARMM:

Autonomous Regions of Moslem Mindanao)에 편입시킨다는 것은 헌법 규정에 어긋날 뿐 아니라 전국적으로 가톨릭교도들이 주도하고 있는 마닐라 정부에 대한 광범위한 저항운동을 야기시킬 것이 분명하다는 사실이었다. MNLF의 미주아리로서도 이미 자치(自治)가 시행되고 있는 ARMM만을 수용하는 것으로 중앙정부와 평화협정을 체결한다면 MNLF의 지도부를 비롯한 모로무슬림 주민들을 설득할 명분이 부족하였다. 또 다른 장애는 MNLF 휘하의 무장세력을 정부군에 편입시키는 사안이었다. 미주아리는 약 24,000명에 달하는 무장세력 중 최소 1만 명을 정부군에 편입시켜줄 것을 요구했으나, 정부는 단지 3,000명 정도만 수용하기를 원했던 것이다. 따라서 양측의 평화협상은 마지막 과정에서 교착상태에 빠지게 되었다.

1996년 5월 말 민다나오의 다바오(Davao)시에서 라모스가 파견한 또레스(Ruben Torres)와 미주아리 간의 평화협상에서 정부가 중대한 타협안을 제시함으로써 극적인 돌파구를 찾았다. 이에 따라 1996년 3월 24년간의 내전을 끝내고 남부 필리핀 지역에 새로운 평화체제를 도입한다는 완전한 합의에 이르게 되었다. 1996년 9월 2일 조인된 평화협정의 주요 내용은 1976년 트리폴리 협약을 기초로 민다나오 지역을 비롯한 남부 필리핀의 13개 주에 '평화와 번영을 위한 특구(特區)'를 설정하고, 이를 관장하기 위한 특별위원회를 대통령 직속의 상설기구로 설치한다는 것이었다. '평화와 번영을 위한 남부 필리핀 특별위원회(SPCPO)'라는 명칭이 부여된 이 위원회는 5인 위원으로 구성되며, 미주아리가 의장직을 맡기로 하였다. SPCPO는 법률 제청권은 없으나 남부 필리핀 지역의 평화와 번영을 위한 보다 많은 중앙정부 예산을 충당하는 역할을 수행하게 되었다. SPCPD는 81명으로 구성되는 실무위원회의 자문을 받게 되는데, 이 중 44명을 MNLF가 추천하기로 하였다. MNLF 휘하 무장세력 중 3,000명은 정부군에 편입시키고, 국립경찰(PNP)이 2,000명을 수용하기로 하였다.

라모스 대통령 정부는 남부 필리핀 지역에 대해서 미주아리가 주도하는 자치지역과 해당 지역의 발전과 번영을 위한 기반을 제공해 주는 댓가로 내전을 종식시키고 정치적 안정을 확보하는 차선책을 택했던 것이다. ARMM 자치주지사 선거에서 미주아리가 당선됨으로서 MNLF는 완전하게 필리핀의 제도정치권 내의 특별한 지위를 확보하게 되었다. 이로서 남부 필리핀 지역은 24년 간의 내전 상황을 끝내게 되었다. 가톨릭교도들의 저항을 극복한 라모스 대통령의 강력한 의지와 미주아리의 현실적인 선택이 가장 중요한 성공 요인으로 작용하였다. 20여 년 간 MNLF의 무장 분리독립을 후원해 온 리비아와 이웃 아세안의 맹주국인 인도네시아의 중재가 주효했으며, 이슬람국제기구도 평화협정에 중요한 한 몫을 하였다.

평화협정의 체결과 미주아리가 주도하는 ARMM에 대한 자치권이 어느 정도 현시화함으로써 남부 필리핀 지역은 새로운 발전과 번영에 대한 기대가 고조되고 있다. 그러나 아직도 문제는 남아있다. 완전한 이슬람 독립국가 수립을 목표로 해 온 MILF가 1996년 9월 필리핀 정부와 MNLF 사이에 체결된 평화협정을 인정하지 않고 있기 때문이다. 하심 살라멧(Hashim Salamet)이 이끄는 NILF의 무장투쟁세력은 술루군도와 민다나오섬 남서부를 근거로 하여 소수정에 부대로 언제라도 과격한 테러활동에 나설 준비를 갖추고 있다. 그러나 MILF도 1997년 1월 필리핀 정부와 실무자 회담을 시작하여 1997년 말에는 실질적인 휴전이 성립되었다. 이와중에서도 이슬람전투위원회(ICC: *Islamic Command Council*)나 아부사야프 그룹(ASG)과 같은 강경한 근본주의이슬람 무장단체들이 인질극이나 납치사건 같은 테러를 자행하고 있어서 중국계 기업인들과 외국투자가들을 불안하게 하고 있다. 그러나 이들 급진 무장세력들은 미주아리가 제시한 모로 무슬림지역의 발전과 번영에 대한 청사진 이상의 비전을 제시해야 하는 부담을 안고 있어서 이들에 의한 소요는 현저하게 낮아질 것이 분명하다.

ARMM 지사 선출에 있어서 중앙정부와 이견이 상존하고 있으며, MILF 측이 이슬람독립국가의 수립을 목표로 무장투쟁을 재개할 가능성도 있다. 그러나 필리핀 중앙정부는 모로 이슬람 문제에 대하여 강온정책을 적절하게 구사하는 한편, 무슬림들의 문화유산을 인정하고 무슬림과 기독교간의 화합을 위한 법률을 제정하는 등 모로 이슬람지역의 평화와 국가통합을 유지하려는 노력을 계속하고 있다.

역사를 통하여 이슬람은 필리핀에서도 찬란한 문화의 꽃을 피웠다. 스페인이 주축이 된 서구 열강의 식민통치는 이 지역의 무슬림들에게 새로운 이데올로기를 주입하여 생활환경의 근본적인 변화를 시도하였다. 이로 인해서 오늘날까지 종료되지 않은 이슬람과 가톨릭 문화권 간의 충돌이 필리핀 남부의 모로지역에서 전개되고 있는 것이다. 모로인으로 통칭되는 이들 필리핀 무슬림들이 정치적 · 경제적 실리를 위하여 이슬람을 세속적인 종교의 같은 반열(班列)에 올려놓을 것인가, 아니면 정교일치와 신법통치국가로 향한 이슬람국가를 지향할 것인가 하는 필연적인 선택의 기로에서 전자 쪽으로 기울고 있음이 분명해 보인다.

제13장

싱가포르의 이슬람

I. 이슬람 전래와 개혁주의 운동

동남아에서 불교가 지배하는 태국과 가톨릭이 지배하는 필리핀 같은 나라에서도 이슬람을 신봉하는 상당히 큰 집단이 존재한다. 그러나 동남아에서 태국이나 필리핀과는 달리 이슬람의 지배 하에 있는 국가는 인도네시아·말레이시아·브루나이 등 이슬람 3개국과 싱가포르가 포함된다. 그런데 이들 네 나라는 모두 같은 이슬람 문화권으로서 오랫동안 하나의 통일체를 형성하였기 때문에 지리적으로나 언어와 문화적으로 서로 밀접하게 연결되어 있다.

지리적으로 이들 네 나라는 각기 영토의 일부가 서로 맞닿아 있거나 한 나라에서 상대방 나라를 육안으로 바라볼 수 있는 거리에 있다. 싱가포르를 중심으로 보면, 싱가포르와 말레이 반도는 좁은 해협을 사이에 두고 근접해 있으며, 인도네시아의 수마트라도 육안(肉眼)으로 보일만큼 가까운 거리에 있다. 문화적 배경도 지리적 거리만큼이나 가깝다. 예를 들면, 말레이 반도의 느그리 슴빌란(Negeri Sembilan)주(州)는 인도네시아 수마트라 출신인 미낭까바우(Minangkabau)족 이주민이 지배하고 있고, 인도네시아 술라웨시의 부기스(Bugis)족 이주민이 말레이 반도의 여러 주에서 지도층을 형성하고 있다. 중국인들이 절대 우위를 차지하고 있는 싱가포르에서 이른바 말레이인들(*Malays*)이라고 불리는 가장 많은 숫자의 소수 종족은 쟈바와 수마트라 출신의 이주민들이다.

인도네시아에서 '해안(海岸)의 말레이인들'(*coastal Malays*)이라 불리는 사람들이 말레이반도와 인도네시아 군도에 산재되어 있는 크고 작은 항구와 말라카 해협과 쟈바해(*Sea of Jawa*)의 전역에 걸쳐서 그물망처럼 존재하고 있었다. 이들이 토착 말레이인들이었는데, 인도네시아 · 싱가포르 · 말레이시아 · 브루나이 등 네 나라를 중심으로 넓게 분포되어 다양한 통로를 거쳐 지속적인 교류가 있어 왔다. 함까(Hamka) 같은 유명한 작가의 작품이 이 지역에서 출판되어 네 나라 사람들 모두에게 애독되고 있다는 사실이 이를 증명하고 있다.

이들 네 나라는 일찍부터 서로 소통이 잘 되는 공통어를 사용해 왔다. 믈라유어(bahasa Melayu)라 칭하는 이 언어는 동남아가 해상 실크로드(*the Silk Voyage*)의 중추 역할을 하고 있을 때부터 국제어(國際語)로 쓰이고 있었다. 이 공통 언어는 이들 네 나라가 문화적 공감대(共感帶)를 형성하는데 결정적인 역할을 하였다. 종교 면에서도 정령신앙과 힌두교와 불교를 혼합한 형태와 농경 사회적 배경을 공유한 결과 이 지역의 무슬림들은 생활문화면에서도 대체로 비슷한 정서적 성향을 가지게 되었다.

그러나 네 나라는 종족 구성면에서는 큰 차이가 있다. 말레이 반도의 경우 말레이계 무슬림들이 인구의 거의 절반을 차지하고, 아랍 · 인도 · 파키스탄계가 약 10퍼센트를 차지하고 있다. 이 나라는 중국계 비(非)무슬림 비율이 전체 인구의 약 30퍼센트를 점하고 있다. 인도네시아는 외형상 무슬림들이 절대 다수 집단을 차지하고 있는 세계 최대의 이슬람국가로 2억 3,000만 인구(2006년)의 88퍼센트가 스스로를 무슬림으로 분류하고 있는 나라이다. 오늘날까지 이슬람 술탄왕조 체제를 확고하게 유지하고 있는 브루나이는 세계 최고(最古)의 이슬람왕국이며, 중국계가 절대 다수를 차지하고 있는 도시국가 싱가포르도 전체 인구의 최대 10퍼센트에 육박하는 약 40만 명 가량이 무슬림이거나 이슬람적 성향을 가지고 있다고 믿어진다.

각 나라에서 이들 종족 집단의 구성으로부터 경제와 종족성(*ethnicity*) 간의 관계에서 뚜렷한 차이가 나타난다. 말레이시아의 경우, 중국인이 경제를 지배하는 반면 말레이인들은 정치를 지배한다. 싱가포르의 경우, 중국인이 경제와 정치 양쪽 모두를 지배하는 반면, 말레이인들은 대체로 낮은 사회적 지위에 머무르고 있다. 한편 소수의 아랍이나 파키스탄 또는 인도 출신 무슬림들은 전문 직종을 독점하여 거대한 부(富)를 형성하고 있다. 인도네시아에서는 중국계 소수민족들이 전통적으로 상업 유통망을 장악하여 국가경제를 지배하고 있고, 자바족을 중심으로 한 인도네시아인들이 정치를 지배하고 있다. 이곳의 경건(敬虔)한 무슬림들은 말레이시아나 또는 싱가포르의 경우보다 훨씬 더 많이 무역업이나 상업 같은 비즈니스에 참여하고 있다.

마지막으로, 네 나라에서 이슬람 그 자체는 종족성과 서로 다르게 관련을 맺고 있다. 말레이시아 사회에서 '말레이인다움'은 인도네시아의 경우와는 달리 무슬림이 되는 것을 의미한다. 즉, '말레이인이 되는 것'(masuk Melayu)은 '무슬림이 되는 것'(masuk Islam)을 말한다. 이러한 관점은 싱가포르에서도 동일하게 적용된다. 그러나 인도네시아에서는 말레이 종족이 포함되며 통상 방사(bangsa)로 불리는 토착(土着) 인도네시아인들은 무슬림은 물론이거니와 기독교도·불교도·힌두교도도 있다. 인도네시아에서는 '인도네시아적인 것'은 반드시 '무슬림적인 것'이 아니다. 그러므로 국가는 이슬람 군주인 술탄(Sultan)이 국가의 정치적 수반이며 동시에 신앙을 강화하기 위해서 종교적 관료제를 유지하고 있는 말레이시아의 경우처럼 이슬람적 성향이 강하지 않다. 그러나 싱가포르의 무슬림 소수집단은 다양한 신앙을 포용하는 다원주의적 도시국가 내에서 무슬림들의 이익에 봉사하기 위해서 작은 이슬람 법원과 무슬림권익위원회에 만족해야만 한다.

역사적으로 볼 때, 동남아에 이슬람 신앙이 내도한 것은 일찍이 11세기로 거슬러 올라간다. 그 후 이슬람 신앙은 동남아에서 15세기부터 17세기까지 3세기를 걸쳐 폭넓게 확산되었다. 당시의 이슬람은 순수한 것이 아니었고, 보다 혼합적인 것이었다. 아다트(adat)라 칭하는 전통적인 토착신앙적 관습(慣習)과 신비주의적인 주술적 관행(慣行) 그리고 이슬람 이전의 힌두·불교와 정령(精靈) 신앙적 요소가 혼합되어 있었다.

그러나 동남아 이슬람의 정화(淨化)를 향한 가장 결정적인 계기가 된 것은 19세기 말에 기선(汽船)이 도입되어 많은 인도네시아인과 말레이인들이 성지순례와 유학을 위하여 메카(*Mecca*)로 여행을 하게 된 것이었다. 당시 유학생들 중 일부 독실하며 경건한 사람들이 이집트 카이로에 있는 알 아즈하르(Al Azhar)대학의 무함마드 압두(Muhammad Abduh)로부터 나온 개혁주의의 영향 아래 들어가게 되었다. 그로부터 이 개혁주의 운동은 말레이시아와 인도네시아에서 '젊은이들'이라는 뜻인 까움 무다(Kaum Muda)라는 이름으로 기존 이슬람 사회에 새로운 정화운동의 깃발을 꽂게 되었다. 이 운동은 20세기 초에 싱가포르에서 꽃을 피웠고 인도네시아에서 폭넓게 확산되었으나, 말레이 반도의 이슬람 군주들로부터는 거센 저항을 받기도 하였다.

까움 무다가 주창한 교의(敎義)는 본질적으로 두 가지였다. 하나는 이즈티하드(idjtihad)였고, 또 다른 하나는 이슬람과 무슬림 사회의 정화(淨化)였다. 이즈티하드는 개인이 이슬람 경전(經典) 꾸란과 이에 버금가는 하디스를 합리적으로 해석하는 것이었다. 이는 이제까지 전통적으로 이슬람 종교교사의 가르침에 전적으로 의존하는 방법과는 명백한 차이가 있었다. 이로써 개혁주의자들은 가르치는 사람들에 대한 제자들의 맹목적인 순종(順從)을 경멸하였다. 개혁주의자들은 이슬람 종교교사들이 알라(Allah)의 원초적이면서도 순수한 말씀을 대변하는 것이 아니고 중세 이슬람 시대의 꾸란 학자들이 다듬은 특정 이슬람학파의 견해를 대변한다고 보았다. 이들은 동남아 무슬림들의 '혼합적인 이슬람'에 스며 들어와 있는 비이슬람적 요소인 신비주의 · 주술신앙 · 정령신앙 · 힌두 · 불교적 요소 등은 거룩한 꾸란에 담겨있지 않은 것으로 반드시 정화되어야 한다고 보았다. 이들은 원리주의라는 정화과정을 통하여 원초적이고 순수하면서도 진정한 이슬람을 재발견하고자 하였다.

이슬람 개혁주의운동은 싱가포르와 말레이 반도와 인도네시아에서 서로 다른 형태로 발전하였는데, 인도네시아에서만 이 정화운동이 하나의 주요한 사회적 세력을 형성하였던 것이다. 20세기 초 다양한 정화운동이 나타난 인도네시아에서 까움 무다는 서부 자바에 집중된 빠르시스(Persis)와 같은 커다란 몇몇 지역적 조직과 무함마디야(Muhammadiyah) 같은 단일한 전국 조직으로 구체화되었다. 전국에 수백 개의 지부를 가진 무함마디야는 동남아는 물론이고 전 세계적으로도 가장 강력한 이슬람 개혁운동의 산물로 볼 수 있을 것이다. '선지자(先知者) 무함마드의 길'이라는 의미를 가진 무함마디야는 본질적으로 순수한 이슬람을 가르치는 선교운동으로서 사회적으로나 교육적으로도 인상적인 공헌을 하였다.

그러나 싱가포르에는 인도네시아의 무함마디야와 같은 조직이 존재하지 않았다. 무함마디야의 한 지부가 있었지만, 200여 명의 회원이 있었을 뿐이며 개혁주의를 표방하는 어떤 결속된 집단이나 기구도 없었다. 그러나 20세기가 시작될 무렵 항구 도시 싱가포르는 한때 동남아 이슬람 개혁주의의 중심지로서 이슬람 교사와 학생들이 집결하는 장소였고 수많은 결사조직의 본산이었다. 그 때로부터 시간이 많이 흐른 오늘날에도 싱가포르에는 개혁주의가 여전히 존재하고 있지만, 그것은 조직이 없는 일종의 이데올로기로서만 존재하고 있다. 따라서 싱가포르의 이슬람 개혁주의는 몇몇 헌신적 종교교사들에 의해서 제창된 생동적이었던 이슬람부흥운동과 막연하게 연관되어 있을 뿐이다.

말레이시아에서 까움 무다는 인도네시아와 싱가포르에서의 경우와 달리 사회적으로 거의 영향력을 갖지 않았다. 이슬람 군주들의 전통적 관료제와 농촌 지역의 엄격한 이슬람 종교교사들에 의해서 강력한 저항을 받았고, 일부 이슬람 공동체에서는 이로 인한 갈등이 유발되기도 하였다.

개혁주의적 이념은 간혹 세력 확장을 위한 시도로 이용되기도 하였으나, 오늘날 이 같은 이념은 공식적으로 까움 무다라는 이름을 갖는 어떤 조직과도 분리되어 있다.

II. 이슬람과 기존 종교의 갈등과 조화

1982년 싱가포르 정부는 동양과 서양의 서로 다른 가치관(價値觀)을 조화롭게 균형을 잡거나 아니면 상호 간에 부조화(不調和)한 부분을 결합하려는 노력을 전개하였다. 이에 따라 새로운 도덕교육 프로그램의 한 부분으로 중등학교 학생들에게 '종교지식'(*religious knowledge*)이라는 필수 코스를 개설하고, 선택과목의 하나로 '유교윤리'를 도입하는 계획을 발표하였다. 수강 학생의 숫자가 많은 순서에 따라 불교강좌 · 기독교 성서지식 · 유교윤리 · 힌두교 지식 · 이슬람 종교지식 · 시이크(Sikh)교 지식 등 여섯 과목이 개설되었다. 모든 중등학교 3학년과 4학년생은 이들 중 하나를 시험과목으로 선택하여야 했다. 유교윤리 과목의 도입은 당시 수상이었던 리콴유(李光耀)의 확고한 지원 아래 추진되었다. 이에 따라 유교윤리는 감수성이 예민한 중등학교 교과목으로서만이 아니라 싱가포르 중국인 집단에 대한 도덕체계로서 강조되어야만 한다는데 처음부터 중국인들의 폭넓은 인식이 모아졌다. 실제로 각종 언론 매체와 중국인 공동체는 유교를 싱가포르 사회의 도덕적이며 문화적인 기초로 확립해야 한다고 강조하도록 동원되었다.

그러나 새로운 종교 학과목 도입은 정치적 쟁점이 되었다. 특히 '유교윤리'의 도입과 이와 관련하여 전개된 사회운동은 특히 이슬람을 신봉하는 말레이계 국민들로부터 당시의 권위주의적 체제를 정당화하기 위한 '정치적 사회화'와 유교 이데올로기적 세뇌를 추구하는 중국계가 주도하고 있는 인민행동당(PAP) 정부의 음모라는 비판을 받았다. 이로 인해서 당시 싱가포르의 말레이인들 중 상당수는 말레이계 국민과 중국계 국민 사이에 갈등은 거의 존재하지는 않지만, 언젠가는 큰 쟁점으로 부각될 가능성이 있다고 전망하였다. 이들은 또한 중국인 주도의 이른바 '유교운동'에 대하여 "유교윤리는 단순히 중국인의 것이 아니냐"는 매우 냉소적인 태도를 견지했었다.

싱가포르 정부가 종교교육을 도입한 1982년은 '유교의 해'였다. 유교는 오래전부터 온정주의 · 공동체주의 · 실용주의 · 세속주의 등과 같은 싱가포르의 지배적인 정치문화와 양립(兩立)해 왔음이 분명하다. 그로부터 유교운동은 국가건설 과정에서 흔하게 존재했던 다양한 사회공학적 정책의 경우처럼 '위에서부터 아래로' 추진되었다. 1983년 싱가포르에 동아시아철학연구소(IAEPO)가 설립되어 이를 뒷받침하였다. 당시 이 연구소가 초청한 유교학자 중 중국 태생의 하바드대학의 중국철학 교수인 투웨이밍(Tu Wei-Ming)은 싱가포르 정부가 임명한 유교윤리위원회 의장으로서 유교윤리를 중국 · 한국 · 일본 · 베트남 등 동아시아 국가에서 하나의 보편적인 도덕적 규범으로 해석하려는 시도를 하였다. 투웨이밍은 사회적 유대에 대한 전통적인 호소력을 지니는 유교윤리가 싱가포르의 중국계 국민들만이 아니라 말레이인들과 인도인들에게도 똑같이 적절한 것이라고 주장하였다. 그는 유교도 기독교처럼 민족적 경계를 초월하여 무슬림들을 위시한 모든 형태의 종교인들에 의해서 받아들여질 수 있을 것으로 보았다.

투웨이밍 교수의 관점은 이론적으로는 의심할 여지가 없었다. 그러나 그의 이론은 말레이계를 비롯한 비(非)중국계 싱가포르 국민들에게는 전혀 먹혀들지 않았다. 그 이유는 중국인이든 비중국인이든 간에 일반 대중의 인식 속에서 '유교'와 '중국인다움'을 분리하는 것은 불가능하였기 때문이었다. 그래서 결국 싱가포르에서 유교운동은 '민족 쟁점'과 맞부딪치게 되었다. 마침내 종교교육이 도입된 지 7년 만에, 그리고 유교윤리 과목이 채택된 지 5년이 경과한 1989년경에 유교운동은 거의 백지화 단계에 도달하게 되었다. 그리고 싱가포르의 종교부흥에 대하여 연구하여 1988년에 제출된 한 보고서가 종교지식 과목(특히 유교윤리)의 도입이 초래한 종교 간(특히 유교와 이슬람교), 민족 간(특히 중국인과 말레이인) 긴장의 확산에 대하여 경고함으로써, 마침내 1990년부터 종교 교과목은 중등학교의 필수과목에서 선택과목으로 바뀌게 되었다.

이처럼 국부(國父)인 리콴유가 심혈을 기울여 주창한 유교부흥운동은 '민족 쟁점'이라는 예상 밖의 장애물을 만나서 실패로 일단락되었다. 고척동(吳作棟) 전임 수상도 이를 솔직하게 인정하고 "종족 간 혹은 종교 간 조화를 당연시하지 말라"고 경고하였다. 고척동의 간결하고 명확한 경고는 싱가포르에서 예민한 종족과 종교문제에 대한 지도층 인사들의 비교적 정확한 인식을 대변한 것으로 볼 수 있다. 특히 고척동은 리콴유 초대 수상이나 리시엔룽(李顯龍) 현임 수상에 비해서 이슬람교도인 말레이계 국민들을 보다 심도 있게 의식하고 있음을 간파할 수 있다.

III. 싱가포르 이슬람 현황과 정부의 대무슬림정책

1. 무슬림의 분포

싱가포르의 이슬람교도는 전체 인구의 10퍼센트 수준인 약 40만 명으로 추산되고 있다. 1990년의 인구센서스는 당시의 인구 225만 명 중 15.4퍼센트가 무슬림이라고 밝혔다. 비교적 상세한 1990년 센서스의 결과에 의하면, 싱가포르의 이슬람교도 중 86퍼센트가 말레이계 국민이며, 나머지 14퍼센트가 일부 파키스탄인들이 포함된 인도인과 소수의 중국인과 그리고 아랍계가 주류를 이루고 있는 기타 종족들이라고 했다.

이슬람교도들 중 최대 집단인 이른바 말레이계는 인도네시아의 다양한 지역출신의 이민자들로 구성되어 있다. 이들은 자바의 여러 지역으로부터 온 이민자들이 가장 많고, 그 다음은 자바 인근의 작은 섬인 바위안(Bawean)으로부터 온 이민자들이 대종을 이루고 있다. '순수(純粹)한' 말레이인들은 말레이반도 출신으로 통상적으로 그들의 전통적 의상에서 여타 지역의 이민자들과 구별된다. 그러나 인도네시아 출신의 말레이인들이나 말레이 반도 출신의 말레이인들 모두는 말레이문화권의 특성을 공유하고 있다. 그들의 상대적으로 낮은 경제적 지위는 아랍인 · 인도인 · 파키스타인 등 서역(西域)으로부터 이주해 온 무슬림 형제들과는 대조를 이룬다.

하드라마우트(Hadramaut) · 예멘 · 메카 같은 아라비아반도의 남부로부터 이민 온 싱가포르의 아랍인들은 오늘날 7대 혹은 8대째 가문(家門)을 이어 나오고 있다. 말레이계나 다양한 인도네시아 출신 여성들과의 결혼으로 인하여 이들 아랍인들은 현지 원주민들의 기질과 유전자를 흡수하고 있지만, 강한 '아랍적 정체성'(*Arab identity*)을 유지하고 있다. 부분적으로 이것은 타종족 간 결혼이 전통적으로 아랍인 남성과 토착민 여성 간에 이루어지면 그 결과 그 가족의 이름과 칭호가 아버지로부터 아들로 전승됨으로써 가능하였다. 예언자의 후손이란 뜻의 사예드(Sayed) 같은 칭호가 한 예가 된다. 세이파(Sheifa)라 불리는 아랍 여성들도 예언자의 후손이 아닌 사람과는 이상적으로 결혼할 수 없었다.

이처럼 부계주의(父系主義)에 기초하여 아랍인들은 말레이인들이나 인도네시아인들과 혼인 양상이 확연하게 달랐다. 이로부터 아랍계 싱가포르인들은 싱가포르에서 경제면에서나 사회면에서 또는 무슬림공동체에서 공히 거대하고 강력한 가문을 자랑하게 되었다. 오늘날 이들 아랍계 싱가포르인들은 이슬람사원과 고아원 등 사회복지 시설에 대해서 많은 기부금을 내고 있다.

1912년에 세워진 알사코프 마드라사(Alsagoff Madrasah)와 1927년에 세워진 알쥬니드 마드라사(Aljunied Madrasah)는 공히 개혁주의 이슬람 종교학교로서 오늘날에는 소녀들을 위한 학교로 변모하였다. 이 외에도 아랍인들은 싱가포르 무슬림 공동체의 연구와 예배를 위한 범말라야무슬림선교회(*All-Malaya Moslem Missionary Society*)를 창설하였는데, 이들이 무슬림 관련 제반 사항을 관장하는 싱가포르 정부 기구인 이슬람종교위원회(Majlis Ugama Islam)를 주도하는 세력들이다.

아랍계 싱가포르인들처럼 파키스탄이나 인도계 무슬림들도 경제면에서 기회균등의 원칙이 잘 지켜지고 있는 싱가포르에서 부유하고 능력 있는 사회지도자가 되는 경향이 뚜렷하다. 그러나 이들은 아랍인들의 경우와는 달리 거대한 가문을 형성하고 있지는 않다.

2. 싱가포르 정부의 이슬람 정책

싱가포르는 중국계 국민들이 절대 다수를 차지하는 다종족·다종교의 다문화를 바탕으로 하고 있는 나라이다. 이 도시국가에서 가장 문제가 되는 것 중의 하나는 이슬람교와 기독교의 갈등이다. 그 이유는 이 두 종교가 그 자체로서 특수한 구조적 특성과 아울러 다른 종교들과는 구별되는 배타적인 유일신적 신앙체계를 갖기 때문이다. 이로써 두 종교는 싱가포르의 중국적 상황 속에서 날카롭게 돌출되는 종교적 갈등 양상을 보이고 있다. 중국계 국민을 중심으로 경제적으로 번영하며 사회의 각계각층에서 중국계가 단연 돋보이는 상황은 비(非) 중국계 국민들에게는 상대적인 빈곤감을 느끼게 한다는 것이다.

1965년 독립 이래 종교적으로 세속국가임을 강조했던 싱가포르에서 1987년 5월 해방신학과 관련된 이른바 '막스주의자 음모'라 불린 사건이 발생하였다. 이를 계기로 싱가포르 의회는 1989년 12월 26일 '종교적 조화의 유지'(*Maintaence of Religious Harmony*)라는 제하의 백서를 내놓았다. 이후 '종교의 권위'와 '국가의 권위'를 분리하는 종교조화유지법안이 의회를 통과함으로써 '주요 종교 집단은 정치에 가담하지 말라'는 정부의 엄중하고 공식적인 이데올로기를 수용하지 않을 수 없었다. 이를 계기로 싱가포르에서 모든 종교집단은 비정치화되었다. 이로 인해서 싱가포르의 이슬람교도들도 처음에는 최고 지도자(Mufti)와 일부 지식인들의 대정부 비판이 있었지만, 종교조화유지법안이 통과된 뒤에는 소수집단으로서 이 같은 불만을 노출시키는 것이 사실상 어렵게 되었다.

정부정책에 따른 종교집단의 비정치화에도 불구하고 싱가포르의 근대 정치사는 말레이계 국민들의 종교인 이슬람을 제도 아래로 종속(從屬) 시키는데 유념해야 할 부분들이 남아 있다. 오랫동안 싱가포르를 지배했던 영국은 '종족 간의 갈등'을 부각시킴으로써 식민통치를 용이하게 이끌어 나갔다. 또한 과거 19세기 후반 영국 식민통치 하의 싱가포르에서 활성화되었던 노예무역이 주로 이곳의 부유한 아랍계 상인들을 통해서 이루어진 사실에도 유념할 필요가 있다. 이들 이슬람 엘리트들은 당시에 영국 식민당국과 무슬림 공동체 사이에서 중재자로서 역할을 하였다. 이에 더하여, 영국인들은 비말레이인들 앞에서는 말레이인들을 업신여겼으며 인도인들 앞에서는 중국인들을 비하(卑下)하였다.

이렇듯 영국 식민당국이 온갖 교묘한 수단을 정치적 목적으로 사용한 결과, 식민지 싱가포르에서 토착 말레이인들과 노동이민자들로 유입된 여러 종족 집단들은 식민정부의 분리통치정책에 쉽게 종속되었다. 이 같은 영국 식민정책의 결과가 낳은 종족 간의 분업체제를 1965년에 새롭게 독립한 싱가포르 정부는 그대로 이어 받았다. 이로부터 식민지 시대 동안에 생성된 '종족 간의 경계(境界)'는 오늘날까지도 여전히 지속되고 있다는 것이다.

1965년 싱가포르가 말레이시아연방으로부터 분리독립하기 직전인 1964년 7월과 9월에 말레이인 민족공동체주의자들의 폭동이 발발하였다. 이 종족 폭동사태와 관련하여, 말레이시아연방이 수립되었던 시점인 1963년에 싱가포르에서 말레이인 공동체는 다수 집단인 중국인들과 비해 낙후되고 무시되었으며 모든 면에서 상대적으로 조직적이지 못한 상태에 있었다. 말레이 반도와 병합되어 말레이시아연방이 탄생하기 이전에 싱가포르의 말레이 무슬림들은 단순하게 수적으로나 조직적으로나 약했기 때문에 자신들의 열등한 지위를 감내할 수 밖 없었다.

그러나 말레이시아연방이 수립되고 말레이 반도에 있는 그들의 말레이 무슬림형제들이 자신들을 지원할 것이라고 판단한 싱가포르의 말레이인들이 마침내 정치적으로나 경제적으로 마땅히 가져야 할 것이라고 여겨왔던 자신의 몫을 주장한 것이다. 이에 따라 싱가포르의 말레이인 공동체에 엄청난 재난을 가져온 폭동이 1964년에 두 차례에 걸쳐 발생하였다. 말레이인들의 경제적 불만이 주원인으로 작용하였던 폭동 결과 싱가포르의 집권 여당인 인민행동당(PAP)과 말레이시아연방정부의 관계가 대단히 악화되었다. 이로 인해서 말레이시아연방으로부터 싱가포르는 분리독립을 하지 않을 수 없었던 것이다.

1964년 사태로부터 교훈을 얻은 신생 싱가포르 정부는 이후 자연적으로 말레이인들의 감정에 대해서 매우 민감하게 반응하게 되었다. 리관유 초대 수상이 대표하는 PAP의 지도자들은 당시 말레이인 문제에 대해서 심각하게 우려하였다. 이들은 싱가포르가 아랍인들의 바다로 둘러싸인 이스라엘처럼 이슬람교를 신봉하는 '말레이인들의 바다'에 의해서 둘러싸여 있다는 사실을 명확하게 인지하였던 것이다. 만일 싱가포르 정부가 말레이인들에 대해서 차별대우를 한다면, 정부가 이들을 핍박(逼迫)하는 것으로 판단하여 주변에 있는 말레이계 종족주의적 정치인들에게 싱가포르를 공격하는 빌미를 제공할 지도 모른다는 것이었다. 실제로 당시 말레이 반도의 많은 말레이인 엘리트들은 싱가포르 독립 이후 중국인들이 실질적으로 지배한 싱가포르에서 소수종족으로 변모한 말레이계 싱가포르인들의 장래에 대한 심각한 우려를 표명하였다.

리관유 수상은 독립 직후부터 신생 싱가포르공화국의 헌법에 '다인종사회의 이상(理想)'을 강조함으로써 국내외 말레이인들의 우려를 다소나마 희석시킬 수 있었다. 리관유는 그 후에도 기회가 있을 때마다 싱가포르가 추구하는 다인종사회의 이상에 대한 정부의 약속을 끊임없이 반복하였다. 그러나 말레이인들은 여전히 중국인들이 주도하는 PAP정부를 의심하였다. 그들은 PAP가 말레이인들의 불만을 청취하는 민원조사관을 임명하라고 추천한 헌법위원회의 제안을 거부하고, 말레이계 국민들이 긴요하다고 판단한 몇 가지 기본권을 확실하게 보장하라는 요구를 거절한 것을 비판하였다. 또한 싱가포르에서 활동 중인 말레이시아 연방정부의 핵심정당인 말레이계의 통일말라야국민조직(UMNO)의 싱가포르 지부가 싱가포르가 아닌 말레이 반도에 충성을 바친다고 중국계 국민들로부터 비난을 받기도 하였다. 1967년 초 UMNO지부는 싱가포르 정부로부터 명칭을 바꾸든지 아니면 등록을 철회하라는 요구를 받게 되었다. PAP정부는 UMNO를 나쁘게 평가해서 싱가포르 말레이인들의 정서를 싱가포르 쪽으로 돌리려고 위와 같은 조처를 취했으나, 대부분의 말레이인들은 UMNO에 대한 공격을 말레이인 사회 전체에 대한 공격으로 받아들였다.

1966년 7월 급기야 중국인들과 말레이인들의 충돌을 야기하여 싱가포르 독립기념일에 혼란을 기도한 두 개의 말레이인 이슬람 극단주의 지하조직의 음모가 싱가포르 정부에 의해서 적발되었다. 이 음모의 주동자들은 사회경제적으로 하층 계급의 일원이었는데, 한 주동자는 선원노조의 총무이며 한때 UMNO 지부의 조직책이었던 사람이었고 다른 한 주동자는 기계 수리공으로서 이슬람 종교교사였다. 이들은 모두 정통이슬람 주의자 조직의 일원이었으나 수적으로 큰 문제를 야기할 능력이 없었다고 볼 수 있으나, 규모가 작은 도시국가 싱가포르에서 작은 불똥이 심각한 '종족 간의 충돌'을 야기할 가능성도 있다는 사실을 확인해 준 셈이었다. 이로 인해서 싱가포르에서 이슬람 종교와 관련된 문제는 매우 민감한 사안으로서 그것이 지닌 정치적 폭발력 때문에 정부 당국도 매우 신중한 자세를 보이고 있다.

3. 싱가포르 이슬람의 정치적 · 사회적 역할

이슬람을 필두로 하여 싱가포르의 모든 종교는 국제사회의 어떤 국가의 경우보다 한층 더 '보수적'이다. 종교가 그것의 표현이 사회적인 것이 아니라, 반대로 개인적 신앙의 문제 혹은 개인적인 영역의 것 즉, '사사화(私事化)'의 경향이 지배하는 싱가포르에서 종교는 최소한 표면적으로는 사회적 · 정치적 역할을 가지지 않는다. 이 점에서 이슬람교도 예외가 아니다. 그래서 싱가포르의 이슬람교는 외견상으로는 정교일치와 신법통치국가를 지향하는 이슬람의 고유한 종교적 목표와는 달리 단순히 개인적 신앙이나 양심의 문제로 인식될 뿐 사회적 · 정치적 역할을 수행하지 않는다.

이처럼 비정치화되고 보수적이며 개인의 영역화된 싱가포르의 이슬람은 그럼에도 불구하고 실제적으로는 다종족사회에서 명확한 역할을 하는 주요 문화적 구성요소임에 틀림없다. 이슬람이 싱가포르의 근대 정치사에 풍미했듯이 계속적으로 현대 싱가포르의 중요한 문화적 구성요소로서 사회의 변화에 중요한 역할을 할 것이 분명하다. 왜냐하면 싱가포르에서 종교는 그것을 믿는 사람의 '영적(靈的) 상태' 보다는 어떤 의미에서는 그 사람의 '문화적 소속'을 규정하여 종족의 범위와 활동 영역을 표시하는 사회적 기능을 하고 있다는 사실이다. 특히 싱가포르의 말레이인에게 이슬람교는 그들의 정체성을 확인해 주는 실체(實體)로 작용하고 있다는 것이다.

싱가포르에서 국민들의 국가에 대한 정치적 충성이 다소 보편적이라고 말할 수 있다. 그러나 다른 한편으로 다종족주의의 문화정책이 야기한 예기치 못한 결과로서 종족 간의 경계도 여전히 중요한 역할을 하고 있다는 것이다. 그래서 싱가포르 사회에서 '종족 간의 결혼'에서 종교가 무엇보다도 중요한 역할을 하게 된 것이다. 다종족주의란 어떤 복합사회의 인구 집단을 구성하는 것으로 간주되는 다양한 종족들의 문화와 민족적 정체성에 대하여 동등한 지위를 부여함을 뜻한다.

1990년 센서스의 결과에 따르면, 당시 540.858쌍의 싱가포르 국민 전체의 기혼부부 중에서 17퍼센트만이 부부 간에 종교가 서로 다르다. 싱가포르의 불교 혹은 도교(道敎)·이슬람·힌두교·시이크교·가톨릭 혹은 기독교 등 다섯 가지로 분류한 주요 종교의 신봉자들은 대체로 같은 종교를 가진 배우자를 선택하는 것으로 나타났다. 이들 중 특히 이슬람교도는 거의 모두가 같은 이슬람교도와 결혼하는데, 무슬림 남성 중 무려 99.6퍼센트가 거의 비슷한 비율의 무슬림 여성과 결혼하였다. 이로써, 싱가포르에서 이른바 공동체의 감시기능이 강한 이슬람교도와 힌두교도들은 거의 다른 종교로 개종하지 않는다는 사실이 다시 한 번 확인되었다.

그러나 급변하는 현대를 사는 싱가포르의 말레이인들도 조금씩 변화의 조짐을 보이고 있다. 급격한 현대화의 영향을 받은 젊은 세대의 일부는 대다수의 무슬림들이 가슴 속으로는 개종(改宗)에 대한 진보적인 사고를 가지고 있으면서도 종족 집단의 압력 때문에 이를 실현할 엄두를 내지 못한다는 생각을 가지고 있다. 나아가서 이들 중 일부는 같은 종족인 말레이인들보다 지배집단인 중국계와 결혼하기를 희망하는 경향마저 나타내고 있다. 또한 싱가포르에서 이슬람교는 기독교와 비슷하게 이른바 '이중적 용광로'로서 기능하고 있다. 이는 모든 '종족 간의 결혼' 사례의 70퍼센트 이상이 무슬림과 기독교도들 사이에서 일어나고 있는 사실이 이를 말해준다.

싱가포르의 종교사회에서 또 다른 이례적인 현상은 종교 신봉자 수에서 남성이 여성보다 더 많다는 사실이다. 이는 이슬람 집단에서도 마찬가지이다. 이는 싱가포르에서 종교는 매우 센서티브한 것으로서 그것을 신봉하는 사람의 영적 상태보다 그 사람의 문화적 소속을 앞세우기 때문인 것으로 이해되고 있다. 싱가포르의 정치가나 기업인 또는 공무원을 포함하는 지도층 인사들은 거의 예외 없이 "싱가포르 사회가 진정으로 원하는 것은 종교 간 갈등보다는 종족 간의 조화다"라는 식의 주장을 펼치고 있다.

IV. 싱가포르 이슬람의 특성

1. 통과의례에 나타나는 특성

모든 사회에서 생로병사(生老病死)로 대표되는 인간 생애의 중요한 시기마다 특별한 의식을 행하는데, 이른바 통과의례라는 것이다. 이런 측면에서 싱가포르의 중국인들과 말레이인들은 통과의례에서 서로 유사점과 함께 중요한 차이점을 보이고 있다.

무엇보다도 말레이인들의 통과의례는 토착적인 것과 힌두 · 불교적인 것과 이슬람적인 기원을 가지고 있는 것 등으로 구분할 수 있다. 오늘날 대부분의 말레이계 싱가포르인들은 무슬림으로서 의무적으로 지켜야 하는 이슬람적 기원을 갖는 모든 의례들을 엄격하게 지키고 있다. 이런 측면에서 말레이인들은 무슬림 의례를 실천하고 또는 준수하는 것이 좋은 무슬림이 되는 근간이라고 인식하고 있다. 이슬람적 의례를 준수하는 것은 무슬림 공동체의 구성원이 되는 가장 중요하고 구체적인 징표를 형성한다. 이들은 이슬람교가 지적인 측면보다는 의례적인 것에 보다 비중을 둔다. 그래서 통과의례를 수행하는 것이 이슬람에서 나타나는 믿음의 구조에서 중심적 자리를 차지한다는 것이다. 즉, 싱가포르의 많은 말레이 무슬림들에게 있어서 이슬람적 의례를 지키는 것은 그들의 문화적 정체성 인식이라는 차원에서도 중요한 의미를 가진다. 이로써 이슬람적 의례를 준수하는 것은 종교적이고도 문화적인 의미를 동시에 지니게 되는데, 싱가포르 국민의 주류를 이루고 있는 중국인들의 경우에는 그들의 모호한 신앙생활의 동기와 대조를 이룬다.

싱가포르의 말레이인들의 삶에서 이슬람적 영향은 이 사회에서 이슬람이 제도화된 이래 계속해서 상승하고 있다는 점이다. 그 결과 토착적이거나 힌두 · 불교적 성격의 전통의례들은 오늘날 주변적인 것으로 밀려나 있다. 그럼에도 불구하고 힌두교와 불교에 기원을 둔 특정 의례들과 결합한 토착적인 통과의례가 말레이인들의 일상생활에 여전히 남아있다는 것이다. 이를 말레이인들은 풍습 혹은 전통적 관을 뜻하는 '아다트(adat)'라는 이름의 문화적 요소로서 폭 넓게 수용하고 받아들인다. 이로써 이슬람적 믿음과 토착적이거나 정령 신앙적 성격의 믿음 사이에는 언제나 긴장이 존재하고 있는데, 실제로 그것들에 대한 표현은 종종 무의식적으로 드러나고 있다.

말레이인들의 믿음 속에서 드러나는 정령 신앙적 하위구조는 농촌적 기원을 갖는다. 이런 점에서 말레이인들의 믿음은 중국인들의 믿음과 마찬가지로 근본적인 유사성을 가진다. 한 가지 예로, 중국인들처럼 말레이인들 역시 모든 음식을 인간의 몸을 '차게 만드는 것'과 '뜨겁게 만드는 것'으로 구분한다. 또한 임신기간 중에는 특정한 행위나 장소를 터부시하는 것처럼 특정한 음식의 섭취를 금하고 있다. 이에 해당하는 음식물은 주로 해산물로 조리한 것이다. 그래서 중국인과 말레이인 간에 임신·출산·성장 시기에 관한 통과의례를 행하는 동기는 근본적으로 다르지 않다. 그것들의 목적은 사악한 세력들을 접근하지 못하게 하여 안전한 임신과 출산을 보장하는데 있다.

그러나 중국인들의 통과의례와 비교하여 말레이인들의 경우는 두 가지 차이가 있다. 첫째로, 중국인들이 통과의례를 준수하는 본질적 동기는 길조(吉兆)를 향해서 출발하다는 것에 대한 관심이다. 물질적인 삶을 향유함에 있어서 바람직한 결과를 확보하기 위해서 유리한 조건을 창출한다는 것이다. 그러나 길조에 관한 지나친 강조는 말레이인들의 관행에서는 그렇게 흔하지 않다. 다른 하나는 말레이인들의 이슬람 종교적 인식은 중국인들의 경우와 상이하다. 이슬람의 제반 종교적 관행은 개인을 이슬람공동체(ummat Islam) 속으로 통합시키는데 필요한 것이다. 가장 중요한 예는 출생 의례에서 나타난다. 아이가 태어나면, 아버지는 아이를 안고 "알라 아끄바르"(Allah Akbar)를 세 번을 되뇐다. "알라는 위대하시다"라는 뜻인데, 이 의례를 통해서 그 아이는 무슬림이 되고 이슬람 공동체의 일원이 되는 것이다. 아이가 8세에서 12세가 되면, 할례(sunat) 의례를 행하게 되는데, 이때는 그 아이가 기본적인 꾸란 학습을 마친 시점이다.

종교적이거나 이슬람적 동기를 갖는 통과의례는 주로 개개인이 공동체 생활과 신앙생활에서 수범(垂範)하고 있음을 공동체 구성원들에게 알리는 것이라고 말 할 수 있다. 모든 무슬림은 일생 동안 영생(永生)을 준비하기 위해서 '선행(善行)'과 '헌신(獻身)'을 해야 한다고 가르친다. 이를 위해서 무슬림들은 신앙 고백 · 예배 · 단식 · 희사를 생활화하고, 일생 동안 기회가 되면 한 번은 성지순례를 행하여야 한다. 또한 모든 절기에 알라(Allah)를 찬양하는데 기꺼이 참여하여야 한다. 이러한 행위들은 당연하게 싱가포르 말레이인들의 종교의례의 핵심을 차지하고 있다.

이슬람 신앙의 실천과 연관된 종교의례는 세계 어느 지역 무슬림들의 경우나 크게 다르지 않다. 비슷한 종교적 의례는 공동체의 존재를 말해주는 가장 확실한 증거가 된다. 그러나 말레이인들의 경우 토착적 기원을 가지는 의례는 대체로 '말레이적인 것'으로 간주되기 때문에 모든 말레이 무슬림들은 예외가 될 수 없다. 이 같은 의례의 존속과 유지를 통해서 말레이인들은 문화적으로 연속성을 갖는다. 아다트(adat)로 통칭하는 말레이 무슬림들의 전통과 관습은 당연하게 이슬람을 바탕으로 하여 이슬람 공동체에서 전승되고 발전되어 나왔다.

2. 싱가포르 무슬림들의 통과의례

싱가포르의 말레이인들이 가장 잘 따르고 있는 대표적인 통과의례는 임신과 장례의례이다. 임산부는 통상적으로 전 임신기간을 통해서 다양한 관습적인 금기사항을 준수해야 한다. 물론 사람들마다 이 같은 금기들에 대해서 다양한 반응을 한다. 이를 믿지 않는다고 말하는 사람이 있는가 하면, 대다수의 사람들은 금기사항이 이슬람 공동체의 관습적인 믿음 또는 연장자들의 소원을 나타낸다고 보아 이를 존중한다고 말한다. 말레이인 임산부들은 몸을 차게 하는 음식물을 섭취하지 않아야 하고, 분위기가 이상한 낯선 장소를 방문하지 말며, 월식(月蝕) 현상을 바라보지 말고, 무거운 것을 들지 말며, 낮 동안에는 잠을 자지 않도록 가르침을 받는다. 이 같은 것들은 기피해야 할 의례로 분류되는 사항들이다.

일부 말레이인들에게 보호의례로 부적(符籍)이나 호부(護符)를 지니는 행위가 발견되지만, 이는 보편적인 사항이 아니며 오히려 비난의 대상이 된다. 대부분의 싱가포르 말레이인들이 오늘날까지 여전히 지키고 있는 중요한 임신의례의 하나로 임신 7개월째 접어들며 행하는 '자궁 흔들기'(adat melenggang perut)라는 의례가 있다. 이 의례는 힌두교와 연관된 관행으로 태아가 출생시에 바른 자세를 갖도록 하기 위함이다.

말레이인들은 시신(屍身) 처리를 대단한 존경심과 경외심을 갖고서 행한다. 이슬람 종교는 사망자의 장례와 관련하여 매우 구체적인 의례적 요건을 제시하고 있다. 죽은 이는 여섯 시간 이내에 매장되어야 한다는 것이다, 그리고 시신은 정중한 통과의례로 씻기고 오물이나 먼지로부터 보호되어야 한다. 또한 시신은 매장되기 전에 반드시 하얀 천으로 싸야하고, 매장 시에 시신의 머리 부분이 메카 방향으로 향하도록 안치되어야 한다. 헌신적 무슬림에 따르면, 살아 있는 동안은 물론이거니와 죽은 후에도 이슬람적 의례가 계속된다는 확고한 신념을 가져야 한다는 것이다. 말레이인들에게 죽음은 신의 자비로 돌아가는 것이다. 다시 말해서 세상을 떠나서 영원한 세계로 돌아가는 것을 뜻한다. 그러므로 장례의례의 세부사항에 대한 주의와 관심이 유별할 수밖에 없다.

그러나 여타의 통과의례의 경우처럼 죽은 자의 장례와 관련된 의례들은 토착적 성격도 가지게 마련이다. 비록 장례의례의 일부가 정령 신앙적 배경을 가지고 있으나, 말레이인들은 전통적인 풍습의 한 부분으로서 간주한다. 그러나 임신의례의 경우와도 비슷하게 장례의례들도 도시화와 현대화의 영향으로 점차 간소화되고 있다. 예를 들어, 죽은 자를 매장한 뒤 3일 · 7일 · 14일 · 40일 · 100일 그리고 1년을 맞으면서 행하는 추모의례는 오늘날 일부 말레이인들에 의해서만 수용되고 있다.

종교적 성격을 갖는 모든 사안에 대하여 말레이인들은 몸과 마음을 정결하게 하기 위해서 특별한 노력을 한다. 음식물이 비(非)이슬람적으로 오염되지 않도록 하기 위해서 항상 유념한다. 죽은 자를 매장에 앞서 의례적으로 정결하게 씻는 것도 같은 맥락에서이다. 이슬람사원에서 알라를 경배하기 전에 얼굴과 두 손 두 발을 씻는 것도 이에 해당된다. 엄격한 무슬림들 중에는 어쩌다가 정말 우연하게 더러운 오염물질을 만진 경우, 그들은 의식적으로 깨끗하게 세척한다. 그리고 성행위를 한 부부가 기도를 수행하기 전에 목욕이 필수적이다. 이와 비슷하게 월경 중에 있는 여성들은 이슬람 사원에서 경배하는 것이 허용되지 않는다.

이와 같은 청결의 개념은 오늘날 대부분의 말레이인들의 의식 속에 매우 가깝게 자리하고 있다. 그래서 많은 말레이인들은 비무슬림 가족들과는 함께 음식을 먹지도 않는데, 이는 그들이 의례적으로 오염되는 것을 두려워하기 때문이다. 그러나 말레이 싱가포르인들 가운데서 최근 들어 변화가 일어나고 있다. 일례로 말레이 여성들이 비무슬림 중국인 가정에서 가정부로서 일을 한다. 그리고 그들은 때때로 돼지고기를 만지게 된다. 또한 말레이인들 중 일부는 요즘 호텔 종업원으로 일하게 되는데, 이때 그들은 이슬람 종교의례에서 오염된 것으로 여겨지는 물건들을 접촉하지 않을 수 없다. 이 같은 것들은 싱가포르의 말레이인 삶에서 작지만 중요한 변화들이다. 이는 전체로서 싱가포르의 사회구조에서 최근 일어나고 있는 큰 변화의 한 단면이기도 하다.

V. 말레이문화 속의 싱가포르 이슬람문화

오늘날 싱가포르인들이 보여주고 있는 문화적 관행들은 다양한 이민자들의 출신지인 아시아와 유럽의 여러 나라로부터 비롯된 것이다. 영국의 통치 아래에 있었을 때, 싱가포르는 말레이 왕국의 한 부분이었으나, 당시 싱가포르는 말레이문화권의 중심은 아니었다. 싱가포르에서 19세기 이래 말레이인 정착자들의 인구는 거의 일정한 숫자를 유지하였다. 말레이인들 숫자의 증감은 싱가포르 섬 주변의 말레이시아와 인도네시아로부터 말레이계 종족들의 이동에 의해서 결정되었다. 이 같은 상황은 이민이 엄중한 통제 하에 놓여졌던 태평양전쟁의 말엽까지 지속되었다.

오늘날 싱가포르에서 관찰되는 말레이인들의 문화는 말레이시아의 말레이인 문화와 기본적으로 동질성을 갖고 있다. 풍습과 제도의 복합체로서 전통적 말레이문화는 이슬람공동체의 관행을 따르는 이슬람 법원의 문화와 '향촌의 문화'(*the culture of the village*)로 쉽게 양분(兩分) 된다. 싱가포르 말레이인들의 문화적 전통은 보다 향촌의 문화와 가깝다. 그러나 시대의 변화에 따라 싱가포르의 말레이인 집단은 점차 안정된 도시공동체로 변모하게 되고, 그들의 문화유산 중 많은 부분에서 변화 혹은 변형이 이루어지게 되었다. 따라서 오늘날 싱가포르의 말레이문화는 전통적인 말레이 문화적 뿌리는 유지하되 새로운 정치적 · 경제적 · 사회적 상황에 적응하여 자유롭게 부동(浮動)하는 상태에 있다고 말할 수 있다. 이 같은 상황은 싱가포르의 말레이문화가 중국문화나 인도문화와도 잘 적응하고 있음에서 볼 수 있다.

싱가포르의 말레이인들이 말레이시아의 말레이인들과 공유하고 있는 공통적인 문화적 유산은 두 말할 필요도 없이 이슬람 종교다. 두 지역의 종교적 관행에는 거의 차이가 없는데, 굳이 구분을 하자면 말레이시아의 경우 이슬람이 국교(國教)라는 점이다. 싱가포르와 말레이시아의 말레이인들은 공히 이슬람 4대 법률학파 중 샤피(Shafii)에 속하는데, 이로써 그들은 종교적 가치체계와 관습 면에서 매우 정통적인 입장을 갖는다. 말라카 해협 건너편에 있는 수마트라나 자바해를 두고 마주 보고 있는 자바의 경우도 마찬가지이다.

싱가포르에서 이슬람 종교와 관련된 모든 사안(事案)은 무슬림종교위원회(MUIS: Majlis Ugama Islam Singapura)가 관장한다. 이 기구는 1975년 제정된 무슬림법을 근거하여 설립되었다. 말레이시아에서는 각 주(州)의 통치자가 또한 종교(이슬람)와 말레이 관습의 우두머리가 된다. 종교와 관습과 관련되는 사안을 관장함에 있어서 각 주의 통치자는 종교청(Jabatan Hal Ihwal Ugama)으로부터 지원을 받게 되는데, 종교청은 국가기관이다. 그러므로 양국의 이슬람 종교문제에 대한 정부의 관여 정도는 비슷한 셈이다.

제14장

태국의 이슬람

I. 개 요

새 천년을 맞은 지구촌 13억 이슬람교도(무슬림)의 절반이 넘는 6억 7,000여만 명이 아시아 지역에 살고 있다. 3억 2,000만 명이 거주하는 아프리카나 1억 4,000만 명의 중동보다 훨씬 많은 숫자이지만, 이들 두 광역 지역과 비교하여 중동지역을 제외한 기타 아시아의 이슬람 지역은 평온을 유지해 왔다. 그러나 2001년 9.11 테러 사건 이후 미국의 대 테러 전쟁은 무슬림들에게 이슬람권의 민족의식을 더욱 강화시키는 계기가 되었고, 이슬람 테러리스트들을 비호하고 지원해 줄 것으로 믿어지는 무슬림들이 많은 동남아는 다른 어느 이슬람 지역보다 관심을 끄는 지역으로 부상했다.

인도네시아에서는 2004년 4월 기독교도와 이슬람교도 간의 유혈사태로 20여명이 숨지고 150여명이 부상하는 등 국지적 내전으로 치닫는 양상을 보여 수하르토 정권이 붕괴된 직후인 1999년부터 2001년 사이에 9,000여 명의 사상자를 낸 말루꾸(Maluku) 군도의 종교분쟁도 있다. 또한 필리핀에서도 1969년 이슬람분리주의 조직인 모로민족해방전선(MNLF)이 결성된 이래 정부군과의 교전이나 테러로 인한 5만 명에 달하는 사상자와 이주자가 발생했는데, 이 단체는 알카에다에게 테러리스트들의 훈련장도 제공하는 것으로 알려지고 있다.

불교 국가인 태국에서도 무슬림들의 거주지역이 많은 남부에서 2004년 초부터 크고 작은 유혈 폭력사태가 계속되어 정부 진압군과의 충돌로 500여 명의 무슬림이 목숨을 잃었다. 이와 같이 새 천년을 맞은 이래로 동남아에서 발생하고 있는 유혈사태는 이슬람교도들의 저항이 격화되면서 '서구문명과 이슬람문명'의 충돌에 이어 '이슬람 대 비(非)이슬람'의 충돌이 야기되는 것이 아닌가하는 우려를 자아내게 한다.

타이족은 본래 중국 운남성(雲南省) 인근에서 7세기경에 난짜오(Nanchao)왕국을 건설하여 존속해 오다가 몽고의 침략으로 점차 남하하여 대륙부 동남아로 이동한 후 13세기 초 오늘날의 태국 북부지역에 쑤코타이 왕국(1238-1438)을 건설하였다. 타이족이 오늘날의 태국 영토에 정착하기 이전에 이 지역은 이미 크메르(Khmer) 문화와 몽(Mon) 문화를 비롯한 여러 종족문화가 혼재하였다. 오늘날에는 타이족 외에 화인을 비롯하여 무슬림과 라오(Lao)족 그리고 여러 갈래의 고산족(高山族) 등 다양한 소수 종족들이 각기 고유한 언어와 문화와 전통과 풍습을 유지하면서 태국 각 지역에 산재하여 거주하고 있다.

태국은 전체 인구의 90퍼센트 이상이 상좌불교(*Theravada Buddhism*)를 신봉하는 불교국가로 불교는 태국민의 정신적 지주이자 종교적 차원을 넘어서서 생활철학의 하나가 되었다. 그러므로 불교는 태국인의 의식구조와 생활양식에 지대한 영향을 끼치고 있다. 또한 불교문화는 곧 태국인의 생활문화라고 할 수 있을 만큼 태국인과 불교는 서로 불가분의 관계를 맺고 있다.

그러나 태국에는 불교 외에도 이슬람교나 힌두교 혹은 기독교를 믿는 사람들이 있고, 그 외에도 다양한 민간신앙들이 태국인의 생활과 직간접적으로 깊은 연관을 맺고 있다. 이슬람교를 믿는 무슬림은 태국 전체인구의 약 4퍼센트를 차지하고 있는데, 태국인들은 이들을 통칭 '타이무슬림(Thai Muslim)'이라고 부른다. 태국인들은 이들 타이무슬림을 캑(khaeg)

이라고 약칭하가나, 캑믈라유(Khaeg Melayu) 또는 캑무슬림(Khaeg Muslim) 등으로 부른다. 특히 캑믈라유는 은연중에 태국 남부 말레이 반도의 무슬림들을 포함하는 의미를 담고 있다. '캑'은 무슬림을 멸시하거나 무슬림의 품위를 손상시키는 의미를 담고 있어서 타이무슬림들이 아주 싫어하는 호칭이다. 이들 타이무슬림들은 태국 내 40여 개의 도(道)에 고루 분포되었다.

타이무슬림은 한 종족이 아니라 말레이무슬림 · 인도무슬림 · 파키스탄무슬림 · 방글라데시무슬림 · 중국무슬림 등의 서로 다른 종족그룹으로 구성되어있다. 말레이무슬림을 제외한 무슬림 집단은 방콕을 중심으로 한 중부지역과 치앙마이 등의 북부지역에 주로 거주하며 이들은 현재 거의 태국사회에 동화되었다. 그 중에 말레이계 무슬림이 가장 큰 단일 종족집단을 이루어 전체 타이무슬림의 약 60퍼센트를 차지하고 있다. 이들은 말레이시아와 국경에 인접한 빧따니 · 얄라 · 나라티왓 · 사뚠 등 태국 남부 4개 도(道)에 집단적으로 거주하고 있다.

타이무슬림은 다른 지역에서 오늘날의 태국 영토로 이주하여 정착한 여타 소수종족과는 달리 타이족이 대륙부 동남아에 정착하기 시작한 13세기 이전부터 이미 말레이 반도 북부지역과 태국 남부지역에서 찬란한 문화와 문명을 누리며 살았던 토착종족이다. 그 후 이들 중 일부는 태국의 중부지역으로 진출하여 말레이 반도를 경유하는 해상무역을 하면서 서서히 태국사회로 진출하였다.

그러나 남부지역에서 독자적인 왕국을 건설하고 정착해 살던 말레이계 타이무슬림들은 지리적으로 말레이 반도와 인접해 있고, 역사적으로 말레이 이슬람문화와 지속적인 접촉이 있었기 때문에 정치적으로나 사회적으로 말레이문화에 더 익숙해 있다. 언어 또한 일상생활에서 태국어가 아닌 말레이어를 사용하고 있다는 사실이 뚜렷한 증거인 셈이다. 따라서 이들은 자신들의 고유한 역사와 문화와 언어에 대한 강한 자부심을 가진 채 태국사회에서 이슬람이라는 신앙을 매개로 구성된 소수종족의 하나로 인식되고 있다. 이처럼 말레이 세계의 일부라 할 수 있는 태국의 남부지역이 상좌불교국가인 태국에 속하게 된 것은 과거 수백 년에 걸친 태국인들의 팽창주의와 1909년에 체결된 태국과 영국 간의 말레이반도 국경조약의 결과 때문이었다.

그러므로 태국령에 속해 있지만 이들 타이무슬림들은 역사적·문화적·언어적 정체성에 있어서 인구의 대다수를 차지하고 있는 태국 불교도와의 떨칠 수 없는 이질감이 상존하여 결국 종족문제로 발전하였다. 그래서 이들 타이무슬림들은 오랫동안 태국으로부터 분리하여 독립적인 이슬람 국가를 건설하려는 분리주의운동을 전개하면서 많은 문제를 야기하였다. 타이무슬림과 태국정부는 역사적으로 오랫동안 상호 부담스런 관계를 유지해 왔다. 이들 양자 간 불편한 관계의 배경에서 타이무슬림들이 자신들이 거주하는 남부지역을 '이슬람의 집'이라는 의미로 다르 알 이슬람(dar al-Islam)이라고 하고, 태국의 다른 지역을 다르 알 하르브(dar al-harb)로 구분하는에데서 이해할 수 있는데 다르 알 하르브는 '전쟁의 집'이라는 의미이다.

태국정부는 초기에는 대체로 강압적인 방법으로 타이무슬림을 태국사회로 흡수하려는 정책을 취했지만 오히려 문제를 더욱 악화시키는 결과를 초래했다. 결국 1980년대 이후부터 정부 정책에 대한 긍정적인 반응을 이끌어내기 위해 무슬림 사회에 대하여 어느 정도의 종교 활동에 대한 자유를 보장하면서 교육정책을 중심으로 꾸준한 동화정책을 시도하게 되었다.

II. 타이무슬림 사회의 형성 배경과 특징

1. 타이무슬림 사회형성의 역사적 배경

태국남부 4개도의 국경 획정(劃定)에 대한 역사적 근거는 불충분하지만, 아유타야 왕조 말기로 거슬러 올라갈 수 있다. 아유타야 왕조 시기에 이 지역은 크게 빤따니와 싸이부리 등 두 지역으로 나뉘어 있었다. 당시 빤따니 지역은 오늘날의 빤따니 · 얄라 · 나라티왓이 포함된 지역이었고, 싸이부리 지역은 오늘날의 말레이 반도 북부에 위치한 말레이시아연방의 끄다(Kedah)주의 일부와 태국령 싸뚠이 이에 포함되었다.

빤따니의 경우, 태국 역사학자들은 7세기 경 말레이 반도에 세워졌던 랑까쑤까(Langkasuka)왕국이 빤따니 왕국의 전신이라고 추정하고 있다. 랑까쑤까 왕국은 인도문명의 영향을 받아 힌두교와 브라만교를 믿었고, 랑까쑤까만(灣)은 위치상 무역선들이 몬순계절풍을 피할 수 있는 대피처이자 주요 중계 무역항으로 중국을 비롯하여 서양과 중동지역의 무역 상인들이 드나들었다. 랑까쑤까 왕국이 멸망하고 씨위차이(Srivichai)왕국(AD 7-13세기)이 들어서서 영토를 빤따니로부터 말레이 반도 전역과 자바에서 수마트라까지 확장하게 됨에 따라 불교의 영향력이 이 지역까지 확대되었다. 이 지역 주민들은 이 불교왕국이 수마트라 남부에서 발흥하여 말라카 해협을 장악했던 스리 위자야(Sri Wijaya) 왕국으로 이해하고 있다.

13세기에 이르러 이슬람교가 수마트라 북단(北端)의 아쩨(Aceh)왕국과 말라카(Malaka)무역왕국을 경유하여 동남아 전역으로 전파되었다. 14세기 경 빤따니 왕국의 건국과 때를 같이하여 이슬람은 태국에 영향력을 뻗치기 시작하였다. 이로써 빤따니 왕국은 태국 이슬람의 총본산이자 남부지역의 정치와 문화의 중심지가 되었다. 빤따니 왕국사에 의하면, 왕국을 창건한 뚜낙파왕이 심한 병에 걸렸을 때, 차약 싸잇(Sheikh Sa-id)이라는 무슬림이 뚜낙파왕을 완치시켰다고 한다. 그 후 왕은 그를 초빙하여 왕 자신은 물론 왕족과 귀족들에게 이슬람교를 가르치게 했고, 이에 국민들도 이슬람교를 따르게 되었다고 한다.

빧따니 일대의 말레이 반도 지역이 태국의 영향 하에 들어온 것은 쑤코타이 왕국의 람캄행 대왕 때였다. 13세기 말 대왕이 남부의 나컨씨탐마랏을 정벌하러 갔을 때, 말라카 해협을 중심으로 이 지역에는 이미 이슬람이 전파되어 있었다. 당시 나컨씨탐마랏은 말레이 반도와 싱가포르까지를 영향권 하에 포함하고 있었다. 빧따니 지역은 쑤코타이 왕국 시대부터 태국에 예속되었다. 이를 근거로 이슬람교는 쑤코타이 왕국 시대부터 태국과 관련을 맺고 있는 것으로 전해지고 있다.

언제 태국에 이슬람교가 전파되었는가는 정확히 알 수 없다. 그러나 랑까쑤까 왕국의 건국과 때를 같이 하여 전파되었을 것으로 추정된다. 이슬람은 태국에 두 개의 갈래로 전파되었다. 직접적으로는 쑤코타이와 아유타야 시대의 태국에 무역을 목적으로 내도한 아랍상인들이 소개하였다. 이들 중 몇몇은 왕국의 높은 관직에 등용되어 태국왕실로부터 이슬람사원의 건립과 종교 활동을 보장 받기도 하였다. 또 하나의 주장은 아랍 국가와 인도를 통해서 이슬람이 전파되었던 자바와 수마트라 그리고 말레이 반도에 인접한 왕국의 주민들과 태국 남부지역 주민들과의 접촉을 통해서 이루어졌다. 어쨌든 이슬람교가 그 영향력을 확장하여 태국에 뿌리를 내리고 불교 다음으로 제2의 종교로 발전할 수 있었던 것은 아마도 이질적인 문화에 거부감을 갖지 않고, 자신들의 문화와 절충적으로 상호 공존하는 태국인의 가치관이 크게 작용한 것으로 보인다.

쑤코타이 왕국은 남부지역을 속국에 포함시키고 있었다. 따라서 이슬람 빧따니 왕국은 3년에 한 번 씩 쑤코타이 왕국에 공물을 바쳐야 했지만, 대내적인 행정이나 통치는 빧따니의 술탄에게 자치권을 인정하였다. 쑤코타이 왕국에 이어 아유타야 왕국의 영향력도 말레이 반도로부터 싱가포르까지 이어졌으므로 빧따니는 물론 말라카도 한동안 아유타야 왕국에 예속되었다. 그 후 아유타야 왕국이 싸얌(Siam)만(灣)의 무역 독점에 진력하는 동안 말라카 왕국이 1460년부터 1511년까지 빧따니를 합병하기도 했다. 그러나 말라카가 1511년 포르투갈의 정령으로 식민지가 되자 빧따니는 다시 아유타야의 통치 하에 놓이게 되었다.

아유타야 왕국 시대에 빧따니는 쑤코타이 시대의 경우와 마찬가지로 속국의 위치에 있었지만, 중앙 정부와 거리상으로 멀리 떨어져 있었기 때문에 통제와 간섭을 비교적 적게 받았다. 또한 당시 속국에 대한 통상적인 지배방식 대로 대내적인 행정이나 통치는 술탄에게 맡겨 스스로 통치하는 자치권은 인정받고 있었으므로 빧따니는 고유의 역사·문화·종교·풍습 등을 유지해 나갈 수 있었다. 이에 따라 종주국인 태국과는 달리 문화적으로 이슬람교의 영향이 지속되었고, 종족적 성향이 같은 말레이족이었기 때문에 자연스럽게 모든 면에서 말레이 문화의 영향을 받게 되었다. 1767년 아유타야 왕국이 버마에 의해서 멸망하자, 이슬람 빧따니 왕국은 태국 남부지역의 여러 군소 세력들과 함께 독립투쟁에 나섰고, 태국 중심부의 왕국도 버마와의 전쟁에 휘말려 한동안 빧따니를 비롯한 남부지역을 재(再) 평정할 기회가 없었다.

1782년 이래로 오늘날까지 이어져 오고 있는 랏따나꼬씬 왕조의 라마(Rama) 1세의 집정기(1782-1809)인 1786년에 군대를 보내어 빧따니를 정복하고 쑹클라 도(道)의 관할을 받도록 함으로써 랏따나꼬씬 왕조가 직접적으로 통치권을 행사할 수 있도록 했다. 그러나 빧따니의 영주들이 수차례에 걸쳐 반란을 일으키고 쑹클라를 공격하는 등 빧따니 통치에 어려움을 겪게 되었다. 이에 따라 라마 2세(1809-1824)는 빧따니의 세력을 약화시키고 남부지역의 안정을 유지하기 위해서 1809년에 빧따니를 7개 지역으로 분할하여 쑹클라의 관장 하에 두었다. 이들 7개 지역의 통치자들은 태국인 관료가 아닌 랏따나꼬신 왕조에 충성하는 술탄이나 라쟈(Raja)를 임명하였으므로 어느 정도의 자치권을 인정받아 종주국의 간섭을 크게 받지 않고 어느 정도의 독립을 누렸다. 술탄과 라쟈는 각각 이슬람 지역과 힌두문화권의 통치자의 호칭(呼稱)이었는데, 이 지역의 통치자 칭호로 사용되었다는 점은 매우 흥미롭다.

라마 5세(1868-1910)는 각 지방을 효과적으로 중앙정부의 통제 하에 두려는 행정개혁을 단행하였다. 이에 따라 지방의 영주가 절대 권력을 누렸던 과거의 통치제도를 폐지하고 새로이 몬톤제(Monthon, 管區制)를 설치함으로써 중앙집권화 된 관료체제를 확립했다. 이 개혁의 일환으로 남부지역에 대해서 1902년 빳따니 지역의 7개 분할지역 통치에 관한 법령을 공표하여 종전의 지방 왕족이나 영주들의 권한을 대폭 축소시켰다. 이에 실권을 빼앗긴 술탄이나 라자 중심의 왕족들은 자치권 회복문제를 들고 나와 자신들에 동조하는 타이무슬림들과 함께 태국 정부에 대항하였다.

사실상 1902년의 행정개혁은 실질적으로 타이무슬림 사회에 큰 영향을 미쳤다. 그 이유로는 첫째, 타이무슬림 사회에서 전통적으로 권한을 행사하던 정치적 · 종교적 엘리트 그룹이 태국인 관료나 태국의 중앙왕실에 복종하고 충성하는 무슬림으로 대치되어 그들의 지위가 크게 위축되었다는 점이다. 둘째, 타이무슬림에 대해 불교적인 가치관과 문화를 강요함으로써 태국인과 무슬림 간의 갈등을 더욱 심화시켰다. 이러한 행정개혁은 타이무슬림에게 태국으로부터 분리하여 그들 자신의 독립된 자치정부를 세우려는 열망을 갖게 하는 요인이 되었던 것이다. 몬톤제는 태국에 입헌군주제가 도입된 다음 해인 1933년에 폐지되었다. 몬톤은 곧 '짱왓'(道)으로 변경되어 빳따니 몬톤은 빳따니 짱왓 · 얄라 짱왓 · 나라티왓 짱왓으로 분리됨으로써 태국정부의 직접 관할을 받으면서 오늘에 이르고 있다.

한편, 남부 4개 도 중의 다른 하나인 싸뚠(Satun)의 경우 원래 싸이부리(Saiburi)에 속해 있었다. 랏따나꼬씬왕국의 라마 3세 때부터 이들이 태국정부에 대해 자주 반란을 일으키자 싸이부리를 싸이부리 · 꾸방까쑤 · 뻐릿 · 싸뚠 등 4개 지역으로 분할하여 각 지역마다 태국 정부에 충성하는 말레이 영주의 후예들을 임명하고 나컨씨탐마랏의 관할 하에 두었다. 그 후 1859년 꾸방까쑤는 싸이부리에 합병되었고, 1897년 라마 5세 때 몬톤제 하에서 이들 지역을 모두 싸이부리 몬톤으로 합병하였다. 이어 1909년 영국과의 국경조정 과정에서 싸이부리와 뻐릿을 영국에게 양도하였고 싸뚠만 남겨 태국의 푸껫 주의 관할 하에 두었으며, 이후 1933년에 현재의 싸뚠도로 변경되어 오늘에 이르고 있다.

싸뚠도는 비록 남부 4개 도 중의 하나이고 말레이 반도와 인접해 있으나 19세기 초부터 태국정부의 직접적인 관할을 직접 받아 다른 지역의 무슬림에 비교하여 말레이 문화의 영향을 덜 받았다. 따라서 이슬람 문화나 말레이인으로서의 종족의식이 그다지 강하지 않다고 볼 수 있다. 주민들 또한 태국어를 구사할 수 있는 능력이 다른 3개 도의 주민들보다 비교적 높고 태국식 교육제도를 많이 수용하여 교육수준이 높은 편이다.

2. 타이무슬림 사회의 구성요소

오늘날 대부분의 타이무슬림은 말레이계 무슬림들이다. 이들은 태국 내 다른 근원을 가진 무슬림들이 태국사회에 동화된 것과 달리 아직 자신들의 고유한 언어와 문화적 전통을 고수하고 있기 때문에 태국사회에 특색 있는 소수종족의 하나로 남아 있다. 말레이계 무슬림들은 태국 남부의 국경지역인 빧따니 · 얄라 · 나라티왓 · 싸뚠 · 쏭클라 등 5개에 집중적으로 군거(群居)하고 있다. 이 중 쏭클라는 나머지 4개 도와 역사적 배경이 다르기 때문에 '남부 4개 도'라 지칭할 때 포함이 되지 않는다. 싸뚠의 경우도 나머지 3개 도와는 달리 주민의 대부분이 태국어를 읽고 말할 줄 아는데, 이는 역사적으로 말레이 이슬람문화의 영향을 덜 받았기 때문이다. 따라서 싸뚠은 다른 도의 타이무슬림보다는 말레이족으로서의 민족의식이 그다지 강하지 않다.

쏭클라가 제외되고 싸뚠을 포함하는 태국 남부와 말레이 반도 북부지역의 4개 도를 '씨짱왓팍따이'라고 부르는데, 타이무슬림의 근거지인 남부지역 4개 도(짱왓)라는 뜻이다. 이 지역은 인구 분포상 불교도보다 무슬림이 더 많고, 이슬람을 바탕으로 한 동일한 역사와 문화적 전통과 관습의 깊은 뿌리를 가지고 있다. 또한 일상생활에서 태국어가 아닌 말레이어를 사용하고 있고, 그리고 과거 절대군주시대에 태국의 속국으로서 통치에 자율성을 가졌다는 역사적 공통점을 가지고 있다.

씨짱왓팍타이 중 빧따니를 제외한 나머지 3개 도는 오늘날 말레이시아와 국경을 접하고 있다. 4개 도의 총 인구는 1999년 현재 약 340여만 명으로 주민의 약 70퍼센트가 이슬람교를 신봉하는 무슬림들이다. 이들 중 대다수가 태국어를 읽거나 쓸 줄 모르며, 말할 줄도 모른다. 이들은 일상생활에서 태국어가 아닌 말레이어를 사용하고 쟈위(Jawi)라 칭하며 말레이시아 끌란딴(Kelantan)주에서 사용하는 문자를 사용하고 있다. 쟈위는 말레이어를 아랍어식으로 표기한 것이다. 이들을 타이무슬림이라 칭하는데, 일상 언어는 물론이고 신앙 · 풍습 · 복장 · 음식 등의 생활문화가 전반적으로 불교를 신봉하는 태국인들과 명확하게 차별적이다. 지리적으로도 인접한 말레이시아와 더 밀접한 사회를 형성하고 있으며, 타이무슬림이라는 호칭을 거부하고 스스로를 말레이무슬림이라 주장하기도 한다. 태국의 또 다른 소수종족인 화교(華僑)나 태국의 중부지역으로 진출하여 태국사회에 거의 동화된 여타 지역 출신의 무슬림들과 달리 이들은 태국에서 태어나 태국인의 국적을 갖고 있으면서도 태국사회로 동화하기를 거부한 채 자신들의 오랜 역사와 전통을 중시하며 이슬람에 대한 높은 긍지를 지니고 있다.

태국남부 4개 도의 총 면적은 약 13,600km²이며, 대부분이 평지와 산지나 구릉지(丘陵地)로 이루어져 있다. 거리상의 관계가 작용하지만 항로 · 수로 · 육로 등의 교통망이 태국의 중앙부보다 말레이 반도 방향으로 접촉이 편리하게 되어 있다. 이로 인해서 방콕의 중앙정부나 태국 내 다른 도(道)와의 교류보다 말레이 반도와 접촉이 잦고, 말레이시아로부터 문화와 생활영역에서 자연스런 교류가 이루어지고 있다.

이와 같은 지리적 조건으로 태국에 속해 있는 남부의 4개 도는 모든 면에서 태국보다는 말레이시아와 비슷한 점이 많기 때문에 말레이문화권의 일부라고 말할 수 있다. 이 지역의 무슬림(도표 2 참조)은 일상생활에서 말레이어를 사용하고 종교 · 언어 · 풍습 등의 면에서 말레이 반도와 비슷한 점을 많이 가지고 있어서 태국인이라는 의식보다는 말레이인이라는 의식을 더 많이 가지고 있다.

[도표 2] 태국 남부 4개도의 무슬림 비율

도(道)명	면적(㎢)	총 인구(명)	무슬림 분포(%)
빧따니	2,041.42	1,122,542	78
나라티왓	4,502.43	1,195,271	79
얄라	4,521.12	682,520	62
싸뚠	2,478.97	415,250	66

출처 : 태국 내무부(1999)

타이무슬림사회도 역시 일반적인 태국사회와 비슷한 특성을 가지고 있다. 태국의 다른 농촌사회처럼 대가족제도를 형성하고 있고, 윗사람에 대한 공경심이 높으며, 가족구성원끼리 서로 협력하여 생계를 꾸려간다. 이들에게 이슬람교는 거의 절대적이어서 모든 생활이 이슬람을 떠나서는 존재할 수 없다고 믿기 때문에 다른 종교로 개종하는 경우가 거의 드물다. 만약 다른 종교를 믿는 사람들과 결혼하는 경우에는 반드시 배우자가 이슬람교로 개종해야 한다. 무슬림이 다른 종교로 개종하여 결혼하는 경우는 거의 없다. 이들은 아직도 결혼이나 유산상속 등은 꾸란의 계율에 따라 이루어지고, 부인을 4명까지 둘 수 있는 일부다처제가 일부지역에서는 오늘날까지도 허용되고 있다. 또한 술과 돼지고기를 먹지 않는 것도 다른 여타 지역의 무슬림사회와 다르지 않다.

이들은 촌락 형태로 집단을 이루며 살고 있는데 대부분 태국불교도와 따로 떨어져 무슬림들 끼리 살고 있다. 그 이유는 이들의 강한 배타성 때문으로 불교도들이 사는 마을에 이슬람교도가 소수로 같이 사는 경우는 있어도 이슬람교도가 사는 마을에 불교도들이 소수로 사는 경우는 드물다. 어떤 부락에서는 불교도와 무슬림들이 함께 촌락을 이루어 살고 있으나 상호교류는 흔하지 않다. 그러나 태국 사회의 일부 촌락에서는 불교도와 무슬림들이 각각 군거하며 나름대로의 생활패턴을 고수하고 있지만, 그들 나름대로의 사회적 동질성을 위한 각종 의식을 통하여 좋은 유대관계를 갖기도 한다. 이는 일반적으로 이문화(異文化)를 적대하거나 거부하지 않는 태국인들의 국민성 때문인 것으로 보인다. 그러나 남부 4개 도의 경우에는 불교도와 무슬림 간에는 전통문화와 역사의식에서 엄연한 차이가 상존함에 따라 이를 극복하지 못할 경우 이질적인 종족사회 간의 문제로 비화될 가능성이 높다.

정치·경제적인 측면에서 보면, 태국남부 4개 도 지역은 말라카 해협과 끄라(Kra)협곡(峽谷)이 매우 인접하여 그 중요성이 점증(漸增)하고 있는 지역이다. 과거 해상실크로드 시대에는 인구도 많았고 동방(東邦)무역의 중요한 항구로서 유럽과 중동과 중국의 무역상인들의 왕래가 잦았던 지역으로 경제적 풍요로움을 구가하던 이슬람왕국의 중심지였다. 그러나 현재는 태국에서 가장 낙후된 지역의 하나로 대부분의 상권은 화교가 장악하고 있다.

태국 내륙 중앙부와 달리 남부 무슬림 지역은 여름과 우기의 두 계절만 있으며, 몬순계절풍의 영향으로 일 년 내내 덥고 비가 자주 온다. 타이무슬림들은 대부분이 촌락 단위로 도시에서 멀리 떨어진 농촌이나 해안가에 거주하며, 주로 농업과 어업을 위주로 생계를 꾸려가고 있다. 특히 고무재배가 이들 생업의 기본이며, 그 밖에도 소규모의 벼농사나 어업에 종사하거나 커피재배를 하고 있다. 일부는 상업이나 광업 분야에서 일하기도 하고, 화교들의 공장 일에 종사하기도 한다. 고무재배는 당연하게 소규모로 이루어지고 있다. 그러나 빧따니에서는 벼농사 다음으로 고무재배가 많이 이루어지며, 나머지 3개 도에서는 타이무슬림들이 가장 많이 종사하는 분야가 고무재배이다. 따라서 고무가격의 변동이 이들의 수입에 매우 큰 영향을 미친다. 벼농사는 경작지가 매우 적어 자급자족도 어려운 실정이다.

말레이시아와 국경을 접한 관계로 말레이 반도와의 국경무역이 많이 이루어지고 있다. 태국산 고무 · 주석 · 망간 · 과일류 등을 말레이시아로 수출하고, 말레이시아로부터는 건설장비와 기계류를 많이 수입하고 있으며 밀가루와 우유 등 일상 생활용품도 많이 들여오고 있다. 그러나 대부분의 대규모 무역은 화교가 장악하고 있으며, 타이무슬림들은 단지 일상생활용품을 팔고 사는 정도의 소규모 국경무역에 종사하고 있어서 경제적 수준이 열악한 상태에 있다.

3. 뻐너(pondok)의 기능과 역할

타이무슬림들은 교육 수준이 매우 낮다. 따라서 문맹률도 70퍼센트 정도로 매우 높다. 이들은 태국정부의 국민교육정책에 순응하지 않고, 말레이어를 모국어로 간주하고 일상 생활용어로 사용하고 있기 때문이다. 이들 중 상당수는 오늘날까지 태국어는 배울 필요성도 없다고 느끼고 있다. 이들이 사용하는 말레이어는 태국 쑤코타이 왕국의 3대 군주인 람캄행(1279-1298)대왕이 태국문자를 창제하기 이전에 태국 남부지역에서 사용되어 온 언어로 주민들의 의식과 사회구조에 깊이 뿌리를 내리고 있다.

타이무슬림들은 말레이어를 통해서 이슬람에 관한 교리와 지식을 배우기 때문에 말레이어를 이슬람의 일부로 인식하고 있다. 따라서 말레이어를 잃는 것은 그들이 가진 '모든 것을 잃는 것'이라는 생각을 가지고 있다. 이들 타이무슬림의 약 30퍼센트 정도가 태국어를 읽거나 쓸 줄 안다. 이들이 구사하는 말레이어는 독자적인 문자가 없기 때문에 아랍문자로 표시하고 쟈위(Jawi)문자라고 칭한다. 타이무슬림들은 말레이어로 말하고 쟈위 문자를 사용하며 일상생활과 종교생활을 영위하고 있다.

타이무슬림들은 어릴 때부터 빠너라 칭하는 전통적인 이슬람학교에서 공부한다. 말레이 반도나 수마트라의 농촌지역에서 흔히 발견되는 뽄독(pondok)이 타이무슬림 사회에서 '빠너'로 명칭이 변화되었다. 이곳에서 타이무슬림들은 이슬람에 관한 기본적인 교리와 이슬람 종교의 수행방법을 익히며, 이슬람 철학과 역사와 아랍어 및 기타 이슬람 종교나 이슬람 공동체와 관련된 교과목을 배운다. 빠너에는 또구루(To′ Guru) 또는 똑구루(Tok Guru)라 칭하는 전통 이슬람교사와 우스따즈(Ustaz)라는 일반 이슬람교사가 교육을 담당한다. 이들은 타이무슬림사회에서 가장 영향력 있고 존경받는 지도자들인데, 구루(guru)는 원래 산스크리트(Sanskrit)어(語)로 학식이 높은 교사를 뜻하며 동남아 지역이 초기에는 인도문화권이었다는 증거이다.

태국어로 빠너는 원래 '끄라텀'이라고 번역되었다. 이는 초가집이란 뜻으로 무슬림을 교육시키는 학교를 의미하는데, 우리나라의 옛날 서당(書堂)과 비슷하다. 이슬람교사가 각 가정을 돌아다니며 개인교습을 시키는 것이 효율적이지 못하자 또구루의 집 주변에 작은 초가집을 짓고 무슬림 아이들을 모아 꾸란과 이슬람 종교에 관련된 관습을 가르쳤던 것에서 연유되었다. 빠너가 가지는 관습은 이집트에서 생겨났고, 말레이 반도를 거쳐 태국에 들어오는 과정에서 말레이어의 뽄독(pondok)이 변형되었다. 빠너가 아직 설치되지 않은 경우, 타이무슬림들은 마을의 어느 일정한 집에서 이슬람 종교교사로부터 꾸란에 대한 교육을 받았다. 꾸란에 대한 교육은 번역이 없이 단지 암기만 하도록 했는데, 그 이유는 꾸란에 씌여진 언어가 아랍어였기 때문이다.

태국의 첫 빠너는 아유타야(Ayuthaya: 1350-1767) 왕국의 통치시기에 빧따니에 설치되었고, 이때부터 또구루에 의한 이슬람 교육이 시작되었다고 한다. 무슬림들은 또구루에 대한 절대적인 믿음을 가지고 자녀들을 빠너에 보냈으며, 학생의 수가 많고 적고는 전적으로 마을 주민들의 호응도에 달려 있었다. 빠너의 학생들은 아랍어로 '빠께'라고 부르며 연령의 제한 없이 입학할 수 있었다. 또한 뻐너는 수업료를 내지 않는 무상교육이며, 교육에 소요되는 각종 경비는 '싸깓'이라 부르는 마을 주민들이 기부한 재산으로 충당한다. 싸깓은 아랍어의 자카트(zakat)에서 변용되었으며, 희사(喜捨)라는 뜻이다. 이것은 타이무슬림들만의 전통이 아니고 이슬람에서 다섯 계율 중의 하나로 신체장애가 있는 경우를 제외하고 모든 무슬림이 소득의 일정 부분을 이슬람 사원이나 뻐너 같은 공공장소에 내야 한다. 현금 이외에도 금이나 과일이나 쌀을 기부해도 되며, 기타 재화의 가치가 있는 광물이나 가축도 자카트의 대상이 된다.

타이무슬림 거주 지역에 뻐너가 설치된 이유를 세 가지로 설명한다. 첫째는 종교적인 측면이다. 무슬림에게 있어서 꾸란은 '삶의 원천'으로 이들의 생활과 가치관, 사상과 행동 방향을 정하는 지침이 된다. 따라서 뻐너에서 교육을 통하여 이슬람 사상과 교리를 배우고 이해하는 것은 필수불가결한 것이며, 또한 교육을 통해서 이슬람 공동체의 일원이 된다. 둘째는 사회적 가치관의 측면이다. 타이무슬림은 자녀들은 물론이고 자신이 돌보아야 하는 사람에게 꾸란에 규정되어 있는 이슬람 교리를 올바르게 수행할 수 있도록 교육시키고자 한다. 무슬림사회에서 명예와 자부심을 갖도록 하는 것이 타이무슬림들의 최우선의 의무이자 가치관으로 간주하고 있기 때문이다. 셋째는 경제적인 측면이다. 뻐너는 무상교육의 방식이고 또구루 또한 강사료를 요구하지 않지만, 지역주민들의 존경과 칭송을 받으며 싸깓이라는 기부재산을 헌납 받는다. 따라서 또구루의 경제적 · 사회적 지위는 같은 공동체의 일반 주민들보다 높을 수밖에 없다. 이 점 역시 타이무슬림들에 의해서 뻐너를 설립한 또 다른 요인으로 볼 수 있다.

역사적으로 볼 때, 뻐너는 설립 초기에 많은 문제를 야기했다. 뻐너에서의 강의는 말레이어와 아랍어만 사용하고 태국어는 전혀 사용하지 않았기 때문이다. 교육 기간도 8년 내지 15년으로 일정치 않았고, 또한 교과과정이나 교재 또는 일정한 교육계획 등에 대한 확실한 규정이 없었다.

모든 교육이 전적으로 또구루 개인에 달려 있었다. 그럼에도 불구하고 빠너에서의 교육은 교육내용이 전체적으로 꾸란의 내용과 일치하여 올바른 이슬람교육을 받을 수 있기 때문에 타이무슬림들의 선호도는 매우 높았다.

타이무슬림의 자녀들은 태국정부의 교육정책에 따라 의무적으로 태국식 초등학교에 입학해야 한다. 그러나 교과과정이 이슬람 교리와 일치하지 않을뿐더러 각종 규제를 받는 것을 싫어하기 때문에 대개 중도에서 그만둔다. 또한 이슬람식 교육을 받는 것이 사회적으로 가치 있고 체면이 선다는 선입관 때문이기도 하다. 따라서 타이무슬림들이 빠너에서 공부하는 가장 큰 이유는 종교적인 이유를 든다. 이슬람식 풍습과 문화가 그들 사회의 행동 방향을 정하는 지침이 되고 있으며, 또한 자신들의 역사와 종교 그리고 언어적인 특성을 지키고 이슬람을 통해 그들의 생존과 단결심을 유도한다는 것이다.

이외에도 태국의 정규학교에서 교육시키는 것보다 비용이 적게 들고 수업시간이 자유롭기 때문에 자유선호 의식과 편안함을 추구하는 타이무슬림의 성격과도 부합되었다. 또한 일상생활에서 말레이어를 사용하고 있으므로 굳이 어려운 태국어를 배울 필요성을 느끼지 못하고 있다. 태국어를 잘 할 경우, 그 자녀들이 이슬람의 전통적인 문화와 지식에 관심을 갖지 않고 태국화되는 것을 두려워하기 때문이다. 일부 사람들은 말레이어가 이슬람교를 믿는 사람들의 언어인 것과 마찬가지로 태국어가 불교도의 언어라고 오해하고 있다. 그래서 태국어를 사용하면 불교도로 동화되고, 이는 곧 이슬람에서 큰 죄를 짓는 것이라고 믿고 있다.

이러한 연유에서 타이무슬림사회에서 부모들은 자녀들을 빠너에 보내서 꾸란과 말레이어를 공부시킨다. 타이무슬림사회에서도 빠너 출신의 졸업생을 더 선호하고 자랑스럽게 여긴다. 따라서 이들이 태국사회에서 높은 사회적 지위를 갖거나 영향력 있는 인물이 되기는 매우 어려웠다. 그러나 이러한 타이무슬림사회의 분위기는 최소한 1970년대 말까지 매우 강하게 지속되었다.

III. 타이무슬림의 분리독립투쟁

쑤코타이 왕국 이후 이슬람 빧따니 왕국은 태국 중앙왕국의 속국(屬國)의 지위를 벗어나지 못하였다. 그러나 빧따니는 문화적·종교적·언어적으로 말레이 반도와 밀접한 관계를 유지하여 불교문화와 차별적인 이슬람 문화를 근거로 끊임없이 소요를 일으키고 중앙부에 항거하였다. 특히 태국의 역대 왕조들이 왕권 쟁탈에 휘말리거나 외부와 전쟁으로 인하여 곤경(困境)에 처해 있을 때는 예외 없이 그 정도가 더욱 심해졌다.

빧따니의 소요는 라마 5세가 1902년 남부 7개 소지역의 통치에 관한 새로운 법령을 시행하자 더욱 심화되었다. 중앙정부가 지방 영주들의 권한을 대폭 축소하고 중앙정부에서 파견한 태국인 관료들로 영주를 대치시키는 한편, 타이무슬림에 대하여 강제적으로 태국사회로 흡수하려는 정책이 시도되었다. 이때부터 타이무슬림들은 그들의 종교와 문화를 고수하기 위해서 분리독립 움직임을 본격화하였다. 특히 당시 빧따니의 영주였던 압둘 카데(Abdul Kader)가 분리독립운동의 핵심 인물로 떠올랐다. 그는 태국으로부터 분리를 주장하다가 1902년 체포되어 핏싸눌록으로 유배되었다가 2년 9개월 만에 사면되었다.

태국 정부는 남부지역에서의 분리독립운동이 정부정책에 불만을 품고 기득권을 되찾으려는 세력들이 주도하고 있다는 사실을 인지하게 되었다. 이들이 제기하는 문제는 주로 조세 거부나 이슬람 종교기관에 대한 정부의 제한정책에 대한 불만과 타이무슬림의 종족적·종교적 분리를 요구하는 것이라는 사실도 확인하였다. 그럼에도 불구하고 태국정부는 1903년 결혼과 상속에 관한 사항을 제외하고 이 지역의 모든 행정제도와 법규를 태국식으로 바꾸었다. 나아가서 1921년 태국정부는 초등교육 의

무법을 제정하여 타이무슬림의 자녀들을 태국 초등학교에 입학시켜 태국식의 교육을 받을 것을 의무화하였다. 이와 같은 일련의 강압정책이 전개되자 타이무슬림들은 이슬람교와 자신들의 문화를 말살시키려는 정책으로 인식했다. 따라서 그들의 저항은 더욱 심화되었으며 상대적으로 태국정부에 대한 반감이 깊어 갔다.

남부 이슬람 지역의 태국화는 1932년 입헌혁명 이후 가속화되었다. 태국정부는 타이무슬림을 통합하려는 첫 단계 조치로 남부지역에서 태국 국가(國歌) · 태국사(泰國史) · 태국어를 가르치도록 시도했다. 그러나 이러한 정책은 성공을 거두지 못하고 오히려 타이무슬림들의 거센 반발만 야기시켰다. 타이무슬림 지도자들은 태국정부 정책에 저항하여 자신들의 문화와 종교를 고수하기 위한 적극적인 노력을 전개하기 시작했다. 이들은 타이무슬림의 단결을 유도하고 자치권을 획득하고자 말레이시아의 끌란딴(Kelantan)으로 이주하여 태국에 있는 말레이무슬림과 연계하여 투쟁하였다. 일부는 태국의 의회나 행정부에서 타이무슬림들의 대변인 역할을 맡으며 자신들의 주장을 관철시키려 하였다.

그러나 1938년 피분(Phibun)이 수상에 오르면서 태국정부에 대한 타이무슬림의 반감(反感)은 절정에 달했다. 철저한 민족주의자였던 피분은 '랏타니욤'이라 칭하는 범(凡)태국 민족주의 정책의 일환으로 태국 영내의 모든 종족을 태국국민으로 끌어들여 태국의 언어와 문화로 흡수하여 동질화하려고 했기 때문이었다. 이에 따라 태국문화에 동화를 거부하는 이종족(異種族)의 언어와 문화를 인정하지 않는 등 태국 내 모든 소수종족에 대한 강압적 정책으로 일관하였다. 이때부터 태국정부는 타이무슬림들에 대하여 처음으로 '콘타이'라고 부르기 시작하였다. 콘타이는 태국인이라는 뜻인데, 피분정부가 소수종족들에 대한 동화정책의 첫 단계였다. 이전까지는 무슬림들을 '캑'이라 칭하여 멸시하였으나, 피분정부는 캑 이외에도 캑무슬림 · 캑말라유 · 캑팍따이 등의 호칭을 일괄적으로 콘타이로 바꿈으로써 동화정책의 시행을 강행하였다.

피분정부는 나아가서 초등학교 과정에서 말레이어 교육을 취소하고, 말레이시아로부터 말레이어 서적 반입을 금지시켰으며, 태국인이 다른 지역에서 남부지역으로 이주하여 정착하는 것을 금했고, 또한 뻐너를 이슬람공립학교로 개칭하는 등 철저하게 무슬림들을 태국사회로 동화시키고자 하였다. 피분의 동화정책은 복식문화에까지 미쳤다. 타이무슬림에게 치마 모양의 사롱(sarong) 착용을 금지하고, 남자에게는 긴 바지를 입고 모자를 착용하도록 강제하였다. 또한 짐을 운반할 때 머리에 이는 말레이식을 금하고 태국식으로 어깨에 매도록 규정하는 등 무슬림들의 전통 관습과 언어 등 여타의 이슬람적 문화를 고려하지 않은 채 일방적인 강압정책이 계속되었다. 이로 인해서 타이무슬림은 생존차원에서 태국으로부터 분리독립하려는 강한 욕망을 가지게 되었다.

한편 제2차 세계대전 이후 태국 주변의 국가들이 잇달아 독립하자 식민지역에 거주하던 무슬림들 사이에서도 당연하게 민족주의 의식이 생겨났다. 이에 따라, 타이무슬림 민족주의자들도 태국으로부터 분리독립하려는 강한 유혹을 받았다. 그 결과 타이무슬림들은 1946년 빧따니말레이연합(AMGP: *Association of Malays of Great Pattani*)과 빧따니인민운동(PPM: *Pattani People's Movement*) 등의 조직체가 중심이 되어 타이무슬림의 자치권과 독립획득을 위한 투쟁을 전개해 나갔다. AMGP 소속의 일부 극단주의자들은 말레이무슬림들과의 공동투쟁을 통하여 빧따니-말레이연방을 결성하자고 주장하였다. 이러한 격앙된 분위기 속에서 당시 무슬림 최고 지도자였던 하지 압둘 라만(Haji Abdul Rahman)은 1948년 나라티왓에서 대규모의 폭동을 주도하였다. 피분정부가 시행한 동화정책에 대한 반감으로 촉발(觸發)된 대규모 폭동에서 수많은 인명이 정부군에 의해서 살상되었으며, 약 2천여 명의 타이무슬림이 말라야연방(*the Federation of Malaya*)로 피난하였다.

타이무슬림들에 의한 대규모 폭동 직후인 1948년 1월 이들 대표들은 유엔사무총장에게 탄원서를 보내어 남부 태국의 4개 도를 분리하여 영령

(英領) 말라야연방에 합병해 줄 것을 요구하였다. 또한 유엔 안보리가 이 사건의 진상 규명을 위해 특별위원회를 태국에 파견하여 조사하고 국민투표로 타이무슬림의 의사를 물을 것도 요청하였다. 그 결과 이 지역에 대한 국제적 관심이 고조되어 일시적으로 이슬람과 타이무슬림에·대한 위협이 크게 감소되었다. 뿐만 아니라 피분정부는 최소한 표면적으로는 타이무슬림에 대해 유화적(宥和的)인 정책을 취하기 시작하였다. 태국정부는 또한 남부에서 정부 관료의 임용과 이슬람교의 지위, 그리고 이제까지 타이무슬림들이 추구해 온 개혁에 관한 조치를 담은 성명을 발표하는 등 남부 4개 도 문제에 대해 구체적인 정책을 내놓았다. 타이무슬림들도 이에 긍정적인 반응을 보이기 시작했다.

그러나 태국정부가 약속한 대(對)타이무슬림 유화정책은 실현되지 않았다. 태국정부와 타이무슬림의 관계는 1954년 무슬림 지도자 하지 술롱(Haji Sulong)과 3명의 추종자가 행방불명되면서 크게 긴장되었다. 이들은 태국 경찰에 의해서 싸얌(Siam)만(灣)에 수장(水葬)되었다는 풍문이 유포되자 타이무슬림사회는 동요하기 시작하였다. 태국 국내 여론과 국제사회가 가세하여 태국정부의 종족 차별정책에 대한 비난에 나섰다. 결국 피분정부의 타이무슬림에 대한 통화정책의 시도는 남부 4개 도에 심각한 정신적 피해를 안겨 주었고, 이들에게 깊은 상처를 남겨 놓았다.

1960년대에 들어서도 태국정부의 타이무슬림에 대한 동화정책은 계속되었다. 이에 대항하여 분리독립을 주장하는 무슬림 조직들도 국내외의 여러 지역에 대표부를 설치하여 적극적인 대정부 투쟁에 나섰다. 그러나 싸릿 정부(1958-1963년)는 1961년 전 국민의 국가적 통합을 유도하기 위하여 남부 4개 도에 산재되어 있는 전통적인 이슬람학교인 뻐너를 이슬람공립학교로 등록하여 중앙정부의 통제를 받도록 조처하였다. 이 정책은 타이무슬림에게 태국식 교육과 태국어를 가르쳐 태국인으로서의 의식을 고취시키자는 것이었다. 이에 따라 모든 뻐너는 정부 당국이 정한 교과과정에 따라 태국어 교재를 이용하여 태국어로 교육하도록 강요당했다.

이러한 태국정부의 강압적 동화정책은 무슬림사회에 큰 파문을 불러일으켰으며, 1961년 3월의 대규모 폭동 시도로 이어졌다. 그러나 사전에 발각되어 주동자들이 반란음모와 공산주의자라는 죄목으로 체포되었다. 그럼에도 불구하고 분리운동은 진정되지 않고 1970년대 중반까지 도처에서 크고 작은 소요사태가 계속되었다. 이에 태국정부도 군사작전을 강화하여 무슬림에 대한 강경책을 지속해 나갔다. 분리주의자들도 이에 대항하여 극단적인 형태의 약탈이나 방화 등 테러활동을 조직적으로 전개하였다. 이들 중 일부는 과거 말레이공산당의 무장세력이었던 말레이 인민해방군과 연계되었을 것이라는 주장도 있었다.

타이무슬림들의 분리주의운동은 크게 세 그룹으로 나뉘어져 있었다. 첫째 그룹은 같은 이슬람국가인 말레이시아연방에 참여하자는 그룹이고, 둘째 그룹은 술탄 체제 하에서 독립된 이슬람국가로 출발하자는 그룹이며, 셋째는 독자적으로 빧따니공화국을 건설하자는 그룹이었다. 이들 그룹들은 1960년대 초반부터 1970년대 사이에 생겨났다. 주요 조직으로는 빧따니민족해방전선(BNPP: *National Liberation Front of the Pattani*), 빧따니연합해방기구(PULO: *Pattani United Liberational Organization*), 민족혁명전선(BRN: Barisan Revolusi Nasional) 등이 있었으며, 무장세력으로 '알라의 군대'라는 이름의 사빌릴라(Sabilillah)가 조직되었다.

1980년대 초에는 또 다른 이슬람분리주의 조직체가 결성되어 태국 남부를 거점으로 활동하였는데, 다와(Dawah)라는 명칭의 정통 이슬람조직이었다. 이 단체 역시 무장투쟁의 노선을 취했으며 태국 남부에 무슬림 독립국가를 세우는 것을 목표로 삼았다. 이 조직들은 말레이시아와 태국의 국경에 있는 밀림 속에tj 활동하면서 상호연계, 공조하여 파괴와 약탈 행위를 일삼았다. 그들은 태국인에게 불안감을 조성하고 태국정부에는 안보상의 위협을 가중시키면서 국내외적으로 지지와 지원을 요구하는 분리독립운동을 펼쳐나갔다.

그러나 1981년 쁘렘(Prem Tinsulanonda) 수상이 남부지역에 대한 치안을 유지하기 위하여 남부국경행정관리대를 창설한 이후 이들의 게릴라 활동은 한동안 주춤해졌다. 그 후에도 태국남부의 무슬림지역에서의 소요와 게릴라 활동은 간헐적으로 계속되었다. 1993년 8월에 빧따니 · 얄라 · 나라티왓 등지에서 학교 방화나 불교사원에 대한 수류탄 투척, 태국군 공병대 습격, 열차 폭발 미수사건 등 연속적인 테러가 발생하였다. 이러한 일련의 테러사건은 분리독립운동에 대한 타이무슬림의 열망이 소멸되지 않았음을 나타내는 것이었다.

1997년에는 빧따니무슬림위원회(MPRMP: *Council of the Moslem People of Pattani*)란 조직이 만들어져서 타이무슬림을 대변하여 태국정부에 대한 압력단체로 등장하였다. 태국정부도 과거의 강경 일변도에서 90년대 후반부터 온건한 포용정책으로 선회(旋回)하여 남태 무슬림과 무슬림 사회문제를 평화적인 방법으로 해결하고자 꾸준히 노력해 왔다. 이에 따라 무슬림에 의한 테러행위나 대규모 폭동은 거의 일어나지 않고 있다. 이들 타이무슬림 사회에서도 해외에서 유학을 하고 돌아 온 신진세력이 중심이 되어 평화적인 방법으로 자신들의 요구를 관철시키려 하고 있다.

타이무슬림들은 자신들의 역사적 · 문화적 정체성을 바탕으로 자치권을 주장하면서 정치적으로 태국으로부터 정당한 대우를 받기 위한 노력을 끊임없이 전개해 왔다. 태국정부도 이들에 대한 강온정책을 적절하게 구사하며, 타이무슬림들이 태국 왕국의 영토에서 이탈하려는 시도를 원천적으로 봉쇄하고 있다. 그러므로 타이무슬림들의 분리주의운동은 정치적 타협에 의해서 근본적으로 해결될 수가 있는 문제가 아니다. 태국의 경제발전이 만족할만한 수준으로 이루어지고 국민화합 차원에서 타이무슬림들에 대한 다종족 · 다문화정책이 자리를 잡을 때까지 지속될 것으로 보인다.

IV. 태국정부의 남태 이슬람 지역에 대한 정책

1. 교육정책

타이무슬림들을 태국 국민으로 통합시키는데 가장 큰 장애로 교육문제를 들고 있다. 이에 따라 태국정부는 이들에 대한 사회적 · 경제적 지위를 상승시키는 가장 효과적인 방법으로 교육수준을 높이는데 중점을 두어 왔다. 이슬람교육을 담당하는 또구루에 의해 설립된 뻐너는 교과과정이나 학과목이나 수업시간 또는 교육기간 등이 규정되어 있지 않았다. 그러므로 타이무슬림의 교육은 전적으로 또구루 자신의 지식이나 능력에 의존하였는데, 또구루의 자격기준 또한 일정한 기준이나 원칙이 없었다. 강의는 아랍어나 말레이어를 4년 간 기본언어로 교육하는데, 태국어 과목이 없어 학생들은 태국어를 말하거나 사용할 수가 없었다. 따라서 시대의 변화에 맞는 새로운 학문이나 지식을 폭넓게 배우거나 접할 기회가 적었다. 그 결과 어릴 때부터 태국인이라는 의식이 부족하게 되고 태국식 학교에서 공부하는 것을 거부함으로서 태국으로부터 분리독립을 원하는 일부 정치가나 무슬림 과격단체의 유혹에 쉽게 넘어가게 되었다.

태국정부는 타이무슬림사회의 뻐너 교육의 여러 가지 문제점을 잘 인식하고 있었다. 그러므로 뻐너를 시대에 적합하고 올바른 교육기관으로 만들고자 기준에 미달하는 뻐너를 정비하여 타이무슬림들에게 교육기회를 확대시켜주고 정규 이슬람교육을 정책적으로 뒷받침하기 시작했다. 이러한 취지에서 1954년의 공립학교법을 공표하고, 뻐너를 타이무슬림 지역의 공동체 발전의 중심 교육기관으로 육성하는 방안에 착수하였다. 이에 따라 타이무슬림 지역의 모든 뻐너를 공립학교로 등록시키는 정책을 취했다. 그러나 등록을 공고한 첫 해에는 약 200여 개의 뻐너 중 단지 20여 개만이 등록하는 데 그쳤다.

타이무슬림사회의 미온적인 태도는 1959년 푸미폰 국왕이 얄라(Yala)

를 방문하여 무슬림들의 교육에 큰 관심을 표명한 후 활기를 띠게 되었다. 국왕은 "남태지역에서 교육은 매우 중요하다. 주민들이 태국어를 말할 수 있도록 교육제도를 개선해야 할 것이다. 비록 태국어를 유창하게 구사할 수는 없어도 의사가 소통될 수 있는 정도면 충분하다. 태국어를 모르는 사람이 있기 때문에 통역을 이용해야 하는 불편함이 있다. 서로 간에 의사소통을 할 수 있도록 태국어를 배우도록 노력하자"고 남태 무슬림들을 고무하고 격려하였다. 국왕은 남부 타이무슬림 지역에서 가장 큰 문제는 바로 대부분의 주민들이 태국어를 말할 수 없다는 점을 들었다. 이로 인해서 교육문제는 물론이고 제반 경제문제와 사회문제를 야기하여 남태 지역 상황을 악화하고 있다고 인식하였다. 더욱 중요한 것은 타이무슬림과 불교도 간에 의사소통이 되지 않아 결국은 국민화합에도 큰 장애가 되고 있음을 지적한 것이다.

이러한 푸미폰 국왕의 인식에 따라 정부는 서둘러서 타이무슬림사회의 교육제도 개선에 나섰다. 태국정부는 1961년 처음으로 '뻐너개정법'을 공포함으로써 전국에 있는 모든 뻐너가 교육성에 자발적으로 등록하도록 하였다. 이 법에 따라 공립학교로 등록을 한 뻐너는 정부로부터 각종 지원을 받게 되었다. 이들 등록 뻐너는 과거 종교교육 일변도에서 탈피하여 태국어 과목과 직업교육 과목을 추가하여 태국어 교육과 태국식 교육을 받도록 유도하였다. 1961년과 1965년 두 번에 걸친 뻐너에 대한 정부정책에서 주목할 점은 뻐너를 공립학교로 개편하는데 있어서 강제성을 띠지 않고 순수하게 또구루의 자발적인 의사에 맡겼다는 점이다. 즉 정부는 보조금 지급이라는 방법을 활용하여 뻐너를 공립학교로 등록케 하여 정부의 감독과 보호 하에 두려는 의도를 가지고 있었다.

그러나 이러한 정부의 정책은 큰 실효를 거두지 못했고, 따라서 많은 수의 뻐너들이 일반 공립학교로 전환하기를 거부했다. 이에 따라 정부는 1966년 뻐너에 관한 두 가지 정책을 채택하였다. 첫째로 뻐너의 신규 설립을 금지하고, 둘째는 기존 뻐너는 향후 6개월 이내에 교육성에 등록하고 빠너와 같은 성격의 종교 교육제도를 없애는 것이었다. 이러한 정책은 국가의 정치 · 사회 · 경제적 상황에 부합되도록 새로운 종교교육제도를 마련하고 빠너도 정부의 보호와 감독 하에 두기 위함이었다. 그 결과 전국 535개의 빠너 중 426개가 공립학교로 전환했고, 이후 새로 설립된 빠너는 없었다. 나머지 109개의 빠너는 내각의 의결에 따라 폐교를 결정했다. 또한 남태 이슬람 지역에 중등학교와 다양한 직업학교가 설립되었다 고등교육기관으로 1967년에 쏭클라국립대학이 빧따니에 설립되었다. 이 대학은 타이무슬림을 위해서 많은 수의 정원을 특별 배려하였다. 고등교육을 받고자 하는 무슬림을 위해서 대학입학 특별할당제를 실시하여 1971년부터 남부지역의 국립대학과 경찰대학에 각각 50명씩 특례입학을 허용하였다.

이러한 교육제도의 개선으로 태국어를 말할 수 있는 무슬림이 1959년의 34퍼센트에서 1980년대 초 82퍼센트로 증가하였다. 또한 1960년대 이전에는 남부지역의 태국식 중학교에 진학한 무슬림이 거의 없었으나, 1985년에는 약 60퍼센트를 웃돌았다. 교육대학을 졸업한 무슬림도 전체 학생의 20퍼센트에 이르러 태국정부의 의도대로 많은 수의 무슬림이 태국식 고등교육을 받게 되었다. 또한 새로운 교육제도를 지방 엘리트 양성과 연계함으로써 무슬림들을 태국정부의 관료조직에 참여하게 하였다. 이들 무슬림 관리들은 자신의 출신지역에서 근무할 수 있는 기회를 갖도록 유도함으로써 태국어를 말하는 관료와 말레이어를 말하는 주민 간의 의사소통은 물론 지역주민 간의 이질감과 문화적 갈등을 줄이는데 크게 기여하였다.

이러한 엘리트 양성 정책과 함께 태국정부는 남태 이슬람 지역에 파견되는 태국관료에 대한 교육도 강화하여 타이무슬림의 언어 · 문화 · 풍습 등에 대한 이해도를 높여 이질감을 낮추고 거리감을 좁히도록 했다. 이러한 정책에 일환으로 태국정부는 1977년 태국 남부 4개 도에 파견하는 관료들의 자격을 규정하였다. 그 내용은 태국 남부의 사투리를 말할 수 있는 품행이 바른 타이무슬림이어야 하며, 비무슬림의 경우 적어도 무슬림의 언어를 말할 줄 알아야 하고, 무슬림들의 언어를 모를 경우에는 최소한 타이무슬림이어야 하며, 타이무슬림도 아니고 또 말레이어도 모를 경우에는 무슬림의 풍습과 전통에 밝고 업무 처리가 공정한 인물이어야 한다는 것 등이었다.

이러한 규정에 따라 태국정부는 이 지역에 파견되는 관료들은 이슬람 문화에 따라 올바르고 편견이 없이 공정하게 정부정책을 수행하도록 특별한 배려를 하였다. 이때 만들어진 업무지침으로 준수해야 할 사항과 금기사항은 다음과 같다.

• **준수사항**

첫째, 종교의 차이가 태국인을 서로 다른 종족으로 분리한다고 생각해서는 안 된다. 이 슬람을 믿는 무슬림 역시 태국인이기 때문에 국가의 한 구성원으로서의 권리를 가지 며, 다른 종교를 믿는 태국인과 동등하게 정부로부터 여러 혜택을 받을 권리가 있다.

둘째, 무슬림에 대한 오해와 편견을 막기 위해 이슬람 교리를 비롯하여 이슬람의 관습, 종교 활동 등을 공부하고 이해함으로써 무슬림들과의 문화적 괴리감을 없애도록 노력한다.

셋째, 이슬람사원, 이슬람의 종교의식에 대해 성스러운 마음을 갖고 항상 존경심을 표 한다.

넷째, 무슬림의 종교행사에 초대받았을 때 종교적인 차이를 이유로 들어 거부하지 말고 함께 참여하도록 한다.

다섯째, 무슬림지역에 처음 파견되는 관료는 먼저 이 지역 이슬람지도자를 방문하여 인사하고 존경을 표한다.

여섯째, 무슬림이 관료가 되었을 경우 종교교리에 따라 철저히 수행하고 다른 종교를 믿는 관료들과도 잘 협력한다.

일곱째, 종교가 국가에 평화 및 안보를 가져다주는 중요한 것이라고 믿음으로써 무슬림의 종교 활동을 보장하고, 적극 후원하는데 관심을 갖고 도와주는 것이 최대의 의무라고 생 각한다.

• **금기사항**

첫째, 무슬림을 '캑'이라고 부르는 등 서로 다른 종교를 믿는 사람 간에 이질감을 불러 일으킬만한 언행을 삼간다.

둘째, 무슬림들이 금기하는 가축의 요리를 먹는다든지 술을 마시는 행위 등 무슬림과 함께 있는 자리에서 종교교리에 반하는 행위를 금지한다.

셋째, 무슬림 여성에게 옳지 않은 행위를 하지 않도록 주의한다.

넷째, 무슬림들의 종교 활동을 조롱하는 말이나 행위를 금지한다.

다섯째, 다른 종교의식에 무슬림들을 강제로 초청하지 않는다.

태국정부의 무슬림에 대한 교육정책은 다양한 방법과 형태로 전개되었고, 그 결과 타이무슬림을 제도권 내로 끌어들이려는 시도는 어느 정도 성공을 거두었다. 현대식 교육을 받은 많은 무슬림들이 정부와 사회의 높은 지위에 오르게 되었고, 이들은 서서히 태국사회로 동화되었다. 특히 고등교육을 받은 타이무슬림을 공무원으로 특채하는 정부 정책은 무슬림사회의 변화에 중요한 역할을 하였고 무슬림과 불교도 간의 융화에도 영향을 미쳤다. 무슬림 또한 그들 나름대로 정부의 관료가 됨으로써 사회적 지위의 상승은 물론 경제적 어려움으로부터 벗어날 수 있었기 때문에 본인들에게는 매우 긍정적으로 받아들여졌다.

그러나 아직까지 대다수의 빠너출신 학생들의 교육수준이 상대적으로 낮아 무슬림 학생들이 상류사회로 나갈 수 있는 관문인 고등교육을 받기가 힘든 실정이며, 태국정부의 특채에 의해서 선발된 무슬림 공무원들도 중앙정부의 요직에 임명되는 경우가 흔치 않다. 또한 일부 타이무슬림사회에서는 정부의 특채로 공무원이 된 무슬림들을 무슬림도 아니고 불교도도 아닌 자신의 정체성을 가지지 못하는 사람으로 보는 경향도 있다는 것이다. 이들은 무슬림사회로부터 자신의 문화를 거부한 종교적으로 신실(信實)하지 못한 사람으로 간주되고 있다. 결국 무슬림 관료들은 태국정부와 타이무슬림 간의 가교 역할을 충분히 하지 못하고 있는 셈이다.

2. 종교정책

종교적인 측면에서 불교의 나라 태국은 종교의 자유를 적극적으로 보장하고 있는 나라이다. 역사적으로 태국은 불교가 아닌 다른 종교를 배척하거나 혐오한 적이 없었다. 오히려 국왕을 비롯하여 정부와 대다수의 일반 국민들까지도 종교의 자유를 만끽해 왔다. 이러한 종교에 대한 개념은 헌법에서도 명확히 명시되어 있다. 여러 차례의 헌법 개정이 있었지만, 종교에 관한 조항은 1973년 이후 그대로 유지되고 있다. 예를 들어 어떤 종족이거나 어디서 출생했든지 혹은 어떠한 종교를 가지고 있든 간에 태국국민은 모두 태국왕국 헌법의 보호 하에 동등한 지위를 누릴 권리를 가지고 있으며(제4조), 모든 국민은 종교를 신봉하는데 있어서 완전한 자유를 가지며, 국가의 안녕과 도덕에 반하지 않는 한 자신의 믿음에 따라 종교의식을 수행할 자유를 가진다(제 25조) 등이다.

이슬람교는 태국에서 불교 다음으로 신도수가 많은 종교이며, 전국적으로 40여개 도에 약 2,000개의 이슬람사원이 있다. 태국정부는 1945년 타이무슬림을 태국인으로 동화시키는 정책의 일환으로 이슬람법령을 공포하였다. 태국정부의 대 무슬림 지원 정책은 주로 그들의 종교 활동을 보장해 주기 위한 것이며, 이에 따라 무슬림들은 각종 출판 사업을 통해 이슬람문학을 포함한 각종 출판물을 보급시킴으로써 이슬람에 관한 이해를 높이고 있다.

1976년 이슬람 선교단체인 탐마짜릭(*Pilgrims of Faith*)이 설립된 후 태국정부는 이슬람에 대한 올바른 종교교육을 하도록 조처하였다. 태국이슬람 최고 지도자로 국왕에 의해 임명되고 왕실의 후원을 받는 쫄라랏차몬뜨리를 방콕에 두고 이슬람과 무슬림사회에 관한 자문을 받고 있다. 쭐라랏차몬뜨리의 하부 조직으로 이슬람중앙위원회를 설치하여 실질적으로 태국 이슬람에 관한 종교업무를 총괄케 하고 있다. 또한 이슬람 지방위원회와 자문위원회를 두어 타이무슬림 전체의 이익을 대변함으로써 무슬림과 태국불교도 간의 이해증진과 평화적인 공존을 위해 적극적인 노력을 하고 있다.

오늘날 태국에는 왕실과 정부의 후원을 받는 쭐라랏차몬뜨리 이외에도 알 지하드(Al Jihad)지를 발행하는 이슬람 현대주의자들의 사회조직과 '결속'이라는 뜻을 가진 알 라비타(Al Rabitah)의 발행을 주관하는 정통 이슬람주의자들의 모임이 있다. 이들 두 세력과의 경쟁을 꺼리면서 쭐라랏차몬뜨리의 간섭을 거부하는 태국 남부의 말레이계 무슬림조직도 있는데, 이들은 각기 조직에 속한 무슬림들의 이익을 대변한다고 주장하고 있다.

3. 경제정책

1902년 이후부터 본격적으로 제기된 타이무슬림의 분리주의운동은 그동안 태국정부가 강압적인 방법으로 자신들을 태국사회에 동화시키려 한다는 피해의식에 의거하여 분리독립과 주체성 확립을 주장해 왔다. 따라서 이들은 주로 테러나 파괴활동 등의 물리적 행동을 통해서 불안과 소요를 야기함으로써 태국정부에 자신의 주장을 관철시키려고 했다. 이들의 분리주의 움직임은 인접한 이슬람국가인 말레이시아를 비롯한 동남아와 중동에 산재되어 있는 이슬람국가들의 관심을 끌었다. 이에 따라 이들 이슬람 형제국으로부터 정서적인 성원 이외에도 재정적 · 군사적 지원을 받기도 했다.

태국정부는 이러한 타이무슬림들의 자치권에 대한 지속적인 열망(熱望)이 분리주의운동과 직결되며, 타이무슬림들은 중앙정부가 자신들의 정당한 요구를 허용하지 않는 것은 문화적으로 예속시키려는 의도로 판단하고 있다는 사실을 깊이 인식하게 되었다. 이에 따라 태국정부는 타이무슬림들로부터 정부의 정책에 대한 호응을 이끌어 내기 위해서 이들에 대한 다양한 종교적 특권을 부여하게 되었다. 이러한 정치적인 배려는 타이무슬림들을 정치적으로 대중화시키고 태국정부에 대해 좀 더 긍정적인 태도를 갖게 함으로써 이들을 태국사회로 통합하는 전단계(前段階)로 삼고자 하였다. 또한 태국정부는 과거 분리주의운동에 관련된 무슬림들은 무조건 체포하여 내란이나 소요 선동죄로 구금하고 실형을 선고하는 등 강경 일변도였으나, 1980년 이후에는 기존의 노선에서 벗어나 온건한 포용정책을 취하게 되었다.

타이무슬림을 비롯한 소수의 불교도 반정부 게릴라에 대해서 투항을 권유하고 동시에 투항한 이후에는 자유롭고 안락한 삶을 약속하여 합법적인 태국국민으로 받아들였다. 이러한 태국정부의 정책은 성공적인 것으로 받아들여지고 있으나, 아직도 과격한 무슬림에 의한 테러 사건은 간헐적(間歇的)으로 일어나고 있다. 이에 대하여 태국정부는 분리주의자들이 말레이시아를 비롯한 중동 이슬람국가들로부터 지속적으로 지원을 받고 있기 때문에 반정부 테러활동이 가능하다고 확신하고 외교적인 방법을 통해서 외부의 지원형태를 중립화하거나 감소시키려는 노력을 전개하고 있다. 이제까지 사우디아라비아 · 시리아 · 리비아 · 파키스탄 등의 이슬람국가들이 타이무슬림의 분리주의운동을 무슬림 해방운동의 차원에서 도와왔다. 이들 이슬람국가들은 타이무슬림들에게 재정적인 지원뿐만 아니라 장학금과 유학을 알선하여 다수의 타이무슬림 자녀들을 유학생으로 받아들이고 있다.

태국정부는 인접한 이슬람 대국인 말레이시아와 인도네시아 양국과의 특별한 관계유지에 세심한 배려를 하고 있는데, 이들 양국 정부로부터 태국 남부 이슬람지역에 대한 태국의 주권을 거듭 확인하기 위함이다. 나아가서 말레이시아가 공식적으로 혹은 비공식적으로 타이무슬림들의 분리주의운동을 지원하지 않도록 확인해 주기를 바라며, 또한 인도네시아와 말레이시아로 하여금 중동 이슬람국가들의 분리주의자들이 타이무슬림에 대한 유무형의 지원을 자제해 주도록 요청하고 있기 때문이다.

태국정부의 남태 이슬람 지역에 대한 관심은 경제적인 측면에서도 잘 나타나고 있다. 남태 이슬람 4개 도 지역의 전반적인 소득 수준은 태국의 다른 지역과 비교할 때 상대적으로 많이 낙후된 상태로 있다. 이들의 소득은 태국의 평균소득에 미치지 못하며, 더욱이 이웃 말레이시아와 비교하면 더욱 열악한 상태여서 태국 중앙정부로부터 차별적인 대우를 받고 있다는 인식이 팽배하였다. 또한 주민들 대부분이 해안을 따라 작은 촌락을 이루고 있기 때문에 이들은 실제로 도시문명으로부터도 소외되어 있는 실정이다. 따라서 타이무슬림들은 중국계 태국인들과 불교도들은 정부의 보호 아래 잘 살고 있는데 자기들만이 가난하다고 여기고 있다는 것이다.

남태 이슬람지역 주민들의 상대적으로 낮은 교육수준이 이 지역의 경제수준 향상을 더욱 어렵게 하고 있다. 그래서 종족문제와 종교문제는 경제적 빈곤문제와 직접적인 연관이 있다고 보는 것이다. 따라서 일부 무슬림지도자들은 이 지역의 경제적 이익은 대부분이 화교와 태국 불교도에게 돌아가기 때문에 자신들에 의한 자치권 확보나 분리독립이 이 지역에서 소득의 정당한 분배를 성취하는데 필수적이라고 확신을 하게 한다는 것이다.

태국정부가 타이무슬림 지역에서 경제적 자립도를 높히기 위하여 남부 4개 도 지역의 발전에 힘쓰기 시작한 것은 1961년 이후의 일이었다. 1961년 태국정부는 이 지역 주민들의 주요 생계 수단인 고무재배로 얻는 수입을 증가시키고자 '고무농장 보조기금'을 마련하여 오래된 고무나무를 품종이 좋은 고무나무로 교체하도록 유도했지만, 대부분의 영세농민들의 비협조로 이 계획은 실패로 돌아갔다. 왜냐하면 고무나무가 자랄 때까지 기간이 너무 많이 소요되고, 그 기간 동안의 생계유지가 어려웠기 때문이었다. 또한 태국정부는 특별위원회를 두어 1964년부터 1974년까지 남부 4개 도의 농촌지역 발전에 많은 예산을 투입하여 도로와 항만의 건설을 비롯해 주민들의 복지건설에 힘썼으며, 농촌의 소득을 증대시키기 위해 농기구의 자동화에 힘썼다.

특히 1970년대 후반부터 타이무슬림의 경제적 빈곤을 해소하고자 마을단위 공동체를 만들어 그 공동체를 중심으로 경제적 자립마을을 유도하였다. 이 자립마을은 종교와 종족을 가리지 않고 지원받은 사람 중에서 무작위로 선발하여 정착시켰다. 초기에는 여러 가지 문제가 야기되었지만, 해를 거듭하면서 불교도와 무슬림들 간의 문화적 공통분모를 찾아내어 국민적 일체감 조성에 힘썼다. 이 자립마을 지원정책은 어느 정도 성공을 거두었는데, 이 운동을 통해서 언어·문화·종족의 차이점보다는 공동체 의식과 삶에 대한 희망과 공통된 목표가 더 중요하다는 사실을 인식시킬 수 있었다.

그러나 태국정부의 이들 지역에 대한 꾸준한 경제발전의 노력에도 불구하고 남부 4개 도는 계속해서 낙후된 지역으로 분류되고 있다. 그러므로 생활수준이 높은 말레이시아와 비교하여 타이무슬림들은 상대적인 빈곤으로 인한 열등의식으로 말레이 무슬림들에 대한 동경심을 가지게 되었다. 이로 인해서 이들은 말레이시아와의 합병을 통해서 보다 더 잘 살 수 있다는 은근한 소망과 기대감을 버리지 않고 있다. 타이무슬림들이 가지고 있는 이러한 정서적인 관심이 불식(拂拭)되지 않는 한 태국정부에 대한 이들의 불만감은 해소되기 어려울 것이다.

V. 태국정부의 대(對) 타이무슬림 정책의 변화

1. 9·11 사태의 영향과 새로운 유형의 테러발생

태국정부와 타이무슬림 간의 고질적인 갈등은 1980년대 이후 태국정부가 타이무슬림들에게 완전한 종교적 자유를 부여하고 교육기회를 확대하며 다양한 경제지원을 통한 점진적인 통합정책을 실시하면서 어느 정도 해소되었다. 그러나 그 후에도 일부 과격한 이슬람 무장세력의 게릴라 활동과 테러 행위는 간헐적으로 지속되었다. 이들 과격집단은 이슬람이 궁극적으로 추구하는 정교일치와 신법통치국가를 지향하는 정통이슬람주의자이나 그들의 동조세력인 것으로 알려져 있다.

2001년 9·11 테러 사건 이후 미국의 대(對) 테러 전쟁의 여파가 동남아의 이슬람국가인 인도네시아에 미쳤고, 곧 필리핀 남부지역과 남태 이슬람 지역에도 파급되었다. 2004년 초부터 남태 지역에서는 과거와 양상이 다른 크고 작은 테러가 계속되어 민간인 · 불교도 · 공직자 · 승려 · 교사 · 외국인 관광객 등 테러 대상이 불특정하고 폭력 자체도 더욱 과격하고 잔인해졌다. 나라티왓의 경우, 2004년 1월 4일 이슬람 분리주의 무장세력들이 군대 무기고를 습격하여 경비병 3명을 살해하고 수백 점의 무기류를 탈취하였다. 이들은 계속해서 총 21개소의 학교 등 공공건물에 연쇄적으로 방화하였다. 이에 따라 태국 정부는 남부 3개도에 계엄령을 선포하고 군 병력을 투입했으나 이슬람 지도자들을 무차별 체포하여 반발이 커지는 등 과잉진압으로 논란을 빚었다.

2004년 3월 28일에는 말레이시아와 국경을 접하고 있는 쑤응아이꼬록 시의 한 호텔 주차장에서 폭탄이 터져 민간인을 대상으로 한 테러가 발생하였다. 사망자는 없었으나 불특정 민간인을 겨냥했다는 점에서 태국에서도 이슬람 테러가 일상화되는 것 아니냐는 우려가 터져 나오기 시작했다. 태국정부는 이번 폭탄 공격이 외국의 테러단체가 저질러졌다는 증거는 발견하지 못했다고 밝혔으며, 또한 자신들이 테러를 저질렀다고 주장하는 조직도 나타나지 않았다.

2004년 3월 31일에는 10여명의 무장 괴한들이 얄라(Yala)의 한 채석장을 습격하여 다이너마이트와 1.4톤의 질산암모늄 등을 강탈하였다. 태국 정부는 얄라 지역에서 폭력행위를 일삼고 있는 테러집단의 소행이며, 강탈해 간 질산암모늄의 분량으로 마을 하나를 통째로 날릴 수 있는 양이라고 밝혔다. 4월 22일에는 나라티왓도에서 학교와 관공서 등 공공건물과 교회 등에서 동시다발적으로 방화사건이 발생하였는데, 현지 경찰은 이번 사건이 지난 1월 4일 발생한 군부대의 무기고 습격과 학교 연쇄방화 이후 가장 치밀하게 준비했다는 점에 주목하였다.

계속해서 2004년 4월 28일에는 쏭클라 · 얄라 · 빧따니 등 남부 3개 도에서 칼과 총기류로 무장한 과격파 젊은이들이 총 15개 소의 경찰서와 군 검문소 등에 동시다발적인 공격을 가하는 사건이 터졌다. 이 과정에서 경찰과 치열한 총격전이 벌어져 120여 명의 사망자가 발생하였다. 이러한 동시 다발적인 공격에 가담한 이슬람 과격파들은 대부분 20세 미만의 청소년층이었으며, 주동 인물 2명은 50대와 60대였다. 이들 중 32명은 군경과의 총격전에서 패퇴하여 빧따니 지역의 한 이슬람 사원으로 숨어들었다가 로켓추진탄 공격을 받고 몰살당하기도 했다. 태국의 네이션(*the Nation*)지(紙)는 현지 관리들의 말을 인용하여 이들 무장 과격파의 공격이 군사작전을 방불케하였으며 마치 자살특공대의 임무를 수행중인 것처럼 보였다고 전했다.

당시의 태국 수상 탁씬(Taksin)은 2004년 4월 28일의 사건은 같은 해 1월 4일에 일어났던 군 무기고 습격사건과 연계돼 있다고 주장하였다. 그는 일련의 사건이 사전에 조직적으로 준비는 됐지만, 무기 탈취를 목적으로 한 것이며 국제 테러리스트들과의 관련 가능성은 매우 낮다는 견해를 밝혔다. 또한 탁씬은 테러 활동에 가담한 이슬람 과격파는 20세 안팎의 젊은 층이 대다수이며, 말레이시아와의 접경부근 산악지대에서 무장한 채 테러훈련을 받고 있는 것으로 추정하였다. 탁씬은 그들이 종교적 이유나 국제 테러리스트들과 관련이 없는 단순한 갱단의 행위라고 주장했으나, 갱단이 이처럼 무모하게 군부대를 습격했던 경우는 전례를 찾아보기 힘들다는 것이 국제적인 시각이었다. 종교적이나 이념적 동기를 빼고는 100여 명이 자살행위나 다름없는 공격을 벌이는 것은 납득하기 힘들다는 것이다. 태국 언론들은 2004년 초에 연속적으로 발생한 테러 사건을 배후 조종하였고 당시 말레이시아에 은신중인 것으로 추정되는 와에카 라에(Waeka Rae)는 아프카니스탄에서 알 카에다에 합류하여 미군과 전투를 벌인 인물이라고 보도하였다.

남태 이슬람지역의 유혈사태는 2004년 후반기에 재개되었다. 2004년 10월 26일 나라티왓에서 반정부(反政府) 시위를 벌이다 체포된 78명의 무슬림들이 경찰관서로 이송하던 차량 안에서 질식사하는 사건이 발생한 것이다. 이를 계기로 남태 이슬람분리주의자들이 대대적인 보복 공격을 공개적으로 선언하는 등 타이무슬림 사회와 중앙정부 간의 관계가 더욱 불편하게 되었다. 이 사건은 2004년 10월 25일 약 3,000명으로 추산되는 무슬림들이 나라티왓의 딱바이 경찰서를 점거한 채 정부가 지급한 총기를 이슬람 반정부세력에게 넘겨준 혐의로 체포된 무슬림 민방위대원 6명의 석방을 요구하는 시위를 벌이면서 촉발되었다. 태국정부는 1,000여 명의 군과 경찰을 동원해서 최루탄과 물대포 등을 쏘며 진압했으며, 이 과정에서 양측의 총격전으로 최소한 6명이 사망하고 20여 명이 부상했다. 또한 하루 뒤인 26일 경찰은 시위 도중 체포한 1,300여 명을 밀폐된 트럭에 태워 이송하는 도중에 78명이 질식사하는 참사가 발생하였던 것이다.

당시 방콕의 탁씬 수상은 2004년 10월 26일에 벌어진 참사가 같은 해 연초에 발생한 군부의 무기고 습격 사건과 연계되어 있다며 강력대응을 선언했다. 이에 따라 나라티왓의 12개 군(郡) 중 8개 군에 야간 통행금지가 실시되었다. 10월 26일에 터진 대형 참사는 4월 28일 동시다발적으로 일어난 유혈충돌로 무슬림 과격파 120여 명이 사망한 이래 최악의 사건으로 기록되었는데, 전문가들은 이슬람 분리주의자들은 물론이고 이슬람 무장과격파 세력까지 합세해 태국 정부에 대항할 것이라고 경고했다. 나라티왓의 타이무슬림위원회의 의장인 압둘라만 압둘사마드(Abdul Rahman Abdulsamid)는 "무슬림들은 정부의 진압군이 시위대를 의도적으로 살해했거나 고문했을 것으로 판단하고 있다"면서 향후 예상치도 못한 끔찍할 상황이 일어날 것이라고 경고했다. 또한 태국 정부 보안관계자들도 이번 사태는 불 난 곳에 기름을 부은 격이라며 사태 악화를 우려했다. 특히 태국 내 이슬람 분리주의 단체인 빧따니자유연합기구(PULO)는 성명을 통해서 "군과 경찰이 무슬림들의 목숨을 빼앗고 재산과 집을 강탈하고 파괴했다"며 그들이 저지른 범죄에 대한 대가로 방콕을 '피 바다'로 만들겠다고 공언했다.

이러한 내용들을 방콕포스트(*the Bangkok Post*)지가 상세하게 보도했으며, 이와 관련해서 태국정부는 PULO가 자살공격 등을 감행해 정부 요인을 암살하거나 방콕 이외의 주요 관광지에서 테러 활동을 벌일 가능성이 있다고 판단하고 긴급 보안조치 강화에 나섰다. 태국 언론들은 탁씬이 불필요한 강경진압책으로 대규모 참사를 초래했다고 비난했고, 인접한 말레이시아와 인도네시아의 이슬람 단체들도 탁씬 정부를 강력하게 비난했다. 말레이시아에 본부를 두고 있는 아시아청년이슬람기구의 마푸즈 오마르(M. Omar) 총재는 78명의 무슬림들이 질식사 한 것은 전 세계 무슬림에 대한 모욕이라며 태국 정부의 야만성을 보여주었다고 비판했다.

이와 같이 국내외에서 비판이 거세지자 탁씬은 남부 이슬람 폭력 사태에 대해서 2004년 11월 15일 전국 대학교수 대표자 회의에서 향후 영국 식민통치에 비폭력으로 맞선 간디처럼 비폭력적 접근 방식으로 남부 이슬람 지역의 문제를 해결하겠다는 뜻을 밝혔다. 그는 또한 "이슬람 극단주의자의 범죄를 진압할 때는 말레이시아와 인도네시아 등 이웃 이슬람 국가와 협조할 준비가 되어 있다"고 밝힘으로써 국제사회의 비난에 대해서 우회적으로 양해를 구했다. 그러나 말레이시아 의회가 딱바이 사건을 규탄하는 동의안을 통과시켰고, 인도네시아도 태국의 이슬람교도 강경 진압에 대한 진상 해명을 요구함으로써 이슬람교도 진압 문제를 둘러싸고 태국-말레이시아-인도네시아 등 3개 국 간에 미묘한 마찰이 생겼다.

딱바이 사건 이후에도 테러 행위가 계속되자 탁씬은 2005년 7월 19일 얄라 · 빧따니 · 나라티왓 등 3개 도에 비상사태법을 발효시켰다. 이 법은 테러용의자를 30일까지 구금할 수 있을 뿐만 아니라 언론 검열과 해당지역 통행금지를 비롯하여 집회금지와 통신 및 전화 도청 등 16가지 특별조처를 해당 정부기관에 허용하였다. 이 조처는 이들 지역의 교사들이 총격으로 목숨을 잃은 사건이 잇따라 발생하면서 명분을 얻기 시작했다. 2005년 7월 초부터 각 급 학교의 교사들이 과격 이슬람 분리주의 세력의 표적이 되어 3명이 총격으로 숨지는 등 7월 한 달 동안 총 30여 명이 사망했다. 일부 학교들은 수업을 중단하기도 했고, 교사들은 신변 보호 차원에서 총기를 휴대하고 방탄조끼를 착용하는 등 자구책을 강구하기도 했다. 또한 같은 해 9월에는 교사들이 신변에 위협을 느껴 나라티왓에서 49개 학교가 임시휴교에 들어가기도 했다.

남부 이슬람 지역의 폭력 사태는 해결될 기미를 보이지 않는 가운데 2004년 1월 이후 2005년 11월까지 이 지역의 사망자가 1,037명, 부상자는 1,551명으로 집계되었다. 이는 이슬람 무장단체의 공격으로 희생된 민간인과 군경과 공무원을 포함해서 정부군 공격으로 살해된 무장세력과 민간인 희생자 수를 합친 것이다. 또한 2004년 3월 얄라도 광산에서 다이너마이트와 폭탄을 강탈한 뒤 그동안 폭탄에 의한 공격이 300회 이상 발생하였다. 이에 따라 탁씬은 강경대응책으로부터 온건한 유화책으로 선회하지 않을 수 없게 되었다. 무장세력들이 당국에 투항하면 일괄 사면 조처하겠다는 탁씬의 발표가 이러한 유화책의 일환으로 나오게 되었다. 그런데 2005년 9월 131명의 남태 주민이 정부군의 위협 때문에 신변에 위협을 느낀다며 집단으로 말레이시아로 도피하는 사건이 발생하면서 태국과 인접 말레이시아 양국 간의 관계가 더욱 불편해졌다. 2004년 10월

딱바이 사건으로 불편해진 양국 관계는 말레이시아가 자국으로 도피한 타이무슬림들의 인권이 보장되지 않는 한 이들을 태국으로 돌려보낼 의사가 없으며, 유엔난민고등판무관(UNHCR)실에 이들에게 난민의 지위 부여 여부를 심사해 주도록 요청하면서 사태가 더욱 악화되었다.

말레이시아 정부는 태국 남부 이슬람 지역의 문제를 단순히 안보나 군사문제가 아닌 정치적 이슈로 보아야 하며, 따라서 오로지 군사적 수단으로 이 문제를 해결해서는 안 되며 더 넓은 관점에서 접근해야 한다고 주장해 왔다. 이에 대해 태국정부는 남부의 이슬람 지역을 분리독립시키려는 과격세력이 말레이시아의 이슬람 단체들과 연계를 맺고 있다고 주장하고, 131명의 탈출극도 분리주의 과격 세력의 사전 각본에 의한 것이라고 통박하였다. 태국정부는 만일 유엔난민고등판무관이 이들에게 난민의 지위를 부여할 경우, 남태 이슬람지역은 폭력사태의 볼모가 될 것이라며 심각한 우려를 표명하였다.

그동안 태국정부는 태국 남부 이슬람 지역에서 테러 사건이 발생할 때마다 국내 사건임을 강조하며 사태의 의미를 애써 축소하려 했다. 종종 정치적인 폭력의 가능성이 있는 사건도 단순 강도로 발표해 왔었는데, 이것은 태국정부가 국내의 소수 무슬림에 대한 처우와 관계된 근본적인 사안들을 회피하거나 국제사회에서 이슈화 되지 않게 하려는 의도가 있는 것으로 보인다. 또한 사건 배후에 이슬람 테러조직이 있다고 밝힐 경우, 동조 세력의 규합으로 폭력사태가 증가하고 관광수입의 격감 등 역효과가 날 것을 우려했기 때문이다. 그러나 2002년 인도네시아 발리 폭탄 테러를 자행한 것으로 믿어지는 제마 이슬라미아(JI)와도 연대한 이슬람 조직이 태국 남부 지역에서도 활동하고 있음을 포괄적으로 암시한 부시 미국 대통령의 '테러와의 전쟁' 선언에 탁씬 정부가 동참하면서 남부 이슬람 지역에 계엄령을 선포하는 등 무슬림들에 대한 강압적인 정책을 실시하여 이들의 불만을 누증시켰던 것이다.

JI는 오사마 빈 라덴의 알 카에다와 연계된 테러 조직으로 쟈바(Jawa)

에 근거지를 두고 있는데, 1990년대 초부터 동남아 전역으로 세력을 확장하여 말레이시아 · 싱가포르 · 태국 · 필리핀 등에 정교한 조직망을 갖추고 있는 것으로 알려지고 있다. JI의 궁극적인 목표는 태국 남부에서 말레이 반도와 싱가포르를 포함하여 인도네시아 군도와 필리핀 남부 등을 잇는 장대한 동남아 이슬람 공동체를 건설한다는 것이다. 이와 관련하여, 실제로 이들 지역에는 JI의 조직원들과 추종자들이 널리 퍼져 있다. 이를 근거로 태국 남부의 이슬람 무장세력이 JI와 연계되었을 가능성이 있다고 판단하고 있다.

특히 2004년 1월 군부대의 무기고 습격 사건 이후 태국 정부는 남태 지역에서의 테러 행위를 단순한 강도 사건으로 치부하던 인식에서 벗어나 배후에 빧따니연합해방기구(PULO) · 민족혁명전선(BRN) · 무자헤딘이슬람빧따니운동(GMIP) 등의 단체가 개입된 것으로 보고 있다. 특히 BRN이나 GMIP 같은 조직에 '전선'(barisan)이나 '운동'(gerakan) 같은 말레이어 단어가 포함된 것으로 보아 말레이 무슬림들이 직 · 간접적으로 개입된 것으로 확인되었다. 남태 이슬람 지역의 한 이슬람 학교에서 알카에다의 군사훈련 교본으로 믿어지는 책자가 발견되었으며, 이라크 저항세력의 수법을 모방한 것으로 보이는 민간인 참수 살해 사건이 발생하고 있어서 남태 이슬람 지역에서 벌어지고 있는 일련의 사태가 이슬람 반군의 소행이라는 것을 뒷받침해 주고 있다.

2. 타이무슬림 문제해결 방안

탁씬 정부의 대 타이무슬림 강경책은 야당과 시민단체로부터 비난을 받았다. 야당은 탁씬의 타이락타이당(Thai Rak Thai Party)이 2005년 2월의 총선에서 거둔 압도적인 승리의 여세(餘勢)를 몰아 같은 해 7월 남부 이슬람 지역에서 테러와의 전쟁을 명분으로 계엄령을 선포했다고 비난하였다. 시민단체가 가세한 야당은 탁씬 정부가 무슬림 테러분자를 색출한다는 명분으로 국민의 자유를 침해하고 장기집권을 위한 권력집중을 추진한다고 비판하였다. 남부의 이슬람지도자들도 탁씬 정부의 강경책은 사태를 더욱 악화시킬 뿐이라며 정부의 인식 전환을 촉구했다. 관측통들은 탁씬의 실각 이유의 하나로 남태 이슬람 지역에 대한 강경진압책을 꼽았다.

태국의 난타완 교수는 "남태 이슬람 지역의 무슬림문제는 과거부터 현재까지 모든 방콕 중앙정부가 특별한 관심과 세심한 주의를 기울여 온 문제의 하나이다. 이 문제는 역사적 발전 과정에서부터 시작해서 여러 가지 요소를 함께 이해해야 한다"고 주장했다. 태국 남부에 거주하며 타이무슬림으로 지칭해 온 말레이 무슬림들은 다른 지역에서 유입된 이주민이 아니라 원래부터 오늘날의 태국영토에 거주해 온 토착민이라는 점에서 태국 내 다른 종족과는 구별되는 특성을 가지고 있다. 따라서 법률적인 측면에서 보자면 말레이 무슬림들은 다수 종족인 불교도와 마찬가지로 합법적인 시민권을 가진 태국인이다. 또한 남부 4개 도를 분리해서 보면, 인구 분포면에서도 불교도보다 훨씬 많은 인구를 가진 다수 종족을 형성하고 있다. 그러나 말레이 무슬림이 대다수의 불교도와 다른 언어와 종교를 비롯하여 문화와 관습과 자신들의 고유한 생활방식을 고수하고 있기 때문에 이들이 태국 내 소수 종족의 하나로 비쳐지고 있다는 것이다.

이와 같이 말레이 무슬림들이 남부 4개 도에 집중적으로 거주하는 대다수의 국민이라는 점은 이 지역의 사회구조가 다른 지역과는 다른 특이한 성격을 갖도록 해 주고 있다. 즉 이들이 이슬람교를 믿고, 자신들의 고유한 전통과 문화를 고수하며, 일상생활에서도 말레이어를 사용하고 있다는 사실은 태국정부로 하여금 이들에 대한 통치에 있어서 대다수의 불교도와는 다른 여러 가지 문제점을 야기하였던 것이다.

태국정부는 1902년 라마 5세의 행정개혁 이후 말레이 무슬림들을 태국사회로 동화시키기 위해서 많은 노력을 기울여 왔다. 그러나 타이족이 인도차이나 반도에 정착하기 이전부터 이미 남부지역에서 찬란한 문화와 문명을 누리며 살았던 말레이 무슬림의 역사·문화·언어에 대한 자부심은 태국정부의 강제적인 동화정책이나 회유책으로 말살될 수 없는 것이었다. 더욱이 말레이 무슬림들의 역사와 문화적 전통 등을 고려하지 않은 일방적인 동화정책은 오히려 말레이 무슬림들이 생존차원에서 자신들의 정체성을 수호하기 위해서 필사적으로 저항하게 만들었다고 볼 수 있다.

결국 태국정부는 강압적인 동화정책으로는 문제를 더욱 악화시킬 뿐이라고 판단하여 1960년대 이후로는 문화적인 상호공존의 정책을 추구해 나가면서 점진적인 통합을 유도함으로써 말레이 무슬림들을 태국 국민으로 동화시킨다는 정책에 주안점을 두어왔다. 즉 말레이 무슬림들의 종교와 문화적 배경을 고려한 신중하고 조심스러운 정책을 수립하고 집행하는데 노력해 왔다. 이러한 정책의 기본 목표는 크게 종교의 자유를 부여하는 것과 교육정책을 통한 통합에 강조를 두는 것으로 말레이 무슬림 사회에서도 긍정적인 반응을 보였다. 그러나 2004년 이후 일부 이슬람 무장세력에 의해서 자행된 유혈사태는 남태 지역을 태국으로부터 분리하려는 세력이 여전히 존재하고 있음을 보여 주었다. 또한 이들 무장세력에 대한 상세한 정보가 없기 때문에 정부군을 동원하는 등 강력한 군사작전으로도 무슬림들의 폭력 사태를 단절시키기는 어려울 것이라는 회의적인 시각이 지배적이다.

사실 남부 4개 도의 문제는 그 동안 태국의 각계각층에서 논의되고, 다양한 시각에서 연구한 논문과 서적 등 많은 정보와 자료가 있지만, 과연 남부 4개 도의 문제가 진정으로 무엇을 의미하며 어떤 성격의 문제인지를 명확하게 파헤친 것은 많지 않다. 빈곤문제를 필두로 하여 낮은 교육수준 문제와 각종 범죄 문제가 해결되지 않고 계속해서 이 지역에 남아있다. 그러나 이들 문제는 태국의 다른 농촌지역에서도 나타나고 있는 문제이다. 따라서 남부 무슬림지역의 근본적인 문제점은 무엇인가라는 의문에서부터 이 지역 문제를 푸는 시발점을 삼아야 할 것이다.

지금까지 나타난 여러 가지 견해를 종합해 볼 때, 남부 4개 도의 문제는 크게 두 가지 관점에서 보아야 한다는 것이다. 하나는 다수 종족인 불교도와 이들이 주도하는 태국정부의 관점이며, 다른 하나는 말레이 무슬림의 관점에서 해결책을 모색하는 것이다. 전자의 관점에서 보면, 말레이 무슬림들이 태국으로부터 영토를 분리하여 독립하려는 것과 관계가 있는 정치적인 문제라고 볼 수 있다. 그 이유로 말레이 무슬림들은 자신들이 태국인이라는 인식을 갖고 있지 않기 때문에 태국정부에 대한 충성심이 부족하고, 자신들은 궁극적으로는 말레이인이고 말레이시아의 국적을 가질 수 있다고 믿기 때문에 태국어보다는 말레이어를 말하고 말레이인과 비슷한 관습을 고수한다. 이에 따라 어릴 때부터 의무교육 이외에는 태국식 학교에서 공부하는 것을 선호하지 않고 뻐너에서 배우거나 해외의 이슬람국가에 유학하는 것을 선호하는 점 등을 들 수 있다.

후자의 관점에서 보면, 말레이 무슬림들은 태국정부나 불교를 믿고 있는 대다수 태국인들이 자신들에 대해 진실한 마음을 갖고 있지 않다고 인식하고 있다는 점이다. 태국정부는 정치면·경제면·사회면·교육면 등 다양한 분야에서 불교도와 비교할 때 항상 편견(偏見)을 가진 채 불공정한 정책을 펴고 문제 해결을 위한 진실한 의지를 보여주지 않는다고 생각한다. 불교도인 다른 지역 출신의 관료를 이슬람 지역에 파견한다든지 다른 지역 출신의 불교도를 이슬람 지역에 정착하게 하는 등의 방법으로 타이무슬림들의 문화와 전통과 관습을 점진적으로 말살시켜 왔다고 믿고 있다. 이밖에도 태국정부의 관료들은 이 지역 주민들 모두가 분리운동을 획책하는 자들로 태국정부에 충성하지 않는다고 확신하고 있다. 이를 바탕으로 외부 세계로 하여금 말레이 무슬림들을 좋지 않은 시각으로 바라보게 했다. 따라서 타 지역의 불교도들이 타이무슬림들을 멸시하고, 이들은 100퍼센트 태국인이 아니라는 오해를 하도록 유도했다고 생각하고 있다.

남태 이슬람 지역 타이무슬림의 근간(根幹)이 되어 온 말레이 무슬림들은 역사와 종교와 문화면에서 자신들의 정체성을 유지해 왔다. 말레이

무슬림들이 가지고 있는 세 가지의 정체성은 하나의 종족이 타 종족과 완전히 별개로 구별되는 중요한 요인이 된다. 즉, 무슬림인 말레이족과 불교도인 타이족은 별개의 종족이라는 것이다. 그러나 비록 종족 간의 차이에도 불구하고 이들의 국적이 서로 다르지 않다는데 문제가 있다. 국적이라는 것은 법적 권리와 의무로 맺어진 것이기 때문에 따라서 종족 간의 차이점이라는 것은 사실 별 의미가 없다. 그러나 서로 다른 정체성을 가지고 있다는 사실이 크게 부각될 때는 바로 심리상태가 표출될 때이다. 이러한 심리상태가 말레이 무슬림과 타이 불교도 간에는 '우리는 우리다', '우리는 그들과 다르다' 혹은 '우리가 그들보다 우월하다' 는 등의 차별에 대한 인식으로 표출되고 있다는 사실이다. 또한 이러한 인식이 말레이 무슬림이나 타이 불교도 그리고 태국정부의 관료들의 마음속에 불식되지 않은 채 깊게 자리 잡고 있다는 것이다.

태국정부에서 남태 이슬람 지역으로 파견된 고위 관리들은 대개 말레이 무슬림들이 타이 불교도와는 서로 다른 역사 · 문화 · 종교 · 언어를 가지고 있기 때문에 정부에 대해서 충성심이 없고, 태국인이 되기를 거부하며, 나아가서 태국의 통치로부터 벗어나 분리독립하려고 한다고 의심한다. 따라서 '분리' 라는 단어는 항상 남부 4개 도를 지칭하는 단어로 인식되어 왔다. 영토 분리문제를 염두에 두고 말레이 무슬림들을 바라보는 시각은 의구심(疑懼心)으로 가득 차 있다. 뻐너의 또꾸루가 성장기의 어린 학생들에게 말레이인으로서의 민족주의 가치관을 심어주고 있고, 메카로의 성지순례인 하지(Haji)에 참가했던 사람들은 모두 분리운동에 가담하게 되며, 다른 이슬람국가에서 유학한 말레이 무슬림들이 해당 국가의 과격파 정통이슬람세력에게 경제적 · 군사적 지원을 요청하여 남태 지역에서 각종 테러를 일삼고 있다는 등이다. 이러한 의구심은 결국 태국정부측과 말레이 무슬림들 간의 상호 불신과 갈등과 분쟁으로 이어지고 있다는 것이다.

말레이 반도와 연결되어 있는 태국 남부 이슬람지역의 근본적인 문제는 이 지역을 통치하는 태국정부와 현지 주민의 대다수를 구성하고 있는 말레이 무슬림들 간의 갈등 관계에서 출발한다. 이 두 종족 그룹이 다양한 방면에서 관계를 맺을 때 정서적으로 미묘한 반응이 나타난다. 경제적으로 불공평하거나 관리들이 관련된 부정부패, 정부의 불공정한 정책 집행 등의 문제가 발생할 때 더욱 심화된다는 것이다. 그 동안 태국정부는 말레이 무슬림들과의 이질감을 좁히고 태국사회의 동일한 구성원으로 통합시키는 노력을 지속적으로 기울여 왔고, 1980년대 이후 많은 성과를 거두었다. 그럼에도 불구하고, 해결해야 할 문제들은 아직도 산적되어 있는데, 태국 불교도와 남태 이슬람 지역의 말레이 무슬림 간의 문화적이고 정서적인 차이가 가장 큰 문제임이 분명해 보인다.

이러한 문제들을 극복하기 위해서는 무엇보다도 말레이 무슬림들의 역사와 문화, 종교와 언어적 정체성을 보장해야 한다는 것이다. 무슬림은 이슬람을 그들의 일체성을 고양하고 단결성을 상징하는 지침으로 삼고 있기 때문에 이슬람 종교와 관련된 문제는 다수의 종족을 형성하고 있는 불교도의 경우와 달리 많은 차이가 있다. 말레이 무슬림들은 그들이 종교활동을 행함에 있어서 태국정부로부터 차별대우를 받고 있다고 확신하고 있기 때문에 스스로가 종교의 자유를 쟁취해야 한다고 믿고 있다. 따라서 정부는 불교도와 무슬림들이 상호 이해하고 상대방을 포용할 수 있도록 방법을 모색해야 한다는 것이다.

말레이 무슬림들의 집단 거주 지역에 파견되는 관리들의 자질을 강화해야 할 절실한 필요성도 대두되고 있다. 관리들은 정부를 대변하는 사람들로 인식하고 있기 때문에 이들의 언행(言行)이 곧 중앙정부의 의지라고 할 수 있다. 그러므로 관료들이 정부가 의도한 목표에 따라 올바르고 공정하게 처신을 하지 못한다면, 이는 정부와 무슬림 간의 상호불신을 더욱 악화시킬 수 있다. 그동안 수없이 제기되어 온 무슬림들에 군림하려는 행동거지나 무슬림에 대한 편견에 따른 불공정한 업무수행 등이 문제로 지적되어 왔다. 무슬림들의 전통과 관습, 문화와 언어에 대한 지식과 이해가 부족하여 이들과 자주 갈등을 빚어 왔는데, 이 문제가 남부지역의 문제를 해결하는데 있어 가장 기본적인 문제로 인식되어 왔다. 이와 관련하여 남태 이슬람 지역 4개 도에서 선출된 말레이 무슬림의 존경을 받는 관리와 일반 시민이 참여하는 고위급 위원회를 구성하여 부적합한 관리들을 조사하고 감독하는 권능을 가질 필요가 있다는 주장도 제기되어 왔다.

남태무슬림들의 교육수준을 향상시키는 것이 절실하다는 견해도 있다. 교육의 방법을 통해서 불교도와 태국정부에 대해 불신과 의구심을 가지고 있는 무슬림들의 사고방식이나 가치관을 변화시킬 수 있다는 것이다. 그러나 이들에 대한 교육이 무슬림의 정체성을 말살하고 태국어와 태국문화를 강요하는 교육이 되어서는 안 된다. 무슬림의 정체성은 인정하면서 말레이어와 마찬가지로 태국어에 대한 중요성을 인식하도록 교육시키는 것이 필요하다. 또한 교과과정을 지역 실정에 맞게 개선할 필요가 있다.

태국정부가 국제사회의 이슬람 국가들과의 유대관계를 유지 · 발전시킬 필요가 있다. 이웃 말레이시아와 인도네시아는 물론이고 중동과 아프리카의 많은 이슬람 국가들과의 관계증진은 남태지역의 말레이 무슬림들이 연결고리 역할을 할 수 있음이 분명하다. 그러므로 태국의 이슬람 문제는 국제정치적 측면에서도 언제든지 주요한 문제로 부각될 수 있다는 것이다. 말레이 무슬림들은 국제이슬람기구(OIC)를 비롯하여 말레이시아와 인도네시아 그리고 중동의 일부 이슬람 국가들과 돈독한 관계를 유지하고 있다. 따라서 태국정부가 여러 이슬람 국가들과 꾸준히 유대관계를 유지하는 것도 남부지역 문제 해결에 한 가지 해결방법이 될 수 있다.

제15장

베트남의 이슬람 세계

I. 개 요

베트남은 지리적인 특성상 동남아 문화와 동북아 문화가 서로 만나는 문화적 교차지대로 간주되어 왔다. 그러나 북쪽으로부터의 중국문화가 베트남에 적지 않은 영향을 끼친 데에 대해서는 그동안의 많은 연구 성과 이외에도 일반인의 통념이 친근하게 작용하였던 반면에 동남아의 요소가 베트남 사회에 얼마 만큼의 영향력을 미쳤는가에 대해서는 아직 충분히 인정되지 않은 경향이 있다.

지난 세기 동안 베트남의 근현대사 가운데 대부분의 주요한 정치적 사건들이 북부 베트남의 비엣(Viet)족의 주도 하에 전개되었던 점을 고려할 때 일면에서는 당연한 결과라 할 수 있겠다. 그러나 사회 · 문화적 차원에서조차 홍강 문화권 중심의 연구는 16세기 이후 본격적으로 진행된 남진(南進)정책의 결과, 국토의 절반 이상이 새로이 병합되고 54개 종족으로 이루어진 다민족 사회인 전근대사회 이후의 베트남을 연구함에 있어서는 한계점이 지적되지 않을 수 없다. 특히 비엣족이 북부에서 정착하던 그 당시에 남쪽에서는 일부 부족국가가 오늘날의 중남부지역에 이미 존재하면서 남방문화를 접하고 있던 점을 고려할 때, 동남아와 베트남의 관계사는 새로운 각도에서 재정립되어야 할 것이다.

이 점은 오늘날 베트남의 사회와 문화에 있어 동남아적 요소가 미친 영향에 대한 연구로 오늘날 베트남의 사회와 문화를 이해함에 있어 필수적일 뿐만 아니라 흔히 동남아 연구를 서구 중심적 시각에서 논의할 때마다 제기되는 낙후성을 상쇄시키고 나아가 내재적인 요인에 의해서 동남아학을 발전시킬 단초가 될 수 있다는 점에서 중요하게 여겨진다.

동남아의 이슬람은 불교와 더불어 이 지역의 주요 종교로 역내 전체 인구 약 5억의 절반에 가까운 신도를 확보하고 있다. 비록 동남아 문화에서 불교의 중요성을 인정하지 않을 수 없으나, 신도의 숫자 면에서나 특히 정치적 · 사회적 기능을 고려할 때 이슬람의 영향력은 매우 중요하다. 특히 동남아 고유의 정신세계와 문화에 적지 않은 영향을 끼쳤고 동남아 문화의 특성과 불가분의 관계를 갖고 있다.

베트남은 종교사상면에서 중국의 불교 · 유교 · 도교 등의 영향을 많이 받았으며, 이에 비하여 동남아적 요소인 이슬람과 힌두교의 영향은 크지 않은 것으로 나타났다. 지형상 동남아 문화권의 주변부에 위치함에 따라 영향을 적게 받은 것은 인정되나, 16세기부터 동남아 무역활동 중심지의 하나로 자리 잡게 된 베트남 남부에서 조차도 이슬람이 뿌리를 내리지 못했다는 사실은 매우 흥미롭다.

II. 이슬람의 전래 과정과 현황

베트남의 이슬람은 54개 소수민족 중의 하나인 짬(Cham)족을 통해 전래되었다. 베트남 사학자들은 오늘날의 짬족을 하나의 독립된 소수민족으로 보지 않고 말레이-폴리네시안(*Malayo-Polynesian*) 집단의 한 부분으로 보고 있다. 한편 고고학자들은 이들이 베트남에 출현한 시점이 매우 이르다는 데 유념하고 있다. 즉 오늘날 베트남의 다수 민족인 비엣(Viet 越) 또는 낀(Kinh 京)족이 기원전 8세기 청동기 말기에 북부 홍강 유역에 정착하였던 때에 중부 해안지역의 하나인 꽝 응아이(Quang Ngai)에 짬족이 비록 완전하지는 않으나 초보단계의 국가를 형성하였을 것으로 추측하고 있다. 흔히 싸 후인(Sa Huynh)문명으로 불리는 이들의 유적지에서는 철기시대 초기에서 볼 수 있는 많은 유물이 발굴되었는데, 시기적으로는 기원전 5세기부터 기원후 1세기 초기까지에 해당하는 것이다.

싸 후인이 속한 꽝 응아이 지역 이외에도 말레이 폴리네시안들은 남부의 동 나이(Dong Nai) · 꽝 빈(Quang Binh) · 빈 딘(Binh Dinh) 지역에도 출현함으로써 거주 지역 면으로는 매우 폭 넓게 자리 잡고 있었다. 산스크리트어로 된 각종 비석과 조형예술 그리고 민담(民譚)을 통해 보면, 그 가운데서도 까우(Cau 산스크리트어로는 Kramuka vams'a)부락과 즈어(Dua 산스크리트어로는 Narilkela vams's)부락이 1세기경 짬 파(Cham Pa)왕국을 건설한 것으로 알려진다.

10세기부터 12세기까지 짬 파 왕국은 전성기를 맞이하여 국력을 강화하고 독특한 문화를 발전시켰다. 15세기에 이르러서는 쯔엉 썬(Truong Son)산맥의 동쪽까지 진출하여 북위 18도에서 8도까지 동해안을 따라 영토를 확장하였다. 따라서 짬족은 서로 다른 지역에 각기 떨어져 사는 3개의 분파로 형성되었다. 이들의 종교 역시 토착신앙을 제외한 서로 다른 3개의 종파인 브라만(Ba-la-mon)교 · 힌두교(An Giao) · 바니(Ba Ni)교가 생겨났다. 반면에 경제적으로나 문화적으로 발전한 짬파왕국은 주변국의 잦은 침략의 대상이 되었다.

말레이족은 767년, 774년, 787년 세 차례에 걸쳐서 짬파국을 침공하였다. 크메르족 또한 945년과 946년 그리고 1145년 세 차례에 걸쳐 짬파국의 수도까지 진격하였다. 1190년에 이르러서는 짬파국을 점령하여 30년간 주둔하면서 통치하였다. 북부의 비엣 족은 982년 레 타이 하인(Le Thanh Hanh) 통치시기와 1069년 리 타인 똥(Ly Thanh Tong) 통치시기, 1402년 호 뀌 리(Ho Quy Ly) 통치시기, 1472년 레 타인 똥(Le Thanh Tong) 통치시기 그리고 1611년 응우옌 호앙(Nguyen Hoang) 통치시기에 짬파국을 침략하였다. 짬파국은 잦은 전쟁으로 점차 쇠망하였는데, 정치적 · 사회적 구조변화뿐만이 아니라 전통적인 고대의 종교적 신념까지 나약해지기 시작하였다.

이러한 역사적 배경 속에서 이슬람은 다른 종교보다 매우 늦게 베트남에 유입되었다. 이슬람교는 15세기에 말레이 상인을 따라 짬족의 작은 집단이 오늘날의 닌 투언(Ninh Thuan) 지역으로 유입되었으며, 처음에는 이 종교를 바니(Ba Ni)교 또는 구(舊)회교(Dao Hoi Cu)라고 불렀다. 이렇게 전래된 이슬람이 후일 일련의 역사적 과정을 통해서 베트남 주요 종교의 하나로 자리 잡게 되었다.

1692년 짬파국은 해체되었고, 일부 주민들은 메 꽁강을 거슬러 올라가 캄보디아의 꼼 쁘엉 짬성에 촌락 공동체를 세웠다. 또 다른 한 집단은 해로(海路)를 따라 까 마우를 지나서 캄보디아 깜 뽓성 레 암지역에 정착하였다. 캄보디아로 건너간 두 집단 모두는 이전의 자신들의 종교를 버리고 크메르인 대다수의 종교인 불교를 따르지 않은 채 말레이 상인들이 소개한 이슬람교로 개종하였다.

19세기 중엽에 쯔엉 민 장(Truong Minh Giang)은 군대를 이끌고 캄보디아로 건너가 그곳의 시엠(태국)군을 공격하였는데, 이 과정에서 그는 많은 짬족 병사와 일부 말레이인을 군인으로 선발하였다. 군대를 철수시킬 때, 쯔엉은 이들을 베트남으로 데려왔고, 오늘날의 안 장(An Giang)성에 속한 쩌우 독(Chau Doc)지역에 새로이 촌락을 세워 정착시켰다.

1854년부터 1858년 사이에 짬족 사람들과 말레이인들은 뚜올 세잇(Tuol Seit)의 지휘 아래 캄보디아 왕에 대항하여 봉기를 일으켰다. 그러나 이들은 봉기가 실패하자 메콩강을 따라 하류로 향하여 베트남으로 들어가 쩌우 독에 있던 짬-말레이인들과 합류하였다. 이들은 흔히 신(新)회교(Dao Hoi Moi)라 불리는 이슬람을 신봉하는 짬족의 공동체를 형성하였다. 19세기 말 역사적 변동이 야기한 사회적 혼란으로 인하여 소주민집단들이 떠이 닌(Tay Ninh)과 쏭 베(Song Be) 그리고 사이 곤(Sai Gon) 지역으로 흩어져 정착하였다. 이들 중 사이 곤 지역으로 이주하였던 무슬림 소주민집단은 오늘날 낭 시(Nang Xi) 지역에 군거(群居)하고 있는 것으로 알려지고 있다.

1989년 4월의 인구조사에 따르면, 베트남에는 약 5만 2천 명의 이슬람 교도가 있는 것으로 밝혀졌다. 비록 같은 종교로 분류될 지라도, 베트남의 이슬람은 내부적으로 두 개의 공식적인 공동체로 나뉘는데, 바니(Bani) 짬 공동체와 이슬람 짬 공동체가 그것이다. 바니 짬 족은 베트남의 중부에 살고 있는데, 주로 닌 투언(Ninh Thuan)과 빈 투언(Binh Thuan) 지역에 군거하고 있다. 이들은 브라만교의 이 지역 명칭인 바라몬(Ba la mon)교를 따르는 짬족 공동체 인근에 위치하며, 외부로부터 유입된 이슬람과는 상당히 차별적인 독특한 이슬람 공동체를 형성하고 있다. 바니 짬족의 이슬람교는 바라몬교와 이 지역의 토착 신앙의 영향을 매우 많이 받았다. 4만 명 이상의 짬족이 오늘날 중부 베트남의 투언(Ninh Thuan)성(省)과 빈 투언(Binh Thuan)성에 군거하고 있다. 이들 두 성 지역에 사는 짬족 중 약 60퍼센트가 바라몬교를 신봉하고 있다. 바라몬은 인도로부터 유래된 브라만교를 의미하며, 인도의 종교라는 뜻인 언 자오(An giao 印教)라고 불리기도 한다. 이들 바라몬교를 따르는 짬족은 스스로를 '짬 까피아' 또는 '짬 쯧'이라고 자칭한다. 약 40퍼센트의 짬족이 여전히 이 지역에 거주하면서 옛 이슬람교 혹은 바니교를 따른다하여 자신들을 짬 바니라고 자칭한다.

바니 짬족과 구분되는 이슬람 짬족들은 안 장(An Giang), 떠이 닌(Tay Ninh), 호찌민시(Thanh Pho Ho Chi Minh), 쏭 베(Song Be), 푸 옌(Phu Yen) 등지에 모여 살고 있다. 35,000명 이상의 짬족은 안 장과 동 나이(Dong Nai), 떠이 닌과 호찌민시의 일부 지역에서 집단으로 거주하는데, 이들은 주로 어망(魚網)을 짜거나 가내 수공업으로 천짜기를 하거나 혹은 소규모 장사를 하면서 생계를 유지한다. 일반적으로 베트남 남부의 짬족은 이슬람교를 따르고 있으며, 흔히 자신들을 짬 이슬람(Cham Islam)이라고 칭하고 있다. 이슬람 짬 족은 끄우 롱(Cuu Long 九龍)강(江) 평야지대의 안 장, 떠이 닌, 동 나이, 푹 옌(Phuc Yen) 성과 호찌민 시에서 살고 있다. 호찌민시의 경우는 약 15,000명 이상의 이슬람교도가 있다. 이들은 낭 시(Nang Xi) 구역 내에 주로 모여살고 있으며, 기타 화 흥, 레 반 시, 빈 동, 딘 띠엔 등에 산발적으로 거주하고 있다. 그 밖에도 일부 이슬람 짬족이 닌 투언 성에 속한 닌 프억 (Ninh Phuoc)과 닌 하이(Ninh Hai) 현에 거주하고 있다.

베트남의 이슬람 전래는 종교적 차원의 포교(布敎)나 선교(宣敎)에 의한 것이라기보다는 이슬람을 신봉하던 일부 말레이인과 짬족 사람들이 베트남으로 이주하면서 부차적으로 전해졌다. 인도의 문물과 힌두교를 일찍부터 베트남에 전수한 짬족이 베트남에서 최초로 이슬람을 받아들이기 된 동기는 당시 짬족의 짬파국이 동남아와 인도차이나 반도의 지정학적 잇점을 십분 활용하여 동남아 해상무역의 주도권을 장악하고 있었던 말레이인들과 풍성한 무역관계를 가지고 있었던 점이 주효했던 것이다.

III. 베트남 이슬람의 발전과정

베트남의 이슬람은 불교나 가톨릭 등 여타 기존의 종교와 교리적 마찰이나 종족 간의 갈등 같은 어려움을 거의 겪지 않았다. 그러나 이슬람을 처음 받아들인 짬족이 일찍부터 서로 다른 종교적 성향을 지님에 따라 이들과의 조화과정이 이슬람 자체의 발전과 직접 연관되었다. 한편 이슬람교 자체만을 놓고 볼 때, 짬족은 구(舊)이슬람파인 바니 짬족과 정통 이슬람파 이슬람 짬족으로 구분되는데 이들은 상호 간에 적지 않은 차이점을 보이고 있다.

이 같은 차이점은 이슬람 율법(律法)에 대한 인식상의 차이점에서 비롯되어 점차 종족문화의 전통과 각종 종교적 습관과 종교의식상의 차이로 발전하게 되었다. 예로써 바니 이슬람교의 경우 지리상의 특성과 지역문화의 영향으로 이슬람교의 본질에서 다소 멀어져서 토착신앙과 융화하는 모습을 보였다. 약 20,000명의 짬족이 빈 딘과 푸 옌성의 서부 산악지대에 살고 있으며, 가장 붐비는 지역은 번 까인 현이다. 짬족들은 자신들을 '짬 흐로이' 또는 '흐로이' 혹은 '아 로이'로 지칭하며 에 데 족과 바나 족의 문화적 양상을 많이 나타내고 있다. 이 지역은 원래 토착적 전통신앙이 많이 남아있는 지역인데, 대표적인 예로 '산신숭배(tho Than Nui)'가 있다. 천둥 번개신이나 물(水)신도 매우 신성하게 숭배된다. 각 지역별로 벼(稻)신 · 땅(土)신 · 수농(水農)신 · 바다 파도신 · 바닷배를 조정하는 신 등을 숭배하는 토착신앙도 있다. 이들의 제례(祭禮)와 전통 의례행렬은 음악에 맞춰 이뤄지는데 대개 산꼭대기에 붉은 벽돌로 세워진 오래된 사당 주변에서 거행된다. 이런 형태의 사당을 짬 탑(Cham Thap)이라고 부른다. 바니 이슬람교는 이같이 지역의 토착신앙과 어우러져 정통 이슬람 교리와 율법에서 많이 벗어나게 되었다.

바니 이슬람파에는 오랜 옛날부터 전해 내려오는 토착 신앙적 관습들이 오늘날까지도 상당 부분 남아 있어서 바라몬교의 요소들과 많이 혼합되었다. 이 중에서 가장 중요한 특징의 하나가 모계제도(母系制度)의 잔재가 뚜렷하게 남아있다는 것이다. 그러므로 이들에게서 정통 이슬람 의식은 당연하게 많이 희석되었다. 선지자 무함마드(Muhammad)는 선녀(仙女)들 사이에 함께 놓여지며, 많은 사람들이 알라(Allah)와 무함마드를 동일한 인물로 이해한다. 이들에 의하면 무함마드는 천상(天上)의 상제(上帝)였는데, 짬족으로 환생하였다는 것이다.

바니 이슬람을 신봉하는 이들의 종교생활은 성당(nha tho) 단위로 자기만족형으로 이루어지고 있다. 지역 전체를 위한 공동의 교회 조직도 없고 외부 세계의 이슬람과 어떠한 관계도 가지고 있지 않으며, 성직자나 경전 꾸란이나 이슬람 율법인 사리앗(Sariat)을 따르는 사람도 없다. 이슬람 율법에 대한 해석 또한 일선의 성직자들에 의해 자의적으로 이루어지고 적용된다. 여기서는 꾸란경도 그 모습이 바뀌어 각종 종교의식에서 쉽게 암송할 수 있도록 되어 있다.

바라몬교의 영향으로 바니 짬족 사회는 '하러우 다민'(선교사) · '아차 빠따오'(귀족) · '발라 바호아'(평민) · '후린 후락'(노예) 등 네 계층이 전해져 내려옴에 따라 사람들끼리 만나 교류하고 혼인하는 경우에 여러 가지 차별과 구분이 존재한다. 종교적 직함을 지닌 사람은 많은 물질적, 정신적인 혜택을 누리게 되는데, 가장 높은 직책은 하 낌(hakim) 또는 뽀 끄루(po cru)로 사원의 최고 책임자가 우선순위에 든다. 그 다음 순위로는 사제(司祭)에 해당하는 이멈(i-mam)과 이멈의 보조역을 하는 코 팁(kho tip)이 있다. 그 밖에 예배의 잔일을 도맡아 하는 터이 짱(thay chang)이 있다.

모계제도의 영향으로 구 이슬람파의 사람들은 부녀의 역할을 결코 경시하지 않는다. 부녀들은 여전히 경제문제에 대한 결정권을 가지고 있으며, 집 안에 있거나 집 밖에 나갈 때 천으로 얼굴을 가리지 않아도 된다. 이들은 또한 예비 신랑을 찾아 선을 보러가서 배우자를 선택하고, 그 사람과 자의에 따라 결혼할 수 있다. 결혼식이 끝나면, 신랑 될 사람이 신부 집에 가서 신부와 신부의 가족에 속하여 데릴사위로 살아야 한다.

비록 명분상으로 구 이슬람파를 따른다고는 하나, 바니 짬족 사람들은 1년 중 가장 커다란 종교 의식으로 보통 양력 9월 또는 10월에 돌아오는 번 까-떼(Bon Ca-te)를 꼽는데, 양기(陽氣)의 상징인 태양과 햇빛을 숭배하는 의식이다. 두 번째로는 보통 양력 1월 또는 2월에 돌아오는 번 까-부어(Bon Ca-bua) 의식으로 만물의 어머니이자 음기(陰氣)의 상징인 땅(土)을 숭배한다. 세 번째로는 짬 족의 시조(始祖)로 쌀로 부활하여 백성들에게 농사법을 가르쳐준 것으로 알려진 성모(聖母) 뽀 이너 나앙르(Po Yno Nagar)를 숭배하는 빠랄라 리자 사(Parala Rija Sah) 예식을 행하고 있다.

바니 짬족과는 달리 이슬람 짬족은 사리앗을 이해하고 자신들의 종교적 본분을 제대로 수행하고 있다. 이곳의 민간사회에서 흔히 이슬람 짬이라고 칭하는 정통 이슬람파는 약 300년 전 캄보디아로부터 이주한 것으로 알려지고 있다. 그러나 이들은 열악한 자연 환경으로 메 꽁강 하류를 따라 이주하여 안 쟝(An Giang)성에 속한 아홉 개의 촌락과 떠이 닌성에 속한 세 개 촌락 그리고 빈 롱(Binh Long)성과 프억 롱(Phuoc Long) 성에 속한 일부 촌락과 호찌민 시내 낭 시 지역에 정착하게 된 짬족 집단들의 후예들이다.

정통 이슬람파에 속한 사람들의 종교 활동은 매우 철저하다. 이슬람교의 율법 적용과 종교의식은 엄숙하게 행하여진다. 그들은 알라(Allah)를 유일신으로 받들고 있으며, 매일 다섯 번 예배를 한다. 이슬람력 9월인 라마단(Ramadan) 달에는 속세(俗世)를 떠나 단식을 행하고 금욕적인 생활을 한다. 비록 형식상으로는 아랍권의 이슬람교도의 보시(布施 Zahat)와는 다르지만, 가난한 자에게는 베풀고 공동체의 물질적 기반을 확충하기 위해서 재정적인 헌납의 의무를 지키고 있다. 이슬람 짬족은 비록 거리상으로도 매우 멀리 떨어져 있고 비용이 들지만 항상 사우디아라비아의 메카의 성지순례를 염원하고, 이슬람 종교가 부여한 여타의 의무를 이행하기 위해서 노력한다.

이 밖에도 이슬람 짬족은 이슬람교의 전통적인 의식과 생활 습관을 준수하고 있다. 이들은 혼례식 · 장례식 · 할례의식 등을 이슬람의 율법에 따라 엄정하게 지키고 있다. 이들은 음주를 삼가하고 돼지고기를 먹지 않으며, 이슬람 형제애를 바탕으로 화합하여 살고 있다. 이슬람교도는 일상생활에서 자신을 신실(信實)한 무슬림으로 만들기 위해서 항상 노력하고 있다. 성지인 메카를 순례하는 것과 자녀들을 사우디아라비아에 유학시키는 과정을 통해서 이들은 국외의 이슬람 세계와도 유기적인 관계를 맺고 있다.

1968년 일부 성직자들이 외부 이슬람세계의 형식에 따라 기도 의식을 변경하고자 하였다. 그러나 이 같은 시도는 정통파와 개혁파 간의 갈등을 야기하였고, 일부 지역에서는 양 세력 간에 혈투극까지 일어나기도 하였다. 이후 두 파는 서로 화해하고 상징적으로 베트남이슬람 최고성직자위원회를 설치하였으나, 이 위원회는 아무런 실효성 있는 역할을 하지 못하고 얼마 후에 폐지되었다.

이슬람 짬족들은 이슬람력에 따라 종교생활을 한다. 이에 따라 단식월인 라마단 달에는 철저하게 단식을 행한다. 짬족 무슬림들은 라마단 달에 오로지 자신의 죄와 잘못만을 회개하고 알라와 선지자 무함마드의 가르침을 묵상(默想)하도록 요구된다. 이슬람력에 따라 매년 초 모든 무슬림들은 이슬람 사원에 집결하여 이짜(Icha) 의식을 거행하여야 하고, 이짜 의식이 끝나면 꾸란경을 암송하고 형제애 제고 차원에서 공동식사에 참여하게 된다. 이들은 버터에 비빈 밥과 카레로 요리한 닭고기 등을 함께 먹는 데, 반드시 손으로 먹어야 하며 수저나 접시 또는 사발을 사용하지 않는다. 오후에 모든 사람들은 서로 인사를 나누며, 지난 해의 불미스러운 일들을 모두 잊어버리고 서로 상대방의 일이 잘 되도록 축복한 뒤에 조상의 성묘를 떠난다.

짬족 이슬람 지역 내에 거주하는 말레이족들은 대체로 짬족으로 동화되었다. 그러나 그들의 종교적 · 종족적 영향력은 철저하게 유지될 뿐 아니라 매우 뿌리가 깊다. 여기서 꾸란은 아랍어로 봉독(奉讀)되고 있으나 강론(講論)은 말레이어로 이루어지고 있다. 꾸란을 가르치는 종교교사나 주요 성직자들은 대부분이 말레이족 출신이며, 가장 기본적이고 현대화된 이슬람 종교와 관련된 집기(什器)는 모두가 말레이시아로부터 들어왔다. 최근에 이슬람교를 부흥시키려는 추세 역시 말레이 반도로부터 건너온 것이다.

IV. 이슬람의 정치적 · 사회적 역할

베트남에서 이슬람의 정치적·사회적 역할은 매우 한정적이다. 이들은 단지 이슬람교를 따르는 일부 소수 종족으로서의 역할에 국한되고 있다. 즉, 비엣(Viet) 족이 전체 인구의 86퍼센트 이상을 차지하는 다수 종족이고 기타 50여 개의 소수 종족과의 관계 속에서 이슬람교는 짬(Cham)족의 종족 보존의 구심점(求心點)이 되고 있다는 것이다. 무엇보다도 이들 짬족 무슬림들이 옛날부터 사용해 온 고대 짬족 문자는 종족적 정체성을 유지하는데 중요한 수단이 되고 있다.

짬족은 오랜 문화전통을 지니고 있는데 특히 독자적인 언어와 문자를 가지고 있다. 오늘날 짬족의 문자는 거의 사용되지 않고 있지만, 계속해서 이들의 문화유산으로 남아있다. 특별하게 바니 짬족 지역에서 이 문자가 이슬람교와 짬족의 역사를 기술하고 이슬람 교리 강론과 종교에 관한 문건을 작성하는데 사용되고 있다. 이 참족 문자는 신성한 것으로 여겨 많은 사람들이 경외심을 나타낸다. 이런 이유로 짬족 문자는 일상생활과 후대(後代)를 위한 교육 매체로 널리 사용될 수 없었고, 라틴(Latin) 문자화에 맞춰 일반화·일상 생활화할 기회도 잃고 말았다. 대다수 짬족의 고정 관념에 따르면, 종교(이슬람)와 문자(고대 짬족 문자)는 짬족과 동일시되며 짬족 정체성을 상징한다. 종족의 문자가 존속하는 한 그 종족도 함께 존속한다. 그러므로 짬족 문자의 라틴 문자화는 짬족 문자가 소멸되고, 짬족 전통문화도 소멸된다는 것을 의미한다는 것이다.

그러나 짬족의 독자적인 종교교육의 또 다른 면은 일반화된 이슬람으로부터 동떨어지게 한다는 부작용을 야기하였다. 동남아에서 이슬람교를 믿는 다른 종족들과는 달리, 짬 족은 제도화되었거나 대체로 정형화된 교육체계를 지니지 있지 않다. 이슬람 종교 자체와 종족문화를 보존하기 위해서 짬족 무슬림들은 자녀들을 이슬람 사원이나 또는 개인적으로 조직된 수업에 보내 꾸란을 배우도록 하고 있다. 그러나 이들이 이슬람 교리와 아랍어를 배우는 데에는 많은 어려움이 따른다. 무엇보다도 종교교사의 대부분이 아랍어에 능숙한 사람이 아니기 때문이다. 그들은 겨우 읽을 줄 알거나 꾸란경의 일부를 암송할 뿐 내용은 잘 모르면서 말레이어 번역판을 통해서 그 내용을 어렴풋이 이해하는 정도이다. 따라서 이슬람 짬족 아동이나 이슬람 사원에 다니는 학생들은 꾸란경을 독경(讀經)하면서도 그 내용은 전혀 이해하지 못하고 있다. 거의 모든 학생이 아랍어 글자를 모르는 실정이지만 꾸란경은 반드시 아랍어로 읽을 것을 요구한다. 바니 짬족의 경우, 종교교육은 그리 큰 관심을 얻지 못한다. 그들은 매일 꾸란경을 학습하고 암송하는 일은 이슬람교 성직자의 책임으로 여긴다. 따라서 아랍어와 꾸란경을 공부하는 일은 각 성당 안에서 라마단이 진행되는 달에 성직자들을 위해서만 이루어진다.

베트남의 이슬람교 짬족의 자녀는 다른 종족의 자녀들처럼 모든 교육에 대한 권리를 누리고 있다. 이들은 장학금을 수혜하고, 고등학교와 대학교 입학시험과 기술학교나 전문학교의 선발시험에서 특별 가산점을 부여받는 등 소수종족에게만 적용되는 우대정책의 혜택을 받는다. 경제적으로 어려운 경우나 자녀를 많이 거느리고 있는 짬족 가정의 경우, 모든 자녀들을 위한 충분한 교육은 물론 어렵다. 많은 가정의 자녀들이 가정을 돕기 위해 일찍부터 일하러 나가야 하는 경우도 많기 때문이다.

중학교에서 대학교까지 베트남의 각 급 학교에서 베트남어는 가장 중요하고 보편적인 교육수단이다. 이러한 교육환경 속에서 거의 모든 이슬람 짬족 어린이들은 베트남어가 능숙하지 못하여, 수업 시간에 많은 어려움을 겪고 있다. 특히, 문학 · 역사 · 철학 등과 같은 인문학이나 사회과학 과목들의 경우에는 더욱 심각하다. 또한 안 장(An Giang)성(省)의 경우처럼 이슬람교도들이 많이 거주하는 지역에서는 학생들이 짬어(語)로 공부하도록 지도할 수 있는 짬족 교원이 매우 드물다. 따라서 짬족 어린이들의 학습 능력은 제약을 받게 되고, 정규 교과과정에서 비엣 종족에 비해서 학업성취의 결과가 뒤떨어지기 마련이다.

그럼에도 불구하고 이슬람 짬족 사람들은 종교교육을 여전히 중요시하기 때문에 자기 자녀들에게 다른 어떤 교과목보다 꾸란 경전 교육을 우선하게 한다. 실제로 학습과정 또한 그들의 주업인 농업 · 어업 · 수공업 또는 소규모의 상업과는 잘 부합되지 않는다. 이 밖에도 이슬람을 신봉하는 사람들이 따르는 관습 또한 학생들에게 적지 않은 불편을 가져다주고 있다. 예를 들면, 사춘기에 달한 여자 아이들에게 바깥출입을 삼가도록 하는 관습은 이들이 학교에 가지 못하도록 하고 있다. 또한, 가정을 떠나 매식(買食)해야 하는 학생들에게 음식 중 특정한 음식을 삼가도록 하는 풍습은 집에서 멀리 떨어진 학교에서 교육을 받는 학생들에게 어려움을 주고 있다.

오늘날 짬족 이슬람교 신자들의 정치적 역할은 거의 나타나지 않고 있다. 1975년 남북 베트남이 재통일을 이루기 이전까지 짬족이 소수 종족의 생존권을 보장받기 위해 전개하였던 꾸준한 정치활동은 이들의 정치적 잠재성을 이해하는데 도움이 될 것이다. 1955년부터 1963년 사이에 사이곤(Sai Gon)에는 소수종족부(小數種族部)(bo Sac toe)라는 부처가 있었다. 그 가운데 전체 짬족인의 대표로 불리는 포 똥 짬(Pho tong Cham 副總占)이란 직책이 있었으나, 실제로 바니 짬족은 아무런 영향력도 갖지 못하였다. 1958년 사이곤 정부는 또 다시 베트남짬족이슬람교협회(CVMA: *Cham Vietnam Moslem Association*)라는 정치사회단체를 조직하였다. 초기에 이 단체에는 3개 지부에 수백 명의 회원 밖에 확보하지 못하였으나, 1975년에는 16개 지부에 1,500명의 회원을 확보하였다. 그러나 남부 베트남이 베트콩에 의해서 점령되면서 CVMA는 곧 해산되고 말았다.

1965년을 전후하여 미국은 짬족 동조자를 내세워 짬족민족해방전선(FLC: *Front pour la Liberation du race Cham*)을 조직한 적이 있었다. 미국은 짬족 이슬람교도들을 충동하여 미제(美製) 무기로 무장하고 혁명세력에 반기를 들라고 교사하였다. 이로부터 수년 후, FLC는 피압박소수민족해방통일전선(FULRO: *Front Unifie pour la Liberation des Paces*

Opprimees)에 속한 세 단체 가운데 하나가 되었다. 그러나 이들 세력들은 이렇다 할 역할을 수행하지 못하였다. 1975년 베트남이 공산화로 통일이 이루어지자 FULRO는 그 영향력이 급격하게 약화되었고, 1982년에 이르러 베트남 정부에 의해서 공식적으로 해체되고 말았다.

V. 베트남의 대(對)이슬람 정책

역사적으로 베트남의 정권은 대중의 종교생활에 긍정적인 자세를 보여왔다. 잦은 외세의 침략과 자연 재해로 동요될 수 있는 민심을 안정시키고 현실 생활의 모순을 정신세계로부터 찾게 하려는 의도였다. 그러나 정권 유지와 중앙집권적 통치조직을 마련하려는 차원에서 정치 이데올로기와 사회사상을 종교로부터 구하기도 하였다. 여기에는 비단 불교·도교·유교 등의 제도종교뿐만 아니라 정령신앙과 조상신 등 각종 샤머니즘적 토착신앙까지도 이용되었다. 베트남 전국의 촌락이면 어디에나 존재하는 마을 사당인 딘(dinh 亭)에서 몽고군을 세 차례나 물리친 민족의 영웅인 쩐 흥 다오(Tran Hung Dao 陳興度) 장군이나 기타 거주지 촌락을 대표하는 유명한 장수나 애국자를 공자와 함께 모시고 그들의 공덕을 기리며 현세의 안녕을 기원하는 것이 대표적인 경우이다. 이러한 배경으로 전근대 사회의 베트남 지배층은 일반대중의 종교생활을 보장해 주었다.

그러나 종교가 정치문제와 연관되는 경우에는 베트남 지배층의 태도는 상당히 단호해졌다. 즉 국내의 특정 종교 세력이 외국의 침략 세력과 결탁하여 침략과정의 앞잡이가 되거나, 국내 정치세력 간에 알력관계에서 특정의 종파가 연루되는 부분에서는 매우 극단적인 형태의 정쟁이 수반되었다. 여기서 해당 종교와 그 종교를 신봉하는 신도들은 관련 정도와 상관없이 사회적으로 가혹한 수난의 대상이 되곤 하였다. 프랑스 식민주의자들이 베트남을 침략할 때 관련된 가톨릭 선교사들에 대한 응우옌

(Nguyen) 왕조의 반외세적 배타적 정책과 무자비한 조치들이 이러한 사실을 뒷받침하고 있다. 또한 20세기 하노이(북부 베트남) 공산주의자들이 사이곤(남부 베트남) 정부와 벌인 민족해방전쟁에서 가톨릭 · 불교 · 호아 하오교(教) · 까오 다이교(教)에 대한 정치적 보복과 파괴행위가 또 다른 대표적인 사례가 될 것이다.

남부 떠이 닌 성에 자체적인 행정업무 인력과 16,000명의 무장군대를 보유했던 까오 다이(Cao Dai)와 안 쟝(An Giang) 지역에서 약 100만 명의 지지기반으로 친일(親日) 성향의 반공주의자가 된 호아 하오(Hoa Hao)의 지도층에 대한 북베트남 공산주의자들의 대대적인 숙청과 처형은 오늘날까지도 그 후유증을 남기고 있다. 당시 호찌 민(Ho Chi Minh 胡志明 1890-1969) 또한 대(對)프랑스 항전에서 승리한 후, 불교도와 가톨릭 신자에게 신앙의 자유를 보장하면서도 남북 대중의 단결을 흩뜨리고 조국의 통일 완수를 저해하는 세력에 대해서는 결코 좌시하지 않겠다고 엄중하게 경고한 바 있었다.

1975년 베트남이 공산화 통일된 이후에도 하노이 정부는 각종 종교 활동을 단순히 종교적 의미보다는 정치적 기능면에서 더욱 주목하였다. 이에 관한 정부의 제반 조치는 새로이 편입된 남부 지역에서 뚜렷하게 나타났다. 초기 단계에 정부의 입장은 우선 통일 이전의 기성 종교의 교세를 무력화시키는 것이었다. 남베트남의 대표적인 반공 세력이던 가톨릭에 대해서 반(反)사회주의적이고 제국주의적인 종교로 규정하여 모든 교회와 신자들의 재산을 몰수하였다. 사제들의 활동을 엄격하게 제한하였으며 신학교를 해체하여 성직자 양성을 불허하였다.

이와 더불어 적극적인 종교탄압도 병행되었다. 예를 들면, 호찌민시의 경우 1976년, 1980년 그리고 1983년 등 세 차례에 걸쳐 가톨릭교회의 신부와 교도들을 체포하여 재교육을 시키거나 일부에 대해서는 중형을 선고 하였다. 반공투쟁의 전력을 갖고 있는 호아 하오교와 까오 다이교는 정치적이고 공격적인 성격을 지닌 것으로 규정되어 역시 탄압되었다.

1990년 6월, 베트남 정부는 떠이 닌(Tay Ninh) 성에서 반체제 세력에게 동조하였다는 이유로 까오 다이 신도 3,500명을 체포하였다.

그러나 일단 기성 종교의 저항 잠재력을 무력화시킨 후, 베트남 사회주의 정부당국은 이들에 대한 관용적인 정책을 취하기도 하였다. 예를 들어 베트남 정부는 1981년 11월, 베트남 불교의 각 종파를 통합하여 베트남 불교회를 조직하여 불자(佛子)들의 지지를 확보하려 하였다. 1983년 11월에는 가톨릭애국신자연합회를 결성하였고, 이후 당국은 불교계와 가톨릭계 대표들을 베트남조국전선(VFF: *Vietnam Fatherland Front*)에 포함시켰다.

한편 1980년대 중반 도이 머이(Doi Moi)정책을 채택 한 이후에 베트남의 당과 정부는 적대적이었던 종교정책을 상당부분 완화하는 조치를 취하였다. 이러한 분위기 속에서 정부는 1992년에 통과된 베트남사회주의공화국의 헌법 제70조를 통해서, "모든 인민은 신앙과 종교의 자유를 지니고 특정 종교를 믿거나 믿지 않을 자유를 갖는다. 모든 종교는 법 앞에서 평등하다. 모든 신앙 및 종교의 예배장소는 법에 의해 보호된다. 한편 누구도 그러한 신앙 및 종교의 자유를 침해하거나 법과 국가정책에 위배되도록 이용할 수 없다"고 선포하여 형식적이지만 신앙과 종교의 자유를 인정하였다. 1993년 7월에는 종교 문제에 관한 시행령 제379호를 통해서 이전에 몰수된 각 종교 단체의 재산을 환원하고, 종교 관련 저작물의 인쇄와 발행을 허가하였으며, 종교 지도자 교육양성을 허용함으로써 정부의 입장이 사실임을 확인해 주었다.

이슬람에 대한 베트남 정부의 입장은 이슬람이 다른 기성 종교에 비해서 교세(敎勢)나 조직면에서 크게 주목받지 못함으로써 어떤 특별한 입장을 나타내지 않았다. 즉, 이슬람에 대한 시각도 기성종교에 대한 베트남 지배층의 일반적 관념과 태도에서도 크게 벗어나지 않았다. 1975년 남북 베트남이 통일되자, 이전까지 남부에서 반공주의 진영에서 활동을 벌인 이슬람교 단체에 대한 탄압이 이루어졌다. 하노이 정부 당국은 이슬람 세력이 '피압박소수민족해방통일전선'에 가담했던 전력(前歷)을 들어 이슬람교를 민족분열을 책동하는 종교로 낙인을 찍었다. 이로써 이슬람 세력은 정치적 성향의 단체로 무장폭력의 상황을 조장하고 미국과 남베트남 정권을 지지·지원하여 남부를 해방시키고 전국을 통일하려는 북부 베트남의 단합의지에 대항하는 활동단체로 규정하였다.

이슬람에 대한 하노이의 적대적 시각은 그 후에도 얼마 간 지속되었다. 1982년에는 닌 투언(Ninh Thuan), 빈 투언(Binh Thuan) 그리고 떠이 응우옌(Tay Nguyen)성의 서부 지역에서 토착형 저항세력으로 남아 있던 이슬람 단체를 해체(解體) 시키기도 하였다. 그러나 이슬람이 정치적 적대세력으로서 비중이 없는 것으로 판명이 나자 베트남 정부는 소수민족 동화정책의 차원에서 기본적으로 이슬람을 수용하는 입장을 보이고 있다. 그렇다고 해서 이슬람교에 대한 경계를 완전히 늦춘 것은 아니다. 실제로 다른 종교에 비해 이슬람교에 대한 연구는 베트남 국내 연구자들에 의해서 학문적으로는 거의 다루어지지 않고 있으며, 이들의 연구 동향과 자료관리는 현재도 당과 정부당국에 의해 통제되고 있다.

베트남 당국은 이슬람의 종교적 성향과 정치적 역할에 대해서, '이슬람교의 발전과정은 신도들의 신앙적·심리적 요구와 집권 세력의 물질적 이해관계 그리고 성전이라는 이름의 전쟁과 폭력 수단을 통한 독단적 활동이 혼합된 역사발전의 오류(誤謬)'로 개괄(槪括)하고 있다. 이슬람을 종교와 정치가 결합된 형태로 보는 이러한 견해는 신앙 및 종교 상황과 정치상황은 항상 새로운 변동을 나타내고 있으며, 따라서 모든 사람들은 종교정책을 올바르게 인식하고 운용하기 위해 정확한 관점을 가질 필요가 있다는 당과 정부 내의 보수적 입장의 강화로 발전하였다.

분명하게 동남아의 문화가 베트남 사회에 접목되는 과정으로 인정될 만한 이슬람 전래는 처음부터 동기 자체가 종교적이기 보다는 부차적이었으므로 그 영향력이 클 수는 없었다. 더욱이 이슬람이 소수민족인 짬족사회를 통해 전수되면서 그 영향력의 범위 또한 한계를 지닐 수밖에 없었다. 동시에 짬족 또한 내부적으로는 서로 다른 종교적 성향을 지닌 부류들로 구성됨으로써 이슬람 종교가 내세우는 '결속'을 다지기가 용이하지 않았다. 뿐만 아니라 지리적으로도 동남아 이슬람의 중심부로부터 멀리 떨어져 정치 지향적 종교 세력으로 성장하기에는 근본적인 제약이 많았다.

이슬람교를 따르기 위해 필수적이었던 언어의 난이성과 교육체계의 저발전성 또한 이슬람 문화가 베트남 대중 속에 침투하는 과정에서 장애물이 되었다. 이러한 분위기 속에서 이슬람은 베트남의 정치적 · 사회적 발전에 극히 미미한 기능을 수행할 수밖에 없었고, 주로 소수민족인 짬족의 생존 차원의 작은 이데올로기로 그칠 수밖에 없었다. 동시에 이슬람교의 종교적 성향과 정치적 성향을 동일시하는 정부 당국의 보수적인 견해 또한 베트남에서 이슬람의 발전 가능성을 낙관할 수는 없게 하고 있다.

찾아보기

(ㄱ)

(ㄴ)

(ㄷ)

(ㄹ)

(ㅁ)

(ㅂ)

(ㅅ)

(ㅇ)

(ㅈ)

(ㅊ)

동남아의 이슬람(동남아학총서 9)
(문화관광부 우수학술도서)

초판 1쇄 발행 2000년 8월 16일
초판 2쇄 발행 2001년 9월 21일
개정증보판 발행 2007년 11월 30일
저 자 : 양승윤 외
발행인 : 박 철
발행처 : 한국외국어대학교 출판부
130-791 서울시 동대문구 이문동 270
전화 : (02)2173-2494~5
FAX : (02)2173-3363
홈페이지 : http://press.hufs.ac.kr
전자우편 : press@hufs.ac.kr
출판등록 : 제6-6호(1969. 4. 30)
표지 디자인 : 이환D&B(02)2254-4301
편집 : 리앤정디자인그룹(02)2677-8694
인쇄 · 제본 : 동화인쇄공사(주)(02)719-7181

ISBN 978-89-7464-461-1 04300 **정가** 15,000원

* 잘못된 책은 교환하여 드립니다.
